rowohlt
POLARIS

FRANCA PARIANEN

WOHER SOLL ICH WISSEN, WAS ICH DENKE, BEVOR ICH HÖRE, WAS ICH SAGE ?

Die
Hirnforschung
entdeckt
die großen
Fragen des
Zusammen-
lebens

**Rowohlt
Polaris**

5. Auflage November 2019

Originalausgabe
Veröffentlicht im Rowohlt Taschenbuch Verlag,
Reinbek bei Hamburg, April 2017
Copyright © 2017 by Rowohlt Verlag GmbH,
Reinbek bei Hamburg
Redaktion Tobias Schumacher-Hernández
Umschlaggestaltung Hauptmann & Kompanie Werbeagentur, Zürich
Umschlagabbildungen shutterstock.com
Gesamtherstellung CPI books GmbH, Leck, Germany
ISBN 978 3 499 63203 7

INHALT

TEIL II: Gehirn[7 Milliarden]

AUSBLICK

ANHANG

WOHER
SOLL
ICH WISSEN,
WAS ICH
DENKE,
BEVOR ICH
HÖRE,
WAS ICH
SAGE ?

EINLEITUNG

Warum es sich lohnt, Ihr Gehirn besser kennenzulernen

«Warum hast du das bloß gesagt?», wiederholt Kai, dieses Mal lauter.

«Ich sag es noch mal: Es schien mir in dem Moment eine gute Idee!», antwortet Kais Gehirn. Es ist überhaupt nicht glücklich. Genauso wenig wie Kai.

Gemeinsam stolpern sie gerade die Treppe zu der Wohnung hinunter, aus der Susanne sie nach einem längeren Streitgespräch hinausbefördert hat.

«Eine gute Idee? Susanne fragt, woran ich denke, und du soufflierst mir: ‹Die Eurokrise›?»

«Es war nur wenig Zeit, eine gute Antwort zu formulieren. Das war eine spontane Eingebung», erklärt Kais Gehirn sachlich. «Es sollte intellektuell wirken.»

«Intellektuell wirken? Wir lagen im Bett!»

«Das habe ich in dem Moment nicht bedacht ... Ich habe unter erschwerten Bedingungen gearbeitet: *Du* warst abgelenkt, da kann *ich* nicht alles richtig machen», fügt Kais Gehirn verschnupft hinzu.

Kai flucht: «Es würde reichen, wenn du *etwas* richtig machen würdest!!»

Sein Gehirn redet für den Rest der Woche nicht mehr mit ihm. Genauso wenig wie Susanne.

Wenn Sie Ihr Gehirn besser kennen würden, hätten Sie sehr viel mehr Geduld mit ihm. Das Gleiche gilt für Kai. Und die alltäglichen Probleme des menschlichen Zusammenlebens. Wir meistern sie besser, wenn wir unser Gehirn verstehen. Das sollte eigentlich nicht so schwer

9

sein. Schließlich kennen wir unser Gehirn schon ziemlich lange und arbeiten tagein, tagaus eng mit ihm zusammen. Doch am Ende ist es wie mit dem Smartphone: Wir können es den ganzen Tag mit uns herumtragen, aber wenn uns jemand fragt, was dadrin vor sich geht, antworten wir: «Apps, Silizium … Zeugs?» Und dann wundern wir uns, wenn der Akku dauernd leer ist oder im Kino der Alarm losgeht.

Wenn Sie Ihr Smartphone durchschauen würden, wüssten Sie, was Ihren Akku aufbraucht oder Ihren Speicher füllt. Sie könnten die Phishingsoftware identifizieren, die Ihre Bankdaten ausspäht, oder Sie würden verstehen, warum Ihre Autokorrektur offensichtlich eine Meuterei plant.

Das Gleiche gilt für Ihr Gehirn. Sie hätten mehr Verständnis dafür, dass es zwar weiß, dass Sie etwas vergessen haben, aber nicht mehr was. Oder warum ihm die tollen Antworten immer erst einfallen, wenn Sie längst zu Hause sind und unter der Dusche stehen. Und warum es immer noch diese peinliche Erinnerung heraufbeschwört, die Sie längst vergessen wollten – vorzugsweise nachts um drei.

Sie könnten Ihr Gehirn auch ein bisschen mehr wertschätzen, seine Lernfähigkeit, die Flexibilität, die Dutzenden Rechenoperationen, die es jeden Tag vollzieht. Vor allem im Sozialleben. Wie hoch ist die Wahrscheinlichkeit, dass Susanne noch mal mit Kai essen geht? Wenn man bedenkt, dass er – neben dem Fauxpas mit der Eurokrise – vorhin im Bett die Strümpfe angelassen hat? Was, wenn man beachtet, dass die beiden zu diesem Zeitpunkt schon seit einigen Monaten eine überwiegend glückliche Beziehung führen? Ihr Gehirn findet es leichter, diese Fragen zu beantworten als die, wann sich zwei Züge treffen, die mit jeweils 80 beziehungsweise 160 Stundenkilometern aus 100 Kilometer voneinander entfernten Städten losfahren. Dabei lässt sich letztere Aufgabe mit einer einfachen Formel lösen, während erstere bis heute kein Computer der Welt beantworten kann.

Menschen sind so unberechenbar, dass es jeden Service-Provider lahmlegen würde, das Gehirn aber offenbar nicht. Doch wie kommt das? Wie kann ein Organ Schlüsse über die Gedanken und Gefühle anderer Menschen ziehen, darauf eine einigermaßen passende

Antwort formulieren, und das alles, bevor Ihr Gegenüber das Licht ausschaltet und entnervt ins Bett geht? Obwohl ihm über Ihre Sinnesorgane nur erschreckend wenige Informationen zur Verfügung stehen. Wie löst es diese Aufgabe? Was machen unsere 86 Milliarden Nervenzellen eigentlich den ganzen Tag?

Wenn wir das besser verstehen, verstehen wir vielleicht auch alles andere ein bisschen besser. Schließlich entspringen die meisten großen und kleinen Herausforderungen unseres Alltags alle irgendwann mal einem Kopf. Ziemlich häufig unserem eigenen. Ob Sie sich peinlich berührt fühlen, glücklich sind, leicht gereizt oder überbordend vor Energie – das koordiniert vor allem Ihr Gehirn. Es bestimmt auch mit, was Sie antreibt, ob Begeisterung oder hartnäckige Starrköpfigkeit, Konkurrenzkampf oder doch eine heimliche Anziehung. Immer mit dabei: Ihre gesammelten Erfahrungen, Moralvorstellungen und Erinnerungen, kurz: alles, was Sie eigentlich gerne mal entrümpeln würden. Daraus sollen Sie sich jetzt eine objektive Weltsicht basteln?

Und als ob es in Ihrem eigenen Kopf nicht schon verwirrend genug zuginge, muss Ihr Gehirn den ganzen Tag auch noch mit anderen auskommen. Mit den Eltern, dem Partner, Kollegen und dem nervigen Typ in der S-Bahn, der seine Musik auf voller Lautstärke lässt. Während unsere Vorfahren lediglich über Feuermachen, Bären oder harte Winter nachdenken mussten, leben wir in einer hochkomplexen Gesellschaft. Wenn man bedenkt, dass diese Gesellschaft von Menschen für Menschen gestaltet wurde, ist es eigentlich überraschend, dass uns das Zusammenleben in dieser Welt so schwerfällt. Ständig geraten wir aneinander, diskutieren oder schmollen. Auf globaler Ebene sind die Konsequenzen gravierend und manchmal sogar lebensbedrohlich. Mit den Worten des Schriftstellers Douglas Adams: Wir Menschen sind bis jetzt nicht ausgestorben, aber es ist nicht so, dass wir es nicht versucht hätten.

Wussten Sie, dass 1958 ein amerikanisches Flugzeug versehentlich eine Atombombe über South Carolina abwarf? Glücklicherweise ist sie nicht explodiert. Das ist nur ein Beispiel unter vielen für menschliche Doofheit und Zerstörungswut. (Es sei denn, der Weltfrieden ist mittlerweile eingetreten. In dem Fall: Glückwunsch, lesen Sie ruhig etwas anderes. Vielleicht was mit Pferden.) Eigentlich ist es gar kein Wunder. Unser Gehirn konnte ja nicht ahnen, wie sich diese Gesellschaft mal verselbständigt. Die Koordination von ein paar Denkorganen leistet es ziemlich meisterhaft, aber 80 Millionen? Oder sieben Milliarden? Mit Internetverbindungen? Da steht unser Gehirn nun also vor den Geistern, die es rief, und soll über Leute nachdenken, die es nie gesehen hat. Oder aus einer Kurznachricht einen emotionalen Ton herausfiltern. Ständig soll es sich um irgendeine Deadline sorgen und all die Konsequenzen seiner Handlungen bedenken. Obwohl die mittlerweile wirklich unübersichtlich geworden sind. Wie soll es all das durchblicken? Das Problem ist Zeit. Die Welt verändert sich rasend schnell, und unser Gehirn hatte einfach nicht genug Zeit, sich anzupassen. Jetzt ist es überfordert, gerät ins Stolpern, und wir kommen gar nicht hinterher damit, die Scherben aufzukehren.

Aber hier kommt die gute Nachricht: Dank der Neurowissenschaft haben wir in den vergangenen Jahrzehnten eine ganze Menge über unser Gehirn gelernt. Wie es funktioniert, was es braucht und wie wir ihm unter die Arme greifen können, um uns selbst und andere besser zu verstehen.

Soziale Neurowissenschaftler beobachten Menschen, mal in freier Wildbahn, mal im Labor, aber fast immer im Zwiegespräch mit anderen. Vor allem gucken sie, was währenddessen im Kopf der Beteiligten passiert. Sie versuchen, zwei Gehirne zu verstehen, die versuchen, sich gegenseitig zu verstehen. Das verkompliziert die Gleichung natürlich: Ich weiß, dass ich nichts weiß. Aber weißt du, dass ich nichts weiß? Und weißt du, dass ich weiß, dass du das weißt? Und fällt das überhaupt auf? So geht jeder Gedanke hin und her, wie eine stille Post. Ein menschliches Gehirn ist ein Labyrinth. Zwei davon sind ein Spiegelkabinett. Doch die Frage, wie die beiden miteinander umgehen, ist genau die, die wir für das Zusammenleben beantworten müssen.

Aber wenn die Forschung bis dato noch nicht einmal *ein* Gehirn richtig versteht, ergibt es da überhaupt Sinn, dass wir uns direkt mit mehreren befassen? Die Frage ist berechtigt. Trotzdem lohnt sich der Blick aufs soziale Gehirn.

Denn unser Gehirn arbeitet nicht still für sich in einem Vakuum. Und im Gegensatz zu Physikern können die Neurowissenschaften nicht mal so tun, als ob. Es interagiert mit der Außenwelt und passt sich ständig an. Die anderen sind das Topthema unserer Gedanken. Überlegen Sie nur mal, wie oft Sie selbst an Menschen denken. Wie könnten wir also verstehen, was unser Gehirn den ganzen Tag so tut, wenn wir es immer nur allein betrachten?

Dann also Gehirne im Plural. Fangen wir mit zweien an.

Was passiert, wenn zwei Menschen aufeinandertreffen, und warum wird das oft so schnell kompliziert? Um das zu beantworten, schauen wir uns im ersten Teil des Buches Situationen an, in denen zwei Gehirne zusammenkommen, und versuchen nachzuvollziehen, was dabei in ihnen vorgeht. Wie verstehen wir, was der andere tut, was er fühlt und was er überlegt? Wie überlebt das Gehirn ein Arbeitssessen oder ein Paargespräch? Und wie schafft es das, dabei so selten mit Gegenständen um sich zu werfen? Wie funktioniert das in unserem Kopf? Wann und von wem haben wir das gelernt? Und vor allem: Was kann dabei schieflaufen? Beziehungsweise was können wir daran verbessern? Lieber mehr oder weniger auf die Hormone hören? Redet unser Verstand eigentlich mit unseren Gefühlen? Und wenn wir jetzt ein Trainingsprogramm bestellen, kriegen wir dann noch ein Gratis-Messerset dazu?

Fragen über Fragen, und die Suche nach Antworten führt uns auf eine Reise durch die sozialen Neurowissenschaften, vorbei an diversen Kleinkindern, irrationalen Ängsten, ein paar Abgründen, romantischen Gefühlen und dem ein oder anderen Primaten.

Im zweiten Teil vervielfachen wir die Anzahl der beteiligten Gehirne. Was mussten wir lernen, um in Gruppen klarzukommen? Einem Großraumbüro, einer Stadt, einem Land. Und wie gut können wir das? Woran scheitert Zusammenarbeit? Und wäre eine einsame Insel nicht auch eine Option?

Es wird um Vertrauen und Rache gehen, um Hilfsbereitschaft und Bußgelder, um Mitläufer und um die Frage: Wo kämen wir denn dahin, wenn das jeder täte? Moralisch sehr hügeliges Gelände. Inklusive Trittbrettfahrer und unklarer Verhältnisse. Das reinste Chaos. Aber finden wir heraus, was die Denkmuster sind, die Zusammenleben so schwermachen! Wer weiß, vielleicht können wir die umtauschen? Wie also funktioniert Gesellschaft, was können wir ändern, und warum tun wir uns das Ganze überhaupt an? Oder anders gefragt: Für welche Gesellschaft sind wir gemacht? Und warum leben wir dann nicht dadrin?

Am Ende der Reise können wir die Aussicht genießen und noch mal einen Ausblick wagen mit der Frage: Geht das noch besser? Ist unser Gehirn sozial lernfähig? Schließlich ist es grundsätzlich plastisch. Das heißt, es kann sich abhängig von seiner Verwendung und den Geschehnissen um sich herum verändern. Und das tut es auch ständig – nur nicht unbedingt so, wie wir das gern hätten. Aber vielleicht können uns die sozialen Neurowissenschaften ja etwas dazu sagen: Können wir unser Wissen nutzen, um den Menschen ein bisschen besser zu machen? Wer könnte dieser bessere Mensch überhaupt sein? Und ist er eine gute Gesellschaft?

Gehirn²

Achtung, Ihr Gehirn ist fehlbar (aber sagen Sie ihm das nicht, es kommt dann nur durcheinander)

«Ich hab eine Stunde an der U-Bahn gestanden, ist dir das klar?», regt Jan sich auf.

«Aber das ist doch nicht mein Problem, ich hab drei Uhr gesagt!», erwidert Torsten.

«Du hast zwei Uhr gesagt! Eine ganze Stunde … Und ich hatte nicht mal mein Handy dabei.»

«Ja, schön blöd, sonst hättest du einfach anrufen können!»

Das ist ein ziemlich gutes Argument. In Ermangelung einer schlagfertigen Antwort verlegt sich Jan auf Schmollen und Grummeln. «Ist ja jetzt auch egal, dann gehen wir halt in die nächste Vorstellung.»

Immerhin kriegen sie noch Kinokarten für halb vier. Das Licht geht aus, der Film beginnt. James Bond fährt durchs schottische Hochland. Zwei Autos verfolgen ihn. Bond drückt das Gaspedal durch. Aber vorne ist ein Laster, gleich wird er da reinrasen, o Gott, er … Jan beugt sich langsam zu Torsten und flüstert: «Ich bin mir ganz sicher, du hast *zwei* gesagt.»

In dieser Situation kann nur einer von beiden recht haben. Und Ihr Gehirn weiß sehr genau, dass Sie es sind. Obwohl es im Alltag weit mehr Fehlerquellen gibt, als es das wahrhaben möchte. Dank seiner Vorarbeit wird die Welt klar und übersichtlich.

Wenn wir verstehen wollen, was passiert, wenn zwei Gehirne aufeinandertreffen, und warum das nicht immer gleich gut funktioniert, ist der erste Schritt einzusehen, dass es diese Fehlerquellen gibt. Entgegen allen Beteuerungen. Mit dieser Geisteshaltung im Gepäck, können wir viele der Stolperfallen auf unserer Reise besser vorhersehen. Wie kommen die Fehler also in den Kopf?

Dafür müssen wir uns das Rohmaterial genauer angucken, mit dem unser Gehirn arbeitet, uns klarmachen, wie abstrakt die Informationen sind, die dort ankommen. Ein Kinosaal ist dafür keine schlechte Metapher. Auch Ihr Gehirn arbeitet ohne Licht. Es hat nicht mal eine Leinwand. Keinen Lautsprecher. Das einzige Signal, das es erhält, ist das Feuern von Nervenzellen. Feuern/Still. Ein/Aus. Das sind die Informationen, die unserem Gehirn zur Verfügung stehen. Unsere Selbstwahrnehmung, die Kontraktion unserer Muskeln, Druck, Schmerz. Dazu kommen die Informationen, die die Sinnesorgane übermitteln: Schallwellen, Licht, Wärme, Geschmack, Berührung, Geruch ... Doch gerade mit Letzterem kann ein modernes Säugetier, wie wir es sind, ohnehin nicht mehr allzu viel anfangen.

In dieser Welt aus Dunkelheit und kurz aufflammenden Blitzen versteht es sich nicht von selbst, was ein Stuhl ist oder ein Mensch oder ein Lächeln oder ein sarkastischer Unterton. Und dennoch müssen wir mit all diesen Dingen umgehen und ständig adäquate Reaktionen generieren. Irgendwer will immer irgendwas von uns. Das Gehirn lebt gewissermaßen im Dunkeln, aber allein ist es nie. Deshalb muss es verdammt hart arbeiten. Und wo gehobelt wird, fallen Späne. Und manchmal passieren Fehler.

Wenn Torstens Gehirn wissen will, wie nah sich Jan gerade im Kinosaal zu ihm herüberbeugt, dann vergleicht es, wann und wie laut die Nervenzellen des rechten und die des linken Ohres ihn gehört haben. Daraus ermittelt es die Differenz und den Standpunkt. Räumliches Hören nennt man das, und wir verdanken es zum Großteil der Tatsache, dass wir uns auf die Informationen von zwei Ohren verlassen können, also binaural hören.

Die Rechenoperationen, die dabei ablaufen, ähneln denen eines Computerprogramms, das auch nur Einsen und Nullen nutzt und es damit trotzdem schafft, Wegbeschreibungen, Spracherkennung und Google-Suchen nach Expartnern durchzuführen. Wo Torsten eine Benutzeroberfläche braucht, reichen dem Programm zwei Zeichen. Genau wie seinem Denkorgan. Praktisch heißt das, dass Torstens Gehirn weitaus komplexere Programmiersprachen versteht als er selbst. Es heißt aber auch, dass dieses Gehirn sehr umständliche Verarbeitungsprozesse zur Wahrnehmung einfacher Zusammenhänge braucht. Von den Milliarden Nervenzellen oder auch Neuronen und den Tausenden von Arbeitsschritten, die dafür nötig sind, merken wir fast nichts. Warum auch? Das System funktioniert ja relativ verlässlich.

Visuelle Wahrnehmung zum Beispiel gibt es seit Millionen Jahren, auch bei Lebewesen, die sonst eher doof sind. Und bis jetzt hat sie uns ziemlich erfolgreich davon abgehalten, gegen Bäume zu laufen. Das weckt Vertrauen. Doch an dem Bild, das Sie jetzt gerade sehen, wurde eifrig vom Gehirn herumgebastelt, bevor es Ihr Bewusstsein erreicht hat. Das Abbild der Wirklichkeit, das Ihr Gehirn bekommt, ist nur in der Mitte scharf und farbig und ansonsten verwischt und schwarzweiß. Dreidimensional ist es sowieso nicht. Die Tiefe muss aus zwei Einzelbildern mühselig konstruiert werden. Und dann steht auch noch alles auf dem Kopf, wenn es auf die Netzhaut trifft.

Aber Ihr Gehirn erledigt das perfekt, glaubt es zumindest. Es dreht das Bild, färbt die Ränder und konstruiert die dritte Dimension. Das, was Sie in diesem Moment sehen, wurde stärker gephotoshopt als die letzte Bikinimoden-Werbekampagne für H&M. Wenn Sie sich jemals einer Sache im Leben sehr sicher sind, denken Sie einfach daran. Einen Großteil von dem, was Sie sehen, hat Ihr Gehirn freundlicherweise selbst beigesteuert.

Blättern Sie einmal um: Welchen Gesichtsausdruck hat Margaret Thatcher auf dem Foto?

Es steht auf dem Kopf, genauso wie jedes Bild, das Ihr Gehirn wahrnimmt. Sollte also nicht so schwer sein. Aber drehen Sie das Buch mal um. Sieht es so aus, wie Sie dachten? «Die Einzelteile kenn ich», hat sich Ihr Gehirn gedacht. Was braucht man mehr?

In allem, was wir wahrnehmen, steckt eine ganze Menge Eigenleistung. Oder eigene Interpretation. Oder Missverständnis. Oder maßlose Übertreibung. Kein Wunder, wenn es dabei mal etwas durcheinanderbringt.

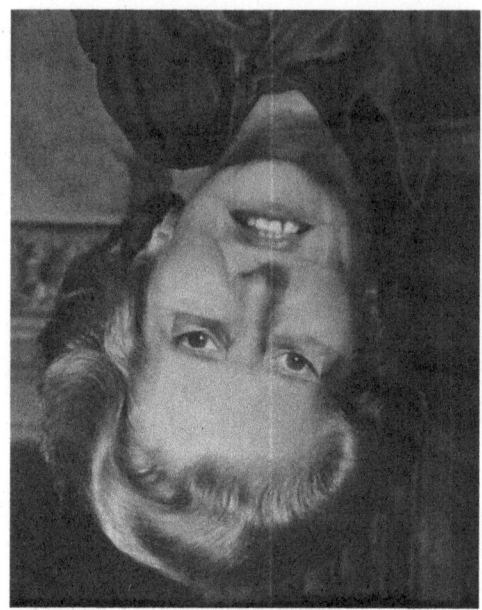

Die Thatcher-Illusion zeigt, was mit unserer außergewöhnlichen Gesichtserkennungsfähigkeit passiert, wenn man sie ein kleines bisschen durcheinanderbringt – und vielleicht auch, wie unser Gehirn mit Einzelheiten verfährt, wenn es erst mal einen Gesamteindruck hat. Entdeckt und hier freundlicherweise zur Verfügung gestellt wurde die mittlerweile weltberühmte Illusion von Prof. Peter Thompson von der University of York.

Mein Hirn hat keine Macken, das sind Zusatzfunktionen

Zugegebenermaßen begegnen Ihnen Gesichter aus dieser Perspektive eher selten (außer Sie küssen Spiderman). Doch verschiedene Informationen müssen Sie ziemlich häufig integrieren. Erst recht, wenn mehr als ein Sinnesorgan involviert ist. Und dann wird Ihr Gehirn wirklich kreativ.

Erhält es zum Beispiel unterschiedliche Informationen aus dem Gleichgewichtsorgan und dem visuellen Cortex, liefert es Ihnen keine Fehlermeldung. Stattdessen ist es lieber drei Stunden seekrank wie ein Matrose in der Probezeit. Oder ganze fünf Jahre lang wie Charles Darwin auf seiner Reise mit der *HMS Beagle*.

Auch beim Hören ist das so. Der Buchstabe, den Sie wahrnehmen, wird zusammengesetzt aus der Lippenbewegung, die Sie sehen, und dem Ton, den Sie hören. Die Neuronen, die dafür verantwortlich sind,

heißen bimodale Neuronen und helfen uns, ein Maximum an Information aus unserer Wahrnehmung herauszuziehen. Oder uns komplett
zu verwirren. Und damit sind wir auch schon in der Welt des Sozialen
angekommen. Um sein Gegenüber zu verstehen, greift das Gehirn
auf so gut wie alle Informationskanäle und Integrationsmöglichkei-
ten zurück, die ihm zur Verfügung stehen.

Konfrontiert man Versuchspersonen mit Videoaufnahmen eines
Menschen, der mit seinen Lippen ein «ga» formt und legt eine Tonspur
von einem «ba» darüber, entscheidet das Gehirn sich für den kleinsten
gemeinsamen Nenner: Sie glauben, ein «da» zu hören[1]. Ja, ein «da»,
ganz eindeutig. Doch, das hat er gesagt. Da kann am Telefon schon
einmal eine zwei für eine drei durchgehen. Immerhin fehlen 50 Prozent der Information. Oder denken Sie erst an eine ruckelige Skype-
Verbindung. Deshalb machen Sie manchmal das Bild aus, um besser
hören zu können. Merke: Lieber weniger Informationen als missver-
ständliche. Ansonsten greift Ihr Gehirn zur kreativen Problemlösung.

Positiv gesagt: Es zieht so viele Informationen zu Rate, wie es
nur kann, um seine sozialen Aufgaben zu bewältigen. Konfrontiert
mit einer komplexen Welt, greift es tief in die Trickkiste, um Sie sicher durch den Tag zu bringen. Meistens mit Erfolg. Es erkennt Gesichtsausdrücke unabhängig von Geschlecht, Gewicht, Kultur, Alter
oder Bärtigkeitsgrad des Gegenübers. Es kann sogar ein echtes Lächeln von einem falschen unterscheiden. Negativ gesagt: Ihr Gehirn
braucht dafür jede Menge Vereinfachungen, Kurzschlüsse und ein
paar Grundannahmen, die es gerade vergessen hat, Ihnen mitzutei-
len. Und wenn es auf Schwierigkeiten stößt, behelligt es uns damit
nur ungern. Das alles tut es schon, um zu verstehen, was sich direkt
vor unseren Augen abspielt. Wie soll es erst werden, wenn es versucht zu interpretieren, was unsichtbar in einer der kompliziertesten
Strukturen der Welt vor sich geht: einem anderen menschlichen
Gehirn, in diesem Fall dem von Jan. Denn die problematischen Ver-
haltensmuster unseres Gehirns begegnen uns nicht nur bei Wahr-
nehmungsaufgaben, sondern auch in der sozialen Kognition.

Genau darum geht es jetzt im ersten Teil: Was genau läuft in Ihrem

Kopf ab, wenn Sie einer anderen Person gegenüberstehen? Fangen wir einfach an, nehmen wir nicht gleich Ihren Partner. Nehmen wir eine unbekannte Person. Schon die brauchen wir dringend genug. Wie würden wir durchs Leben kommen ohne unsere Hausärztin, den Sachverständigen vom Wasserwerk, die Kassiererin von Edeka oder unseren Heiztechniker? Schon bei diesen unpersönlichen Interaktionen muss Ihr Gehirn jede Menge Fragen beantworten. Wie begrüße ich den Gesprächspartner, wie viel Abstand halte ich, möchte er sich unterhalten oder nicht, ist er Freund oder Feind – und gibt man eigentlich einem Heizungsmechaniker Trinkgeld? Was genau passiert also, wenn in der Schaltzentrale plötzlich das charakteristische Feuern erscheint, das uns ankündigt: «Achtung, ein Mensch!». Wie generieren wir Sinn aus Bildern und Tönen und formen dann eine Antwort, die der Situation angemessen ist?

Also alles auf Anfang: Zwei Gehirne treffen aufeinander. Sehen Sie die Szene vor sich? Ein Raum, weiße Wände. Vielleicht zwei Stühle. Ein Tisch. Zwei Unbekannte, die sich gegenübersitzen und nicht genau wissen, was sie machen sollen. Im Dunkeln zwei Gehirne, die auf ein Zeichen warten. Ein Feuern. Ein Wort, einen Blick. Das ist der Ausgangspunkt unserer Reise. Was passiert jetzt?

«Und jetzt alle!»
Wie wir Bewegungen spiegeln,
nachäffen und verstehen

Kennen Sie das? Sie sind gerade im Meeting, alle gucken sehr
ernst, und es ist echt kein guter Zeitpunkt zum Lachen, aber
dann macht die Chefin diese Sache mit ihren Haaren, die sie
immer macht. Diese Geste, die Barbara aus der Buchhaltung
so gut nachmachen kann. Und *alle* müssen kichern, aber Sie
dürfen jetzt nicht loslachen. Nein. Lippen zukneifen. Und
... O Gott ... Bloß. Niemanden. Angucken. Sie verbringen die
nächste Viertelstunde damit, angeregt auf Ihre Kaffeetasse
zu starren.

Lachen ist ansteckend. So wie vieles andere auch. Menschen sind
die geborenen Nachahmer. Das ist die erste Beobachtung, die wir
machen können, wenn unsere zwei Unbekannten aufeinandertreffen.
Sie machen die Bewegungen des anderen nach. Verschränkt Person
eins die Arme, tut das auch Person zwei. Gleiches gilt für das Kopf-
abstützen, Vorbeugen oder Beineüberkreuzen. Gähnen macht sofort
die Runde. Und lacht der eine, lacht der andere lauter.
    Diesen Chamäleon-Effekt[2], auch soziale Ansteckung genannt,
kann man nutzen, um ein Großereignis zu provozieren. Es braucht
zum Beispiel ungefähr 17 Menschen, um die halbe Fußgängerzone
nach oben schauen zu lassen und 30 für eine La-Ola-Welle im Sta-
dion.[3, 4] Probieren Sie's aus. Und die Teilnehmer, genauso wie unsere
zwei Versuchsobjekte, haben guten Grund zum Imitieren: Spiegeln
ist eine tolle Strategie, um sich beliebt zu machen[2]. Person zwei wird
später sagen, sein Gesprächspartner hätte sehr gute Ideen gehabt
und informiert gewirkt. Menschen, die stärker spiegeln, werden als
intelligenter, offener, wacher und allgemein liebenswerter wahrgenommen. Schüler, die ihre Lehrer spiegeln, haben bessere Karten

bei der Notenvergabe, das Gleiche gilt für den Chef und die neue Partybekanntschaft.

Würde Person eins nicht spiegeln, würde der andere ihn auch gegenteilig wahrnehmen. Besonders überraschend ist es, wenn wir erwarten, dass uns jemand ähnelt[5], und dann schlägt er plötzlich nicht die Beine übereinander, wenn wir das tun. Wir reagieren verwirrt und irgendwie verärgert. So wie wir immer schwer perplex sind, wenn der Partner ganz plötzlich eine andere Meinung hat.

Die allererste Antwort auf die Frage «Was passiert, wenn zwei Menschen aufeinandertreffen?» ist also: Sie beginnen einander nachzumachen. Das ist das erste Verhalten, das wir erklären müssen.

Spiegeln wir denn bewusst? Angesichts der Vorteile, die es bringt, liegt es nahe (man spricht auch vom Effekt der Sozialen Erwünschtheit). Zugegebenermaßen kommt es ziemlich selten vor, dass wir uns spontan einem Stadiongesang anschließen, ohne etwas davon mitzukriegen, à la «Huch, eigentlich bin ich doch für Dortmund». Auch den Tipp, dass man sich vorbeugen soll, wenn sich das Gegenüber vorbeugt, haben Sie bestimmt schon mal im Bewerbertraining bekommen. Oder von Dr. Sommer.

Doch wir spiegeln auch, wenn das Gegenüber unfreundlich wirkt[6]. Und oft behalten wir das bei, wenn es schon längst weg ist[7]. Vieles passiert unbewusst. Sie passen Ihre Stimmlage der des anderen an, die Weite der Pupillen[8], sogar der Atemrhythmus[9] gehen in Einklang über. Am Ende der Unterhaltung sind Sie zwar keine Meile in seinen Schuhen gelaufen, aber annähernd in seinem Körper.

Wenn sich zwei Menschen begegnen, verfallen sie also quasi automatisch in einen merkwürdigen Einklang. Ist dieses Verhalten natürlich oder erlernt? In solchen «Nature versus Nurture»-Debatten streitet man üblicherweise jahrzehntelang erbittert darüber, ob ein Phänomen angeboren oder antrainiert ist, um am Ende herauszufinden, dass irgendwie beides zutrifft. Generell gilt: Auch automatisches Verhalten kann sozial geprägt sein. So wie Sie auch Ihr Gähnen oder Lachen dem Kontext anpassen.

Es fällt leicht, sich vorzustellen, warum sich das Spiegeln evolutionär durchgesetzt hat. Ansteckungsmechanismen ergeben besonders in Gruppen Sinn. Sich kratzen zum Beispiel. Wenn Ihr Sitznachbar nicht damit aufhören kann, ist es praktisch, dass es Ihnen jetzt auch so geht. Lieber alle Flöhe gleich zum Nachbarn zurückschicken, als zu Hause eine Pension aufzumachen. Oder Gähnen. Stellen Sie sich vor, Sie wollen als Gruppe auf eine Völkerwanderung gehen und einer bleibt die ganze Nacht wach und liest Krimis. Am nächsten Morgen ist er müde und hält die anderen auf, und das war's mit Ihrem evolutionären Vorteil. Lieber ordentlich gähnen, bis alle müde sind. Aber es könnte auch gut sein, dass wir einfach im Laufe unseres Lebens lernen, welches Verhalten bei den anderen gut ankommt und bei welchem sie eher wegrennen.

Wenn sie nicht wissen, wie etwas angefangen hat, schauen sich Wissenschaftler gerne kleine Kinder an. Das ist tröstlich. Da geht es einem gleich besser. Außerdem ist es informativ. Erst mal weil Kleinkinder den Vorfahren vor sechs Millionen Jahren wahrscheinlich ähnlicher sind als die durchschnittliche Psychologiestudentin, die sich sonst in wissenschaftliche Studien verirrt.

Denn die Entwicklung einer Spezies ähnelt der ihrer Individuen. Es ist ein bisschen so, als würde jeder Einzelne von uns die komplette Evolution noch mal im Schnelldurchlauf vollziehen («Was bisher geschah ...»). Außerdem haben Kinder noch nicht so viel Zeit unter Menschen verbracht und sind weniger kulturell beeinflusst. Damit hatten sie auch weniger Möglichkeit, das Spiegeln zu lernen. Die beste Art, ganz sicher zu sein, woher das Spiegeln kommt, wäre darum gewesen, quasi direkt mit der gebärenden Mutter ins Krankenhaus zu fahren, ihr das Baby zu entreißen und ihm dann eine halbe Stunde Grimassen zu schneiden, um zu schauen, wie es reagiert.

Gut, dass jemand genau das getan hat. Nämlich die Psychologen Andrew Meltzoff und Keith Moore 1977.[10] Natürlich mit Einverständnis der Eltern. Das jüngste Neugeborene, das an diesen Experimenten teilnahm, war zarte 42 Minuten alt. Eines der ersten Dinge, die es in dieser Welt zu sehen bekam, war ... nun ja ... das da:

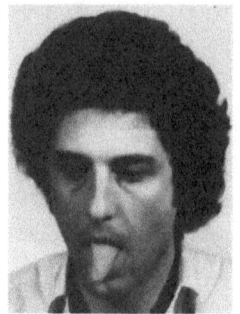 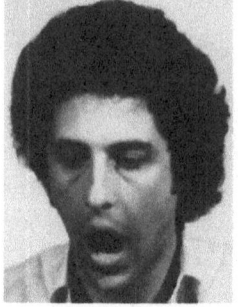 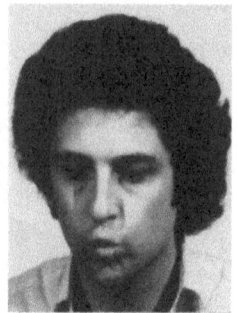

Was das Kind sich dabei gedacht hat, ist leider nicht überliefert. Wohl aber was es tut. Unabhängige Beobachter, die nur das Gesicht des Kindes sehen konnten, bestätigten: Es imitierte, streckte die Zunge heraus, öffnete den Mund. Oder etwas anschaulicher:

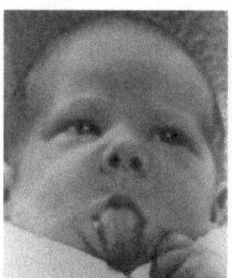 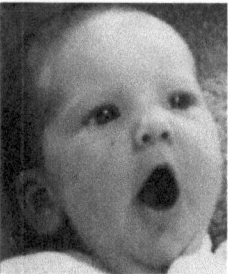 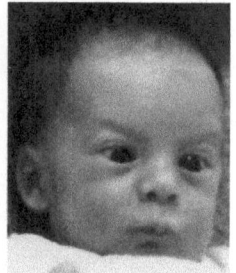

Damit war geklärt: Imitieren liegt in unserer Natur. Jedenfalls solange niemand vorbeischaut und sich eine bessere Erklärung einfallen lässt. Das ist ziemlich beeindruckend, wenn man bedenkt, dass das Baby noch nie einen Spiegel gesehen hat. Fast noch nie einen Menschen. Es weiß nicht, wie seine Zunge aussieht. Vielleicht nicht einmal, dass es eine hat. Und doch: Wenn ihm die Zunge herausgestreckt wird, streckt es zurück. Das haben mittlerweile mehr als 20 weitere Studien bestätigt. Neugeborene können schon vier Dinge imitieren: Mund- und Handbewegungen, Zungenstrecken und Schmollmünder. Dabei kommen sie nie mit den Körperteilen durcheinander. Sie bewegen nicht aus Versehen den Fuß oder machen einen Schmollmund. Menschen spiegeln sich also von Geburt an und zum Teil unbewusst. Das macht die Antwort auf die Frage, was dabei in ihrem Kopf vor sich geht, fast noch schwieriger.

Wenn Sie schon imitiert haben, als Sie sonst fast nichts konnten, dann heißt das, wir suchen nach einem Mechanismus, der simpel genug ist, dass Babys ihn hinbekommen, aber komplex genug, damit er dutzende verschiedene Wahrnehmungen in Bewegungen umsetzt. Wie machen Sie das? Woher weiß Ihr Gehirn, was Sie nicht wissen?

Es ist an der Zeit, unsere zwei Versuchspersonen in den Scanner zu legen – metaphorisch, denn in Wirklichkeit wollen wir natürlich wissen, welche Bilder uns die Tausende von Studien zeigen, die es bis jetzt zu dem Thema gibt. Also: Was geht in ihren Köpfen vor, wenn sie andere Leute beobachten? Gucken wir Menschen zu, die Menschen zugucken!

Der lange Weg in Ihren Kopf.
Warum es so schwer war herauszufinden,
wie Imitation funktioniert

Heutzutage ist das menschliche Gehirn keine Black Box mehr. Wir Neurowissenschaftler haben freie Sicht in den Kopf unserer Versuchspersonen. Oder so etwas Ähnliches. Denn was wir sehen, ist leider längst nicht so klar, wie es auf den schönen bunten Bildern immer aussieht. Es ist so wie mit der visuellen Wahrnehmung, bei der wir uns auch vorgenommen hatten, etwas skeptischer zu sein mit dem, was wir sehen.

Darum sollten wir uns mal kurz im Labor umschauen. Mit welchen Werkzeugen arbeiten wir? Was können sie uns mit Sicherheit zeigen und was nur vielleicht oder gar nicht? Also einmal kurz Neurowissenschaften in der Nussschale, bevor wir die Maschinen anwerfen.

Vor der Erfindung der Elektroenzephalographie (kurz: EEG) und der funktionellen Magnetresonanztomographie (kurz: fMRT) war beinahe die einzige Möglichkeit, das Gehirn am Menschen zu erforschen, in Fallstudien interessante Menschen zu beobachten und zu warten, bis sie eines Tages starben. Danach guckte man sich ihr Gehirn an, um herauszufinden, was man vergessen hatte, sie zu fragen. Einige dieser Erkenntnisse haben tatsächlich die Zeit überdauert.

Der französische Arzt Paul Broca zum Beispiel behandelte im 19. Jahrhundert mehrere Patienten, die ihre Sprache verloren hatten. Nach ihrem Tod untersuchte er ihre Gehirne und stellte bei allen Schädigungen in einer bestimmten Region fest. Dieses Areal wird auch heute mit Sprachproduktion in Verbindung gebracht und trägt inzwischen seinen Namen: das Broca-Areal.

Andere posthume Untersuchungen, wie die von Einsteins Gehirn – der er übrigens nie zugestimmt hat –, führten zu ziemlich spekulativen Ergebnissen. Das Einzige, was sich dabei mit Sicherheit feststellen ließ: Es kommt nicht auf die Größe an. Einsteins Gehirn war etwas kleiner und leichter als das des Durchschnittsmenschen. Man braucht eben in der Regel mehr als ein Gehirn, um allgemeingültige Erkenntnisse zu gewinnen. Und Stephen Hawking lebt noch.

Dann kamen neue Techniken, die erlaubten zu verstehen, welche Gehirnregionen in welchem Moment aktiv sind beziehungsweise wie viel Sauerstoff in welchem Moment an welche Stelle des Gehirns transportiert wird – die Hämodynamik des Gehirns – und wo es gerade besonders viele Schwankungen in der elektrischen Ladung der Zellen gibt.

Beide Maßnahmen, fMRT und EEG, sind ziemlich indirekt. fMRT, die Methode, bei der Menschen in eine Röhre geschoben werden, macht es sich zunutze, dass Blut, das besonders stark mit Sauerstoff angereichert ist, andere magnetische Eigenschaften hat als jenes, in dem wenig Sauerstoff enthalten ist. Ist ein Teil des Gehirns besonders aktiv, wird dort mehr Sauerstoff verbraucht. Also muss Nachschub geliefert werden, und den daraus resultierenden Sauerstoffanstieg kann der Magnetscanner erfassen.

Weil dieser Effekt aber erst mit Verzögerung eintritt, ist fMRT zeitlich sehr ungenau. Es ist schwer zu sagen, was zuerst passiert und für welche Neuronen genau der Sauerstoffschwall bestimmt ist, den das Blut zu den Zellen transportiert. Einer meiner Professoren hat es mal so beschrieben: Man läuft einem Rasensprenger hinterher und guckt, auf welche Tulpe er zielt. Immerhin sagt uns fMRT aber, welches Beet bewässert wird, also welches Areal aktiv ist. Und das ist schon eine ganze Menge. Zumal es dabei nicht stört, wenn die Versuchsperson noch lebt.

EEG, die Methode mit den Elektrodenkappen, misst Spannungsschwankungen an der Schädeloberfläche und ist dabei zeitlich sehr akkurat, die räumlichen Informationen sind aber noch gröber, denn sie erfasst überlappend alle Signale, die die Oberfläche erreichen. Um die Aktivität einzelner Nervenzellen aufzunehmen, müsste man Elektroden direkt im Gehirn anbringen. Beim Menschen wird solch ein invasives EEG aus Sicherheitsgründen nur angewandt, wenn es dafür zwingende medizinische Gründe gibt, zum Beispiel das Zentrum epileptischer Anfälle lokalisiert werden soll. In solchen Fällen dürfen die Neurowissenschaftler mit Einwilligung des Patienten ein paar Daten mitsammeln. Das ist als solches übrigens ganz schmerzlos. Das Gehirn selbst besitzt keine Schmerzsensoren. Es ist nicht in der Lage zu fühlen, wenn daran operiert wird.

Mit diesen zwei Methoden haben wir schon eine Menge von dem verstanden, was Neurowissenschaftler so umtreibt. Ein typisches, zeitgenössisches Laborgespräch gefällig?

«Es war eine ziemlich große Studie, n = 176 2 x 2 Design. Wir mussten ständig den 3-Tesla-Scanner besetzen, und die Datenanalyse hat den ganzen Monat gedauert. Vier Mal den Server gecrasht.»

«Nur vier Mal, nicht schlecht!»

«Die IT gesagt, wenn ich noch einen Endlos-Loop einbaue, redet sie nicht mehr mit mir. Und da hatten wir nur das Preprocessing fertig.»

«Und welche Analyse hast du für die Konnektivität genommen? PPI oder DCM?»

«DCM, weil wir effective connectivity brauchten. Und die hat dann das Model ausgespuckt, wo AI den TPJ hemmt. Und der T-Test gegen null meinte, der Unterschied ist signifikant.»

«Spannend! Eine Frage: Auf deiner Folie, das ‹L› neben der Gehirnhälfte, heißt das links von mir oder vom Gehirn aus gesehen?»

«Das muss ich nachschauen.»

Abseits von diesen Verfahren, fMRT und EEG, bleiben fast nur gröbere Methoden und die Möglichkeit, Experimente so oft zu wiederholen, dass möglichst viele Fehlerquellen herausgerechnet werden können. Und jedes Mal nutzen wir dabei definitiv mehr als zwei Versuchspersonen. Auf diese Weise konnten in den letzten zwanzig Jahren Dutzende Erkenntnisse zusammengetragen, verglichen, verworfen und diskutiert werden. Manches bezieht sich auf Einzelstudien und ist mit Vorsicht zu genießen, anderes wurde schon so oft gefunden, dass wir es mit etwas mehr Selbstbewusstsein behaupten können. In der Gesamtheit bringt uns hoffentlich beides dem Verständnis ein Stück näher. Immerhin haben einige dieser Erkenntnisse die sozialen Neurowissenschaften revolutioniert. Ein solcher Riesenschritt war auch die Entdeckung der Spiegelneuronen.

Affe sieht, Affe tut.
Ein Missgeschick revolutioniert
die Neurowissenschaft

Schon der erste Blick auf das Scannerbild hält eine Überraschung bereit. Unsere Versuchsperson zeigt Aktivierung im motorischen Cortex. Wir sehen Bewegungsmuster im Gehirn eines Probanden, der gerade flach und regungslos auf dem Rücken liegt. Bei der ersten Sichtung eine Sensation.

Dieses Phänomen ist inzwischen Pop. *Jeder* spricht über Spiegelneuronen. Um ihre Entdeckung ranken sich Legenden, und wie bei den meisten guten Geschichten hat jeder eine andere Version zu erzählen. Aber alle haben mit Essen zu tun. Es beginnt in den Neunzigern mit einem Experiment des italienischen Neurophysiologen Giacomo Rizzolatti (äußerlich Typ Mark Twain), der die Gehirnaktivierung von Affen untersuchen wollte, während sie nach etwas greifen. Als Messmethode wurde invasives EEG genutzt. Den Affen wurden also Elektroden eingesetzt, die die Reaktion einzelner Nervenzellen aufnahmen.

Was dann passierte, ist unklar. Hat ein Hiwi in der Mittagspause den Obstkorb geplündert, hat der Doktorand dem Affen Erdnüsse geklaut? Auf jeden Fall beobachtete der Affe wohl jemanden beim Essen, während er schon für das Experiment verkabelt war. Und damit hatte man plötzlich eine Aufnahme davon, was in seinem Kopf passiert, wenn nicht er, sondern ein anderer nach etwas greift. Die beeindruckende Erkenntnis: Die Aktivierung war in einigen Zellen fast dieselbe. Spätere Studien bestätigten dieses Ergebnis im menschlichen Gehirn, und zwar nicht nur für einzelne Neuronen, sondern ganze Gruppen.

Das muss man sich auf der Zunge zergehen lassen: In unserem Hirn sind zum Teil dieselben Neuronen aktiv, unabhängig davon, ob wir selbst etwas tun oder ob wir andere dabei beobachten. Wahr-

Dh. Umfeld + Medien etc haben unterbewusst eine richtig starke Beeinflussung

nehmung und Ausführung einer Bewegung teilen sich ähnliche Netzwerke. Das passiert also im Kopf unserer Versuchspersonen, wenn sie dem anderen gegenüberstehen: Sie reflektieren seine Bewegungen. Wenn die eine Person die Hand hebt, dann feuern im Kopf der anderen viele Neuronen, die auch aktiv wären, wenn sie die Bewegung selbst ausführen würde. Besonders im prämotorischen Cortex und in bestimmten temporalen und frontalen Gyri (das sind die Erhebungen auf der Gehirnoberfläche). Das Gehirn verarbeitet die Bewegungen des anderen auf dem gleichen Weg, auf dem es auch die eigene Bewegung codiert. Die Verbindung, die so zwischen Wahrnehmung und Ausführung besteht, bezeichnet man in der Forschung als Perception-Action-Link. Die Neuronen, die dafür verantwortlich sind, heißen Spiegelneuronen oder, aus gegebenem Anlass, auch «Monkey-see-Monkey-do»-Neuronen. In gewisser Weise sind sie die Verbindung zwischen uns und der Welt um uns herum. Was wir bei anderen beobachten, läuft auch in uns selbst ab.

So erkennen wir Bewegungen aus allen möglichen Blickwinkeln. Je nachdem, ob wir jemanden von vorne, hinten oder der Seite sehen, bekommen wir von unserem visuellen Cortex immer andere Informationen. Aber die Spiegelneuronen sagen uns jedes Mal: «Der schnappt sich meine Erdnuss!» Und wir gehen in Angriffshaltung.

Doch wenn die Aktivierungsmechanismen sich derart ähneln: Woher wissen unsere Testpersonen nun, dass ihr Gegenüber nach der Erdnuss greift und nicht sie selbst? Aus demselben Grund, aus dem Sie wissen, dass Sie gerade sitzen, ohne dafür extra nachschauen zu müssen. Ihr Gehirn hat eine Selbstwahrnehmung des Körpers, die Ihnen sagt, wann Ihre Muskeln tatsächlich angespannt sind, ob Sie Schmerzen haben oder aufrecht sitzen. Es verlässt sich auf Signale Ihrer Muskeln, Ihrer Haut und Ihres Gleichgewichtsorgans. In gewisser Weise sind diese Signale das Einzige, was Sie von anderen Menschen trennt, denn ohne sie wäre es tatsächlich schwer zu sagen, wo Ihre eigene Wahrnehmung aufhört und die der anderen beginnt.

Wir lernen also, dass der Gleichklang mit unserem Gegenüber noch tiefer geht, als wir das von außen sehen konnten. Nicht nur

Körperhaltung und Physiologie unserer Versuchspersonen bewegen sich synchron, sondern auch die Gehirnaktivierung wird zum Spiegelbild des anderen. Aber wie funktioniert das genau?

«Also ich hab's vom Nachbarneuron gehört und das hat es von ...» Neuronen-Networking

Um zu begreifen, wie die Verbindung funktioniert, die es uns erlaubt den Körper eines anderen zu spiegeln und ihn zu verstehen, muss man wissen, wie in unserem Gehirn Informationen verarbeitet werden. Mit diesem Wissen können wir später wiederum gucken, wo unsere eigene Wahrnehmung uns hinters Licht führt und wie wir das verhindern können. Also erst mal ein kleiner Exkurs in die Welt der Neuronen.

Es ist ganz einfach: Unsere Nervenzellen wechseln zwischen «an» und «aus». Jede Nervenzelle kann entweder feuern oder nicht feuern. Dazwischen gibt es nichts. Mehr Informationen bekommt das Gehirn nicht. In ihrem Ruhezustand hat die Membran einer Nervenzelle eine ziemlich unveränderliche negative Ladung, das Ruhepotenzial. Draußen gibt es zwar eine ganze Menge positiv geladene Natriumionen, die sich davon angezogen fühlen und die Zelle gerne stürmen würden, aber die kommen nicht rein.

Feuern bedeutet, dass sich plötzlich Ionenkanäle in der Zellmembran öffnen und all die Natriumionen mit Schwung ins Zellinnere stürzen. So entsteht eine positive Ladung, ein elektrisches Signal, das wiederum die nächsten Kanäle in der Zellwand öffnet. Das Aktionspotenzial erreicht den Zellkern und wird von dort aus an die anderen Zellen weitergeleitet. Die Kanalöffnung wird von den umliegenden Zellen eingeleitet, die an den Verbindungen (auch Synapsen genannt) chemische Signale in Form von Neurotransmittern ausschütten. Diese Signale können die verbundene Zelle erregen (Exzitatorische Postsynaptische Potenziale) oder hemmen (Inhibitorische Potenziale). Beide Informationen summieren sich bis zum kritischen Schwellenwert, an dem ein Aktionspotenzial losgetreten wird. Und nur wenn deren Signale tatsächlich eine gewisse Stärke erreichen, wird der Prozess in Gang gesetzt. Es gibt kein «Wir feuern ein bisschen».

Das heißt, nur die wenigsten Zellen reagieren direkt auf Signale von außen, wie das zum Beispiel die Zellen in Ihrem Auge tun. Die meisten Zellsignale entstehen aus der Interaktion von Netzwerken.

Man kann sich das vorstellen wie bei einer Schulklasse: Irgendwo draußen rennt ein Eichhörnchen durch die Gegend. Der erste Schüler zeigt darauf. Ein paar Mitschüler gucken zum Fenster, das Murmeln erreicht eine gewisse Lautstärke, aber erst wenn der Pegelstand kritisch wird, ruft es von vorne «Was ist denn dahinten los!?». Die Lehrerin hat gefeuert. Ein Signal wurde übertragen, von den Schülern zur Lehrerin. Alles, was wir wahrnehmen, denken oder fühlen, beruht auf dieser Signalübertragung – quasi unser Selbst und unsere gesamte Realität.

Was uns übrigens nicht daran hindert, sie täglich zu manipulieren (Stichwort fehlbares Gehirn). Je nach persönlicher Gewohnheit und Präferenz wahlweise mit Kaffee, Alkohol, Zigaretten, Paracetamol oder Kokain. Alle diese Stoffe setzen an der Signalübertragung an. Sie sorgen dafür, dass sich die Kanäle in bestimmten Zellen des Gehirns nicht mehr öffnen beziehungsweise permanent offen stehen. Die Zelle feuert entweder nicht mehr oder nonstop, unabhängig davon, welche Signale sie von den Nachbarzellen erhält.

Unsere Lehrerin bekommt also entweder Ohropax oder ein Burnout-Syndrom. Auf die Schüler reagiert sie nicht mehr. Solche Manipulation kann dauerhaft unser Stresslevel, unsere körperliche Erregung oder unsere Schmerztoleranz verändern. Mit Manipulation unseres Gehirns beschäftigen wir uns zwar erst ganz am Ende des Buches, doch auch ohne solche äußere Einwirkung reagieren unsere Neuronen nicht immer gleich, sondern variieren zwischen Individuen und Situationen.

Um die Arbeit der Spiegelneuronen in unserem Alltag zu verstehen, müssen wir uns darum anschauen, wie Neuronen Verbindungen aufbauen. Das funktioniert nach dem Hebb'schen Gesetz. Der Biologe Donald Hebb hat 1949 als einer der Ersten die Lernprozesse zwischen Zellen beschrieben. Seine Regel ist kompliziert, kann aber ganz prima zusammengefasst werden unter der Überschrift: Neurons that fire together, wire together. Soll heißen, um bei unserer Schulklasse zu bleiben: Wenn Leon und Michel aus der letzten Reihe immer auf die gleichen Signale reagieren («Boah, guck mal, ein Eichhörnchen!», oder: «Haha, sie hat Titicaca gesagt!»), steigt die Wahrscheinlichkeit, dass sie auch nach der Schule gemeinsam zu McDonald's gehen. Sie bauen eine Verbindung auf.

Auf zellulärer Ebene heißt das nichts anderes, als dass an der Schnittstelle zwischen den Zellen mehr Kanäle eingebaut werden. Wenn die eine Zelle feuert, wird es wahrscheinlicher, dass die andere das auch tut. Wenn Leon Mist baut, dann kann Michel nicht weit sein. Die Lehrerin kann ihn gleich mit ermahnen und beide Eltern gemeinsam zum Elternsprechtag in die Schule zitieren. Das Gehirn wiederum nutzt die Information, welche Zellen gerade gleichzeitig feuern, um verschiedene Informationen zu codieren. Genau wie ein Computer ganze Bilder übermitteln kann über Muster aus Einsen und Nullen.

Dabei reagiert jedes Spiegelneuron auf Teilaspekte der Handlung. Einige Neuronen codieren die spezielle Ausführung, feine Griffe, Faustbewegungen oder gestreckte Finger. Andere Gruppen reagieren auf den Inhalt der Handlung und feuern nur, wenn gehoben, geschlagen, gewürfelt oder gegessen wird. Quasi wie bei sozialen Netzwerken, wo eins nur Videos weiterleitet, eins nur Kurznachrichten mit 140 Zeichen und das letzte nur Bilder von anderer Leute Urlaub und/oder Abendessen. In Ihrem Browser kommen all diese Informationen zusammmen, und am Ende erkennen Sie das klare Gesamtbild: Alle haben gerade mehr Spaß als ich. Denn die Vernetzungen wecken auch die passenden Emotionen im Gefühlszentrum.

Wenn das Gehirn gleichzeitig ein Signal bekommt von Michel, Leon und der Lehrerin, aktiviert das die Emotionen, die mit dieser Konstellation immer aktiv sind. In diesem Fall Ärger und Frustration. Feuert die Lehrerin schnell nacheinander, gibt es wahrscheinlich viel Ärger. Feuert sie lange Zeit immer wieder, vielleicht viel Frustration. Wenn dagegen der visuelle Cortex gleichzeitig Signale bekommt von der Lehrerin, dem Hausmeister und dem Referendar, aktiviert das im Sprachzentrum das dazu passende Wort: Raucherpause.

Was wir sehen und hören, zieht einen ganzen Rattenschwanz an dazugehörigen Assoziationen nach sich. Und so erklärt sich auch, wie die Spiegelneuronen einzelne Bewegungen den übergeordneten Handlungen zuordnen, selbst wenn nicht alle Details übereinstimmen. Solange uns Teile der Handlungen bekannt vorkommen, verstehen wir sie auch, wenn sie nicht direkt in unserem motorischen Vokabular liegen. Ein Mensch ohne Hände erkennt Ihre Greifbewegung trotzdem.[11] Die Verbindungen dafür erhalten Sie vor allem aus der Selbstbeobachtung. Das heißt, Ihr Gehirn assoziiert Bewegungen mit den Dingen, die Ihnen dabei üblicherweise durch den Kopf gehen: Gesten, Sinneseindrücke und Bedeutungen. Je öfter eine Handlung in einem bestimmten Kontext auftritt, desto schneller hat es diese Assoziation parat.

Wir nutzen also das Spiegeln, um die Handlungen des anderen einzuordnen. Der Anblick eines ausgestreckten Armes und einer geöffneten Hand ruft die dazugehörigen Assoziationen wach. Doch Achtung! Diese Netzwerke und Verbindungen sind genauso plastisch wie alles andere in Ihrem Gehirn und verändern sich mit unserer Erfahrung. Was wir sehen (oder glauben zu sehen), hat immer auch mit dem zu tun, was wir schon kennen.

Und damit wären wir jetzt beim letzten Teil der Frage: Was kann schiefgehen beim Spiegeln?

Hatte ich schon erwähnt, dass Sie Ihrem Gehirn nicht trauen sollten? Auch Spiegelnetzwerke sind fehlbar

Von einigen wenigen Handlungen abgesehen, die Sie schon bei der Geburt nachmachen können, entstehen die meisten Verbindungen erst im Laufe Ihres Lebens. Deshalb ist die Art, wie Sie Ihr Gegenüber wahrnehmen, sehr individuell.

Die Spiegelneuronen von Balletttänzern reagieren sehr viel stärker auf andere Tänzer als die eines Durchschnittsmenschen, dessen Lieblingstanzschritt konzentriertes Kopfnicken ist. Doch das ändert sich, wenn sie Tanzen trainieren.[12] Das Gleiche gilt für das Klavierspielen. Wenn jemand, der selbst nie Klavier gespielt hat, ein Stück von Beethoven hört, reagieren seine Spiegelneuronen kaum. Sie bringen die Musik nicht mit Körperbewegung in Verbindung, höchstens mit unbequemen Konzertstühlen. Nach ein paar Sitzungen am Klavier sieht das bereits anders aus.[13]

Einige Handlungen können wir überhaupt nur interpretieren, wenn wir sie selbst ausgeführt haben. Wenn Sie keine Ahnung haben, was eine flach gestreckte Hand und eine daran angelehnte Faust bedeuten, dann weiß Ihr Gehirn auch nicht, ob Ihr Kung-Fu-Lehrer Sie gerade begrüßt oder bedroht. Oder beides. Wenn wir uns in einen neuen Kulturkreis oder einen anderen Kontext begeben, lernen wir neue Handlungen und Assoziationen. Und je eher wir mit diesen Bewegungen vertraut sind, desto reicher können wir sie in unserem Kopf nachvollziehen. Doch je besser Sie eine Handlung kennen, desto größer wird auch die Wahrscheinlichkeit für Missverständnisse. Die sogenannten weitgehend kongruenten Spiegelneuronen feuern bei allen möglichen Handlungen, solange sie nur die gleiche Intention verfolgen, und das oft schon bevor die Handlung ausgeführt ist. Wenn Ihr Gastgeber ein Glas Wein einschenken will, dabei ausrutscht und den guten Trunk einmal quer über das Tischtuch gießt, bestätigen einige Ihrer Spiegelneuronen «Sehr gut. Wein erfolgreich eingeschenkt.»[14]

Die Ursache dafür ist wahrscheinlich wieder die Selbstbeobachtung.[15] Wenn Ihr Gehirn Ihnen beim Essen zuguckt, geben Ihre motorischen Neuronen das Signal «greifen», während Ihre Hand noch beim Armausstrecken ist. Die Verbindung entsteht also zwischen dem Befehl «greifen» und dem Anblick «ausgestreckter Arm» und nicht «greifende Hand». Und dieser Eindruck muss dann von anderen Teilen Ihres Gehirns erst mühsam korrigiert werden.[16]

Das Ergebnis ist eine gewisse Tendenz Ihres Gehirns, die Pointe vorwegzunehmen. Wenn jemand den Arm ausstreckt, ruft Ihr Gehirn schon: «Das kenn ich, das ist Greifen!» Peinlich wird das, wenn sich der andere nur recken wollte und Sie halten schon schützend Ihren Nachtisch fest. Oder wenn jemand die Hände nach unten sinken lässt und Sie sehen ihn schon zur Waffe greifen. Diese Erkenntnis ist ziemlich relevant, wenn Sie an Zeugenaussagen vor Gericht denken. Die Geste wird vielleicht noch bedrohlicher, wenn Sie selbst am Gürtel eine Waffe haben. Für die meisten Menschen ist eine Handbewegung zum Gürtel nicht automatisch mit Bedrohung verbunden («Warum macht er das, steht mein Hosenschlitz offen?»). Wenn Sie dagegen ein Waffennarr sind, nehmen Sie Ihre Umwelt vermutlich ganz anders wahr. Und diese Vernetzungen haben Sie sich eindeutig selbst eingebrockt. Das könnte einige Dinge in Texas erklären, es hat aber leider bis jetzt niemand systematisch erforscht.

Tatsächlich interagieren unsere Spiegelneuronen stark mit der Erfahrung. Sie lassen sich sogar umtrainieren. Wenn wir den Anblick einer bestimmten Handlung immer wieder mit der Ausführung einer anderen verbinden, dann ändern sie auf lange Sicht ihre Verknüpfungen und Assoziationen.[17] Auch wenn wir ein Geräusch sehr oft mit einer Handlung verbinden, feuern die Neuronen irgendwann zusammen. Es gibt Spiegelneuronen, die auf den Ton einer geknackten Erdnuss reagieren.[18] Jedes Mal, wenn Sie das Klacken am Ende der Flensburger Pilsener-Werbung hören, öffnet Ihr Verstand innerlich ein Bier. Wenn Sie keinen Alkohol trinken, öffnet er vielleicht eine Fassbrause. Wieder eine Frage Ihrer persönlichen Erfahrung. Das ist also das Entscheidende, was schiefgehen kann beim Analysieren durch Spiegeln: Sie bewerten das Geschehen vorschnell und auf der Grundlage Ihrer Erfahrungen.

Und was Sie wahrnehmen, beeinflusst Ihre eigene Bereitschaft zu handeln. Würden wir die Muskeln unserer Versuchspersonen untersuchen, könnten wir verstärkte motorisch evozierte Potenziale messen, während sie den Bewegungen des anderen zuschauen. Das heißt, Ihre Muskeln sind bereiter, die gleiche Bewegung auszuführen, und reagieren schon auf kleinste Signale Ihres Gehirns in der Richtung. Wenn Sie eine andere Person nach etwas greifen sehen, sind Sie schneller bei Ihrer Erdnuss. Wenn jemand Sie schlagen will, geht Ihnen auch das leichter von der Hand. Und wenn jemand im Fitness-studio Gewichte stemmt, kriegen Sie Muskeln. Na ja, das leider nicht. Zu wenig Gegendruck. Aber dank dieses sogenannten Carpenter-Effekts, auch ideomotorischer Effekt genannt, können wir manchmal immerhin schon vom Zuschauen lernen.

Zusammengefasst: Wenn zwei sich treffen, spiegeln sie sich. Mal mehr und mal weniger bewusst. Dadurch koordinieren sie ihre Hand-lungen, verstärken Sympathie, und nicht zuletzt verstehen sie da-durch auch, was der andere tut. Aber dabei kann es zu Missverständ-nissen kommen, und bevor wir das merken, ist unsere Hand vielleicht schon oben. Damit sollten wir doch alles haben, was wir für unsere soziale Kognition brauchen, oder? Nicht ganz.

Was Spiegelneuronen können – und was nicht

Als man sie entdeckte, schienen Spiegelneuronen so viele Fragen auf einmal zu beantworten, dass sie bald als meistgehyptes Thema der Neurowissenschaften galten. In den letzten zwanzig Jahren sind weit mehr als tausend Artikel zu diesem Thema verfasst worden. Einige sehen in ihnen die Grundlage zum sozialen Lernen und damit unserer Kultur. Andere erklären, wie Spiegelneuronen das Sprechen-lernen ermöglichten oder unser Mitgefühl. Der Neurowissenschaft-ler V. S. Ramachandran nutzt Spiegelneuronen zur Behandlung von Phantomschmerzen. Die Möglichkeit besteht, wenn diese auf As-soziationen aus der Zeit vor der Amputation beruhen, in denen der Patient starke Schmerzen oder eine verdrehte Körperhaltung aus-halten musste. Mit Hilfe einer Spiegelbox wird die gesunde Körper-hälfte gedoppelt, sodass es dem Gehirn erscheint, es bewege beide Arme gleichzeitig, obwohl nur noch einer da ist. Dank des erwähnten Perception-Action-Links erreicht diese Wahrnehmung auch den Motorcortex. Das Gehirn aktiviert noch einmal die Neuronen, die früher den Arm bewegten, und löst so die Assoziationen aus. Dadurch können die Phantomschmerzen des Patienten gelindert werden.

Doch so vielversprechend diese Ergebnisse sind: Spiegelneuronen sind weit davon entfernt, unser komplettes Sozialleben zu schaukeln. Fest steht: Sie sind vor allem ein Mittel zur Wahrnehmung und Einordnung der Handlungen der anderen. Dadurch helfen sie bei der sozialen Kognition. Bis jetzt ist aber weder ausdiskutiert, ob es nicht auch ohne Spiegelneuronen ginge, noch, wie stark sie dazu beitragen.

Es gibt jedenfalls eine ganze Menge Fragen, die unser Verstand mit Spiegelneuronen nicht mal annähernd beantworten kann. Warum wirft jemand plötzlich einen Molotowcocktail? Oder wie bringt man ihn dazu, es zu lassen? Wieso teilen Menschen Fotos ihres Essens auf Instagram?

Bis jetzt haben wir in erster Linie verstanden, wie unsere Versuchspersonen die Handlungen des anderen erfassen. Mittels Spiegelneuronen und jeder Menge eigener Assoziationen. Doch an unserem Gegenüber gibt es noch viel mehr zu verstehen. Dafür komplizieren wir die Situation etwas. In den nächsten Kapiteln geht es darum, was passiert, wenn Gefühle mit ins Spiel kommen. Eine unserer Versuchspersonen wird plötzlich sehr traurig. Wie nimmt die andere das wahr? Wie reagiert das Gehirn darauf? Und was kann dabei falschlaufen?

Das erste Signal, welches das Gehirn unserer Versuchsperson jetzt erreicht, ähnelt denen, die wir von der Armbewegung schon kennen. Das Spiegeln gibt auch einigen Aufschluss über die Gefühle Ihres Gegenübers. Dafür evaluieren Sie vor allem seinen Gesichtsausdruck. Auch den machen Sie nämlich nach. Nicht unbedingt sichtbar, aber doch mit Elektroden messbar. Wenn Ihr Gegenüber lächelt, dann spannen sich die Muskeln um Ihren Mund an. Wenn es ernst oder wütend guckt, dann runzelt sich Ihre Stirn. Und wieder tun Sie das auch unterbewusst. Selbst wenn die Gesichter anderer Menschen nur für Millisekunden zwischen Farbklecksen aufflackern, sodass Sie sie gar nicht bemerken[19]: Zurücklächeln tun Sie trotzdem. Das Gehirn hat den Gesichtsausdruck bemerkt und hat das Signal dazu gegeben.

Die passende Emotion zum Gesichtsausdruck erkennt das Gehirn mit Hilfe ähnlich assoziativer Netzwerke wie die Körperhaltung. Es spiegelt den Ausdruck und fragt, welche Gefühle Sie damit verbinden. Wie fühle ich mich, wenn ich selbst so gucke? Daraufhin arbeiten motorischer Cortex, Gefühlszentrum und einige andere zusammen und liefern das entsprechende Signal.

Auf mindestens zwei Wegen kann das schiefgehen. Erstens wenn wir gerade nicht gut spiegeln können. Das ist zum Beispiel der Fall, wenn der Motorcortex anderweitig beschäftigt ist.[20] Wenn wir an einem Bleistift kauen, fällt es uns schwerer, ein Lächeln zu deuten, und wir brauchen länger, um zu bemerken, dass eine Person, die gerade noch gut gelaunt war, plötzlich sehr, sehr unzufrieden mit uns ist. Zum Beispiel, weil Sie gerade auf dem Bleistift kauen, den sie Ihnen geliehen hat. Lassen Sie das! Auch Botox erschwert es uns übrigens, unser Gegenüber zu spiegeln, und hinterlässt entsprechende Defizite in unserer Fähigkeit, anderer Leute Emotionen zu deuten.[21]

Zweitens imitieren wir nicht jeden Menschen gleich stark, nur weil wir die Gefühle anderer *automatisch* teilen. «Automatisch» heißt nicht inflexibel. Da unterscheidet sich das Gehirn vom voreingestellten Wecker, den Sie jetzt schon zum zehnten Mal auf Snooze gestellt haben und der immer noch exakt alle acht Minuten klingelt, anstatt langsam mal den Wink zu verstehen. Ein automatisierter Ablauf in Ihrem Körper bedeutet nur, dass Sie nicht bewusst darüber nachdenken oder sich dafür entscheiden müssen, etwas zu tun. Nehmen wir das Atmen. Von Geburt an denkt der Mensch nicht darüber nach. Dennoch können wir es auch mal einen Moment sein lassen. Unter Wasser zum Beispiel. Oder auf einer Raststättentoilette. Mit Nachahmung und anderen Formen von Mitgefühl läuft es genauso. Es passiert automatisch, ist aber auch beeinflussbar. Je intensiver die Beziehung oder der Wunsch nach einer Beziehung, desto stärker ist die Nachahmung.

Wenn wir es vorher nicht geschafft haben, gemocht zu werden, und uns jetzt extra ins Zeug legen müssen, spiegeln wir stärker.[22] Und wenn andere Sie ausschließen, spiegeln Sie Ihre nächste Bekanntschaft extra stark.[24] So nutzt die schlechte Erfahrung immerhin, um an anderer Stelle aufgeschlossener, netter und intelligenter zu wirken und sich durchzusetzen. Ist doch schön. Außerdem imitieren sich Angehörige mehr als andere Leute. Das ist ein Grund, warum sich Pärchen irgendwann so ähnlich sehen.[23] Und zuletzt: Leute, deren Meinung wir teilen, spiegeln wir ebenfalls stärker.[2] In der Interaktion mit Leuten, die Sie nicht mögen, hören Sie dagegen auch mit dem Spiegeln auf. Genauso wenn Sie sich vorher sehr ausgiebig darauf konzentrieren, selbstbestimmt und unabhängig zu sein.[25]

Und wieder lernen wir: Je nach Kontext und Vorerfahrung nehmen wir das Verhalten unseres Gegenübers unterschiedlich wahr. Wenn wir jemanden besser verstehen wollen, sollten wir eine Situation schaffen, in der man spiegeln kann. Oder uns besonders anstrengen, seinen Gesichtsausdruck nachzuahmen[26] – möglichst ohne dabei merkwürdig auszusehen. Wenn wir gemocht werden wollen, gilt das Gleiche. Das heißt: Verlagern Sie das Gespräch möglichst schnell vom Chatroom in die reale Welt. Und nehmen Sie den Bleistift aus dem Mund.

Kein Hirn ist eine Insel.
Warum der andere uns
nicht kaltlässt

Der Tag hatte gut angefangen für Luisa: Der Parkplatz frei, die Präsentation gut gelaufen. Kuchen in der Küche. Okay, danach hat der Computer den Geist aufgegeben und der IT-Techniker war nicht gerade hilfreich. Also ist sie für die nächsten Stunden nicht mehr wirklich produktiv gewesen. Aber immerhin.

Später am Abend wartet sie im Biergarten auf Kollegin Sonja, um ihr genau das zu erzählen.

«Dürfen wir uns dazusetzen?»

«Aber klar.»

Die andere Tischseite wird von einer Gruppe Backpacker bevölkert. Im Planungsstress. Zwei finden kein Wi-Fi, einer kein GPS, und die drei anderen rechnen nach, dass in ihrem Budget noch genau 3 Euro 88 fürs Abendessen bleiben. Es entbrennt eine längere Diskussion, bevor sie zerstritten abziehen.

Luisa hört alles unfreiwillig mit an. Kurz darauf taucht Sonja auf und fragt: «Und, wie war's heute?»

Luisa schnaubt: «Frag nicht. Mein Computer ist gecrasht. Ich hab den ganzen Tag nichts erledigt. Nächste Woche hab ich eine Deadline, die mich buchstäblich umbringt. Und kennst du Ralf aus der IT-Abteilung?»

Augen auf bei Passivstress. Und bei allen anderen Emotionen Ihrer Mitmenschen. Schlechte Laune ist ansteckend. Das heißt, wenn eine unserer Versuchspersonen traurig ist, würde uns wohl auch die andere später berichten, sich niedergeschlagen zu fühlen.[27] Würden wir sie bitten, abwechselnd etwas vorzulesen, würde die erste Person sich nach kurzer Zeit der traurigen Stimmlage der anderen anpassen, auch in deren Abwesenheit.[7]

Noch ein Zeichen, dass Spiegeln nicht nur der Beliebtheit dient, sondern auch dem besseren Verständnis. Stattdessen können Menschen anscheinend eine Stimmung vermitteln, die auch in ihrer Abwesenheit nachklingt: Die Backpacker sind lange weg, aber über Luisas Tisch hängt immer noch eine Gewitterwolke.

Im Scanner können wir eine ganze Reihe unterschiedlicher Formen von «Mit-Fühlen» entdecken, die unserer Versuchsperson durch den Kopf gehen. Im wahrsten Sinne des Wortes. Ihr somatosensorischer Cortex ist aktiv, wenn sie sieht, wie der andere Mensch berührt wird. Sie «fühlt» die Berührung. Sieht sie, wie sich jemand anders ekelt, dann reagiert eine Gehirnregion namens Insel, zusammen mit dem gustatorischen Cortex, und auch sie schaudert es.[28]

Letztlich wecken auch die Gefühle der anderen in Ihrem Gehirn ähnliche Areale, als würden Sie die Emotionen selbst mit sich herumtragen.

Auch hier können wir uns wieder fragen, wo dieses Verhalten seinen Ursprung hat und welche Rolle Lernen und Bewusstsein dabei spielen.

Tatsächlich lassen sich auch Babys gerne emotional mitreißen. Wenn andere Babys schreien, reagieren sie darauf in aller Regel laut und deutlich. Lauter, als sie sonst auf Lärm reagieren.

Sie können das ausprobieren, indem Sie einem Baby das Weinen eines anderen Babys vorspielen[29], im Vergleich zu einem anderen gleichlauten Geräusch. Und wenn Ihre Leidensfähigkeit dann noch nicht ausgereizt sein sollte, auch noch ein Tonband mit seinem eigenen Schreien. Babys reagieren am lautesten, wenn der Lärm von anderen kommt.[30] Wie es zwischen eigenem und Fremdlärm unterscheidet, wissen wir noch nicht genau. Aber immerhin haben wir schon eine ziemlich genaue Vorstellung davon, warum sich das Baby überhaupt mitreißen lässt.

Denn Gefühlsansteckung bringt uns als Individuum weiter. Nehmen wir folgendes Szenario aus der Tierwelt: Alle trinken am Wasserloch, da schreit ein Zebra plötzlich laut auf und rennt weg, was das Zeug hält. Ein paar Wasserbüffel gucken unbeteiligt und grasen weiter, eine Gruppe Makaken ist sich unschlüssig über die allgemeine Glaubwürdigkeit von Zebras, und einige Antilopen richten ein Komitee zur Analyse der Gefahrensituation ein. Die Wildgänse nehmen derweil die Flügel in die Hand.

Was glauben Sie, wer seine Gene morgen noch an die Folgegeneration weitergeben kann? Für unser Überleben ist es besser, sich von den Gefühlen anderer schnell anstecken zu lassen und selbst artenübergreifend mitzufiebern. So lassen sich Frühwarnsysteme aufbauen, wie bei den Erdmännchen zum Beispiel. Eines hält Wache, und wenn das schreit, können die anderen immer noch panisch im Kreis laufen und mit den Armen fuchteln. Das ist viel effizienter, als wenn alle Erdmännchen ständig auf dem Hügel stehen müssten wie extravagante Buchstützen. Deshalb reagieren sie auf Alarmschreie anderer, genauso wie Vögel, Affen, Eichhörnchen – und Sie selbst. Wenn Sie in einer großen Menschenmenge plötzlich eine kleine Gruppe schreien hören, lassen auch Sie sich von der Unruhe anstecken und geraten selbst in Panik. Sie rennen. Und zwar *nicht* in Richtung der Gefahr, um sich selbst davon zu überzeugen («Oh, tatsächlich, da *ist* ein sehr großes Feuer»). Sie laufen blindlings in die entgegengesetzte Richtung.

Damit beantwortet sich auch die uralte Frage: Wenn alle anderen es tun, würden Sie dann auch von der Brücke springen? Wahrscheinlich schon. Wahrscheinlich wissen die etwas, was Sie nicht wissen. Also lieber anschließen.

So machen wir es während unseres gesamten Lebens, und es hat sich prima bewährt. Das tut auch unser Baby. Es lässt sich von der allgemeinen Panik anstecken, und weil es noch nicht weglaufen kann, lärmt es, bis Sie kommen und es wegtragen. Das funktioniert wahrscheinlich, weil *Sie* sich genauso von *seinen* Gefühlen anstecken lassen. Ein weiterer sinnvoller Nebeneffekt der Gefühlsansteckung ist, dass sie sehr motivierend ist, wenn es darum geht, sich um Kinder zu kümmern. Würden Sie nur auf den Lärm reagieren, könnten Sie eigentlich auch eine Decke über den Kinderwagen werfen, und gut ist's. Stattdessen hat die Natur dafür gesorgt, dass Sie sich schon schlecht fühlen, wenn Sie nur ein ganz leises Weinen hören, jedenfalls bis Sie das Baby tröstend dazu bringen aufzuhören.

Gefühle teilen ist also angeboren und evolutionär fest verankert. Aber wie funktioniert es? Und funktioniert es immer gleich?

Gefühle wahrnehmen.
Die Pfade der Gefühlsansteckung

In gewisser Weise ist diese Gefühlsansteckung eine logische Konsequenz des Spiegelns.[31] Denn Spiegeln nützt uns nicht nur, um *andere* zu verstehen und zu beeindrucken. Es hat auch großen Einfluss auf unser *eigenes* Gefühlsleben. Wenn Sie ein fröhliches Gesicht spiegeln, weckt das im Gehirn die dazugehörigen Assoziationen, und das sind in diesem Fall vor allem: Gefühle. So bleibt das Spiegeln nicht auf der oberflächlichen Ebene, sondern geht im Gehirn buchstäblich sehr viel tiefer. Dorthin, wo die eigenen Emotionen sitzen.

Tatsächlich hat unser Gesichtsausdruck einen großen Einfluss darauf, wie wir uns fühlen – nicht nur andersherum. Eines der Experimente können Sie ganz leicht selbst ausprobieren: Wissenschaftler baten Probanden, einen Bleistift quer im Mund zu halten – wahlweise zwischen ihren Zähnen (lächeln) oder zwischen ihren Lippen (grimmig gucken). Danach zeigten sie ihnen Filme. Die Zahngruppe fand alles viel lustiger.[32]

Diese Querverbindungen können uns auf Dauer sehr zu schaffen machen, wenn die gezeigten Emotionen gar nicht zu dem passen, was wir eigentlich fühlen. Haben wir einen ärgerlichen Kundenkontakt und müssen dabei das Der-Kunde-ist-König-Dauerlächeln bewahren, dann treibt dieser Widerspruch unseren Puls nach oben und lässt im Ausgleich unsere verbalen Fähigkeiten in den Keller fallen.[33] Besonders bei Leuten, die in Fragebögen hoch auf der Ärger-Skala abschneiden – also bei denen, die dabei wohl innerlich den stärksten Kampf ausfechten müssen. Dabei fühlt sich dann auch der Kunde unwohl.

Überhaupt sind diejenigen Menschen, deren Arbeitsplatz ihnen vorschreibt, welche Emotionen sie wann an den Tag zu legen haben, auch ganz oben auf der Liste der Burnout-Kandidaten. Unabhängig davon, ob sie im Kindergarten, einem Hotel, einer Bank oder einem Callcenter arbeiten.[34]

Die Verbindung von Motorcortex, Gefühlen und Gesichtsmuskeln erlaubt es uns, auch das zu übernehmen, was wir nicht direkt sehen. Erkennen Sie von weitem eine ängstliche Körperhaltung, gehen Sie nicht nur selbst in Habtachtstellung, sondern reißen auch die Augen auf. Das Gesicht des anderen können Sie zwar nicht sehen und darum auch nicht direkt spiegeln, aber das Abbild der Körperhaltung auf Ihrem Motorcortex hat das Gefühlszentrum erreicht, und das informiert Ihr Gesicht nun, welches der angemessene Ausdruck ist. Darum laufen Sie auch nicht aus Versehen grinsend in eine Trauergesellschaft. Außerdem können Sie Menschen mit dicken Sonnenbrillen verstehen (außer natürlich sehende Menschen, die ihre Sonnenbrillen in geschlossenen Räumen tragen – die versteht niemand).

Empathie greift stärker auf den motorischen Cortex und die Spiegelneuronen zurück als andere Formen sozialer Kognition, wie Perspektivübernahme. Man spricht von Bottom-Up-Verbindungen, bei dem sensorischer Input an komplexere Systeme übergeben wird, die daraus ihre Schlüsse ziehen. Doch das ist nicht der einzige Weg, Mitgefühl anzuregen. Bei den Top-Down-Wegen sind es die höheren, komplexeren Gehirnregionen, die Signale nach unten schicken und uns erklären, was wir gerade empfinden sollten («Ja, man sieht in dem Film nur ein Haus, aber das Haus gehört Carl, und der hat seine Frau Ellie verloren. Und ... Ach, ist auch egal, wein einfach.» – Ihre höheren Gehirnregionen tendieren allgemein zu mehr Worten!). Es gibt eine Menge Situationen, in denen es diese höheren Ebenen sind, die die Empathie erst zum Laufen bringen. Dann zum Beispiel, wenn Sie einen Zeitungsartikel über Bootsflüchtlinge auf dem Mittelmeer lesen und plötzlich Tränen in den Augen haben. Da gibt es für Spiegelneuronen nämlich gar nichts zu sehen. Da müssen Sie sich erst selbst hineinversetzen. Und dafür braucht es komplexere Netzwerke, die die Gefühlsansteckung steuern.

Die höheren und tieferen Ebenen des Mitgefühls sind untrennbar miteinander verwoben und arbeiten bei allem, was wir tun, zusammen. Es sind demnach nicht immer die weniger komplexen Ebenen, die den mitfühlenden Philanthropen geben. Niemand kann sagen: «Ich wollte ja spenden, aber mein Verstand ist so ein Sozialdarwinist.»

Wir lernen also, dass unser Kopf ziemlich offen ist für die Gefühle anderer. Und das ist nicht immer angenehm. Zum Beispiel, wenn wir uns selbst ganz anders fühlen. Oder wenn unser Gegenüber gerade in einer sehr düsteren Stimmung ist. Besonders gut sehen können wir das, wenn unsere zweite Person neben Trauer noch ein weit unangenehmeres Empfinden entwickelt: Schmerz. Das fordert ihr Gegenüber noch ein Stück mehr heraus.

O Gott, O Gott, ich kann gar nicht hingucken. Über die fieseste aller Ansteckungen: Schmerz

WM-Viertelfinale 2014: Brasilien gegen Kolumbien. Neymar springt zum Ball. Der kolumbianische Spieler Zúñiga springt höher und mit dem Bein in seinen Rücken. Mit dem Knie zuerst bohrt er sich in Neymars Rückgrat. Sie können quasi zugucken, wie der Wirbel knackt. Sie hören den Schmerzensschrei, und Sie fühlen ihn. Und alles, was Sie denken können, ist «Hrrrrrrgh!». Mit dem passenden Gesichtsausdruck. Als es vier Tage später im Spiel gegen Deutschland schon 7:1 steht und der brasilianische Fan mit Tränen in den Augen auf seinem Sitz kauert, möchten Sie ein bisschen weinen.

Auch anderer Leute Schmerz können wir fühlen. Zum ersten Mal herausgefunden hat man das in den fünfziger Jahren bei Ratten. Die Studie des Psychologen Russel Church aus dem Jahr 1959 lässt uns auf den ersten Blick erst mal nicht an menschliches Mitgefühl denken. Doch es lohnt sich, genauer hinzuschauen, weil sie uns ahnen lässt, wie tief der Schmerz der anderen in unser eigenes Gehirn vordringen kann.

Die Grundannahme der Studie war diese: Ratten ist der Schmerz ihrer Artgenossen völlig egal. Wenn sie, um Futter zu bekommen, einen Knopf drücken müssen, der einer anderen Ratte Schmerzen zufügt, sollte ihnen das also nichts ausmachen. Wenn wir aber vorher immer beiden Ratten gleichzeitig Elektroschocks gäben, würde Ratte A vielleicht auch dann schon gestresst, wenn sie nur Ratte B leiden sieht. Sie würde den Knopf nicht drücken, um Ratte B einen Elektroschock zu ersparen. Dann hätten wir empathische Ratten. Prima.

Wie man dieses «Empathietraining» auf Menschen übertragen könnte, wurde zum Glück nicht diskutiert. Doch was das Experiment letztlich ergeben hat, ist viel spannender: Es war gar keine gemeinsame Schmerzerfahrung nötig, um Ratten davon abzuhalten, anderen Schmerzen zuzufügen. Auch in der Kontrollgruppe, in der sie nie gleichzeitig Stromstöße bekommen hatten, lehnten sie entschieden ab, den irritierenden «Ich-Futter-Du-Elektroschock»-Knopf zu drücken. Der gleiche Versuch bei Affen führte zu einem dermaßen ausgedehnten Hungerstreik, dass das Experiment schließlich abgebrochen werden musste.[35] Unsere nächsten Verwandten verfügen offensichtlich schon seit mehreren Millionen Jahren über eine Veranlagung, die sie die Schmerzen von anderen so intensiv spüren lässt, dass sie eher hungern, vielleicht sogar sterben würden, als sie selbst zu verursachen. Und diese Veranlagung scheint vom Nagetier bis zum Affen eher stärker geworden zu sein als schwächer. Natürlich können diese Tiere trotzdem erbittert kämpfen, wenn es um Status oder Sicherheit für Leib, Leben und Junge geht oder die Frage, wer wem am Hintern riechen darf. Aber unprovozierte oder ziellose Gewalt ist von ihnen nicht so einfach zu erwarten. Dagegen schützt eine schwere Abneigung gegen das Gefühl, dass die Schmerzen der anderen in ihnen auslöst.

Jedenfalls glauben wir, dass das der Grund für den Ausgang

dieser Experimente ist. Vielleicht hat auch ein Praktikant die Genfer Konvention irgendwo rumliegen lassen. Die Konsequenz ist so oder so: Keine Gewalt zum Selbstzweck. Die wäre evolutionär auch nur bedingt von Vorteil. Schließlich ist jeder Kampf auch ein Risiko für die eigenen Ressourcen.

Nach diesen Versuchen musste unser Verständnis von tierischem Mitgefühl gründlich überholt werden. Was Tiere seitdem über menschliches Mitgefühl denken, ist leider nicht überliefert.

Doch immerhin wissen wir mittlerweile: Auch das menschliche Gehirn nimmt den Schmerz anderer Leute sehr persönlich. Wenn wir sehen, wie sich jemand den Kopf stößt, beansprucht das so gut wie alle Zentren, die an der Wahrnehmung von eigenen Schmerzen beteiligt sind: das Kleinhirn, die Insula, den cingulären Cortex. Genauer gesagt sind die beiden letzteren Regionen involviert in die Schmerzwahrnehmung, wo wir bestimmen, wie unangenehm der Schmerz ist, ob er eher pochend ist (Kopfschmerzen), brennend (Hautabschürfungen) oder explosionsartig und kaum auszuhalten (angestoßener kleiner Zeh am Tischbein). Die Insula oder Insel spielt zusätzlich eine Rolle bei der Wahrnehmung der dazugehörigen körperlichen Stressreaktion. Allerdings sind die Aktivierungsmuster, wenn Sie die Schmerzen anderer beobachten, trotzdem nie exakt die gleichen wie die, wenn Ihnen tatsächlich etwas weh tut. Sie fühlen nie denselben Schmerz wie derjenige, der ihn eigentlich erlebt. Ansonsten gäbe es auch weitaus weniger Horrorfilme. Oder Orthopäden.

Wo genau die Unterschiede liegen, wird immer noch diskutiert, insbesondere die Frage, inwieweit sensorische Areale involviert sind. Letztere reagieren eher, wenn wir besonders starke Schmerzen beobachten oder uns bewusst in sie hineinversetzen.[36] Dann fühlt er sich eher an wie unser eigener. Diese Variationen könnten der Grund sein, warum uns ein schmerzhafter Anblick manchmal kirre macht und sich in anderen Situationen gut ertragen lässt. Probanden, die ohne Schwierigkeiten Szenen aus Horrorfilmen gucken können, schalten schockiert ab, wenn anschließend reale Videoaufnahmen geboten werden zum anschaulichen Thema «Gesichtshaut abziehen vor Operationen». Da ist die Grenze dann doch überschritten. Schmerzen in kontrolliertem Maß erleben zu können scheint das Erfolgsrezept der Horrorfilme zu sein. Wie ein Sturm im Wasserglas.

Filme erlauben uns, starke Gefühle zu haben, ohne sie zu nah an uns heranlassen zu müssen. Horrorfilmgucker sind oft «Sensation Seeker», also Menschen, die gerne starke Empfindungen haben. Bungee Jumping, Fallschirmspringen et cetera. Manche suchen das Machtgefühl des Täters, andere versuchen das Angstgefühl des Opfers zu überwinden. Und ein großer Teil davon möchte Frauen beeindrucken. Die bevorzugen nämlich beherrschte Horrorfilmgucker, während Männer lieber mit einer verängstigten Begleitung schauen.[37] Ganz klischeegemäß. Gemeinsam aber haben alle Horrorliebhaber: Sie gucken Spielfilme, keine Dokus über Folterstaaten.

Wenn der Schmerz real ist, ist unser aller natürliche Reaktion: «O Gott, bloß nicht, das tut mir ja beim Hingucken schon weh. Aaaaargh.»

Zusammenfassend lässt sich sagen, dass die Gefühle und Schmerzen anderer Menschen oft auf uns übergreifen. Damit haben wir einen Teil der Frage «Wie reagieren wir, wenn unser Gegenüber jetzt auch noch Gefühle hat?» beantwortet. Wir reagieren mit Empathie. Das ist doch sehr ermutigend! Sie haben eine angeborene und automatische Abneigung dagegen, andere Menschen leiden zu sehen. Diese Tatsachen reichen, um eine ganze Menge an sozialdarwinistischen Jeder-ist-sich-selbst-der-Nächste-Aussagen durcheinanderzubringen, was schon mal sehr verdienstvoll ist. Wenn es Ihnen zu ermutigend ist, weil Sie es lieber ein bisschen zynisch mögen, und Ihnen zum positiven Menschenbild schon mindestens drei Gegenbeispiele eingefallen sind, lesen Sie einfach weiter. Denn aus Mitgefühl kann ganz schnell etwas anderes werden ...

Festhalten können wir jetzt schon, dass man es sich mit einem grundschlechten Menschenbild zu einfach macht. Wie könnten wir annehmen, eine Spezies, die die Schmerzen anderer buchstäblich in ihrem eigenen Gehirn spürt, fände das klasse?

Wenn unsere Versuchsperson erkennt, dass der andere Schmerzen hat, greift sie sich selbst an die Brust, und sie würde einiges dafür tun, dass das aufhört. Nur tut sie vielleicht nicht das Richtige. Denn zwischen Empfindung und Reaktion liegen noch eine ganze Menge Gedankenschritte. Und auch hier kann wieder einiges schiefgehen.

Am besten erst mal die Decke über den Kopf. So schwierig ist Empathie

Der richtige Umgang mit Empathie ist ganz schön trickreich. Obwohl so viel davon automatisch abläuft, brauchen wir trotzdem eine ganze Menge Aufmerksamkeit, Selbstkontrolle und Vorstellungskraft, um sie sinnvoll einzusetzen. Aber natürlich haben wir die Anleitung nicht richtig durchgelesen und stattdessen immer nur «weiter» geklickt. Jetzt besteht ein großes Risiko, dass das Programm entweder das System überlastet oder nicht richtig ausgeführt wird. Deshalb reagieren wir auf die Probleme anderer zuweilen emotional verwirrt.

Das Erste, was unser Mitfühlprogramm lösen muss, ist eine Sortieraufgabe. Es muss verstehen, woher (beziehungsweise von wem) die Gefühle kommen und wo sie hingehören. Bevor wir so weit sind, ist es zu voreilig, überhaupt von Empathie zu sprechen. Denn das gleiche fühlen *wie* andere ist nicht unbedingt dasselbe, wie etwas fühlen *für* andere. Das klingt nach Haarspalterei, aber stellen Sie sich mal vor, wir müssten davon ausgehen, dass jedes Wesen, das mit anderen fühlt, also Gefühlsansteckung besitzt, auch gleichzeitig prosozial und hilfsbereit wäre. Die fliehenden Wildgänse am Wasserloch wären auf einmal eine wahnsinnig hilfsbereite Mischpoke, von denen die Hälfte noch mal zurückgekommen ist, um ein alleinreisendes Okapi zu retten. Dann mal viel Freude mit der Weihnachtsgans.

Diese Unterschiede zu beschreiben führt uns an unsere sprachlichen Grenzen. Die englischsprachige Literatur spricht mal von «empathize», mal von «sympathize». Deutsche kennen dagegen neben Empathie noch Mitgefühl, Einfühlung und Mitleid, sind sich aber uneins, worin der Unterschied zwischen ihnen genau besteht (geschweige denn, wie «Beileid» da reinpasst). Und auch sonst handelt es sich bei so komplexen Verhaltensweisen um die ziemlich hohe

Mathematik der Neurowissenschaften, weswegen es noch jede Menge Leerstellen und Diskussionen gibt.

Worin sich alle einigermaßen einig sind, ist, dass es zum Mitfühlen und Helfen verschiedene Prozesse braucht, die sich in Kognitionslevel, Automatisierung und Alter unterscheiden. Dass die Frage «Verstehe ich, warum ich etwas tue/fühle?», einen wesentlichen Unterschied macht, finden eigentlich alle. Da wir für diesen Entwicklungsschritt im nächsten Kapitel ein deutsches Wort brauchen, hier also einfach ein Machtwort qua Arbeitsdefinition: Für Empathie, wie wir sie hier verstehen, muss ich zumindest entfernt eine Ahnung haben, warum ich dieses Gefühl habe. Empathie ist Teilen plus ein Minimum an Verständnis.[38]

Damit sind unsere Wildgänse möglicherweise schon außen vor. Die lassen sich zwar von den anderen in Panik versetzen, es gibt aber keine Studie, die einen Hinweis darauf liefern würde, dass die Wildgans eine Ahnung davon hat, wo die Panik herkommt. Sie hat sie wahrscheinlich einfach von den anderen übernommen und behandelt sie wie ihre eigene. So wie diese eine Kuchenplatte, die in Ihrem Regal steht, weil sie irgendwann mal jemand mitgebracht hat – Sie wissen aber nicht mehr, wer. Also haben Sie diese Kuchenplatte angenommen. Ganz egal, wo sie herkommt, es ist jetzt Ihre. Genauso macht es die Gans wahrscheinlich mit den Gefühlen ihrer Mitgänse. Für sie macht es keinen Unterschied mehr, ob sie selbst die Gefahr gesehen hat oder jemand anders. Panik ist Panik. Man kann also nicht sagen, dass sie sich schlecht für die andere Gans fühlt. Sie fühlt sich schlecht für sich selbst. Und das ist angesichts der nahenden Gefahr auch ziemlich sinnvoll.

Nur, mit einem gehobenen Level an sozialer Kognition hat das Ganze recht wenig zu tun. Es ist kein Verstehen dafür nötig und richtet sich vor allem nach dem eigenen Überleben und den eigenen Bedürfnissen. Würden wir immer so vorgehen, würden wir im Fernsehen Menschen im Schneesturm sehen und uns erst mal warme Socken anziehen. Global gesehen nicht hilfreich. Aber das ist genau das, was Sie zu Beginn Ihres Lebens tun: Wenn ein Kleinkind sieht, wie der

Forscher weint, weil seine Puppe kaputt ist (passiert öfter, als man denkt, jedenfalls im Labor von Entwicklungspsychologen), rennt es üblicherweise nicht hin, um ihn zu trösten. Es rennt zu Mama und lässt sich auf den Arm nehmen. Für das Kind ist damit das Problem gelöst. Das nennt sich egozentrische Empathie. Blöderweise ist damit dem Forscher kein bisschen geholfen. Schlimmstenfalls ist jetzt auch die Mutter schlecht gelaunt.

Oder denken wir zurück an unser Baby, das schreit, wenn es ein anderes Baby lärmen hört. Wem bitte hilft das denn? Außer ihm selbst natürlich. Und evolutionär reicht das ja auch erst mal. Aber stellen Sie sich vor, Sie würden auf das Schreien Ihres Kindes genauso reagieren: «Buuuuäh» – «Ach ja!? Selbst Buäääääh!!!» Das wäre aus evolutionärer Perspektive schon wieder etwas fragwürdig.

Nein wirklich, das Problem liegt woanders. Wenn ich sehe, dass der Nachbar aus Versehen den Gartenschlauch offen gelassen hat, sollte ich zu ihm gehen, anstatt bei mir eine Pumpe einzubauen. So schön es auch klingt, mit jemandem zu verschmelzen: Das Ziel von Mitgefühl ist nicht, verwirrt zu sein, wo wir anfangen und ein anderer endet. Das würde es uns auch nicht gerade einfacher machen, die Gefühle der anderen zu verstehen. Schon jetzt fällt es uns oft schwer, unsere eigenen Gefühle und die der anderen auseinanderzuhalten.

Wenn man einen Probanden angenehme Gegenstände berühren lässt, während das Gegenüber gerade die Hand in einem Fass Regenwürmer hat, findet es das mit den Würmern gar nicht so schlimm. Und andersherum: Ekeln Sie sich selbst beim Griff ins Würmerfass[39], meinen Sie, den anderen schaudert es ebenfalls, selbst wenn der gerade mit einem Pinsel gestreichelt wird, handgefertigt aus Seide, Pfauenfederflaum und den Locken von Benedict Cumberbatch.

Das ist der erste Fehler, den wir machen können, wenn wir auf anderer Leute Gefühle reagieren: Wir lassen uns zu stark von unseren eigenen beeinflussen.

Also, wie schafft es das Gehirn, unsere Gefühle und die der anderen besser zuzuordnen?

Im Scanner würden wir jetzt sehen, dass die Aktivierung wieder nicht ganz dieselbe ist, je nachdem, ob wir selbst etwas fühlen oder jemand anders. Konkret ist bei unseren eigenen Gefühlen der somatosensorische Cortex stärker beteiligt.[40] Außerdem sind noch weitere Areale im Gehirn unserer Versuchsperson aktiv. Nämlich solche, die ihr helfen, sich selbst als eigenständige Person wahrzunehmen.[40] Ihr Gehirn beugt also der Verwechslungsgefahr vor. Eine andere Region namens Gyrus supramarginalis kommt vor allem dann ins Spiel, wenn sich die Gefühle widersprechen und wir unsere eigenen unterdrücken müssen. Hemmt man sie, wird unsere Wahrnehmung egozentrischer. Deshalb ist dies besonders ausgeprägt bei Kindern und Jugendlichen, bei denen dieser Bereich des Gehirns noch nicht voll entwickelt ist. Das geht damit einher, dass Kinder im Allgemeinen nicht besonders gut darin sind, sich auf das wirklich Wichtige zu konzentrieren, wenn irgendeine Form von Ablenkung im Raum steht.[41] Im Alter (so ab 60) nimmt die «Egocentricity bias» (Emotionale Egozentrik) noch mal zu.[42] Und ein gewisses Fehlerpotenzial birgt sie wohl ein Leben lang. Gemeinerweise wirkt sie stärker gegenüber unseren nahen Freunden, von denen wir uns weniger distanzieren.[43] Der Vorteil dieser Nähe ist, dass wir auch für ihre komplexen Emotionen wie Zurückweisung und Scham gleich eine eigene Entsprechung parat haben und mitleiden. Der Nachteil ist, dass diese eigene Entsprechung sehr von unserer eigenen Sichtweise geprägt ist. Wenn uns das schon mit Freunden so geht, wer weiß, wie sehr es dann erst unsere Beziehungen durcheinanderbringt.

Vorläufiges Fazit: Im Gehirn unserer Versuchsperson geschehen zunächst vor allem zwei Dinge, wenn es mit Emotionen konfrontiert wird: Es reflektiert einen Teil der Empfindungen, gibt sich aber gleichzeitig Mühe, die Gefühle differenziert den Anwesenden zuzuordnen.

Das heißt nicht unbedingt, dass die Versuchsperson nun weniger fühlt. Die Aktivierung in der Amygdala kann trotz Perspektivwechsels dieselbe sein[40] – was darauf hindeutet, dass wir die Gefühle als ähnlich intensiv und relevant einschätzen. Geteiltes Leid ist also definitiv mehr doppeltes als halbes Leid. Nicht nur, was Schmerzen angeht. Wenn unsere Versuchsperson zusieht, wie die andere Elektroschocks erhält, teilt sie danach auch die Angst davor. Das kann ihr helfen, aus den Fehlern des anderen zu lernen (allgemein eine weit bessere Strategie, als aus den eigenen Fehlern zu lernen). Aber es ist nicht schön. Gemeinerweise leiden Sie darunter besonders, wenn Sie ein empathischer Mensch sind oder sich gerade viel Mühe geben, sich in den anderen hineinzuversetzen. Und natürlich auch, wenn uns die Menschen sehr am Herzen liegen.

Zu wissen, wessen Leid wir gerade spüren, macht unsere Gefühle also nicht unbedingt schwächer, sondern eher akkurater, und manchmal werden sie sogar noch stärker. Beides verlangt dem Gehirn kognitiv und emotional eine ganze Menge ab. Kein Wunder, dass wir uns so viel Mühe geben, darum herumzukommen.

Mein Hirn *muss* gar nichts.
Über die Bereitschaft,
Gefühle zu teilen

Wir sind halt feinfühlige Wesen. Aus Rücksicht erzählen wir in der Mittagspause nicht von unserem Schnitzunfall, beim Essen nicht von unseren Versagensängsten und allgemein sehr selten Details zu unserer Magenspiegelung. Auch das Internet warnt uns praktischerweise vor expliziten Bildern – «Achtung: Empathie-Gefahr». Kein Wunder. Auch im Kopf unserer Versuchsperson schrillen die Alarmglocken angesichts der plötzlich einströmenden schlechten Gefühle. Der zweite Fehler, der uns bei der Empathie passieren kann, ist darum der, dass wir uns von ihr überfluten lassen. Um das zu vermeiden, wägt das Gehirn seine Optionen ab. Davon stehen ihm eine ganze Menge zur Verfügung, doch viele führen auf den Holzweg.

Was also tun, wenn wir dem Leid der anderen ausgesetzt sind und da nun einfach durchmüssen? Schließlich können sich auch besonders empathische Menschen am Krankenbett ihrer Angehörigen nicht entschuldigen lassen, nach dem Motto «Die Neurowissenschaft sagt, ich soll meine Insula schonen …».

Erstens: Schauen Sie halt bei den Spritzen nicht so genau hin. Man muss die Vorstellung nicht noch mit Bildern unterfüttern. Zweitens: Konzentrieren Sie sich auf den Nutzen. Schmerz, der anderen aus einem guten Grund zugefügt wird, tut uns weniger weh (wenn Sie länger darüber nachdenken, wird es beunruhigend).[44]

Und zu guter Letzt funktioniert Ablenkung ganz gut. Wenn Versuchsteilnehmer einen Film sehen, in dem Hände mit Nadeln gestochen werden, aber dabei die hilfreiche Anweisung erhielten, die Hände auf dem Bildschirm einfach nur zu zählen, anstatt sich auf die Nadeln darin zu konzentrieren,[45] hatten sie fast keine Aktivität mehr im Schmerzzentrum. Konzentrieren Sie sich also einfach auf die Wand und zählen Sie die Fliesen.

Das versucht auch unsere Versuchsperson. Und sie tut noch etwas Subtileres: Sie versucht, ihren Aufmerksamkeitsfokus von den Gefühlen wegzunehmen. Sie versucht sie kleinzuhalten. Emotionsregulation nennt sich das, und es funktioniert bei den Gefühlen anderer ähnlich gut wie bei unseren eigenen.

Darum legen wir jetzt einen kurzen Exkurs zum Thema «Gefühle bändigen» ein. Denn fast alles, was wir dabei entdecken, gehört zu unserer Standardreaktion auf Empathie.

Bei der Emotionsregulation nutzen wir eher die präfrontalen Regionen (also den entwicklungsgeschichtlich jüngeren Teil unseres Gehirns) – besonders häufig genannt wird hier der mediale präfrontale Cortex (MPFC). Diese Gegenden wirken dann auf die Areale ein, die immer so emotional auf alles reagieren, wie die Insula oder die Amygdala.[46] Letztere hilft uns mitzubestimmen, was in unserem Wahrnehmungsstrom wirklich relevant ist, und sorgt dabei dafür, dass wir den emotionalen Stimuli so viel Aufmerksamkeit zukommen lassen. Den Fokus von den Emotionen wegzunehmen gibt unserem Handeln mehr Flexibilität.

Stellen Sie sich vor, Sie sehen eine Schlange. Das produziert erst mal die Standard Schockreaktion. Doch nun schalten sich komplexere Regionen in die Diskussion ein und helfen Ihnen, alternative Optionen zu evaluieren. Sie können sich der Angst ergeben – was in vielen Fällen wahrscheinlich nicht die schlechteste Wahl ist –, oder Sie haben beim letzten Science Slam gut aufgepasst und sagen sich: «Große runde Pupillen, das kenn ich, das ist nicht gefährlich.» Oder auch: «Entwarnung, ich bin gerade in einem Zoo.» Das müssen Sie jetzt nur noch Ihren tieferliegenden Hirnregionen begreiflich machen, was allerdings gar nicht so einfach ist. Denn es gibt mehr Verbindungen von der Amygdala zum MPFC als in die andere Richtung.[47] Ihre Gefühle können viel leichter Ihren Verstand beeinflussen als andersherum.

Die gute Nachricht: Man muss sich seiner irrationalen Ängste nicht schämen. Klar weiß Ihr Verstand, dass Flugzeuge statistisch gesehen seltener irgendwo gegenrasseln als Fiats. Er kommuniziert das nur dem Rest Ihres Gehirns nicht so gut. Die Palette der Emotionsregulation lässt sich grob in zwei Kategorien einteilen: offensiv und defensiv.

Offensiv mit der Situation umzugehen bedeutet, sie entweder zum Besseren zu verändern oder, wenn das nicht geht, sie positiv umzuinterpretieren[48] – mal mehr und mal weniger geschickt (also von «Immerhin habe ich aus meinen Fehlern gelernt» bis zu «Vielleicht *wollte* Gott, dass ich betrunken ein Eichhörnchen mit dem Rad anfahre»).

Defensive Strategien sind: aus der Situation rauszugehen, negative Gefühle zu unterdrücken oder einfach nicht weiter darüber nachzudenken. Sich zu distanzieren. Auch dazu sind wieder ein paar sehr neumodische Gehirnteile[49] vonnöten, und es lässt sich bewusst trainieren. Nur ist das vielleicht nicht immer die beste Idee.

Welche Strategie wir wählen, ob Unterdrückung oder Umdeutung, ist keine triviale Entscheidung, und in den meisten Situationen scheint Umdeutung die bessere Wahl zu sein. Denn sie ist offenbar ein ganzes Stück effektiver darin, unsere negativen Emotionen in den Griff zu kriegen, ganz egal, ob Sie sich gerade von einem traurigen Film erholen oder sich an einem echten Beziehungskonflikt abarbeiten.[50, 51] Umdeutung, auch «Positive Reappraisal» genannt, verstärkt die Kopplung zwischen präfrontalem Cortex und Amygdala.

Je besser das funktioniert, desto besser fühlen wir uns.[52] Selbst im Ruhezustand legt die Verbindung zwischen diesen beiden Teilen des Gehirns mit fest, wie viel Angst wir verspüren.[53]

Menschen, die sehr häufig ihre Gefühle unterdrücken, scheinen dagegen eine größere Insula zu haben.[54] Es ist noch nicht ganz klar, was das zu bedeuten hat, aber auf den ersten Blick wirkt es nicht zielführend. Außerdem beeinflusst die Entscheidung für Unterdrückung oder Umdeutung unsere Wahrnehmung. Reize, die wir positiv umgedeutet haben, behalten wir besser im Gedächtnis als solche, die wir unterdrückt haben.[55]

Oder etwas feiner aufgedröselt: Wenn zwei sich streiten und einer deutet um, bewertet neu, während der andere seine Gefühle unterdrückt, dann erinnert sich der Erste besser an das, was gesagt wurde. Letzterer hat nur noch eine vage, aber dafür umso emotionalere Erinnerung.[56] Und wie soll man Missverständnisse aufklären, wenn man zwar weiß, dass man gekränkt war, aber nicht mehr warum? Und wie soll man beim nächsten Streit gewinnen, wenn man nicht in der Lage ist, alte Geschichten aufs Tapet zu bringen à la «Letztes Mal hast du noch gesagt, dass ...».

Das Leid der anderen konfrontiert uns mit der gleichen Unterscheidung. Auch unsere Versuchsperson reagiert auf den plötzlichen Überfall von negativen Gefühlen zunächst mal damit, dass sie versucht, wieder Herr im Haus zu werden, Handlungsfähigkeit wiederherzustellen und den übermächtigen Strom von Angst, Schmerz und Panik in die Schranken zu weisen. Wie wir jetzt wissen, stehen ihr dabei zwei Strategien zur Verfügung: Uminterpretieren und Umleiten des Stroms oder ein Staudamm. Und wir wissen, dass erstere Methode wahrscheinlich nachhaltiger ist. Auch weil die Methode Staudamm einige unserer schönsten sozialen Reflexe aushebelt. Und damit sind wir zurück bei der Empathie.

Der Freiraum, den wir durch die Möglichkeit bekommen, unseren Gefühlen zuwiderzuhandeln, ist nicht immer eine gute Sache. Bei den berühmten Milgram-Experimenten in den sechziger Jahren machte der Mensch jedenfalls eine schlechtere Figur, als wir das bis jetzt von anderen Säugetieren kennen. In gewisser Weise handelt es sich um die Menschenversion der Elektroschockstudien mit Affen und Ratten. Das Set-up ist recht ähnlich. Die Probanden haben die Möglichkeit, einem anderen Menschen (ganz wichtig: ein Schauspieler) per Knopfdruck Elektroschocks zu geben, während sie ihn laut und deutlich schreien hören: «Holt mich hier raus!»

Damit stellt das Experiment die Frage, ob Menschen das tun würden, wovon die Tiere nur so schwer zu überzeugen waren. Nicht aus Hunger, sondern weil sie von wichtig aussehenden Leuten dazu aufgefordert wurden, und zwar «aus pädagogischen Gründen». Für ein Gedächtnisexperiment sollten sie also einem Unbekannten starke, schmerzhafte elektrische Schocks verpassen. Und das taten sie. Jedenfalls ein großer Teil. Manche gaben nur schwache Schocks, andere drehten voll auf, bis dorthin, wo der Regler schon Rot anzeigte.

Eingegriffen hat keiner. Das ist neben Egocentricity Bias und Überforderung also das Dritte, was schiefgehen kann bei der Empathie: Wir können sie unterdrücken. Es sieht so aus, als seien Menschen ganz gut in der Lage, ihre Aversion gegen anderer Leute Schmerzen zu überwinden. Zumindest wenn es dafür Gründe gibt. Oder etwas, das wir für Gründe halten.

Bei allen sozialen Fähigkeiten, die uns unsere höhere Kognition so schenkt – und das sind eine ganze Menge –, bringt sie uns eben vor allem Flexibilität. Im Guten wie im Schlechten. Wir können natürliche Empathie unterdrücken, aber wir müssen auch nicht mehr jeder Provokation mit Gewalt begegnen und halten unseren Sexualtrieb die meiste Zeit gesellschaftsfähig in Schach. Wir können selbst dafür sorgen, dass wir mehr Mitgefühl empfinden. Zum Teil nutzen wir sogar dieselben Areale, unabhängig davon, ob wir Gefühle beleben oder in Schach halten wollen.[57] Emotionsregulation ist keine Einbahnstraße.

Mit diesen feinsinnigen sozialen Fähigkeiten kommen wir ganz gut klar in unserem Alltag gegenseitiger Abhängigkeit. Wer bessere Selbstkontrolle mitbringt, ist erfolgreicher in Karriere und Sozialleben und seltener krank oder abhängig von fragwürdigen Substanzen.[58]

Die Kontrolle bietet uns eine ganze Palette von Handlungsoptionen, inklusive Bemitleiden, Beruhigen und gekonnt Ablenken; aber auch Intrigieren, Lügen, Morden und passiv-aggressives Schulterzucken. Sozial heißt nicht unbedingt «nett». Auch nicht freigebig oder gutherzig. Nur halt zwischenmenschlich. Gesellschaftlich. Wenn Sie auf Facebook gezielt Menschen gegeneinander aufhetzen, dann fällt das wissenschaftlich ebenfalls ins Fachgebiet soziale Kognition. Obwohl das Erste, was einem dazu einfällt, «asoziale Kognition» wäre.

Hier wird es also schon zynischer und die soziale Veranlagung arg wankelmütig bis gemeingefährlich. Aber das ist kein Grund, die prosozialen Seiten unseres Gehirns zu ignorieren. Denn dann verleugnen wir auch all das, was sie stört. Wenn wir ohnehin wenig Mitgefühl haben, macht es keinen Unterschied, ob wir Mauern zwischen Menschen errichten, sie auf Landplagen reduzieren oder am Bahnhof alle zwanzig Minuten vor Kofferbomben warnen.

Doch das Gegenteil ist der Fall. Es macht einen Unterschied. Und der liegt nicht nur in unserem Empfinden, sondern auch ganz konkret in der Frage, was wir tun sollen. Denn jetzt wissen wir zwar schon ziemlich gut, wie unser Gehirn mit den Gefühlen der anderen umgeht, wie es sie erst mal übernimmt, dann ihrem Urheber zuordnet und letztlich versucht, sie unter Kontrolle zu bringen. Wir wissen, dass wir dabei aufpassen müssen, uns von den Gefühlen nicht überfordern zu lassen, sie nicht zu stark mit unseren eigenen zu vermischen und sie nicht komplett zu unterdrücken. Doch was uns noch fehlt, sind die Konsequenzen, die unser Gehirn daraus zieht. Die Handlungsoptionen. Was machen wir mit diesen Gefühlen?

Fühlst du noch, oder hilfst du schon? Produktive Gefühle

Mit der Umsetzung unserer Gefühle ist das so eine Sache. Vor allem, wenn es ums Sozialleben geht, wo man nun wirklich nicht alles ausleben kann, was einem durch den Kopf geht. Wäre ja auch noch schöner, wenn wir jedem Gefühl nachgeben würden: Wenn Sie gut gelaunt sind, möchten Sie die Welt umarmen, wenn Sie traurig sind, bauen Sie sich eine Kissenfestung, und wenn Sie im Bad drei sehr ekelige Kakerlaken sehen, schließen Sie die Tür und emigrieren nach Australien.

Machen wir nicht. Stellen Sie sich mal vor, Sie würden nicht mehr nur für Ihre Taten verantwortlich gemacht, sondern schon für jedes Ihrer bösen Gefühle. Brrrrrr. Nein, die Gedanken sind frei, auch wenn wir sie erraten. Selbst wenn wir das Scanner-Bild fehlerfrei interpretieren könnten, können wir nicht gleich von Aggression auf Gewalt und von Erregung auf Untreue schließen. Denken ist nicht gleich Tun. Beim Mitgefühl verhält es sich genauso. Mitfühlen ist nicht dasselbe wie Helfen. Alles, was wir eigentlich mit Sozialverhalten in Verbindung bringen – Sie wissen schon, die andere Wange hinhalten, Füße waschen, alten Damen über die Straße helfen –, braucht noch eine ganze Menge mehr. Und da liegt die Ursache vieler Probleme.

Sich Gefühlen stellen. Die «Drei Affen»-Methode des Seelenfriedens

Unsere Versuchspersonen sitzen sich immer noch gegenüber. Eine ist panisch, weint, redet ununterbrochen. Die andere hört erst einmal zu und nickt. Doch irgendwann beginnt sie mit den Händen zu ringen. Sie scheint sich zunehmend unwohl in ihrer Haut zu fühlen. Plötzlich setzt sie sich Kopfhörer auf. Das ist Handlungsoption Nummer eins: Decke über den Kopf.

Weil jede Form der Gefühlsregulierung, -unterdrückung oder -umorientierung anstrengend und ressourcenintensiv ist, nutzen wir oft ganz praktische Methoden, um uns selbst aus der Schusslinie zu bringen. Vor allem durch Sichtschutz. Wenn Probanden unter Stress geraten, steigen sie lieber aus dem Experiment aus, anstatt die Lasten des anderen mitzutragen – in dem eben beschriebenen Fall leichte Elektroschocks.[59] Damit folgen sie dem «Wenn ich's nicht sehen kann, ist es nicht da»-Prinzip. Deshalb haben Dokus über Kinderarbeit immer so schlechte Einschaltquoten. Nach der gleichen Regel geht uns auch der Verkäufer der Obdachlosenzeitung in der U-Bahn weitaus weniger an, wenn wir mit diesem glasigen Blick exakt 45 Grad an ihm vorbeigucken. Und wenn uns Greenpeace etwas über sterbende Pandas erzählen möchte, lässt sich dieses Problem sehr einfach lösen, indem wir auf die andere Straßenseite wechseln. Notfalls quer durch den Gegenverkehr.

Im Allgemeinen vermeiden wir eben, was uns Stress bereitet. Und das Unglück anderer Menschen gehört definitiv dazu. In Kleingruppen ist das mit den Vermeidungstaktiken gar nicht so einfach. Versuchen Sie mal dauerhaft einem humpelnden Nachbarn aus dem Weg zu gehen. In einem Dorf mit hundert Leuten. Da kann man ihn lieber etwas unterstützen, damit er schneller wieder auf die Beine kommt – und sich selbst damit den Anblick ersparen. Ist auch besser für die Gemeinschaftsernte.

Seit unsere Lebensgemeinschaften größer geworden sind, können wir uns dagegen leichter abwenden. Und das tun wir auch: Buddha lebte circa 500 Jahre vor Christus und wurde der Geschichte nach als junger Mann komplett von der Außenwelt abgeschirmt. Marie Antoinettes Kuchen-statt-Brot-Empfehlung beweist auch nicht gerade Volksnähe. Als im Jahre 1927 das Hochwasser des Mississippi geschätzt mehr als eine halbe Millionen Menschen (überwiegend Schwarze) obdachlos machte, schaute der amerikanische

Präsident Coolidge nicht einmal vorbei. Er schickte ein kompetentes Katastrophenaufräumkommando und verbrachte sonst sehr viel Zeit damit, sich mit dem Senat darüber zu streiten, nicht mehr Geld als absolut nötig zu überweisen, um keinen Präzedenzfall für staatliche Katastrophenversicherungen zu schaffen. Als man ihn bat, für eine wohltätige Versteigerung zwölf Fotos zu signieren, lehnte er ab.

Ganz anders reagieren wir in der Regel, wenn sich das Leid vor den eigenen Augen abspielt: Als Buddha, der Erzählung nach, aus dem goldenen Käfig ausbrach und zum ersten Mal mit Alter, Krankheit und Tod konfrontiert wurde, war er so schockiert, dass er gleich in eine sechsjährige Askese verfiel. Abraham Lincoln saß einmal während einer längeren Dampfschifffahrt ohne Ausweichmöglichkeiten einem Dutzend Sklaven gegenüber. Danach schreibt er sinngemäß einem Freund und Sklavenhalter: «Dieser Anblick war mir eine andauernde Pein. Und dergleichen sehe ich jedes Mal, wenn ich an den Ohio komme oder jede andere Sklavengrenze. [...] Ich habe wenig Interesse an einer Einrichtung, die die Macht hat – und sie fortwährend ausübt –, mich elend fühlen zu lassen.» Wir wissen alle, wie die Geschichte endet.

Der Lauf der Welt wurde oft davon geprägt, wer wessen Gefühlen gegenübersitzt. Heute können wir das sogar outsourcen. Laut Internationaler Arbeitsorganisation gibt es weltweit schätzungsweise immer noch mehr als 20 Millionen Sklaven. Auf slaveryfootprint.org kann man dank Wissenschaftlern und US-Außenministerium ausrechnen, wie viele davon am eigenen Wohlstand mitgearbeitet haben. Die Wahrscheinlichkeit, einem von ihnen zu begegnen, ist dennoch verschwindend gering. Und das ist nicht pädagogisch wertvoll.

Auch sonst eröffnen sich in der zivilisierten Welt jede Menge Möglichkeiten, dort herzlos zu sein, wo man die Leidtragenden nicht so sehen muss – über Telefone, Drohnenangriffe oder die Kommentarfunktion von YouTube. Natürlich könnten wir uns mit ein bisschen Vorstellungskraft trotzdem in die anderen hineinversetzen. Aber wollen wir das überhaupt?

Das Christmas Book, der Weihnachtsgeschenkekatalog der

Superreichen, führte zuletzt das Angebot: «Für eine Million Dollar bestellen Sie nicht nur einen Diamantring, sondern auch eine Reise nach Afrika, wo Sie zusehen können, wie er geschürft wird.» Comedian Stephen Colbert antwortete darauf nur sinngemäß: «Für eine Million kann ich sehen, wo mein Diamantring gemacht wurde? Wie wäre es damit: Ich gebe dir zwei Millionen, damit ich es *nicht* sehen muss?» Das bringt es ziemlich gut auf den Punkt.

Es gibt so verdammt viel, was schiefläuft in der Welt. Und wenn wir uns alldem pausenlos aussetzen würden, wäre auch niemandem geholfen. Zum einen gäbe es keine Garantie, dass wir uns wirklich besser benehmen würden. Selbst in den allerkleinsten Gemeinschaften, in denen alle immer aufeinanderhocken, sind die Menschen ja auch nicht nur nett zueinander. Denken Sie an WGs. Oder Klassenfahrten. Zum anderen funktioniert Weltverbesserung nicht nach dem Lebertranprinzip – «Wenn's helfen soll, muss es brennen».

Im Gegenteil: Wenn wir aus dem Fühlen gar nicht mehr rauskommen, überfordert es uns. Weiß jeder, der auf der Arbeit zu viel Zeit hat, sich täglich durch sämtliche Nachrichtenseiten zu klicken. Begleiterscheinungen sind Angst, Frustration und ein ausgeprägter Pessimismus. Wenn es Ihnen dauerhaft so geht, leiden Sie womöglich unter «Compassion Fatigue», was man mit Empathie-Übermüdung übersetzen könnte.[60-63] Dieses Gefühl ist einer der Nachteile, 24 Stunden am Tag Zugriff auf ein Gerät zu haben, das einen mit dem gesamten Wissen der Menschheit verbindet. Wer hat denn gesagt, dass wir das alles wissen wollen? Ganz analog kann man diese Übermüdung auch bei Ärzten, Krankenschwestern oder Sozialarbeitern beobachten, also Vertretern von Berufsgruppen, die ständig mit dem Leid anderer zu tun haben. Passend dazu haben diese Menschen eine hohe Burnout-Gefahr. Hier reicht es offensichtlich nicht mehr, seine Gefühle rauf- und runterzuregulieren. Runterregulieren ist auf die Dauer verdammt anstrengend. Als Sozialarbeiter auch nicht unbedingt zu empfehlen. Das fällt irgendwann auf. Und sich selbst außer Reichweite zu bringen ist für Ärzte im OP auch keine echte Option.

Damit macht es uns die Empathie nicht gerade leicht. Ganz egal, ob wir sie zulassen oder unterdrücken, irgendwann sind wir überfordert. Aber die Handlungsoption «Weglaufen» ist wiederum ethisch nicht einwandfrei. Welche anderen Reaktionen bleiben uns, um mit den lähmenden Gefühlen etwas Produktives anzustellen?

Soziale Gefühle 2.0:
Care, compassion und Konsorten

Die Sache ist die: Es gibt eine ganze Menge Situationen, in denen die prosoziale Antwort nicht ist, das gleiche Gefühl zu entwickeln wie mein Gegenüber. Denken Sie an Ärger. Können Sie spiegeln. Wie beziehungsfördernd das ist, bleibt allerdings fragwürdig. Oder Neid. Wenn jemand neidisch auf Ihre neue Stelle ist, bringt es nichts, sich so lange zu konzentrieren, bis man denjenigen um seinen Schreibtischstuhl beneidet. Stattdessen können Sie Ihre eigenen Gefühle entwickeln und ihn vielleicht bemitleiden. Wenn auch nur um ihn zu ärgern.

Gefühlsansteckung lässt solche gegenläufigen Gefühle nicht zu. Im schlimmsten Fall ist sie mehr eine Auge-um-Auge-Strategie. Vielleicht findet eine Meta-Analyse, die Fragebogenantworten aus 86 Studien vergleicht, deshalb nur schwache Hinweise, dass die Empathie aggressives Verhalten tatsächlich verhindert.[64] Und das obwohl Empathietraining Teil fast jedes Anti-Aggressionsprogramms ist. Auch sonst sind die Gefühle, die sie auslöst, nicht besonders zum Helfen geeignet, denn sie motivieren uns nicht. Uns zu distanzieren macht uns teilnahmslos; in Angst und Trauer fühlen wir uns schwach und machtlos.[65] Denken Sie an unsere Versuchsperson, wie sie mit ihren Händen ringt angesichts der Verzweiflung ihres Gegenübers. Das ist alles das Gegenteil von dem, was wir benötigen. Hilfsbereitschaft braucht ein Gefühl von Eigenwirksamkeit[66, 67] – das Gefühl, sich selbst als jemanden wahrzunehmen, der helfen kann und will.

Einige Neurowissenschaftler gehen deshalb davon aus, dass

dafür ein ganz neues Empfinden notwendig ist.[38] Eines, das es uns erlaubt, negative Gefühle zuzulassen, aber sie mit einer positiven Handlungsmotivation zu kombinieren. Der Name, den sie für dieses besondere Gefühl vorschlagen, ist Compassion. Übersetzt auf Deutsch wieder mal ... äh ... Mitgefühl. Hier nennen wir's mal Fürsorge. Der Empfindungskatalog von Fürsorge beinhaltet Zuwendung und Wohlwollen. Wärme wird auch mit ihr assoziiert. Eltern-Emotionen halt. In der Theorie fühlen wir dadurch nicht nur das Leid des anderen, sondern auch eine ganze Portion wonnig-warmer Zuwendung. Sie sehen jemanden in Not und fühlen in sich den Wunsch zu trösten, zu umsorgen, zu pflegen.

Die Neurowissenschaftler, die sich damit beschäftigen, berufen sich darauf, dass in Zuwendungssituationen zum Teil sehr viel nettere Gehirnzentren aktiv sind als bei der Empathie für Schmerzen. Das Cingulum gehört dazu, der orbitofrontale Cortex und das Striatum. Regionen, die unter anderem mit positiven Gefühlen zusammenhängen. Die Idee, dass es mindestens zwei Arten von empathischen Gefühlen gibt, ist schon ziemlich verbreitet. In den Achtzigern hat zum Beispiel der Psychologe und Theologe Daniel Batson zwei verschiedene Skalen zu ihrer Messung eingeführt. Die eine fragt Probanden nach ihren negativen Gefühlen, während sie jemanden leiden sehen, die andere fragt nach Wärme, Verständnis, Zärtlichkeit und Mitgefühl. Und siehe da: Wer letztere Emotionen verspürt, hilft weitaus öfter.[68]

Auch wenn Sie Ihren kranken Freund im Krankenhaus besuchen, helfen Ihnen diese Gefühle wahrscheinlich mehr als das Fliesenzählen an der Wand. Im Idealfall schaffen Sie es, liebevolle Gefühle zu generieren, und die soziale Unterstützung setzt ganz wunderbar Endorphine und angstlösende Hormone frei. Beides hilft, die Stresssituationen zu überwinden. Das geht so weit, dass wir nach sozialen Aktivitäten unempfindlicher gegenüber Schmerzen sind. Und dieser Effekt gilt nicht nur für Händchenhalten, sondern auch für Sing- und Tanzgelage.[69] Gute Gefühle helfen uns nun mal durch harte Zeiten. So macht uns auch eine Viertelstunde lustige Videos gucken schmerzunempfindlicher.[70] Noch etwas, was Sie gemeinsam tun können. Also haben eigentlich sogar beide, Helfer und Kranker, etwas davon.

Zusammengefasst: Wenn wir mit Problemen anderer konfrontiert sind, ist die Handlungsoption Helfen prosozialer als Weglaufen. Doch damit es dazu kommt, reicht es nicht, auf der Stufe «Empathie» stehenzubleiben. Wir müssen noch ein paar eigene Gefühle generieren. Vorzugsweise positive.

Wie genau sich der Übergang von Empathie zur Fürsorge gestaltet – und ob er immer in die gleiche Richtung geht –, ist Thema einer laufenden Debatte. Komplexe Prozesse lassen sich nicht so einfach auseinanderklamüsern. Zumal wenn nicht alle Vorgänge bewusst stattfinden und man den Probanden nicht alle paar Sekunden fragen kann: «Und wie ist es jetzt so?»

Vielleicht kann man es sich ein bisschen wie eine Zwei-Stufen-Leiter vorstellen, mit Empathie auf der ersten und Fürsorge auf der zweiten Stufe.[71] Die erste Stufe zu erreichen hilft schon mal, ist aber kein Automatismus für die zweite. Doch während die Wissenschaft noch dabei ist, Stufenanzahl, Größe und Beschaffenheit einer möglichen Leiter zu definieren (und was, wenn es eine Treppe ist, die uns im Kreis führt, wie bei M. C. Escher?), können wir uns schon mal fragen, wo die Leiter überhaupt herkommt. So oder so ist es schließlich ein verwirrendes Verhalten unseres Gehirns. Wenn wir die Warum- und Wie-Fragen beantwortet haben, können wir uns auch wieder überlegen, woran wir arbeiten sollten.

Wie das Gehirn gutes Benehmen belohnt

Warum sollten positiv besetzte Regionen reagieren, wenn wir andere Leute leiden sehen? Was auf den ersten Blick kontraintuitiv ist, könnte damit zusammenhängen, wie in unserem Gehirn überhaupt der Drang entsteht, etwas zu tun. Um das zu verstehen, machen wir einen kurzen Abstecher in den Bereich der Neurowissenschaften, der sich mit Motivation beschäftigt. Motivation und Verlangen.

Beispielhaft erklären lässt sich der Zusammenhang zwischen Antriebskraft und sozialem Verhalten an der Funktion einer Hirnregion namens Area tegmentalis ventralis. Dies ist einer der Bereiche, die aufleuchten, wenn unsere Versuchspersonen sich aktiv in jemanden hineinfühlen, mit der Motivation, zu helfen und zu teilen. Sie gehört auch zu den Arealen, in denen sich die Aktivität verstärkt, wenn wir unser Mitgefühl trainieren.[72, 73]

Nur ist das nicht ihre einzige Funktion. Sie ist auch daran beteiligt, alle möglichen anderen Handlungen zu initiieren. Hier gibt es eine ganz bestimmte Gruppe von Nervenzellen, die man nur in einigen wenigen Bereichen des Hirns findet: dopaminerge Neuronen. Schätzungsweise besitzen wir davon insgesamt 350 000 bis 600 000, wobei die Zahl im Laufe des Lebens abnimmt.[74] Das klingt erst mal nach viel, aber nach der letzten Schätzung hat das Gehirn circa 8 600 000 0000 Nervenzellen. Der Anteil an dopaminergen Neuronen liegt also im Null-Komma-null-etwas-Bereich.

Obwohl es so wenige sind, haben sie doch großen Einfluss auf unser Leben. Wie die Nationalelf. Oder Hollywood-Stars. Oder Fluggäste, die Dinge in ihren Schuhen schmuggeln. Im Gegensatz zu Letzteren haben dopaminerge Neuronen eine sinnvolle Funktion. Vor allem spielen sie eine wichtige Rolle bei der Umsetzung von Gedanken in Taten. Abhängig vom entsprechenden Pfad tun sie das auf abstrakter genauso wie ganz konkret auf motorischer Ebene. Fehlfunktionen im Dopamin-System werden mit Schizophrenie und ADHS assoziiert, der Verlust der entsprechenden Neuronen mit Parkinson.[75-77] Dementsprechend versuchen auch viele Medikamente die Wirkung oder Ausschüttung von Dopamin zu beeinflussen (zu Risiken und Nebenwirkungen schauen Sie einfach *Zeit des Erwachens* mit Robin Williams als Oliver Sacks).

Die dopaminergen Neuronen scheinen darauf ausgelegt zu sein mitzuentscheiden, welches Verhalten uns guttut und welches wir deshalb dringend wiederholen sollten. Dafür codieren sie den Unterschied zwischen unserer Erwartung und dem tatsächlich Erreichten.[78] Wenn Sie zum Beispiel irgendwo auf der Straße eine

Bratwurst riechen und Ihr Gehirn einfach für Sie klärt, dass es gleich Bratwurst gibt. Einige Neuronen codieren eine ganz eindeutige Erwartung (Phase 1). Wenn die erfüllt ist, quittiert eine andere Gruppe Neuronen den Empfang (Phase 2).[78] Beide Informationen werden an andere Teile des Gehirns weitergeleitet, und das ist für uns ziemlich häufig gleichbedeutend mit purem Glück. Denn damit bringen die Neurotransmitter Aktivität dorthin, wo unser Gehirn genau dieses Gefühl produziert. Dieser Dopaminfluss projiziert zum Gefühls- und Belohnungszentrum, genauso wie zum präfrontalen und orbitofrontalen Bereich. Letzterer beeinflusst, wie viel wir uns von einer Belohnung versprechen. Das ist der Ort, wo wir die Spaghetti wahnsinnig toll finden, wenn sie vor uns auf den Tisch gestellt werden, uns aber nach dem dritten Teller dann nicht mehr ganz so für sie begeistern können.[79, 80] Kurzum: Dopamin beeinflusst eine ganze Reihe Gegenden, die mit Handlungsmotivation zu tun haben.

Phase eins bewirkt Approach (nach vorne gerichtetes Verhalten), Streben und Konsumorientierung. In Phase zwei fühlen Sie sich gut, in Ihrem Handeln bestätigt und alles in allem wie der erfolgreiche Jäger, der Sie sind. Sie haben Bio-Joghurt gesucht, Sie haben Bio-Joghurt gefunden! Ihr orbitofrontaler Cortex ist stolz auf Sie. Diese Art von Regungen brauchen wir, um uns vom technischen Gerät unserer Wahl zu lösen und tatsächlich etwas zu tun – ob es nun darum geht, sich was Ordentliches zu essen zu suchen, oder darum, sich um andere zu kümmern.[81]

Außerdem brauchen wir diese Regungen, um zu lernen, was gut für uns ist. Denn nur, weil etwas für uns evolutionär sinnvoll wäre, heißt das noch lange nicht, dass wir es tun. Mit dem Rauchen aufhören zum Beispiel oder atomar Abrüsten. In der Theorie sehr schön, aber im Moment können wir uns einfach nicht dazu aufraffen. Es geht doch nichts über konkrete Anreize: Etwa als Ihnen die Krankenkasse Beiträge zurückgezahlt hat, weil Sie dreimal zum Yoga gegangen sind, oder wenn die UN Umweltschutz fördert. Nicht auszudenken, wir hätten die ganze saubere Luft völlig umsonst produziert.

Ihr Gehirn macht es genauso mit dem Belohnungseffekt. Es verinnerlicht die Gefühle, die damit verbunden sind, und passt sich quasi im Vorbeigehen einer komplexen wandelbaren Welt an. Darum reagiert unser Dopaminsystem besonders bei neuen, überraschenden Belohnungen und sorgt dann für einen positiven Verstärkungseffekt. Völlig vorhersehbare Ereignisse sind langweilig.

Ihre Neuronen feuern also, weil Sie a) überraschend gleich zwei Bratwürste gekriegt haben oder b) unverhofft eine ausgesprochen nette Bratwurstverkäuferin kennengelernt haben. In aufsteigender Reihenfolge. Und jedes Mal wird dabei Dopamin ausgeschüttet. Nächste Woche stehen Sie an derselben Stelle und versuchen gleich noch eine nette Falafelverkäuferin kennenzulernen. Wenn Sie bei der gute Gefühle auslösen wollen, gilt dasselbe: Nur nicht zu berechenbar werden und öfter mal positiv überraschen. Überhaupt ein guter Ratschlag fürs Zwischenmenschliche. Überraschend Blumen mitbringen/seinen Angestellten ein Essen ausgeben/mal wieder eine Postkarte schreiben/die letzte Stunde ausfallen lassen. Bringt alles Schwung in den mesolimbischen Dopaminpfad Ihrer Mitmenschen.

Dieses Glücksgefühl ist mitbegründend für so einiges, was Sie gerne tun, von Sex über Sport und Lernen bis Bananenessen. Und vor allem bringt es Sie dazu, besagte Dinge immer wieder zu tun. Auch die meisten Drogen verstärken die Aktivität der dopaminergen Neuronen, und umgekehrt sind Substanzen, die das Glücksgefühl ankurbeln, hochaddiktiv. Sie sind dann zu viel des Guten.

Wenn diese Vergleiche nicht ausreichen, um Ihnen eine Idee davon zu geben, welche Regungen Dopamin in uns weckt (wo es doch um mehr geht als Freude), denken Sie daran, wie es sich anfühlt, Ihr Lieblingslied zu hören. Die Lieder, die uns besonders gefallen, bringen auch Dopamin zum Belohnungszentrum.[82] Wenn Sie auf dem Weg zur Arbeit Musik aufdrehen und sich auf einmal so fühlen, als wären Sie nicht gerade um sechs Uhr aufgestanden, sondern mehr so, als könnten Sie Bäume ausreißen oder zumindest Büsche, dann ist mit ziemlicher Sicherheit Dopamin im Spiel. Und die damit verbundene Aktivität, die ein Lied durchschnittlich bei den Probanden auslöst, könnte tatsächlich mitbestimmen, wie erfolgreich es in den nächsten drei Jahren in den Charts abschneiden wird[83]. Sie kennen das Gefühl vielleicht auch von Liedern, die eigentlich einen traurigen Hintergrund haben («Never mind I'll find someone like yoouu ...»), und vielleicht ist das ein schöner Weg, sich vorzustellen, wie sich Compassion anfühlen könnte. Traurig-schön.

Damit haben wir eine Brücke geschlagen von der Motivationspsychologie zurück zu den sozialen Gefühlen. Wir lernen: Unser Handeln basiert oft auf Erwartungen, vor allen Dingen der Erwartung guter Gefühle. Deswegen sind für Hilfsbereitschaft positive Gefühle und Handlungsmotivation notwendig. Und die generieren wir vielleicht im Rahmen unseres Fürsorge-Gefühls.

Auch wenn wir anderen ganz ohne Anlass etwas Gutes tun, ist unser Belohnungszentrum wieder voll dabei. Passend dazu sind die Area tegmentalis ventralis, das ventrale Striatum und der orbitofrontale Cortex aktiv, wenn wir Geld bekommen und auch wenn wir welches spenden.[84] Das Belohnungsgefühl ist natürlich nicht der einzige Grund, etwas abzugeben. Auch unsere Empathie für den anderen spielt eine Rolle, genauso wie die Theory of Mind, zu der wir noch kommen.[85]

Das heißt, im Gehirn unserer Versuchsperson erwarten wir nun einerseits die Areale zu sehen, die mit ihrer Empathie verbunden sind und die das Leid der anderen reflektieren (die Insula zum Beispiel), aber auch jene, die mit positiven Emotionen und Handlungsbereitschaft verbunden sind (zum Beispiel solche, die zum Dopaminsystem gehören).

Die Aktivierung kommt auch zustande, wenn Sie zu Ihrem Glück gezwungen werden – wenn Sie beispielsweise keine Wahl haben, ob Sie spenden möchten.[86] Wenn das bei Ihnen besonders gut funktioniert, spenden Sie später freiwillig mehr. Und Sie dachten immer, Sie müssten Geld bekommen, um glücklich zu sein! An alle, die immer glaubten, dass wir zu großen Teilen spenden, um uns selbst gut zu fühlen: Sie haben recht. Aber bevor wir das bewerten, sollten wir uns die Herkunft dieses Phänomens angucken.

Der evolutionäre Teil der «Warum»-Frage ist nicht ganz so schnell beantwortet. Während der evolutionäre Vorteil von Bananen, Sex und Sport einwandfrei geklärt ist, ist der Ursprung prosozialen Verhaltens etwas komplexer herzuleiten: Warum sollten wir uns gut fühlen, weil wir anderen helfen? Dabei hat das Phänomen sogar einen Namen. «Warm glow» nennt es sich, wenn Gutestun Freude bereitet, und dieses Gefühl ist uns immer ein bisschen peinlich. Irgendwie stellen wir uns vor, dass ordentliche Hilfsbereitschaft den Kant'schen Imperativ einfordert – aus Prinzip richtig zu handeln, nicht aus Gefühl, schon gar nicht aus einem egozentrischen Gefühl heraus.

Darum müssen wir beim Beantworten der Warum-Frage dieses Mal mit angucken, was das moralisch eigentlich bedeutet. Darf Helfen Spaß machen? Denn ein gewisser vorwurfsvoller Unterton scheint immer mitzuschwingen, wenn wir eine Begründung hinter gutem Verhalten entdecken. Überhaupt sind wir recht schnell dabei, anderen zu erklären, warum ihre Hilfsbereitschaft Eigennutz ist. Während der Flüchtlingskrise ging es in der Debatte um freiwillige Helfer auch darum, ob da nicht etwas wie «Selbstgefallen» mitschwingt. Ein Nachrichtenblog erfand das Wort «hilfsbesoffen».

Also gucken wir uns die Ursprünge unserer Hilfsbereitschaft einmal an und stellen dabei gleich noch die Frage: Warum eigentlich ablehnen, was die Evolution uns über so viele Jahre an sozialen Fähigkeiten eingefädelt hat? Denn der Fürsorge-Rausch hat eine lange Tradition.

Was meinen Sie denn, warum wir uns um Babys kümmern? Die sind unhandlich, laut und klebrig. Und überhaupt: Kümmern, um egal wen, ist erst mal nicht vorgesehen. Schließlich geht es in der Evolution vorrangig um das Überleben der Gene. Bei den Säugetieren hat dieses Überleben aber ziemlich stark mit der Investition in den Nachwuchs zu tun. Deswegen ist es evolutionär gesehen sinnvoll, wenn wir sowohl über die Lautstärke als auch über das Ausmaß an Klebrigkeit hinwegsehen. Auch hier setzt das Gehirn auf Lernen durch konkrete Anreize und das Belohnungszentrum. Bei der Fürsorge für die lieben Kleinen wirft Mutter Natur unter anderem das körpereigene Dopamin- und das Opioidsystem ein (ja, das leitet sich von Opium ab).[87-89] Seit weit mehr Generationen, als es Menschen gibt. Und damit steht Babykümmern auf der gleichen motivierenden Liste wie Sport und Sex.

Das Belohnungszentrum wird aktiviert, und der praktische Lerneffekt tritt sofort wieder ein («Das war super, das machen wir noch mal!») – erst überraschend, dann als Erwartungshaltung («Da war eindeutig ein Baby, wo bleibt meine gute Laune?»). Das hat den Vorteil, dass Sie Dinge nicht nur so tun, wie es Ihnen am besten passt, sondern auch so, wie es am besten für das Baby wäre. Weil es sich gut anfühlt, wenn Ihr Baby auf Sie reagiert. Wenn Erwachsene sich bis zum Hexenschuss über einen Kinderwagen beugen, hat das weniger damit zu tun, dass sie einen besseren Blick auf das Baby haben wollen (seien Sie ehrlich, die sehen fast alle gleich aus. Außerdem hat es sich in den letzten drei Minuten mit Sicherheit nicht verändert). Uns vorzubeugen nutzt vor allem dem Baby, denn das kann gerade ungefähr 30 Zentimeter weit gucken.[90] Die Seite, auf der Sie das Kind halten – bei mehr als drei Vierteln der Frauen die linke –, erlaubt es Ihnen möglicherweise, stärker Ihre linke Gehirnhälfte auf das Kind zu fokussieren, die auf viele soziale Prozesse spezialisiert ist. Das Kind dagegen nimmt Ihre Stimme so vielleicht stärker mit der rechten Gehirnhälfte wahr, die besonders emotionale Töne verarbeitet.[91, 92] Die hohe «Gutschi-Gu-Na-wo-ist-er-denn»-Stimme machen Sie, weil höhere Tonlagen Babys besser erreichen.[93] Das bringt Ihnen ein Glucksen ein – und das fühlt sich doch prima an, oder? Und so ist auch ein schreiendes Kind nicht per se nur mit schlechten Gefühlen assoziiert, sondern auch mit der Erwartung auf angenehmen Kontakt.

Von dieser nächsten aller Beziehungen hat sich unsere Gebefreude wahrscheinlich ausgedehnt auf unsere Angehörigen. Denn das Grundkonzept ist bei all diesen Bindungen ähnlich: den anderen sehen, ihm körperlich nah sein wollen und vor allem: Dinge tun, die uns selbst eigentlich nichts bringen. Noch heute fällt es uns vor allem in der Familie leicht zu geben, ohne eine direkte Gegenleistung zu erwarten. Das kann man schon bei Schimpansen beobachten. Die regeln ihre Gefallen über einen ausgeklügelten Wechselkurs aus Essen, Kraulen (auch Groomen genannt) und Aufmerksamkeit. Wenn es aber um die Familie und nahe Freunde geht, scheint diese Rechnung eine kleinere Rolle zu spielen.[94] Einem Verwandten kann man schon mal einfach so den Kopf kraulen, ohne dafür gleich seinen Nachtisch zu erwarten.

Ähnlich funktioniert es wahrscheinlich auch beim Menschen. Bei Ihren Kollegen haben Sie noch ein ungefähres Gefühl dafür, wer wem zuletzt einen Gefallen getan hat. Wenn Sie in Ihrer Beziehung eine Liste führen würden, auf der Sie «Müll rausbringen» gegen «Diesen total schlechten Film mitgucken, nur weil du Actionfilme magst» aufrechnen, bekämen Sie eventuell ein Problem. Stattdessen tun Sie diese Dinge einfach. Sie gucken den Film, bringen den Müll raus und kaufen noch Chips dazu. Immerhin muss Ihr Partner jetzt mit in das Konzert Ihrer Lieblingsband, die er nicht mag ... Die Möglichkeit so miteinander umzugehen, liegt in der Fähigkeit begründet, ohne direkte Gegenleistung zu geben – und sich dabei gut zu fühlen. Wer verliebt ist, der spendet Sicherheit, Aufmerksamkeit, Nahrung und Weihnachtsgeschenke. Große Weihnachtsgeschenke. Doch die Freude der anderen fühlt sich gut an. Was guttut, das tun wir immer wieder. Und da wundern wir uns über das sogenannte Helfersyndrom?

Mit der familienübergreifenden Hilfe sind wir Menschen nicht alleine. Ziemlich viele Säugetiere helfen sich gegenseitig. Schimpansen zum Beispiel. Wenn die jemanden sehen, der traurig ist, verlegen sie sich auf Ankuscheln, Lausen und Streicheln.[95] Hier kommt keiner auf die Idee, ihre tieferliegenden Motive in Frage zu stellen. Und es wäre vielleicht auch eine schöne Idee für Menschen. Antilopen kümmern sich außerdem um ihre beunruhigten Kinder, oft sogar schon, bevor diese tatsächlich in Panik ausbrechen.[96] Ähnlich ist es, wenn Sie dem Kind schon vorsorglich ein Eis kaufen, weil es vage so aussieht, als könnte es gleich losplärren. Ist einfacher für alle, und das Geschrei lockt später keine Tiger an.

Die Intention anderer auf den Prüfstand zu stellen bringt uns zu einem der schwierigsten Probleme der Neurowissenschaften überhaupt. Vor allem, weil sie so gefährlich an Determinismus, freiem Willen und allgemeinen Seelensfragen kratzt. Alles, was wir denken oder tun, entspringt irgendwo unserem Gehirn (wahlweise in Zusammenarbeit mit ein paar anderen Körperregionen). Und das ist letztlich ein Produkt aus Millionen Jahren Evolution und einem Bündel aus Erfahrung und Erziehung, das wir nur begrenzt mitgestalten können. Das Gleiche gilt für unser Sozialverhalten. Es geht nicht auf einen Beschluss zurück («Ich habe festgestellt, wenn wir Babys füttern, halten sie länger»), sondern ist das Produkt einer langen Entwicklung. Jede soziale Fähigkeit, die wir haben, war irgendwann mal von Vorteil. Jedes soziale Gefühl hat seinen Ursprung in etwas, das in unserer Entwicklung Sinn ergeben hat. Irgendwo muss die Motivation ja herkommen. Und im Gehirn heißt das üblicherweise: Spaß.

Die Frage ist nun: Heißt das, wir folgen, wenn wir sozial sind, einfach einem festgelegten Antrieb, wie beim Essen, und können darauf auch ungefähr genauso stolz sein? Ist der Output des Gehirns genauso festgelegt wie eine Planetenumlaufbahn oder ein hochkomplexes Computerprogramm? Wenn wir jedes einzelne Neuron mit all seinen Verbindungen und den dazugehörigen Neurotransmittern, Hormonen und Kladderadatsch kennen und simulieren könnten, könnten wir dann alle Entscheidungen vorhersagen, inklusive der, ob wir morgen doch eine Obdachlosenzeitung kaufen?

Und wenn ja, wäre unsere Entscheidung dann nicht mehr gut, weil unser Wille damit automatisch nicht mehr frei wäre? Wenn ich Sie frage, ob Sie lieber Pizza essen wollen oder Erde, dann kann ich Ihre Präferenz mit ziemlich hoher Wahrscheinlichkeit vorhersagen – trotzdem fühlen Sie sich in Ihrer Entscheidung bestimmt sehr willensstark.

So viele Fragen, die wir wahrscheinlich in den nächsten Jahren nicht werden beantworten können. Wir können uns schon mal drauf freuen, wenn uns irgendwann Roboter damit konfrontieren.

Was wir jetzt tun können, ist, die Intentionen nach ihren Konsequenzen zu beurteilen. Denn die sind definitiv nicht immer gleich. Je nach Motivation können wir sozial sein, wenn es uns nutzt, wenn wer hinguckt, wenn's Spaß macht oder es uns in den Kram passt. Und je nachdem, welchen dieser Gründe wir auswählen, behalten wir unser Verhalten bei, auch wenn es uns nichts nützt oder uns von unserem eigentlichen Ziel abbringt. Fragwürdige Intentionen gibt's also einige. Imagepflege, Angeberei, Sex, Öl, die Hoffnung, ein kriminelles Syndikat aufzubauen, das auf kleineren Gefälligkeiten beruht ... So was halt. Solche Hintergedanken sind der Grund, warum wir einem Großkonzern, der spontan ankündigt, 1 000 000 Euro für gute Zwecke zu spenden, mit ähnlichen Gefühlen begegnen wie einem Erwachsenen, der sich entschließt, am Tag *nach* Halloween Süßigkeiten an vorbeilaufende Kinder zu verteilen. Sich selbst besser fühlen ist dagegen eine ziemlich stabile Antriebsmöglichkeit.

Vorläufiges Fazit: Die Idee, dass wir uns durch Fürsorge gut fühlen, ist offensichtlich ein seit Millionen Jahren funktionierendes System. Tausende von Generationen haben sich darauf verlassen können. Wenn man einem freiwilligen Helfer vorwirft, dass er sich dadurch besser fühlt, ist das ein bisschen spät. Ihrer Mutter werfen Sie das ja auch nicht vor.

Im Idealfall wählt unsere Versuchsperson also die Option Helfen, und das wird in ihrem Kopf begleitet von fürsorglichen Gefühlen und Aktivität in den Regionen, die Wohlwollen, Motivation und Handlungsfreude unterstützen. Schieflaufen kann Hilfsbereitschaft dagegen dann, wenn sie auf den falschen Gründen beruht. Aber dazu kommen wir noch im zweiten Teil. Bis dahin können wir uns schon mal fragen, wie man denn Hilfsbereitschaft aus den «richtigen» Gründen steigern kann.

Sozialer Kontakt scheint schon wieder ein ganz guter Angriffspunkt zu sein. Wer auf dem Bildschirm im Testlabor immer mal wieder den Namen eines nahestehenden Menschen sieht, hilft danach mehr[97], und wer freundlich berührt wurde, kooperiert eher.[98] Dann hilft es noch, wenn es mollig warm ist. Fürsorge hat vor allem mit dem parasympathischen Nervensystem zu tun, mit Ruhe und verlangsamtem Herzschlag.[88, 99] Darum fördert eine warme Umgebung (oder ein Tässchen Tee) unter Umständen auch Vertrauen und Freigiebigkeit[100, 101] (erzählen Sie das dem Kollegen, der bei minus zehn Grad auf zwanzig Minuten «Stoßlüften» besteht). Auch an unserer Hilfsbereitschaft können wir also arbeiten.

Und damit haben wir es jetzt tatsächlich fast geschafft: Wir haben alle Stadien der Empathie durchlaufen, haben die Gefühle des anderen erkannt, geteilt und ihrem Urheber zugeordnet. Dabei haben wir uns weder von unserer eigenen Stimmung in die Irre führen lassen, noch sind wir in Überforderung, Apathie, Ignoranz oder Fluchtreflex verfallen. Viel besser: Wir haben positive Emotionen entwickelt und eine Motivation zu handeln. Wir haben so auf die Gefühle der anderen reagiert, wie wir es uns auch von ihnen wünschen. Also: Seien wir hilfreich. Sehr schön.

Äh ... und jetzt? Ähm, soll ich dir einen Tee machen? Oder lieber einen Rotwein bringen? Rotwein ist immer gut. Schokolade? Wir stehen nun vor der letzten großen Herausforderung: Verstehen, was der andere braucht. Denn auch die besten Absichten bringen uns nichts, wenn wir die spezifischen Bedürfnisse der anderen nicht verstehen.

Nicht für alle Menschen ist heiße Schokolade ein Trost

Die Weisheit, die jetzt kommt, ist so poetisch, dass man sie auf Postkarten drucken könnte, wahlweise mit einem Sonnenuntergang im Hintergrund oder einem buddhistischen Mönch auf einem Stein. Sie lautet folgendermaßen: Selbsterkenntnis ist der Schlüssel zum Erkennen anderer. Wahrscheinlich *hat* das auch schon mal jemand auf eine Postkarte geschrieben. Aber der Punkt ist: Er hatte damit recht. Mit Selbsterkenntnis fängt alles an. Oder genauer gesagt: mit Lippenstift und einem Spiegel.

Mehr brauchen Sie nämlich nicht, um die Selbstwahrnehmung eines Menschen auf die Probe zu stellen. Weil die bei Erwachsenen im Normalfall schon ausgereift ist, schnappen Sie sich dafür am besten wieder ein dahergelaufenes Kleinkind (die wackeln ja nun wirklich überall herum). Jetzt wird es tricky, denn Sie müssen dem Kind einen roten Punkt aufmalen, ohne dass es das direkt merkt. Also zum Beispiel das ganze Gesicht wuscheln, aber nur an einer Stelle den mit Lippenstift bemalten Zeigefinger aufsetzen.

Wenn Sie das Kind jetzt vor den Spiegel halten, tut es eins von zwei Dingen. Entweder es guckt irritiert, wie Kinder das so machen. Oder es greift sich ins Gesicht, dorthin, wo der Punkt ist. Wenn es Letzteres tut, hat es einen der wichtigsten Entwicklungsschritte vollbracht, die ihm in seinem Leben jemals bevorstehen werden. Es kann sich selbst im Spiegel erkennen und gehört damit zu der intelligentesten Spezies auf diesem Planeten (nehmen Sie am besten ein Kind, das anderthalb ist, dann klappt es bestimmt). Außerdem hat es eine Kompetenz erworben, die es für so ziemlich jedes soziale Problem braucht, das sich ihm in den Weg stellen wird. Wenn man bedenkt, wie fundamental Selbsterkenntnis ist, ist es eigentlich überraschend, dass wir sie nicht genauso groß feiern wie das erste Wort oder die ersten Schritte. Es gibt keine Glückwunschkarten mit der Aufschrift «Herzlichen Glückwunsch, dein Kind ist jetzt annähernd so klug wie ein Delfin». Und das obwohl das Kind den wohl wichtigsten Schritt in Richtung eigenständiges Wesen mit eigenen Gedanken und Gefühlen zurückgelegt hat. Nur so kann es seine Gefühle und Ihre auseinanderhalten – im letzten Kapitel haben wir gesehen, wie fundamental das ist.

Aber die Selbsterkenntnis ermöglicht uns auf lange Sicht noch etwas anderes: zu verstehen, dass andere eine abweichende Wahrnehmung und andere Bedürfnisse haben könnten als man selbst. Nicht nur in diesem Moment – so wie wir das bei der Egocentricity Bias kennengelernt haben –, sondern permanent, weil sie über eine ganz andere Erfahrungswelt verfügen.

Stellen Sie sich vor, jemand leidet an einer seltenen Hautkrankheit, durch die jede Berührung für ihn wie Feuer brennt. Und stellen Sie sich nun vor, wie er immer wieder mit einem Wattestäbchen gepikt wird. Der Arm, die Hand, das Gesicht. Bei dem Anblick beißen Versuchsteilnehmer die Zähne zusammen.[102] Sie haben Mitleid.

Mit Spiegeln hat das wenig zu tun. Die Berührung mit dem Wattestäbchen wäre für Sie selbst nicht schlimm. Stattdessen konstruieren Sie eine Idee davon, wie diese Situation für Ihr Gegenüber sein muss, leiten die an jene Gehirnzentren weiter, die sonst auch auf die Schmerzen anderer reagieren, und siehe da – Empathie.

Ohne dieses Wissen ist auch die größte Hilfsbereitschaft ziemlich nutzlos. Wenn Sie sich selbst davon überzeugen wollen, nehmen Sie einfach wieder besagtes Kleinkind (mittlerweile sollten Sie sich wirklich eins organisiert haben. Ich kann hier auch nicht alles alleine machen). Jetzt stellen Sie ihm zwei Schalen hin, eine mit Schokokeksen (lecker) und eine mit Broccoli (igitt). Dann bitten Sie es, Ihnen eine der beiden Schalen zu geben. Wenn Sie nicht völlig danebengegriffen haben (es handelt sich um ein Kleinkind, oder?), dann wird Ihr kleiner Assistent Ihnen immer die Schokokekse reichen. Da können Sie noch so oft auf den Broccoli zeigen und «Mhhhhmmm, yammie» machen oder auf die Schokokekse und «Pfui Bah!» sagen. Das Baby mag lieber Schokokekse, und die Vorstellung, dass jemand das anders sieht, ist absurd. Das Baby ahnt nicht, dass sein Denken unabhängig ist. Alle Menschen sehen, hören und fühlen dasselbe und sind sich einig, dass Schnuller eine klasse Sache sind.

Man kann es ihm hoch anrechnen, dass das Kind Ihnen automatisch das leckere Essen gibt, anstatt mehr davon für sich selbst zu behalten. Aber wenn Sie Ihren Nachwuchs nach den gleichen Prinzipien erziehen, würden Sie es mit Chardonnay und Sushi füttern. Die kognitive Unterscheidung zwischen uns selbst und anderen ist der Schlüssel dazu, überhaupt andere Menschen zu verstehen und uns um sie zu kümmern. Wir lernen sie vor allem in Interaktion mit anderen Menschen. Besonders große Geschwisterkinder sind gut darin, uns zu vermitteln, dass wir andere Bedürfnisse haben (mit Ponys spielen) als unser Gegenüber (irgendetwas viel Cooleres). Deswegen meistern kleine Brüder und Schwestern diese Unterscheidung früher als die Größeren.[103] Bis dahin gehen wir immer nur von uns selbst aus, und die Überlegenheit von Schokokeksen gegenüber Broccoli ist eine fundamentale Maxime.

Ein Hindernis also, an dem selbst gutgemeinte Hilfsbereitschaft scheitern kann, ist eine zu egozentrische Idee von den Bedürfnissen des anderen.

Also, wie haben wir diese fundamentalen Vorlieben nun überwunden? Und hilft uns diese Information, um noch ein paar andere Vorlieben loszuwerden, die mit Broccoli gar nichts zu tun haben? Auf jeden Fall stehen sie mit einem wichtigen evolutionären Entwicklungsschritt in Zusammenhang.

Dieser Schritt treibt sich irgendwo im selben Abschnitt unserer Entstehungsgeschichte herum, in dem auch die Fähigkeiten aus den letzten Kapiteln entstanden sind. In dem Alter, in dem Kinder beginnen, sich selbst zu erkennen und tatsächlich mitzufühlen, lernen sie, auch anderen zu helfen. Im Tierreich findet man diese Qualitäten ebenso im Doppelpack.

Wieder mal beginnt nämlich alles mit den Babys. Zu denen und der Eltern-Kind-Beziehung kommen wir immer mal wieder zurück. Schließlich ist diese Beziehung eine der ersten, an die sich die Evolution herangewagt hat. So wurde sie zum Testlabor für soziale Kognition. Und die Spezies, die mit Selbsterkenntnis, Helferinstinkt und Fürsorge ausgestattet sind, haben vor allem eine Gemeinsamkeit: ziemlich nutzlosen Nachwuchs. So nutzlos, dass er lange Zeit nicht alleine klarkommt und seine Eltern eine sehr wichtige Fähigkeit lernen müssen: sich um ein fremdes Wesen zu kümmern. Zum Teil hilft uns dabei das natürliche Belohnungssystem. Aber unser Baby gluckst nicht für alles, was ihm guttut. Broccoli zum Beispiel. Viele Bedürfnisse eines Babys muss man ganz von allein verstehen. So richtig gut ist darin natürlich niemand. Diese kleinen Menschlein drücken sich wirklich sehr unklar aus. Aber dass Sie alleine schon nachvollziehen können, dass ein Kind andere Bedürfnisse hat als Sie selbst (dann also doch kein Sushi?), ist etwas, worauf Sie ruhig stolz sein dürfen.

Es fängt bei sehr kleinen Dingen an: Verstehen, dass mein Kind hungrig sein kann, auch wenn ich satt bin (das hatten wir schon mal bei den prosozialen Gefühlen). Verstehen, dass, nur weil ich über

einen Graben springen kann, mein Kind nicht unbedingt hinterher-
kommt. Verstehen, dass, nur weil ich den Animationsfilm «Frozen»
total überschätzt finde, ich mein Kind nicht aussetzen darf, wenn
es immer noch den Titelsong «Let it go» singt. Die Elterngrundaus-
bildung sozusagen.

Bei Spezies, die den Lernprozess ein wenig früher abgeschlossen haben, kommt es dann zu so Szenen, wie sie der Primatologe
Frans de Waal erzählt: Ein Zoo baut ein Wasserloch, in der guten Absicht, den Affenmüttern etwas Erholung zu geben. Kurze Zeit später
müssen einige sehr überraschte Zoopfleger jede Menge Affenmütter
mit japsenden Kindern am Bauch aus dem Becken fischen. Solange
man selbst den Kopf über Wasser hat, können die Kinder doch auch
atmen, oder?

Ihnen selbst kann so etwas zum Verhängnis werden, wenn das
Pferd, auf dem Sie sitzen, ganz wunderbar unter dem Ast durch-
galoppiert und Sie sich wünschen, Sie hätten beim Limbo besser
aufgepasst. Solche Fehler kann sich eine Menschenmutter nicht
erlauben. Jedenfalls nicht allzu oft. Mit der Hilflosigkeit des Nachwuchses steigt auch der Anspruch an die kognitiven Fähigkeiten der
Eltern. Für diese Mammutaufgabe muss sich nicht nur das Baby gut
vorbereiten, sondern auch die Mutter. Mehrere Millionen Jahre lang.
Dabei folgte die Operation Mutter-Kind-Bindung nicht wirklich einem
ausgeklügelten Plan. Das Schöne an der Evolution ist ja: Sie funktioniert, ohne dass jemand sich vorher irgendetwas dabei denken muss.

Doch auf lange Sicht haben sich wohl diejenigen durchgesetzt,
die mit diesem wahnsinnig hilflosen Nachwuchs am besten umgehen
konnten. Denn menschliche Babys sind so unglaublich unbeholfen,
dass Wissenschaftler diskutieren, ob sie nicht einen Rückschritt in
der Evolution darstellen. Kühe und Schafe waren die erste Weiterentwicklung nach den frühen Säugetieren mit ihren blinden, nack-
ten Nesthockern. Die Babys dieser Herdentiere nennt man frühreif,
als wären es kleine Lisa Simpsons der Evolution. Denn sie müssen
mithalten und am ersten Tag schon laufen können. Wie es ausgeht,
wenn da jemand schwächelt, kennen wir aus Naturdokus.

Und nun das? Menschenbabys sind Nesthocker zweiter Generation. Plötzlich wieder ziemlich haarlos. Plötzlich wieder ziemlich bewegungslos. Bestenfalls Homer Simpson, mehr so Ralph Wiggum. Und das alles fürs Hirn. Wie eine ganze Reihe Säugetiere setzten unsere Vorfahren auf relativ frühe Geburten, damit sich das Gehirn später noch entwickeln kann, ohne die Grenzen des mütterlichen Beckens beachten zu müssen. Außerdem ergibt es Sinn, einen Teil der Entwicklung nach außen zu verlagern, denn Hirngewebe ist teuer zu produzieren, und die nötige Energie dafür lässt sich schwerer aufbringen, wenn die Mutter für zwei Leute den Kreislauf schmeißen muss. Dann ist es sinnvoller, den Nachwuchs außerhalb des Körpers zu versorgen und mit Baby im Pelz Früchte sammeln zu gehen.

Es handelt sich also um eine etablierte Strategie, bei der die Menschen den Vogel abgeschossen haben. Im Verhältnis zur Erwachsenengröße hat ein Menschenbaby von allen Primaten das kleinste Hirn-Geburtsgewicht. Es kommt relativ unreif auf die Welt, wächst aber schneller und länger. Seine motorischen Fähigkeiten schließen erst nach einem Jahr zu dem neugeborener Schimpansen auf. Wenn man dieses hilflose Wesen großziehen will, reicht es nicht, zurückzubrüllen, wenn es mal laut ist. Man muss tätig werden.

Der Entwicklungsschritt, der damit einhergeht, erfolgt im Kleinkindalter. Er ist eine kleine Revolution in unserem Leben und besteht darin, dass wir den traurigen Forscher mit seiner kaputten Puppe angucken und, anstatt selbst loszuheulen, eins von zwei Dingen tun: Versuchen, die Puppe heile zu machen, oder doch wieder zu Mama rennen, aber diesmal, damit die das repariert. Sozial gesehen ist beides gleich beeindruckend. Das Kind weiß nun, dass es hilfreich sein kann. Klingt simpel, ist aber keineswegs selbstverständlich.

Fassen wir also zusammen: Nachdem wir verstanden haben, wie wir auf die Körperhaltungen und Gesichtsausdrücke unseres Gegenübers reagieren, haben wir uns angeschaut, wie wir mit seinen Gefühlen umgehen. Wir wissen, wie wir sie erkennen, teilen, zuordnen und manchmal versuchen zu verdrängen. Und vor allem wissen wir auch, was es brauchen könnte, um von diesem ersten Schritt zur zielgerichteten Hilfsbereitschaft zu kommen. Nun fehlt uns noch ein letzter Teil, um uns unser Gegenüber zu erschließen. Denn in seinem Kopf geht ja weit mehr vor sich als nur Gefühle.

Um das ganze Ausmaß dieser Information zu erfassen, müssen wir auch hier einen Sprung machen. Nämlich zum nächsten Kapitel und sozialer Kognition für Fortgeschrittene.

Was jetzt kommt, ist sehr viel flexibler, kontextabhängiger und komplexer als Empathie und Fürsorge, die wir bislang kennengelernt haben, aber trotzdem ist es mitentscheidend für unsere sozialen Gefühle. Es ist ziemlich oft Perspektivübernahme, die das Mitgefühl anruft, die unsere Aufmerksamkeit dorthin lenkt, wo es weh tut, die uns dazu bringt, uns tatsächlich in unser Gegenüber hineinzuversetzen, mit all seiner Geschichte und seinen Schwächen. Aber sehen Sie selbst.

Verstehe sich, wer kann. Theory of Mind und soziale Kognition für Fortgeschrittene

Als wäre es nicht genug, dass wir uns ständig mit den Emotionen anderer Leute herumzuschlagen haben, kommt im Laufe unserer Entwicklung eine weitere Erkenntnis hinzu, die noch sehr viel schwerer zu verarbeiten ist: Andere Menschen haben auch Gedanken.

Diese Erkenntnis mag jetzt ein Schock sein. Irgendwann in Ihrem Leben war sie jedenfalls mal eine große Überraschung. Denn Theory of Mind ist weitaus trickreicher als Gefühlsansteckung. Und sie wird auch nicht mitgeliefert. Schwierigkeiten dabei, anderer Leute Gedanken zu verstehen, sind einer der Hauptgründe dafür, warum Kinder unter sechs so unbefriedigende Gesprächspartner sind. Nichts für ungut. Sie setzen ihr komplettes Wissen für den anderen als gegeben voraus, haben Schwierigkeiten zu unterscheiden, wie etwas aussieht und wie es ist («Ich weiß auch nicht, warum der Weihnachtsmann bei Kaufland dir kein Hundebaby gebracht hat»), und geben in zweideutigen Zusammenhängen nie genügend Informationen («Ich habe verstanden, dass Knetgummi lecker schmeckt, aber ich frage noch mal: Hast du es runtergeschluckt?»).

All diese Leistungen fallen ins Spektrum der großen Theory of Mind. Dem Teil unserer sozialen Kompetenz, der noch viel stärker als alles Bisherige von logischem Denken abhängt. Dass wir oft mehr als direkte Schau-mir-in-die-Augen-Gefühlsansteckung brauchen, um uns in unserem sozialen Umfeld zurechtzufinden, haben wir schon im ersten Kapitel erfahren. Nur diesmal nutzen wir diese Prozesse nicht allein, um uns die Gefühle anderer Menschen zu erschließen, sondern auch ihre Ideen und Pläne, ihr Hintergrundwissen und das, was sie sich im Selbstgespräch anvertrauen. Darum, woher diese

Fähigkeiten kommen, wofür wir sie brauchen und wohin sie sich manchmal verirren, geht es nun.

Dafür müssen wir unsere schicke neue Vokabel allerdings erst mal vernünftig definieren. Was genau meint Theory of Mind? Es ist die Theorie darüber, was im Geiste des anderen vor sich geht. Alles, was auf den spirituellen Eisbergpostern unter der Oberfläche ist. Da wir das nicht sehen können, müssen wir es uns logisch erschließen. Deshalb «Theory». Und deshalb kann das auch so leicht schiefgehen. Denn je nach Faktenlage ist das mit dem Erschließen manchmal ein durchdachter und logischer Prozess, manchmal eher Mutmaßung. Entlangtasten. Wild raten. Und falsch abzubiegen führt direkt ins Fettnäpfchen.

Wie als Sie dachten, Ihre Freundin meinte es ernst, als sie sagte: «Wir schenken uns dieses Jahr mal nichts», und sie dann doch mit fünf «Kleinigkeiten» ankam. Oder Sie sich über chinesische Tattoos lustigmachen («Das Schriftzeichen heißt bestimmt ‹Ente süß-sauer›») und sich wundern, dass die Kollegin mit den langen Ärmeln so komisch guckt. Bildlich gesprochen: Sie verrechnen sich, fahren gegen den Eisberg, weil er gar nicht so groß wirkte, und jetzt steht Ihnen das Wasser bis zum Hals. Um solche Probleme zu umschiffen, machen wir uns jeden Tag eine ganze Menge Gedanken.

Es gibt viele Diskussionen darüber, wann Theory of Mind im Spiel ist und wann nicht. Als Arbeitsdefinition verstehen wir darunter jetzt einfach alle unsere Denkvorgänge, bei denen wir anderer Menschen Innenleben erörtern, ob spontanes (Intentionen und Ziele), oder dauerhaftes (Charakterzüge und Annahmen). Wohlgemerkt: auf gedanklicher Ebene. Intellektuelles Verständnis, nicht emotionales Mitgefühl. Wir können nämlich viele Dinge intellektuell verstehen, ohne dabei das kleinste bisschen eigenes Gefühl zu investieren. Ich brauche keine Emotionen, um zu beantworten, ob du meine Nachricht schon gelesen hast, wenn ich sehe, dass du dein Handy zu Hause vergessen hast. Und ich kann verstehen, dass es für einen 13-Jährigen sehr, sehr schlimm sein kann, sein Handy zu vergessen, und deshalb auf dem Heimweg keine Pokémons fangen zu können. Aber ich laufe trotzdem nicht Gefahr, ernstliches Mitgefühl zu entwickeln.

Wie sehr sich diese Art zu denken von der emotionalen Einfühlung unterscheidet, die wir eben kennengelernt haben, lässt sich daran sehen, dass einem Menschen auch nur eines von beiden schwerfallen kann: Psychopathen haben Schwierigkeiten mit dem Einfühlen, sind aber oft Meister im Verstehen und Manipulieren anderer. Autisten dagegen haben seltener Schwierigkeiten mit der emotionalen Einfühlung. Aber die Frage, was der andere denkt, führt sie vor eine mehr oder weniger verschlossene Tür. Oder nehmen Sie Sheldon aus der Fernsehserie *The Big Bang Theory*. Er findet es schwer, im Vorhinein zu beurteilen, wann er die Gefühle von anderen verletzen wird. Aber er ist immer bereit, ihnen danach ein Heißgetränk anzubieten. Also eigentlich jedes Mal, nachdem er den Mund aufgemacht hat.

Auch die Gehirnzentren, die bei Mitgefühl oder Theory of Mind aktiv sind, sind meistens andere. Bei der Empathie waren es vor allem jene Areale, die unsere eigenen Emotionen verarbeiten. Bei der Theory of Mind sind viele Teile involviert, die vor allem beim Nachdenken im Allgemeinen eine Rolle spielen. Sich die Gedanken eines anderen zu erschließen ist nicht so viel anders, als eine Textaufgabe zu lösen. Jedenfalls auf den ersten Blick.

Wenn Sie ein Computerprogramm schreiben müssten, das entweder das eine oder das andere Problem löst, würden Ihnen schnell auch einige Unterschiede auffallen. Testen kann man Theory-of-Mind-Fähigkeiten mit Fragen dieser Art:

- Sie haben sich mit Elsa um zwei verabredet. Dann haben Sie ihr bei Facebook geschrieben, dass es doch drei wird, aber bis jetzt war sie nicht wieder online. Wann kommt Elsa zum Treffpunkt? (False-Belief-Aufgaben)
- Jenny ist ein netter Mensch. Jetzt zertritt sie einen Schmetterling unter ihrem Schuh. Ist das konsistent mit Jennys Charakter? (Beurteilung von Charakterzügen)
- Wenn Sie Geld zwischen sich und Ihrem Gegenüber aufteilen –

wie viel müssen Sie mindestens anbieten, damit der andere einschlägt? (Strategische Spiele)

- Sehen Sie sich diese Fotos an. Welche Menschen *wollten* fotografiert werden, und wie viele wurden beim Essen überrascht? (Gedanken an den Augen ablesen)

Die meisten solcher Fragen können Sie seit der Vorschule beantworten, doch keine davon lässt sich lösen, ohne ein wenig um die Ecke zu denken. Jede dieser Fragen beantworten wir ein bisschen anders. Wenn ich wissen möchte, was mein Gegenüber weiß, ist das eine andere Frage als die, worüber es gerne sprechen würde. Oder die, ob ihm gefällt, was ich dazu zu sagen habe. Oder die, warum mir das eigentlich so wichtig ist.

Meistens geht es um unterschiedliche Denkprozesse, manchmal um ganz verschiedene Areale. Das ist ein Problem, weil es die Verallgemeinerung schwermacht. Wenn wir uns nur auf den Einzelfall konzentrieren und für jeden eine eigene kognitive Theorie aufstellen, ist uns auch wenig geholfen («Nach jahrelanger Forschung haben wir herausgefunden, welche Gehirnzentren konkret aktiv sind, wenn ein Mensch möglichst galant versucht, das Thema zu wechseln, während er von einer Cousine zweiten Grades in ein Gespräch über Chemtrails verwickelt wird. Wir bitten höflichst um eine Verlängerung der Forschungsgelder, denn wir sind zuversichtlich, die Erkenntnisse auch auf Gespräche mit Cousinen ersten Grades auszuweiten»).

Wie sollen wir also verstehen, was in den Köpfen unserer Versuchspersonen vor sich geht, wenn sie einander gegenübersitzen und versuchen, die Gedanken des anderen zu lesen? Bei so komplizierten Prozessen gehen wir am besten Schritt für Schritt vor und schauen uns nacheinander ein paar der wichtigsten Areale an, die wir bei Theory of Mind immer wieder entdecken, und welche Aufgaben sie wahrnehmen. So können wir Puzzleteil für Puzzleteil verstehen, welche Informationen wir in unsere Theorie der anderen mit einbeziehen müssen.

Meta-Analysen, die die Erkenntnisse aus vielen Studien bündeln, verraten uns,[104] dass es mindestens drei Regionen gibt, die fast immer aktiv sind, wenn wir uns über andere Gedanken machen. Der mediale präfrontale Cortex (MPFC) sowie der Tempoparietale Übergang links und rechts (TPJ). Das sind die Regionen, die nun wahrscheinlich auch im Kopf unserer Versuchspersonen aufleuchten, und in diesen Strukturen scheint eine Menge dessen verborgen, was uns zu Menschen macht. Also gucken wir sie uns mal näher an.

Einer muss ja den Überblick behalten.
Der mediale präfrontale Cortex

Der MPFC sitzt relativ weit vorne im Kopf (deshalb auch frontal, ist klar). Damit gehört er zum Frontallappen. Dieser Teil des Gehirns zeichnet sich dadurch aus, dass er in seiner Größe evolutionär gesehen ziemlich neu ist. Bei vielen Fähigkeiten, die wir für Theory of Mind brauchen, wird der präfrontale Cortex aktiviert. Darunter auch solche, auf die wir uns zivilisationstechnisch viel einbilden. Zum Beispiel die Fähigkeit, unser Verhalten der Situation anzupassen, also uns selbst, unsere Impulse und auch sonst alles in den Griff zu kriegen. Gesellschaftlich gesehen schon mal eine hilfreiche Fähigkeit.

Doch zum Verstehen anderer Leute muss dieser Teil des Gehirns in eine ganz andere Rolle schlüpfen. Der mediale, also mittlere Teil des präfrontalen Cortex ist ziemlich wichtig für die soziale Kognition und hilft uns, neben den Bewegungen anderer Leute noch eine Menge anderer Informationen in unser Denken mit einzubeziehen.[105] Besonders aktiv scheint er zu sein, wenn wir über den Charakter von jemandem nachdenken.[106]

Eines der wichtigsten Dinge, die der MPFC zur Theory of Mind beiträgt, ist wahrscheinlich Zeit. Von den vielen Funktionen und Unterregionen, die dieses Areal besitzt, überlappen kaum welche so stark mit Theory of Mind wie diejenigen, die uns beim sequenziellen Lernen helfen – also beim Lernen von zeitlichen Abfolgen.[106] Damit bringen wir Ereignisse zusammen, die inhaltlich, aber nicht direkt zeitlich aufeinanderfolgen.

Wenn Sie also Ihre Serie gucken und auf Stopp drücken, weil die Freundin gerade reingekommen ist und von ihrem Tag erzählt – also die zeitliche Abfolge unterbrochen wird –, dann sitzen die Neuronen in Ihrem präfrontalen Cortex unter Umständen noch auf heißen Kohlen und halten alle Handlungsstränge in der Luft, bis Sie endlich wieder Play drücken («Warte … warte … warte … uuuund da sind wir wieder. Du darfst ihn nicht heiraten, Mary!»). Oder sie helfen uns, wieder ins Gespräch zurückzufinden, wenn gerade ein Anruf da zwischenfunkt und Sie in einem von diesen Wo-waren-wir-gerade-Momenten festhängen.

Zeit spielt tatsächlich eine fundamentale Rolle, wenn es darum geht, andere zu verstehen. Langfristig und kurzfristig. Im Alter von sieben oder acht beginnen Sie diese erstaunliche Tatsache zu begreifen: Unterschiedliche Menschen verhalten sich in unterschiedlichen Situationen unterschiedlich. Vorher treffen Sie alle Ihre Vorhersagen über andere noch nach demselben Muster.[107] Doch passend zur Einschulung wird Ihnen klar, dass nicht alle Menschen gleich reagieren, wenn Sie nackt durch ihren Garten hüpfen. Sie stellen Prognosen darüber auf, wie sich jemand verhalten wird. Denn diese Perspektive hilft Ihnen, nach und nach Ihr Bild vom Gegenüber zu formen, im Laufe der Interaktion eine Idee zu entwickeln: Wie wird diese Person wohl handeln?[108] Ist sie vertrauenswürdig? Ist sie rational? Wird sie meiner Eidechsenfarm positiv gegenüberstehen? Die wirklich wichtigen Fragen.

Damit können Sie Ihr Verhalten anpassen, entscheiden, wem Sie einen Witz erzählen, wem Sie ein Geheimnis anvertrauen können und mit wem Sie am besten gar nicht sprechen. Zu diesem Zweck müssen Sie sein Verhalten in früheren Situationen vergleichen, darin Muster finden und das ganze Wissen mit der jetzigen Situation in einen Topf werfen – und das alles, möglichst noch bevor Ihr Gegenüber etwas nach Ihnen wirft. Um diese Informationen möglichst schnell zu liefern, greifen Sie auf vorgefertigte Ideen Ihrer Mitmenschen zurück. Je vertrauter uns jemand ist, desto weniger Aufmerksamkeit schenken wir neuen Informationen über ihn.[109] So wie die Kollegen manchmal erst aus dem Urlaub zurückkommen müssen, damit wir sehen, dass sie abgenommen haben.

Sie werden also sozial kompetenter und gleichzeitig ein Stück voreingenommener. Es ist schon ein interessantes Paradox, dass der Mechanismus, der in Beziehungen so oft für Streit sorgt, auch derjenige ist, der es uns ermöglicht, sensibel auf den anderen zu reagieren und vielleicht sogar Warnsignale aufzuschnappen, wenn unser Gegenüber heute einfach nicht so ist wie sonst. Es hat eben alles seinen Sinn und Zweck, sofern man es in Maßen anwendet. Die Grundlagen dafür könnten sich im präfrontalen Cortex befinden.

Damit kennen wir schon mal einen Baustein unserer Theory of Mind. Wir nutzen unsere Vorerfahrung mit einer Person, um ein Bild ihrer Persönlichkeit zu erstellen. Und dabei können wir uns irren, wenn wir diese Erfahrung nicht oft genug updaten oder ein verzerrtes Bild haben.

Eine Region, die so viel in der Hand halten muss, sollte sehr gut vernetzt sein. Und das ist der mediale präfrontale Cortex. Er erhält Informationen vom Hippocampus, vom Gefühls- und Belohnungszentrum und sogar vom Hirnstamm.[110] Je nachdem, mit welchen Teilen des Gehirns sich das Areal gerade austauscht, übernimmt es andere Aufgaben. Früher hätte uns Forscher das noch stärker verwirrt, weil wir immer nach dem zugehörigen Areal zu einer bestimmten Fähigkeit gesucht haben. Das Zentrum für Moral, für Ironie, für das gute Gefühl, wenn man die Bläschen der Plastikverpackung poppt. Jedem Areal seine Aufgabe und jeder Aufgabe ihr Areal.

Heute weiß man: Vieles spricht dafür, dass ein Gehirn nicht das Gleiche ist wie eine Küchenausstattung von Butlers. Soll heißen: Nicht jedes Ding hat eine festgelegte Funktion à la der Eierschneider schneidet, die Pfeffermühle mahlt, und der Olivenentkerner macht, was ein Olivenentkerner so macht. Gehirnmaterial ist teuer zu versorgen, und deswegen können wir uns keinen mentalen Olivenentkerner leisten.

Erklärungen, die jedem Areal nur eine Funktion in einem ganz bestimmten Zusammenhang zuweisen, reichen nicht aus. Es ist schon eine gewisse Spezifität und Spezialisierung geboten. Aber trotzdem ist auch alles unterschiedlich vernetzbar, kombinierbar, einsetzbar. Das Messer (um beim Küchenbeispiel zu bleiben) kann eben nicht nur schneiden, sondern das Geschnippelte auch noch zusammenschieben und in die Pfanne mit dem Öl und den Zwiebeln befördern. Das Ganze sanft umrühren kann es dagegen nicht besonders gut.

Schon Hunger? Dann liegt das wahrscheinlich an einer Kombination aus Ihrem visuellen Vorstellungsvermögen, der Insula, orbitofrontalem Cortex und dem Belohnungszentrum.[111] Gegenden, die Sie sonst brauchen, um Ihre Fernbedienung wiederzufinden, Schmerzen nachzuspüren und sich zum Joggen zu motivieren.

Das ist der systemische Ansatz. Er ermöglicht uns zu verstehen, warum in so vielen verschiedenen Studien immer wieder ähnliche Areale aufleuchten, und macht obendrein noch Olivenentkerner unnötig. Einfach wunderbar. Und dabei ist er nicht mal besonders schwer nachzuvollziehen. Die Tatsache, dass ein Gegenstand verschiedene Verwendungszwecke haben kann, begegnet uns jedes Jahr beim Imker-Stand auf dem Weihnachtsmarkt (Honigfußcreme, wirklich?).

Im Zusammenhang mit dem MPFC erlaubt uns diese Sichtweise, seine Rolle im Großen und Ganzen besser zu verstehen. Man kann ihn sich als Universalgelehrten vorstellen. Er verbindet Informationen aus verschiedensten Arealen, Gefühle, Erinnerungen, Vorwissen und konstruiert daraus einen Großteil der Wirklichkeit, wie wir sie sehen. In dieser Vorstellung generiert er quasi das Hintergrundbild zu unserer sozialen Situation – mitsamt Hintergrundgeschichte, Motivbeschreibung der Protagonisten und spontanen Rückblenden. Wenn sich vor diesem Hintergrund nun Darsteller tummeln, mit schnellen Handlungen im Hier und Jetzt, ruft er dazu noch die Informationen eines weiteren Areals zu Hilfe. Des TPJ.

Der TPJ oder die Suche nach dem Grund

Wenn sich unsere Versuchsperson in den anderen hineinversetzt, leuchtet auf jeden Fall auch der TPJ auf. Zunächst mal ist dieses Areal sehr viel hipper als der MPFC. Denn er war schon in soziale Kognition involviert, bevor sie cool war. Also, bevor Menschen sie zu ihrem wichtigsten Verkaufsschlager erhoben haben. Er wirkt bei einer ganzen Reihe komplexer Prozesse mit, obwohl er gar nicht in der vorderen Reihe sitzt. Soll heißen: Im Gegensatz zum medialen präfrontalen Cortex, über den wir gerade so viel erfahren haben, befindet er sich eher weiter hinten. Noch hinter den Ohren. Das ist keine schlechte Position. Sie erlaubt es ihm, eng mit Regionen tiefer im Gehirn verbunden zu sein, dort wo die Gefühle verarbeitet werden, genauso wie mit jenen Ebenen, die Sinneseindrücke verarbeiten. Aber sie hebt ihn auch von den üblichen Verdächtigen ab, die uns sonst bei komplexer Kognition häufig begegnen. So weit hinten im Hirn ist sonst eigentlich nicht viel mit Theory of Mind.

Mit seinem Hintergrund als Region der schnellen Aktion-Reaktion-Zusammenhänge muss der TPJ auch noch eine ganze Menge Aufgaben schaukeln, die fürs Überleben sehr viel fundamentaler und weniger fancy sind. Die Ausrichtung von Aufmerksamkeit zum Beispiel, an der er immer noch schwer beteiligt ist.[112] Diese Position und seine Ursprünge machen ihn zum Underdog, der sich hochgearbeitet hat. Als die tollen neuen Fähigkeiten entwickelt wurden, hat der TPJ seine Chancen genutzt und ist jetzt für Theory of Mind vielleicht ebenso unersetzbar wie der präfrontale Cortex. Für diese Rolle musste er sich natürlich eine eigene Nische suchen, abseits von der Selbstkontrolle und Langzeit-Perspektive des präfrontalen Cortex.

Zum Glück hatte er schon Fähigkeiten, auf die er bauen konnte: Aufmerksamkeit, Personenerkennung und kurzfristige Zukunftsprognosen.

Auch der TPJ bezieht eine zeitliche Komponente mit ein. Doch im Gegensatz zum präfrontalen Cortex zielt diese mehr auf spontane

Fragestellungen ab und nicht nur explizit auf Menschen: «Der Ball fällt, wo kommt er auf?» Direkte Ursache-Wirkung-Zusammenhänge. Wenn wir einen Pfeil fliegen sehen, hilft uns der TPJ zu bestimmen, wen er trifft. Er sieht es auch kommen, wenn das Handy runterfällt, sodass wir noch schnell die Hand ausstrecken können. Meist nicht schnell genug, aber immerhin. Als Newton der Apfel auf den Kopf gefallen ist, war es wahrscheinlich der TPJ, der beim Nach-oben-Gucken gesagt hat: «Oh Mist, genau in der Falllinie.»[113]

Der TPJ spielt also nicht nur eine Rolle dabei, Zustände wahrzunehmen, sondern hilft uns zu bestimmen, wo sie hinführen. Bei der Theory of Mind benutzt er diese Fähigkeit weniger zur Flugbahnberechnung als zur Vorhersage von Gedanken und Wirkung. Wobei er die erste Frage gleich mitbeantwortet, ob unser Gegenüber überhaupt Gedanken hat. Dafür informiert er uns, wenn in der Nähe ein lebendes Objekt ist. Genauer gesagt steht nicht die Lebendigkeit im Vordergrund, sondern die Intentionalität: «Hat mein Gegenüber Gedanken, hat es ein Ziel?» Darum reagiert das Gehirn anders auf zufällige Bewegungen als auf gesteuerte. Das ergibt ja auch wieder Sinn. Ein vom Wind bewegtes Gebüsch ist nicht der Rede wert. Ein Gebüsch, in dem ein Bär sitzt, ist da weitaus interessanter. Das verdient jede Menge Aufmerksamkeit – der TPJ schaltet sich ein. Aufmerksamkeit kann er ja.

In der Verarbeitung liegt dieser Schritt schon eine Ebene höher als die reine Wahrnehmung. Deshalb kann der TPJ nicht nur darauf reagieren, was wir sehen, sondern kann auch gewisse Schlüsse daraus ziehen. Er nimmt den Input aller möglichen Sinneseindrücke auf – Gerüche, Berührungen, Geräusche – und schaut, ob sich darin ein Muster erkennen lässt. Für diese Information reicht ihm schon ein etwas zu unregelmäßiges Knacken. Ein paar Blätter, die sich zu stark bewegen, als dass sie im Wind schwingen könnten. Und schon reagiert der TPJ. Fast so, als würde man winkend und laut rufend vor ihm stehen. Das macht er sehr gut so. Denn sonst wäre der Bär schon da, bevor sich in unserem Kopf irgendwas regt. Da reagiert man lieber einmal zu viel als zu wenig. Auch wenn das heißt, dass Sie nachts wach liegen, weil Sie sich nicht entscheiden können, ob dieses Rascheln vor dem Fester nicht etwas *zu* laut war. Oder der Hund unterm Tisch Ihr Bein streift und Sie zusammenzucken, als wären Bären unterm Esstisch noch eine realistische Bedrohung.

Früher passierte das natürlich ständig. Deswegen liegt es uns quasi im Blut, Intentionen zu erkennen. Fünf Monate alte Babys reagieren auf Hände stärker als auf Objekte ohne Lebewesen dran.[114] Einjährige reagieren anders auf ein Objekt, wenn es ein Gesicht hat oder wenn es auf sie reagiert.[115] Nur dann folgen sie seinem Blick. Sie reagieren auch schon irritiert, wenn sie sehen, dass jemand, der vorher über Dinge gesprungen ist, um sein Ziel zu erreichen, auch noch weiterhüpft, wenn man die Dinge weglegt.[116] Mit 18 Monaten können sich Kinder Handlungen von Erwachsenen erschließen, auch wenn sie mittendrin aufgehört haben.[117] Das ist uns bei den Spiegelneuronen schon untergekommen. Da konnte es dazu führen, dass wir vorschnell auf das Ziel einer Handlung reagieren. Der TPJ hilft uns in solchen Momenten, den Eindruck der Spiegelneuronen zu korrigieren.[1ᵉ]

In jedem Alter kann das Ganze auch überhandnehmen. Menschen tendieren dazu, allem Möglichen Intentionen, Gedanken und Ziele zu unterstellen. Tieren zum Beispiel, worüber sich immerhin diskutieren lässt.[118] Aber, wenn er sich passend bewegt, auch einem Roboterarm.[119] Schon Lichtpunkte, die sich bewegen, als wären sie mit menschlichen Gelenken verbunden, aktivieren bei uns ähnliche Gehirnaktivierung wie tatsächliche Armbewegungen.[120] Und auch wenn etwas gesichtsähnliche Züge oder Augen hat, erwarten wir eine Intention.

Wenn Sie das testen wollen, verbringen Sie einfach mal einen Nachmittag damit, auf alles in Ihrer Umgebung Wackelaugen zu kleben. Und gucken Sie, wie Ihre Kollegen den Joghurt plötzlich schräg angucken. Wenn jemand fragt, sagen Sie, Sie wollen die soziale Kognition fördern.

Es braucht also nicht viel, um jemandem Charaktereigenschaften zuzuschreiben. Auf dem Bildschirm bewegen sich nur Dreiecke und gar keine Menschen? Ihr TPJ fiebert trotzdem voll mit.[121] Soziale Details lenken manchmal eben nur ab von der Essenz dessen, was wir eigentlich wahrnehmen wollen. Deshalb ist es auch ein beliebter Trick in Comics, Trickfilmen oder Videospielen, die Zeichnung der handelnden Personen auf das Nötigste zu reduzieren. Unter anderem bei Mangas steht das dann oft im Kontrast zu sehr detaillierten Landschaftszeichnungen. Oder fast fotorealistischen Nebenfiguren. Da fällt es dem Gehirn viel schwerer auseinanderzuhalten, was ein Blättermuster ist und was ein Gesicht, während wir hier ☺ sofort Bescheid wissen, wohin wir unsere Aufmerksamkeit lenken sollen – und uns entsprechend schneller hineinversetzen.

Wir erkennen sofort eine Person, ein Gefühl, eine Intention. Alles andere ist Atmosphäre. Und weil Ihre Vorfahren lieber einen Bären zu viel vermuteten als einen zu wenig, sehen Sie heute Gesichter in allem – von freundlichen Lampenschirmen bis zu gelangweilt guckenden Häusern. Das geht sogar so weit, dass Sie auf Autos ähnliche Attraktivitätsmuster anlegen wie auf Menschen. Photoshopt man am Kindchen-Schema herum, sieht nicht nur jedes Model gleich attraktiver aus, sondern auch ein Fiat Punto. Ist wirklich wahr. Wenn Sie ein Auto mit Babyface sehen (große Scheinwerfer, kleiner Kühlergrill mit schmalen Belüftungsschlitzen), können Sie gar nicht anders, als ihm zuzulächeln.[122]

So regen Bilder Ihr soziales Denken an. Wenn es weder Filme noch Bilder oder Geräusche gibt, aus denen wir diese Information rausfiltern müssen, sondern gesprochene oder geschriebene Geschichten, ist dagegen eher der präfrontale Cortex mit dabei.[106] Es geht dann um eine ganz andere Art von Herausforderung.

Das verrät uns zwei Dinge. Erstens: Einen Comic zu lesen oder einen Film zu gucken ist tatsächlich nicht das Gleiche, wie ein Buch zu lesen. Aber alle drei stimulieren wichtige Gehirnzentren, die jeweils eine eigene unerlässliche Funktion haben. Zweitens: Es ist verdammt schwer, jemandem zu erklären, dass man etwas nicht absichtlich gemacht hat.

Damit hätten wir das zweite Puzzlestück zum Rätsel «Was geht im Kopf meines Gegenübers vor?». Unsere Versuchsperson ruft nicht nur ihr bisheriges Bild von der Person wach, sondern fügt dem Bild auch noch ihre Einschätzung seiner jetzigen Handlungen hinzu. Auf der Grundlage von beidem fragt sie sich dann: Was steckt dahinter? Warum tut er das? Das Ergebnis ist natürlich ähnlich subjektiv wie unsere langfristige Einschätzung. Wie schwierig es ist, Handlungen zu erkennen, haben wir schon im Spiegelneuronen-Kapitel gelernt. Doch jetzt kommen noch mal ein paar neue, spannende Fehler dazu. Zum Beispiel Überinterpretation.

Für unser Gehirn steht «Absichten entdecken» ganz oben auf der Prioritätenliste. Wir suchen nach Mustern. Wir suchen nach Zielen. Und wenn man eine Tasse nicht absichtlich kaputt gemacht hat, warum zur Hölle dann? Das Gleiche gilt natürlich auch für die große weite Welt. Wir suchen nach einer Absicht hinter dem, was wir beobachten. Damit stoßen wir auf eine Eigenheit der Theory of Mind, deren Folgen nicht nur für unsere Zweierbeziehungen relevant sind.

Dazu passt das berühmte Uhrmacher-Gleichnis, das immer mal wieder herhalten muss, um Gott zu beweisen. Wenn Sie einen Stein sehen, gehen Sie nicht davon aus, dass ihn jemand erschaffen hat. Finden Sie dagegen eine sorgfältig konstruierte Uhr, gehen Sie zu Recht davon aus, dass sich irgendwo ein Schöpfer versteckt. Deswegen vermuten viele dasselbe, wenn ihnen ein Meisterwerk von einem Lebewesen gegenübersteht. Da können Ihnen Wissenschaftler noch so viel über den Evolutionsdruck erzählen oder über Evolution der Bakterien, die wir heute live beobachten können, oder über Mutationen. Unsere Tendenz geht dahin, absichtsvolles Handeln anzunehmen. Deswegen ist Evolution als Erklärung – so fundiert sie auch sein mag – für uns weniger intuitiv. Und deswegen sind auch die meisten unserer übernatürlichen Erklärungen auf Absichten ausgerichtet.

Wenn Sie einen Mythos in die Welt setzen wollen, um Prozesse zu erklären, die niemand beobachten kann, suchen Sie sich dazu am besten einen Bösewicht aus. Es ist einfaches den Mythos zu verbreiten, dass ein unsichtbarer Geist die Pferde vom Weg abbringt, als ein unsichtbarer Busch. Laut einer Forsa-Umfrage für das GEO-Magazin glaubten 2005 mehr als 60 Prozent der Deutschen an unsichtbare Engel, und 25 Prozent haben ein bisschen Angst vor dem Teufel. Vielleicht würden mehr Menschen an globale Erwärmung glauben, wenn wir sagen würden, sie würde von unsichtbaren Erdriesen verursacht.

Hauptsache, es steckt eine gewisse Planung dahinter. Die dichten wir eigentlich allem an, ganz automatisch. Wenn Sie Kinder fragen, warum es Regen gibt, werden die etwas sagen wie «Damit die Blumen trinken können».[123, 124] Und die Blumen sind natürlich für die Bienen da, und Letztere machen den Honig. Löwen sind für den Zoo und Berge zum Klettern. Selbst Felsen sind so spitz, damit Tiere nicht einfach so draufsitzen. Hat alles seinen Sinn und Zweck. Und das auch ganz ohne regelmäßige Kindergottesdienstbesuche. Selbst hochakademische Erwachsene klingen – wenn man sie stark unter Zeitdruck setzt – nur oberflächlich klüger («Die Sonnenstrahlen sind für die Photosynthese gut»).[125]

In Eile glauben wir an Gründe. Entsprechend wählen in den USA Schulen in mindestens 15 Staaten den «Intelligent Design»-Kompromiss. Das ist das gleiche Denkmuster. Wir nehmen die Evolution hin, rufen aber dafür jedes Mal «Mit Absicht!» hinter jedem Entwicklungsschritt. Eine Studie fand bei Menschen, die an Übernatürliches glauben, mehr Theory-of-Mind-Reaktion auf willkürlich sich bewegende Dreiecke. Sie haben eher das Gefühl, dass diese Bewegungen zielgerichtet sind als die Skeptiker, für die die Dreiecke nur frei im Raum torkelten.[121]

Atheismus braucht dagegen eine bewusste Anstrengung. Im Automatikmodus denken wir eher sozial. Wenn wir unsere Gedanken einfach treiben lassen, bewegen sie sich relativ selbständig in sozialen Bahnen. Lässt man Probanden in Ruhe ihren Gedanken nachhängen, ähnelt das, was man sieht, schon ziemlich der Theory of Mind.[126] Und lässt man sie stattdessen Rätsel lösen, müssen sie diese sozialen Gedanken und die entsprechende Aktivität eher aktiv beiseiteschieben.[127, 128]

Das bedeutet: Wenn wir ein Muster sehen, erwarten wir einen Bären. Oder einen Schöpfergott. Was ja nicht heißt, dass es keinen Gott geben kann. Da glaube bitte jeder, was er will. Nur ist es eben so, dass man ihn nicht mit Taschenuhren nachweisen kann. Mit Steven Hawkings Worten: Wir *brauchen* keinen Gott, um die Schaffung des Universums zu erklären. Aber Katzen brauchen wir dafür auch nicht, und die sind trotzdem real.

Das Denken an Gott unterscheidet sich tatsächlich nicht so stark von anderen Formen sozialen Denkens. Bei extrem religiösen Versuchsteilnehmern sind beim Beten ähnliche Gehirnzentren aktiv wie bei der Theory of Mind.[129] Genau die Areale also, die wir brauchen, wenn wir mit einem menschlichen Gegenüber sprechen.

Das könnte man so interpretieren, dass wir ein ziemlich menschliches Gottesbild besitzen. Gott ist jemand mit eigenen Intentionen und Sichtweisen, über den wir uns in langfristiger Perspektive eine Meinung bilden können («Also ich kenn ihn ja noch aus dem Alten Testament, da war er ganz anders»).

Religion ist eben in unserer Entwicklungsgeschichte relativ neu und hat mit ziemlicher Sicherheit keine Extra-Gehirnzentren gebildet. Sie baut auf dem auf, was da ist. Und uns ein Wesen vorzustellen, das völlig abseits all unserer Theory-of-Mind-Kategorien liegt, ist ein bisschen wie an eine neue Farbe denken. Kein Wunder, dass – unabhängig davon, wie komplex die jeweilige Religion uns Gott vermittelt – die meisten Menschen sich einen Gott vorstellen, der ziemlich nah an ihrer Erfahrungswelt dran ist. Zum Beispiel scheint er Dimensionen genauso zu erleben wie wir.[130]

Wenn wir Erwachsene, Hindus genauso wie Christen, nach ihrem Gotteskonzept befragen, dann benutzen sie komplizierte Begriffe wie Allwissenheit und Omnipräsenz. Aber wenn es um religiöse Geschichten geht, taucht bei denselben Erwachsenen ein ganz anderer Gott auf. Einer, der etwas hören und sehen muss, um sich dessen bewusst zu sein. Einer, der seine Aufmerksamkeit immer auf eine bestimmte Situation richtet.[131, 132] Einer, der die Zeit in genau der gleichen Reihenfolge absitzt wie wir. Nicht, dass wir mit allem Magischen Schwierigkeiten hätten. Schon Kinder können sich gut Geister vorstellen, die durch Wände gehen, Statuen, die uns zuhören, Ahnen, die unsichtbar sind, oder einen Gott, der Berge machen kann, aber selten Uhren baut. Sich solche Fähigkeiten vorzustellen ist für uns natürlich und leicht. Konzepte, die sich ein bisschen von unserem Erleben abheben, bleiben uns sogar besser in Erinnerung und eignen sich deshalb sehr gut für Sagen und Geschichten, also alles, was kulturell weitergegeben wird.[133] Aber sie sind eben immer noch im Bereich des Vorstellbaren. Eher eine Weihnachtsmannversion des Übersinnlichen. Nur ist Gott eben realer als der Weihnachtsmann. Jedenfalls für Christen. Und ab dem sechsten Lebensjahr. Wenn Erwachsene tatsächlich aufgefordert werden, zum Weihnachtsmann zu beten, finden wir nicht die gleiche Gehirnaktivierung – wahrscheinlich weil sie ihn als Gegenüber einfach nicht so ernst nehmen können.[129]

Andere Aktivierungen im Gespräch mit Gott betreffen das Belohnungszentrum – der Nucleus caudatus wird aktiviert, und es fließt mal wieder Dopamin.[134] Beten ist belohnend. Wohlgemerkt ein persönliches Gebet. Das Vaterunser aufsagen regt Ihr Gehirn nicht mehr an als «Hoppe, hoppe Reiter».[129] Aber das nur als kleiner Exkurs. Merken müssen wir uns davon vor allem, dass eine der Schwierigkeiten mit Theory of Mind die Herausforderung ist herauszufinden, wann sie denn überhaupt angebracht ist und wann nicht.

Perspektivenwechsel

Im Kopf unserer Versuchsperson geschieht also so einiges: Sie ruft bisheriges Wissen ab, wertet neue Informationen aus und hat damit jetzt immerhin eine recht gute Theorie, was im Kopf des anderen vor sich gehen könnte. Wenn man so will, hat sie zwei Perspektiven im Kopf. Der Rest ist Konfliktmanagement. Auch dafür brauchen wir den TPJ ganz dringend. Denn wenn das Konfliktmanagement versagt, läuft bei der Perspektivübernahme eigentlich alles schief. Und das bringt uns zum zweiten möglichen Fallstrick der Theory of Mind.

Kleine Demonstration gefällig? Dafür brauchen wir wieder unser geliebtes Kleinkind und eine Tafel Schokolade. Man setze sich dem Kind gegenüber, eine Sichtbarriere auf dem Tisch, sodass beide nur den Kopf des anderen sehen können. Nun bitten Sie das Kind, die Schokolade dort zu verstecken, wo Sie sie nicht sehen können. Auf welche Seite der Barriere wird das Kind sie legen? Wenn alles läuft wie geplant: Da, wo es die Schokolade selbst nicht sehen kann. Also auf Ihre Seite.

Was hatten wir auch erwartet von jemandem, der glaubt, sich verstecken zu können, indem er sich die Augen zuhält? Doch um zu begreifen, dass mein Gegenüber die Schokolade sehen kann, auch wenn ich das nicht tue, und dass es nicht sinnvoll ist, sich hinter einer Gardine zu verkriechen, wenn sowohl Füße als auch Beine darunter hervorgucken, muss ich meine Perspektive und die meines Gegenübers simulieren. Ich muss mir vorstellen, was im Blickfeld meines Gegenübers liegt und was nicht. Sie selbst vollführen diesen mentalen Perspektivwechsel, wenn Sie sich fragen, ob Ihr Gegenüber aus seiner Perspektive eigentlich Ihre Unterwäsche sehen kann, wenn Sie so in die Hocke gehen. Oder wenn Sie im Geist eine Drehung vollführen, um zu sagen, was vom anderen aus gesehen rechts oder links ist. Der nächste Schritt ist es nachzuvollziehen, welche Schlüsse er daraus zieht («Mhhh, offensichtlich sind die Füße meines Kindes noch anwesend. Jetzt muss ich nur noch den Rest auftreiben»).

Ein Klassiker dafür ist das Sally-Anne-Szenario, das Forscher oft mit kleinen Kindern durchspielen. Sally und Anne sehen, wie die Schokolade in der Schublade verschwindet. Jetzt geht Sally raus, und wir zeigen Anne, dass wir die Schokolade aus der Schublade nehmen und unters Bett legen. Und wir fragen Anne: «Wo wird Sally die Schokolade suchen?» Hier haben wir unsere Sichtweise und die der anderen und wir müssen uns entscheiden, welche gerade gefragt ist.

Diese Fähigkeit des Perspektivwechsels ist einer der Punkte, an denen 15 Monate alte Kleinkinder anfangen, sich langsam von Makaken zu unterscheiden (und natürlich die Sache mit dem Fell). Makaken verstehen die Sichtweise des anderen auch, aber nur wenn sie mit ihrer übereinstimmt. Wenn Sie genau wie alle gesehen haben, wo die Schokolade versteckt wurde, aber sie trotzdem nicht finden, gucken kleine Kinder *und* Makaken Sie komisch an. Anders ist es, wenn sich das Wissen unterscheidet, weil alle wissen, wo die Schokolade ist, nur Sie nicht. Wenn Sie das Versteck jetzt trotzdem zielstrebig finden, irritiert das nur Kinder. Dem Makaken ist es völlig egal.[135] Er weiß es, dann werden Sie's auch wissen.

Ihnen selbst mag die Antwort auf die Frage, wer wann wo nach der Schokolade sucht, noch recht einfach vorkommen, aber diese Fähigkeit kann auch Erwachsene ganz schön auf die Probe stellen. Dafür positioniert man zum Beispiel Probanden so, dass jeder nur jeweils einen Teil der aufgereihten Gegenstände sehen kann. Danach fordert man einen von ihnen auf, einem anderen Anweisungen zu geben, nach welchem der Dinge er greifen soll. Kinder scheitern schon an den Anweisungen. Da sind drei verschiedene rote Süßigkeiten, sie selbst wissen genau, welche davon sie meinen. Es ist ihnen völlig schleierhaft, warum der andere nicht draufkommt, wenn sie immer wieder «Süüüßes!!!» rufen. Erwachsene sind größer und weiser. Die scheitern an der Ausführung. Person A sagt ganz exakt: «Reich mir das rote Bonbon.» Person B greift zielsicher hinter seine Seite der Barriere und greift ausgerechnet das Bonbon, das A nicht gemeint haben kann. Weil A es nicht sieht.

Wieder eine Erinnerung, dass die Realität, die wir wahrnehmen, nicht wirklich objektiv ist, sondern mehr so unsere eigene kleine Privatwirklichkeit. Wir ziehen eigentlich ständig falsche Rückschlüsse auf die Gedanken anderer. Weil wir wissen, welches T-Shirt wir heute tragen, können wir uns nicht vorstellen, dass es jemand anderem entgangen ist. Und weil wir wissen, was die Wahrheit ist, gehen wir davon aus, jeder merkt, wenn wir lügen. Wenn wir im Gegenzug erst im Nachhinein erfahren, dass der andere gelogen hat, glauben wir, dass auch sonst niemand im Raum es gemerkt hat.[136] Es ist unser eigenes Wissen, das universell ist. Gerade wenn wir die richtige Antwort kennen, fällt es uns schwer, die falsche nachzuvollziehen.

Das ist also die zweite Herausforderung der Theory of Mind. Wir müssen nicht nur wissen, wann man sie anwendet, sondern auch, wie – genauer gesagt: wie wir sie auf die *andere* Person anwenden.

Mehrere Areale springen uns dabei zur Seite. Stört man den Gyrus frontalis inferior, können wir zwar noch nachvollziehen, was der andere glaubt, aber nur dann, wenn wir's selbst nicht besser wissen.[137] Wir können zwar noch verstehen, wo Sally nach der Schokolade sucht, aber nur wenn man uns nicht zeigt, wo sie jetzt ist. Der MPFC unterstützt uns dabei, uns nicht von dieser Information ablenken zu lassen. Und zwar der Teil, der uns auch hilft, ablenkende Stimuli zu unterdrücken und damit sogenannte Response Conflicts zu umgehen – also Situationen, in denen uns gleich zwei mögliche Antworten einfallen. Je leichter es einem Kind fällt, die falsche Antwort zu unterdrücken, desto besser ist seine Theory of Mind.[138]

Doch von False Beliefs fühlt sich kaum eine Region so sehr angesprochen wie der TPJ.[106, 139, 140] Er reagiert eigentlich bei allem, was falsche Fährten legt («Das Navi sagt: Hier rechts!» – «In den See?»). Wenn es um Menschen geht, ist es besonders der rechte TPJ. Er ist auch mit dabei, wenn ich meine Perspektive im Raum mit der von jemand anderem vergleiche, und ist von den Theory-of-Mind-Regionen am stärksten auf die Gedanken des anderen konzentriert. Das heißt, er beschäftigt sich nicht so sehr mit individuellen Unterschieden als allgemein mit der Frage «Wie kann das sein, dass andere etwas anderes denken als ich?».

Nicht schlecht für eine Region, die nebenbei noch so viele Alltagsaufgaben bewältigen muss.

Fazit: Der TPJ hilft uns dabei, ein paar beliebte Fehler der Theory of Mind zumindest einzugrenzen. Vor allem solche, die damit zu tun haben, dass wir zu sehr auf unser eigenes Wissen und unsere eigene Perspektive bauen, wenn wir andere einschätzen. Damit ist der TPJ Grundvoraussetzung für einen Großteil der Kognition, die uns von anderen Tieren abheben könnte, obwohl wir noch nicht wissen, wie weit.

Eisbären verdecken beim Jagen oft ihre schwarze Nase mit den

Tatzen. Wissen sie, dass ihre Beute sie daran erkennen kann? Oder machen sie einfach die Erfahrung, dass das besser funktioniert? Lernen sie das von ihren Eisbäreneltern? Weiß eine Krähe, was sie tut, wenn sie Nüsse zum Knacken auf die Straße legt? Kann ein Wal erkennen, dass der Taucher ihm nur weh tut, um ihn aus einem Netz herauszuschneiden? Oder sollte er lieber sehr schnell wegschwimmen? Dies sind alles Fragen, die einen Kognitionspsychologen nachts wach halten. Oder einen Taucher.

Wir kratzen also schon ein bisschen an der Oberfläche dessen, was uns zu Menschen macht. Wir haben ein Areal, das in anderen Spezies vor allem Bewegungen beobachtet, aufgerüstet, sodass es uns jetzt dabei hilft, anderer Leute Intentionen zu verstehen, ihre Perspektive einzunehmen und von da fast mühelos wieder auf die eigene zurückzuhüpfen.

Wie besonders das ist, merkt man, wenn der TPJ ausfällt, weil er beschädigt ist.[141] Plötzlich haben Sie keine Ahnung mehr, wo Sie die Schokolade verstecken sollen, wo Sally danach sucht und was Sie tun sollten, wenn das Navi Sie in den See schickt. Wieder eine Erinnerung daran, dass so gut wie alles, was uns täglich so logisch erscheint, ein Produkt sehr geübten Nachdenkens ist. Und wenn dabei etwas schiefläuft, geraten wir sofort ins Straucheln. Es reicht schon ein Ausfall an einem relativ kleinen (trotzdem wichtigen) Areal im Gehirn, um bei diesen Rätseln ins Schwitzen zu geraten. Wer das selbst mal ausprobieren möchte, braucht dazu nur seinen TPJ kurzfristig hoch- oder runterregulieren zu lassen. Das geht recht einfach, vorausgesetzt, ein Labor in Ihrer Nähe beschäftigt sich mit Theory-of-Mind-Forschung und ist gerade auf der Suche nach Probanden.

Das Selbst auf Reisen schicken

Beide Rollen des TPJ – das Begreifen von Intentionen und das Management von Perspektivwechseln – können wir uns sehr viel besser vorstellen, wenn wir uns eines der neuesten Spielzeuge der Neurowissenschaften anschauen: die Transmagnetische Stimulation

(TMS), oder auch transkranielle Gleichstromstimulation (tDCS). Denn die wohl schönsten Ergebnisse kriegt man vom TPJ, wenn man ihn stimuliert. Dieses Verfahren fällt eindeutig unter die Kategorie «Wahnsinn, in was für einer Zeit wir leben». Denn Stimulation erlaubt es uns, auf das Gehirn Einfluss zu nehmen, wie es nie zuvor möglich war. Darum sollten wir zumindest einen kurzen Blick darauf werfen, wie sie funktioniert, bevor wir uns angucken, was sie uns über Theory of Mind verraten kann.

Also: Bei TMS senden die Forscher mit einer Magnetspule leichte Impulse durch die Schädeldecke. An sich kaum merklich, wenn da nicht Ihre Neuronen wären, die genau darauf ausgerichtet sind, solche kleinen Impulse zu registrieren. Im Studium hat das fast jeder Neurowissenschaftler schon mal ausprobiert. Das elektrische Signal kommt, und die eigene Hand zuckt.

Wenn man diese Art der Stimulation wiederholt anwendet, können noch Stunden später Reaktionen auftreten. Je nachdem, in welcher Frequenz die Stimulation stattgefunden hat, bedeutet das, dass das Areal dann gehemmt oder übermäßig erregt ist. Danach sind die Veränderungen wieder reversibel. Das Ganze bringt die Zellen auch nicht weiter durcheinander, denn mit dieser Menge Strom können sie ja umgehen. Das Gehirn selbst produziert schwache Magnetfelder, die sich messen lassen – was wir Forscher mit Vorliebe immer mal wieder tun. Die Zellen tun das, was sie immer tun, wenn sie einen leichten elektrischen Impuls spüren: Sie feuern. Nur man selbst ist etwas perplex beim Blick auf die ferngesteuerte Hand. Ferngesteuert ist übrigens tatsächlich ziemlich nah an der Realität.

In einer Tierstudie haben Forscher nämlich nachgewiesen, dass man die Bewegungen einer Maus mit ähnlichen Mechanismen fernsteuern kann.[142] Soll sie links oder rechts abbiegen? Kommt darauf an, wo Sie drücken. Unter dem Namen RoboRoach hat die Firma Backyard Brains außerdem gerade eine Ausrüstung auf den Markt gebracht, die es Kindern erlaubt, Kakerlaken mit dem Smartphone fernzusteuern. Wirklich wahr. Über einen Mikrochip werden die Elektroden in ihren Fühlern elektrisch kontrolliert. Hinter dem Projekt stehen Neurowissenschaftler und Ingenieure, deren Idee es ist mitzugestalten, wie die Neurowissenschaften in Schulen und der Außenwelt wahrgenommen werden. Na, das haben sie wohl geschafft.

Solche Mechanismen sind natürlich ziemlich grob, und es gibt noch lange keinen Grund, sich Sorgen darüber zu machen, dass demnächst ferngesteuerte Menschen durch die Gegend laufen. Im Moment bedeutet Hirnstimulation vor allem zwei Dinge: erstens Hoffnung. Nämlich für alle Menschen, deren Gehirn an einigen Stellen aus irgendeinem Grund zu wenig oder zu viel tut. Dort eröffnet Stimulation ein paar wunderbare neue Wege. Bis vor kurzem konnten Ärzte nur kranke Zellen herausschneiden oder Verbindungen durchtrennen. Dann haben sie gelernt, über Medikamente ihre Funktion zu beeinflussen. Wenn sich beispielsweise bei Parkinson-Patienten ein Dopamin-Mangel einstellt, kann man es künstlich zuführen oder den Abbau von Dopamin verhindern. Doch seit kurzem bietet auch elektrische Stimulation einen Weg, das Gehirn dort auf Trab zu bringen, wo es die Patienten im Stich lässt. Oft über Sonden im Gehirn, die durch gezielte Stromstöße dafür sorgen, dass die anormale Aktivität der Nervenzellen unterbunden wird. Das ist wesentlich invasiver als die TMS-Stimulation, aber es wird auch weniger dazu genutzt, um Studenten zu irritieren, als um Menschen zu helfen, deren Lebensqualität ansonsten massiv eingeschränkt wäre.

Zum Beispiel wird an der Behandlung psychischer Erkrankungen, Zwangsstörungen und Depressionen gearbeitet. Hirnschrittmacher für Patienten mit Parkinson bringen das Zittern unter Kontrolle. Behandlungsansätze gibt es immer da, wo die Probleme auf einer Über- oder Unteraktivität eines Teils des Gehirns beruhen könnten. Oft spielen dabei das Gefühls- und Belohnungszentrum eine wichtige Rolle. Wie genau Stimulation in diesen Fällen eine effektive Behandlungsmethode sein kann, ergründen gerade ziemlich viele Wissenschaftler und stoßen dabei jetzt schon auf jede Menge ethische Probleme. Aber das führt etwas zu weit.

Uns interessiert vor allem zweitens: Hirnstimulation ist ein neues tolles Fenster in die Black Box Gehirn. Während alle bisherigen Verfahren vor allem dazu dienten, das Gehirn in seinen natürlichen Abläufen zu beobachten und dafür vor allem die Aufgaben zu manipulieren, mit denen es zu tun hat, geht TMS einen Schritt weiter. Sie manipuliert nicht die Aufgaben, sie manipuliert das Gehirn. Und ohne solche Verfahren lassen sich eine ganze Menge Fragen einfach nicht beantworten. Vor allen Dingen, wenn wir davon ausgehen, dass das Gehirn tatsächlich vor allem aus Netzwerken besteht und kein Areal allein eine Aufgabe bewältigt, ist es schwierig zu sagen, welche Aufgabe dieses Teil nun in unserem Netzwerk erfüllt.

Um zu verstehen, wie Theory of Mind funktioniert und welche Rolle der TPJ darin spielt, können wir uns jetzt also fragen: Was passiert, wenn jemand mit zu viel oder zu wenig TPJ auskommen muss? Mehrere Dinge. Als Ärzte den linken TPJ einer Patientin stimulierten, materialisierte sich an ihrer Seite plötzlich eine schattenhafte Gestalt. Gruslig. Was die Patientin sah, war vielleicht das Ergebnis dessen, dass der TPJ seine Aufgabe wahrnimmt, eine Präsenz zu melden, ohne das die Sinnesorgane dazu irgendeinen Input liefern könnten.[143] Sie sehen also wieder eine Bewegung im Busch und denken sich den Bären. Nur ohne den Bären. Oder den Busch. Wie Sie sich selbst manchmal ängstlich umdrehen, weil Sie meinen, aus dem Augenwinkel jemanden gesehen zu haben. Dabei hoffen Sie, dass sich dieses Gespinst in nichts auflöst.

Auch die zweite Aufgabe des TPJ – das Differenzieren zwischen Ihnen selbst und anderen – können wir durch Stimulation ganz wunderbar hervorbringen. Hemmt man eine Region in der Nähe des TPJ, nämlich den unteren Parietallappen, fällt es Probanden schwer, zwischen sich selbst und anderen zu unterscheiden.[144] Wenn wir den TPJ dagegen anregen, hilft uns das, unsere eigene Perspektive und die von anderen besser auseinanderzuhalten. Erregende Stimulation des TPJ lässt uns weniger imitieren.[145] Sie hilft uns außerdem, die eigene Perspektive zugunsten des Verständnisses anderer zu unterdrücken – ohne dabei unsere Fähigkeit uns selbst zu verstehen einzuschränken.[145]

All das deutet darauf hin, dass ein Großteil Ihrer Idee vom «Ich» in diesem unscheinbaren Areal verwahrt wird. Wenn Sie sich selbst suchen, sollten Sie hier anfangen. Sie können dieses Selbstkonzept sogar auf Reisen schicken. Stimulation des TPJ kann bei den Probanden zu einer außerkörperlichen Erfahrung führen. Genau so, wie man sich das vorstellt. Mit Über-dem-eigenen-Körper-Schweben und allem Drum und Dran.[146]

Dieser kleine Ausflug in die Welt des TMS zeigt uns, dass sich die Grenze zwischen uns selbst und den anderen verschieben kann. Mal ist sie glasklar, manchmal verschwimmt sie. Das ist überhaupt eine der wichtigsten Botschaften, die wir aus allem mitnehmen können, was wir bisher erfahren haben: Auch wenn es von außen oft so aussieht, sind wir Menschen keine abgeschlossenen Einheiten. In unserem Kopf tummeln sich permanent die Wahrnehmungen der anderen, ihre Gefühle, Gedanken und Ideen. Und auch das, was wir sagen oder tun, kann im Kopf unseres Gegenübers alles Mögliche auslösen. Ein Biologe würde es vielleicht «offenes System» nennen. Um andere Menschen zu verstehen, brauchen wir letztlich beides: die Unterscheidung und die Offenheit.

Im Lauf der Kindheit muss sich der TPJ entwickeln und spezialisieren. Erst kurz vor der Pubertät reifen die dafür wichtigen Gehirnzentren vollständig heran.[147] Das ist überraschend, weil eigentlich schon Grundschulkinder diese Aufgaben prima lösen können. Um das hinzukriegen, nutzen sie den TPJ zum Beispiel bilateral, wo Erwachsene nur die rechte Seite gebrauchen.[148] Damit können sie die Fragen beantworten, brauchen dafür aber vielleicht einfach mehr Energie und Konzentration als andere.

Als wir in unserem Kopf noch alleine waren

Wenn kleine Kinder nicht gut zwischen den Blickwinkeln wechseln können, heißt das, dass sie alle kleine Egozentriker sind? Nicht unbedingt. Es könnte sogar das Gegenteil der Fall sein. Glauben jedenfalls einige Forscher, die sich hingesetzt haben, um ausführlich über die Ergebnisse unserer bekannten Theory-of-Mind-Aufgaben zu brüten. Dass Kinder erst ab dem dritten Lebensjahr richtig auf solche Fragen antworten können, war bekannt. Doch dann zeigten immer mehr Studien, dass Augenbewegungen und Irritation schon lange vorher in die richtige Richtung zeigen. Wenn man jedenfalls ihre Blickrichtung untersucht, dann gucken die Kinder durchaus dorthin, wo Sally nach der Schokolade suchen sollte.[149-151] Fragt sich, warum Letzteres schon so früh klappt, Kleinkinder aber noch jahrelang zielsicher die falsche Antwort geben. Es könnte damit zu tun haben, dass es leichter fällt, richtig zu gucken, als die richtige Antwort zu formulieren. Aber einen Beleg für diese Vermutung gibt es nicht.

Stattdessen müssen wir annehmen, dass Kinder die richtige Antwort schon früher wissen und dass dann irgendetwas passiert. Seit diese Erkenntnis gewonnen wurde, liefern sich Labs um den Globus einen Wettbewerb, wer das jüngste Kind mit Theory-of-Mind-Sensitivität nachweisen kann. Eine Studie sagt: mit 15 Monaten.[152] Die nächste bietet 12.[116] Während ich das hier schreibe, sind es zehn Monate.[153] Zehn Monate alte Babys sind sensibel dafür, was sie wahrnehmen können und was nicht. Sechs Monate alte Babys erschließen sich immerhin das Ziel ihrer Handlung, auch wenn sie sie nicht zu Ende führen.[154] Dabei war man sich lange Zeit nicht sicher, ob in deren Kopf überhaupt etwas Interessanteres vorgeht als in einem Goldfischglas.

Also, wie machen sie das? Wir haben doch gerade gelernt, dass man für Theory of Mind die eigene Perspektive unterdrücken muss. Und wenn Kinder eins nicht beherrschen, dann ist es Unterdrückung. Wir reden hier von Menschen, die prinzipiell nicht in der Lage sind, *nicht* «Kasperle, hinter dir, das Krokodil!» zu rufen. Diese Fähigkeit beruht auf Arealen, die erst sehr spät heranreifen. Außerdem brauchen zwei Perspektiven ein ganz schönes Arbeitsgedächtnis. So wie Ihr Computer viel Arbeitsspeicher braucht, um zwei Programme gleichzeitig auszuführen. Kleine Kinder können im Kopf ungefähr so viele Tabs öffnen wie eine Schiefertafel. Zwei Perspektiven im Kopf zu behalten funktioniert bei ihnen nicht mal besonders gut, wenn beide davon ihre eigenen sind!

Zeigt man einem Kind zum Beispiel eine Keksdose und fragt es, was darin ist, antwortet es «Kekse». Dann öffnet man die Keksdose, und darin befindet sich nur Nähzeug (eine grausame Urerfahrung, durch die wahrscheinlich jeder Mensch mit einer Großmutter aufgrund irgendeines universellen Grundsatzes einmal durchmuss). Fragt man das Kind, was es denn vorher dachte, was in der Keksdose wäre, antwortet es «Nähzeug». Es hat seinen eigenen Blickwinkel überschrieben.

Eine Theorie dazu ist, dass kleine Kinder tatsächlich nie zwei Perspektiven im Kopf behalten. Sie vergessen einfach ihre eigene zugunsten der anderen. Auch wir Erwachsene lassen manchmal unsere alte Perspektive unter den Tisch fallen. Im Jahre 1975 befragten Wissenschaftler Menschen danach, wie Präsident Nixons Besuch in China wohl enden würde. Die Antworten waren sehr vielgestaltig. Doch fragte man die Leute sechs Monate später, was sie damals geantwortet hatten, war ihre Erinnerung eindeutig: Genau das, was dann auch passiert ist: eine bedeutende Verbesserung der diplomatischen Beziehungen. In der Rückschau haben wir immer schon «Nähzeug» gedacht.[155]

Wie oft uns das passiert, kommt sehr auf die Umstände an. Denn obwohl wir jetzt schon ziemlich gut verstehen, wie die Theory of Mind funktionieren könnte, haben wir noch längst nicht alles entdeckt, was dabei falschlaufen kann. Angefangen damit, dass Sie alles, was Sie gelernt haben, wieder vergessen.

Autopilot versus Arbeitsgedächtnis

Die Tatsache, dass andere Menschen einen eigenen Kopf haben, ist nichts, was wir plötzlich mit einem Heureka begreifen und von da an komplett verinnerlicht haben. Es ist ein Lernprozess, der sich auch dann noch hinzieht, wenn wir schon längst begriffen haben, dass jeder seine Schokolade woanders suchen muss. Genau genommen lernen wir nie wirklich aus. Wir rufen uns jedes Mal neu in Erinnerung, dass andere Menschen ein Bewusstsein haben. Und jedes Mal ist es ein kleiner Kampf.

Wenn man Erwachsene fragt, wo Sally nach der Schokolade sucht, dann antworten sie richtig. Aber was denken Sie, wo Ihre Augen zuerst hingehen? Genau: Erst interpretieren wir eine Aussage aus unserer eigenen Perspektive, dann reißen wir uns zusammen und versetzen uns in den anderen hinein.[166] Weil das nicht automatisch passiert, brauchen wir ein paar Millisekunden länger, um aus der Perspektive des anderen zu antworten. Erst das Offensichtliche denken, dann eventuell korrigieren. Das geht mit der Zeit weitaus schneller, wie so ziemlich alles, was man in regelmäßigen Abständen übt und wiederholt. Wenn man uns vorwarnt und wir uns schon beim Hingucken konzentrieren, schaffen wir es in der gleichen Zeit.[167] Doch es handelt sich wahrscheinlich trotzdem immer noch um einen zweistufigen Prozess. Unsere Versuchsperson schaut sich die Situation erst aus ihrer eigenen Perspektive an und wechselt dann auf die des anderen.

Damit kommen wir zu einem Aspekt der Intelligenz, der unterschätzt wird, obwohl wir ihn gerade in der sozialen Kognition so dringend brauchen: die Herausforderung, lange genug zu denken. Sie kennen das Problem: Sie geben den Test ab, weil Sie alle Fragen beantwortet haben, und in dem Moment, in dem Sie die Tür hinter sich zuziehen, fällt Ihnen noch etwas Geniales zu Frage drei ein. Oder jemand redet mit Ihnen, und Sie haben den letzten Satz nicht verstanden. Schon haken Sie nach, doch bevor er antworten kann, sagt die Stimme in Ihrem Kopf schon: «Oh, jetzt hab ich's! Er meinte …» Aber jetzt haben Sie ihn schon gefragt und müssen sich zur Strafe den ganzen Satz noch mal anhören.

Tja, Denken hat keinen Ladebalken, und Sie können nie ganz sicher sein, wann es fertig ist. In ziemlich vielen Fällen fällt Ihnen das gar nicht auf. Denn wenn Sie irgendwo im Ladevorgang auf «Abbrechen» klicken, schickt Ihnen das Programm keine Fehlermeldung, sondern es spuckt meist trotzdem verlässlich irgendeine Antwort aus. Diese Art von Schnellschüssen führt dazu, dass auch Harvard-Absolventen in Quizfragen manchmal doofe Antworten geben. Einfach weil sie ihrer ersten Intuition gefolgt sind, anstatt noch mal zu überlegen.

Ein Beispiel dafür, wann das System an seine Grenzen gerät, ist das «Ball and a Bat»-Problem. Sie möchten einen Baseball und einen Baseballschläger kaufen und beides zusammen kostet 1 Euro und 10 Cent, wobei der Schläger einen Euro mehr kostet als der Ball. Wie viel kosten die beiden einzeln? Denken Sie einen Moment darüber nach.

Na, was haben Sie gemacht? Haben Sie gleich 1 Euro (Schläger) und 10 Cent (Ball) gerufen? Oder haben Sie – meine Lieblingstaktik – sich gesagt, dass Sie das bestimmt lösen können, aber jetzt gerade keinen Stift und keine Zeit haben und einfach unauffällig weitergelesen? Ha! So oder so, selbst wenn Sie auf die richtige Lösung gekommen sind (der Ball kostet 5 Cent, der Schläger 1 Euro und 5 Cent), hatten Sie wahrscheinlich einen kurzen Moment, in dem irgendwo ein Teil Ihres Gehirns gerufen hat: «Ich weiß es!» Und Sie mussten laut denken: «Natürlich ist es nicht 1 Euro und 10 Cent.»

Das ist eine Art von Doofheit, die uns alle treffen kann. Wie die Grippe. Das heißt nicht, dass wir dabei völlig blind durch die Gegend stolpern. Reaktionszeiten und die Frage «Wie sicher bist du dir bei deiner Antwort?» zeigen uns, dass den befragten Studenten «Ein Euro und zehn» als Antwort schon merkwürdig vorkommt.[158] Aber manchmal ist diese Antwort eben alles, was uns gerade zur Verfügung steht. Wie ein Geburtstagsgeschenk auf den letzten Drücker. Obwohl Sie eigentlich wissen, dass ein Douglas-Gutschein nicht die kreativste aller Ideen ist, kaufen Sie ihn trotzdem. Zur Strafe kriegen Sie nächstes Weihnachten Socken. Im Nachhinein bereuen Sie impulsive Entscheidungen, kurzfristiges Denken und Ichbezogenheit, können sich aber nicht mehr so genau erinnern, warum Sie diese Wahl überhaupt so getroffen haben.

Wie schafft man es also, nicht schon bei der falschen Entscheidung abzubiegen oder übers Ziel hinauszuschießen?

Die passende Theorie heißt «Dual Processing Account». Soll heißen, dass es zwei mögliche Verarbeitungsarten gibt oder zwei Systeme. Vorsichtiger formuliert: zwei Gruppen von Verarbeitungssystemen, die sich grob in diese zwei Kategorien einteilen lassen. System eins baut auf energieeffizientes, situationsbezogenes Denken. Das ist quasi der Autopilot. Es verbraucht weniger Energie und bringt uns die meiste Zeit sicher durch den Tag. Sie wissen schon: Sie fahren morgens zur Arbeit und haben danach keine Ahnung, wie Sie hingekommen sind. Vor allem, weil heute Sonntag ist und Sie eigentlich zu Ihrer Bekannten wollten, die zwei Straßen weiter wohnt.

System zwei kommt Ihnen zu Hilfe, wenn's knifflig wird. Es zapft stärker das Arbeitsgedächtnis an und erlaubt uns abstrakteres hypothetisches Denken (Zukunftsprognosen, Theory of Mind etc.).[159] All diese Prozesse haben gemeinsam, dass wir schlechter darin werden, wenn wir abgelenkt sind, und besser, wenn wir Anreize haben, uns zu konzentrieren.

Je nachdem, welche Aufgabe vor uns liegt, nutzen wir den einen Lösungsansatz oder den anderen. Die Frage, ob wir die Küche mögen oder nicht, braucht kein besonders elaboriertes Denken inklusive Simulationen der nahen Zukunft. Die Frage, ob wir es uns leisten können, sie zu kaufen, vielleicht schon.

Smalltalk können Sie wahrscheinlich komplett mit System eins bewältigen. Aber ob das reicht, um einzuschätzen, was Ihr Gegenüber gerade von Ihnen denkt, merken Sie wahrscheinlich erst, wenn Ihr Gehirn System zwei zu Hilfe ruft, um die Scherben aufzukehren. Denn dabei lassen nicht nur unsere analytischen Fähigkeiten nach, sondern auch manche sozialen. Probanden, die beim Schläger-Ball-Problem schlechter abschneiden, könnten auch schlechter darin sein, sich die Gefühle eines anderen zu erschließen – sei es aufgrund eines Fotos oder während eines Vier-Augen-Gespräches.[160]

Vielleicht kann man sich System eins vorstellen wie eine Vorzimmerdame auf Minijob-Basis. Sie fängt eine ganze Menge Arbeit ab, sodass sich die Chefin mit zeitintensiveren Dingen beschäftigen kann. Aber für kreative Problemlösung wird sie nicht gut genug bezahlt. Wenn's hart auf hart kommt, wird darum die Chefin eingeschaltet.

Bislang ist nicht ganz geklärt, wie diese beiden Arten zu denken sich zueinander verhalten. Ob sie wirklich so strikt getrennt sind oder ineinander übergehen, in welchen Bereichen des Denkens wir sie benutzen und auf wie vielen Netzwerken sie beruhen. Vor allem ist nicht klar, wer genau entscheidet, wann welches System angemessen ist. Anders gefragt: Warum reagiert Ihr Gehirn auf die Frage, ob es ein Eis möchte, manchmal mit «Aber klar» und manchmal mit einer dreistündigen Analyse zum Thema «Ihr persönlicher Diätplan», Nutztierhaltung und Diabetes Typ 2?

Was könnten wir sehen, wenn wir jetzt in den Kopf unserer Versuchsperson gucken? Ist sie die ganze Zeit hochkonzentriert und kontrolliert, denkt sie lange genug nach vor jeder Antwort, um sicherzugehen, dass sie ihr Gegenüber auch richtig anspricht?

Das kommt zunächst auf die Person an. Zum Beispiel spielt die Intelligenz eine Rolle für Theory of Mind. Menschen, die allgemein eine hohe «flüssige Intelligenz» besitzen (also abseits vom Allgemeinwissen ganz grundsätzlich logisch und problemlösend denken können), sind eher bereit, auf arbeitsintensives Denken zurückzugreifen[161].

Auch das Alter spielt bei unseren ToM-Kapazitäten eine große Rolle. Bei Teenagern gibt es ziemlich starke Unterschiede. Überrascht einen auch nicht so wahnsinnig. Wenn man versucht, sich einen Teenager mit zu wenig ToM-Kapazität vorzustellen, fällt einem wahrscheinlich sofort das Bild eines Außenseiters oder Störenfrieds ein. Doch da kann man sich täuschen. Der Blick auf die Noten scheint keine verlässlichen Anhaltspunkte zu geben. Jedenfalls deckt sich die Einschätzung der Lehrer überhaupt nicht mit den Testergebnissen.[162] Das ist bei Grundschülern noch anders. Vielleicht weil die Unterschiede bei den Kleinen offensichtlicher sind, vielleicht weil sich die Lehrer noch sehr viel intensiver mit der Persönlichkeit ihrer Schüler auseinandersetzen müssen.

Das sagt uns zwei Dinge: ToM und mündliche Mitarbeit sind

wahrscheinlich nicht das Gleiche, und Lehrer von Teenagern verbringen offensichtlich nicht genug Quality time mit ihren Schülern.

Die Kinder selbst können dagegen die soziale Kompetenz ihrer Mitschüler super einschätzen, scheinen deren Beliebtheit aber nicht daran festzumachen.[163] Vielleicht kann man's den Lehrern auch nicht sooo übelnehmen mit dem Mangel an Quality time. Positiv betrachtet könnte man sagen, Teenager sind Menschen mit eingeschränkter ToM-Fähigkeit gegenüber sehr tolerant. Das hilft ihnen vielleicht sogar im Umgang mit den Erwachsenen. Denn im Alter werden unsere ToM-Fähigkeiten nicht unbedingt besser. Ältere Erwachsene schneiden in den verschiedensten ToM-Aufgaben schlechter ab als ihre jüngeren Mitprobanden. Und diese sozialen Effekte bleiben sogar, wenn man allgemeine kognitive Altersunterschiede mit einrechnet.[164]

Und dann brauchen wir ja auch noch das Arbeitsgedächtnis. Will man dies bei Probanden untersuchen, legt man ihnen zum Beispiel diverse Matheaufgaben vor. Nach jeder Aufgabe sollen sie sich an ein bestimmtes Wort erinnern. Wenn sie trotz Mathe noch Kapazitäten zum Erinnern frei haben, haben sie ein gutes Arbeitsgedächtnis. Und diese Fähigkeit brauchen sie eben auch, wenn sie sich in andere hineinversetzen wollen, obwohl sie gerade noch auf Ihrem Laptop Spiegel Online gelesen haben. Passend dazu gehen bei Parkinson-Patienten Einschränkungen im Arbeitsgedächtnis oft mit Schwierigkeiten in Theory of Mind einher.[165] Andersherum sind Menschen mit einem besonders großen Arbeitsgedächtnis oft auch erfolgreicher in Theory-of-Mind-Aufgaben. Wir müssten über unsere Versuchsperson also zwei Fragen beantworten: Wie viel Kapazität hat ihr Arbeitsgedächtnis im Allgemeinen? Und wie viel davon kann sie gerade erübrigen?[166]

Denn ganz egal, wie groß Ihre Kapazität ist: Auch Sie gehen damit sparsam um.

Es kommt auf die Situation an. Mal passieren uns mehr, mal weniger Denkfehler: Wenn die Kontrolle gerade verhindert ist, weil wir abgelenkt sind, die Aufgabe unwichtig ist oder wir unwillig sind, tendieren wir zum Vorzimmerdenken. Das Gleiche gilt, wenn das Arbeitsgedächtnis gerade anderweitig ausgelastet ist.[166] Und je nachdem, mit wem wir es zu tun haben, strengen wir uns mal mehr und mal weniger an.

So etwas zu beobachten ist gar nicht so einfach, wenn der Proband im Scanner flach und bewegungslos auf seinem Rücken liegt. Eine Studie aus dem Jahr 2005 hat versucht, dieses Problem auszuhebeln, indem sie die Versuchsteilnehmer mittels Virtual-Reality-Brille ein Taxi durch London fahren ließ. Dabei wurden die «Taxifahrer» immer mal wieder überraschend gefragt, woran sie gerade dachten. Tatsächlich waren immer andere Teile des ToM-Netzwerks aktiv, je nachdem, ob sie sich gerade auf den Experimentleiter konzentrierten oder auf einen virtuellen Fußgänger oder den meckernden Fahrgast auf dem Rücksitz. Kein Wunder, am Fußgänger sind wir schnell vorbeigefahren, von dem brauchen wir keine Langzeitperspektive, außer der Frage, ob er gleich spontan auf die Straße rennt. Der Kunde hingegen soll uns bitte am Ende noch Trinkgeld geben. Also bekommt der Aufmerksamkeit und Arbeitsgedächtnis und der andere nur eine kurze Bewegungsanalyse.

Wir nehmen jeden Menschen in unserem Umfeld unterschiedlich wahr.[167-170] Wenn man uns instruiert, uns in die anderen hineinzuversetzen, hilft das schon. Und wenn wir dadurch auch noch Geld gewinnen können, sind wir auf einmal Weltmeister im Perspektivwechsel. Keine typische Nebenwirkung von Bezahlung. Auch eine neutrale oder traurige Stimmung regt System zwei eher an als gutgelauntes Dazwischenrufen. Und tatsächlich neigen wir, wenn wir so gestimmt sind, auch weniger zur egozentrischen Perspektive.

Wir lernen also, dass Perspektivenwechsel immer eine anstrengende Aufgabe sind. Je nach Kapazitäten und Motivation geraten wir dabei gerne mal ins Schlingern und fallen dann auf unsere momentane eigene Perspektive zurück. Aber wir können eben auch an uns arbeiten.

Wenn uns niemand dafür bezahlt und wir auch nicht gewillt sind, uns durch intensives Meditieren über den Verlust unseres Meerschweinchens in eine negative Stimmung zu versetzen, gibt es trotzdem ein paar Grundsätze, an die wir uns halten können. Die lernen wir zum Beispiel von den Kinderstudien. Gedankentagebücher gehören dazu. Erlaubt man den Kindern aufzuschreiben oder aufzumalen, was sie denken, bevor man den Deckel der Keksdose öffnet, können sie es sich danach leichter bewusst machen. Man kann auch dafür sorgen, dass die Realität in ihrem Kopf nicht ganz so präsent ist, indem man ihnen nur erzählt, dass in der Keksdose Nähzeug ist und es sie nicht sehen lässt. Bei der Frage, wo Sally die Schokolade suchen wird, werden Kinder besser, wenn man die Schokolade nicht woanders versteckt, sondern isst.[117, 171]

Davon können auch wir profitieren. Zum Beispiel, wenn wir versuchen, unsere eigenen Gedanken rückblickend zu verstehen – Stichwort: «Warum habe ich das nicht kommen sehen?» Dann lohnt es sich, die eigene Logik aufzuschreiben, sodass wir uns später an den damaligen Informationsstand erinnern (die Stelle war gut bezahlt und hatte vernünftige Arbeitszeiten), anstatt schon all die neuen Informationen einzubeziehen (Arbeitszeiten eine Illusion, Vorgesetzte offensichtlich verrückt). Oder schreiben Sie ab und zu mal Ihre Zukunftsprognosen auf und gucken Sie, welche davon sich bewahrheitet haben.

Aber welche Konsequenzen hat es für unser Sozialleben, wenn wir es uns einfach machen? Sagen wir, unsere Versuchsperson ist heute nicht allzu konzentriert. Und sie wird auch nicht gut genug bezahlt. Das heißt, sie verarbeitet nur einen kleinen Teil der Informationen, die sie bekommt, und verlässt sich sonst auf das, was an Perspektive schon da ist. Merkt ihr Gegenüber das? Und wenn ja, woran?

Für Verständnis habe ich gerade keinen Kopf. Die beliebtesten Denkfehler der Theory of Mind

Was bedeutet es für unseren Alltag, wenn die Theory of Mind gerade nicht auf der Höhe ist?

Zunächst mal ist es gar nicht schlimm, von sich auf andere zu schließen. Irgendwoher müssen Sie die fehlenden Informationen über Ihr Gegenüber ja nehmen, und in vielen Fällen ist Ihr eigenes Gehirn der beste Näherungswert. Damit haben Sie eine ganze Menge Infos, die möglicherweise auch auf Sie beide zutreffen. Die Krux kommt beim Aussortieren. Wenn es schiefgeht, haben wir Attribute ausgelassen, die zum Charakter der anderen Person gehören, aber nicht zu unserem eigenen. Das ist der Fall, wenn jemand so was sagt wie: «Ich kann nicht glauben, dass der 'ne Freundin hat. So gut wie der seh ich ja wohl immer noch aus.» Der Sprecher bezieht die Gemeinsamkeiten mit ein (Aussehen), vergisst aber die Unterschiede (Charme). Oder wir ordnen dem anderen unsere eigenen Attribute zu, die auf ihn gar nicht zutreffen («Ich wette, er ist auch noch pleite»). Diese Egocentricity Bias (Emotionale Egozentrik), die uns weiter vorn schon einmal begegnet ist, macht unser Leben nicht gerade leichter.

Sie ist so fies, weil wir sie, selbst wenn wir sie uns bewusst machen, nicht besonders gut überwinden können. Wenn wir zum Beispiel selbst mit unserem Sexleben unzufrieden sind, glauben wir, dass es dem Rest der Bevölkerung auch so gehen muss. Sogar Probanden, die man vorher über die Emotionale Egozentrik aufgeklärt hat, sind sich da immer noch ziemlich sicher. Wurde alles schon gemacht. Der Fragebogen enthielt noch Dinge wie: Mögen Sie Krimis? Wären Sie manchmal gern wieder ein Kind? Was halten Sie von Partys? Wie oft haben Sie Kopfschmerzen? Die Antwort bleibt immer eindeutig: Ganz egal, wie's mir geht, ich bin mir ziemlich sicher, es geht allen anderen genauso.[172]

Doch was passiert, wenn man unserem Probanden einen anderen Versuchsteilnehmer gegenüberstellt, der auf die Frage «Wie zufrieden sind Sie mit Ihrem Sexleben?» nicht antwortet: «So lala», sondern sagt: «Ich denke, ich und der Rest der Bevölkerung sind mit unserem Sexleben recht zufrieden. Danke der Nachfrage.»?

Das sollte seine Antwort ziemlich beeinflussen. Er hat jetzt die Meinung von zwei Personen: sich selbst und Herrn Mein-Sexleben-ist-klasse. Aussage gegen Aussage – da könnte man einen Durchschnittswert bilden. Stattdessen sagt er: «Ich glaube, Herr Mein-Sexleben-ist-klasse unterliegt hier ganz eindeutig seiner Emotionalen Egozentrik.»

Und wie reagiert unser Proband, wenn man ihm nun die Fragebögen von zwanzig anderen vorlegt, die nicht seiner Meinung sind? Ganz einfach, er antwortet: «Mhmmm ... ja ... Nein.» Diese Art zu denken stellt uns immer dann ein Bein, wenn wir gezwungen sind, uns mit anderen auf einen allgemeinen Standpunkt zu einigen.[173]

Ein ganz praktisches Beispiel dafür ist das Festsetzen von Preisen. Da müssen wir uns nach dem Interesse der anderen richten. Aber das ist schwer einzuschätzen. Stattdessen geht man davon aus, dass jeder dem Produkt denselben Wert beimisst wie man selbst. Soll heißen, auf dem Flohmarkt möchten wir am liebsten den Preis, den uns das Ding selbst wert ist («Die hat mal 233 Mark gekostet und war ein Geschenk von Oma»), anstatt uns an dem zu orientieren, was der andere bereit ist zu geben. Im Zweifelsfall gehen wir unverrichteter Dinge wieder nach Hause[174] («Du hast die Küchenmaschine wieder mitgebracht??»). Außerdem tendieren wir dazu, bei anderen das Problem als drängendstes zu sehen, das uns selbst gerade beschäftigt.[162]

Auch sonst schließen wir von uns auf andere: Wenn wir es nicht wissen, muss man es auch nicht wissen, aber *wenn* wir es wissen, ist es Allgemeinbildung. Und dabei ist es völlig egal, wie frisch das Wissen in unserem eigenen Kopf noch ist. Selbst wenn man uns die Lösung für ein Problem gerade erst erklärt hat, glauben wir, alle anderen könnten nun wirklich von selbst draufkommen. Unsere eigenen Einstellungen und Gefühle sind universell. Unser eigenes Können ist die Messlatte zur Bewertung aller anderen und lustigerweise auch die Messlatte, nach der wir glauben, beurteilt zu werden.[172, 175-182]

Man muss uns zugutehalten, dass wir erst mal davon ausgehen, dass die anderen Leute wissen, was wir wissen (wenn wir ihnen auch trotzdem nicht zutrauen, damit allzu komplizierte Gedanken anzustellen, siehe nächstes Kapitel). Aber besonders kommunikationsfördernd ist das nicht.

Das bedeutet, je mehr sich unser eigenes Wissen von dem der Leute in unserer Umgebung abhebt, desto mehr müssen wir uns anstrengen, sie zu verstehen. Grund- und Hauptschullehrer müssen ihre Theory of Mind wahrscheinlich öfter trainieren als Gymnasiallehrer und Unidozenten. Und alle vier sollten sich diese Erkenntnisse ins Gedächtnis rufen, wenn sie sich das nächste Mal fragen, warum ihre Schüler sich in der Klausur nicht mehr an dieses Thema erinnern, das sie doch eindeutig besprochen hatten. Das gleiche gilt natürlich für den Schüler, der meint, weil er die Frage nicht beantworten kann, hätte auch niemand anders je davon gehört. Zumindest für die schräge Wahrnehmung der Lehrer haben Forscher sich mittlerweile wenigstens eine ganze Menge Namen ausgedacht. Vom «Fluch der Expertise»[183] bis zum «Immer-schon-gewusst-Effekt».[184]

Ein anderes Phänomen, bei dem wir von unserem Verhalten auf andere schließen, wird auch «Illusion of Control», also Kontrollillusion, genannt. Im Experiment sieht das so aus, dass Probanden Mitgliedern ihrer Gruppe mehr Geld abgeben in der Hoffnung, dann auch selbst mehr herauszubekommen, und das obwohl sie mit ihren Entscheidungen die anderen gar nicht beeinflussen können. Das heißt, selbst in einem One-Shot-Game (es gibt nur einen Durchgang), in dem alle anonym sind, man sich nie wiedersieht und alle im gleichen Moment entscheiden, glaubt jeder, die anderen sind nett, wenn man selbst es auch ist. Woher wir wissen, dass die Probanden das hoffen und nicht einfach nur nett sein wollen? Sobald man die gegenseitige

Abhängigkeit rausnimmt, also der Proband sein Geld nicht vom anderen bekommt, sind sie es weit weniger.[185]

In der Realität kennen wir diese Art zu denken aus der Überzeugung: «Aber natürlich gehe ich wählen. Wo kämen wir denn da hin, wenn jeder zu Hause bliebe?» Natürlich ist der Einfluss unserer Stimme winzig klein. Aber ganz tief drinnen wissen wir: Wenn wir zu Hause bleiben, machen das alle.

Wer alles durchdenkt, kommt auch zu nichts. Kognitive Hierarchien und warum immer die anderen doof sind

Wenn wir es gerade schwer finden, alle Informationen im Kopf zu jonglieren, greifen wir zu vereinfachten Denkmasken: «Ich weiß, nicht alle Menschen sind rational, aber der Einfachheit halber gehe ich mal davon aus.» Jetzt kann man diese Grundannahme bezweifeln, doch dieser «Homo oeconomicus», der sich immer nur rational verhält, soll uns lediglich dabei helfen vorherzusagen, wie sich größere Gruppen benehmen. Nicht das Individuum, das ist kompliziert, aber immerhin die Mehrheit. So ganz ohne Vereinfachungen kommt man nun mal nicht aus.

Auch Ihr Gehirn benutzt solche Modelle, um das Denken von anderen vorherzusagen. Was soll es auch sonst tun? In vielen Situationen hat es gar keine anderen Anhaltspunkte. Geht Ihr Gehirn also – der Einfachheit halber – davon aus, dass der Mensch rational ist? Natürlich nicht. Damit würde es sich eindeutig zu oft auf die Klappe legen. Wenn das Ihre Grundannahme wäre, dann müssten Sie davon ausgehen, dass niemand zur Wahl geht, weil jede Stimme nur so einen winzig kleinen Anteil am Ergebnis hat. Oder Sie müssten annehmen, dass jeder Mensch vernünftig für sein Alter vorgesorgt hat. Alles ziemlich illusorisch. Aber welche Annahmen treffen Sie dann?

Manchmal gehen Sie davon aus, dass die anderen wie Sie selbst sind – aber dümmer. Wohlgemerkt: die Masse der Menschen. Sie halten sich nicht unbedingt für intelligenter als *alle* Menschen in Ihrer Umgebung. Nur eben als die meisten. Oder etwa nicht?

Wenn Sie sich mal kritisch hinterfragen wollen, gibt es dazu ein ganz wunderbares Rätsel. Es geht um Ihre Fähigkeit, die Gedanken anderer Leute einzuschätzen. Also nicht nur «Ich denke», sondern «Ich denke, dass er denkt». Klassische Theory of Mind. Dafür brauchen wir ein bisschen Mathe, aber es lohnt sich, und am Ende haben Sie etwas über sich selbst gelernt.

Stellen Sie sich vor, Sie sind auf einer Veranstaltung, auf der es einen Preis zu gewinnen gibt. Dafür müssen Sie eine Glückszahl zwischen 1 und 100 erraten. Alle suchen die Glückszahl. Und sie berechnet sich aus dem Durchschnitt aller Antworten geteilt durch zwei. Sollten also alle Besucher einen Tipp zwischen 80 und 100 abgeben, wäre der Durchschnitt 90 und die Glückszahl 45. Wäre der Durchschnitt 60, wäre die Glückszahl 30. Auf welche Zahl tippen Sie? Wie sind Sie dahin gekommen? Falls Ihre Zahl über 50 liegt, denken Sie noch mal darüber nach.

Wenn Sie sich ein bisschen mit reingedacht haben, können Sie jetzt anhand Ihres Tipps etwas darüber erfahren, wie klug Sie die anderen Teilnehmer eingeschätzt haben. Eine äußerst beliebte Antwort auf die Frage ist 25. Die Denkstrategie dahinter ist folgende: Bei einer Zahl zwischen 1 und 100 ist der Durchschnitt 50. Die Hälfte von 50 ist 25. Also tippe ich 25. Dies ist eine Strategie, die alle anderen für doof hält. Wenn Ihre Antwort 25 ist, haben Sie selbst den Mechanismus verstanden, aber Sie gehen davon aus, das alle anderen einfach so ins Blaue reinraten. Sie selbst wissen, dass Zahlen über 50 gar nicht möglich sind. Aber Ihrem Nachbarn trauen Sie zu, laut «90!» zu rufen. Sie gehen davon aus, dass die anderen doofer sind als Sie.

Das klingt sehr hart, aber die Alternative macht uns das Leben auch nicht einfacher. Wenn wir erst mal akzeptieren, dass die anderen intelligente Lebewesen sind, wo hört das erst auf? Wenn alle unter 50 tippen, wäre der Durchschnitt 25, und wir sollten lieber auf 12,5 tippen. Aber was, wenn das auch wieder alle machen? Dann sind wir bei 6,25. Schon ziemlich weit unten. Ist das noch sinnvoll, oder überschätzen wir gerade unsere Mitmenschen?

Die Reihe lässt sich beliebig weiterführen, bis man am Ende 1 tippt und dann nur noch Raum nach oben hat. Ein klassisches Beispiel dafür, dass man es mit dem Denken auch übertreiben kann. Dann schon lieber untertreiben. Scheint sich jedenfalls unser Gehirn zu denken. Es gibt einige solcher Rätsel. «Nennen Sie eine Zahl zwischen 1 und 1000. Sie gewinnen, wenn Ihre Zahl am niedrigsten ist und kein anderer sie genannt hat.» Eine ganze Menge Menschen sagen 1. Da wären die anderen sicher nie draufgekommen. Je nachdem, auf welcher Ebene wir gerade selbst denken, kann diese Einschätzung der anderen schwanken, und wir halten sie entweder für «Strategiespieler» oder für ungefähr so durchdacht wie einen Münzwurf. Das wär's auch schon. Mathe geschafft.

Falls Sie sich gefragt haben, was das mit Ihrem Alltag zu tun haben soll, geht es auch mit einem anderen Beispiel: Wir befinden uns auf Kuba, genauer an einem Strand in der Nähe von Havanna. Der Bus zurück in die Stadt fährt nur alle anderthalb Stunden und der letzte um achtzehn Uhr. Der Strand ist wirklich nett. Azurblaues Wasser und alles. Es gibt dekorative Fische. Alle wollen also so lange wie möglich dableiben. Aber bei der Menge Touristen gibt es möglicherweise nicht Platz für alle in dem Bus. Darum müssen Sie sich überlegen, welchen Bus Sie nehmen. Und gucken, wie voll es an der Haltestelle ist, geht nicht, denn die ist ein gutes Stück vom Strand entfernt.

Welchen Bus nehmen Sie also? Der natürliche Instinkt ist: Nicht den letzten. Den nehmen ja alle. Der ist total überfüllt. Also eilt man zum vorletzten Bus und – Sie ahnen es – steht in einem Meer von Touristen. Sie dachten, Sie wären der Einzige, der auf die Idee kommen könnte, dass der letzte Bus überfüllt ist? Damit haben Sie Ihren Mitmenschen offensichtlich nicht allzu viel Verstand zugetraut. Aber immerhin haben Sie schon mal anerkannt, dass es andere Menschen gibt, die eigene Bedürfnisse haben. Sie sind nicht einfach davon ausgegangen, dass sie willkürlich irgendeinen Bus nehmen, ob um 11 oder um 6. Das ist mehr, als Sie den Menschen im Matherätsel zugestanden haben.

Diese verschiedenen Arten, über andere nachzudenken, werden als kognitive Hierarchien bezeichnet, weil man sich immer noch eine Stufe höherarbeiten kann. Ein Level-null-Denker denkt gar nicht daran, dass der Bus voll sein könnte. Er geht zur Bushaltestelle, wenn es ihm passt. Erstes-Level-Denken bedeutet dagegen, die einfachst mögliche Annahme zu machen und davon auszugehen, dass alle anderen auf Level null denken. Also quasi gar nicht. Die fahren zwei Stunden zum Strand und nehmen dann nach einer halben Stunde den Bus zurück. Was auch immer andere Leute so tun. Wenn wir mindestens Level-zwei-Denker sind (also diejenigen, die eventuell sogar den *vor*vorletzten Bus nehmen), trauen wir den anderen dagegen noch einen Gedankenschritt mehr zu. Wir denken, dass die sich auch denken können, dass der letzte Bus voll ist, und erwarten, dass alle den vorletzten Bus nehmen. Wir denken immer noch einen Schritt weiter, und je höher es geht, desto schwieriger werden die Gedankengänge für uns. Wir brauchen länger, und wenn unser Arbeitsgedächtnis gerade anderweitig beschäftigt ist, sacken wir wieder ein paar Level ab.[186]

So oder so gehen wir gerne davon aus, dass unsere Mitmenschen einen Schritt weniger denken als wir selbst. Wie praktisch, denn so können wir ihr Denken immerhin noch nachvollziehen. Und klüger als die Masse sind wir doch bestimmt (immerhin haben Sie gerade ein Buch in der Hand). Ganz zahlenfrei lässt sich das auch daran sehen, wie einfach man den Satz «Die Menschen sind schon doof» in so gut wie jede Konversation einflechten kann, ohne dass sich jemand daran stört. Dabei ist er natürlich Unsinn. Welche Spezies nehmen wir denn hier zum Vergleich? Aber wir meinen doof im Vergleich zu uns. Und das ist abhängig von unserem eigenen Denklevel. Die anderen liegen halt eine Stufe darunter. Wenn wir glauben, dass die anderen besonders dumm sind, sagt das also mehr über uns aus als über die anderen.

Tatsächlich stellt uns dieses Denkmuster relativ häufig ein Bein. Beim Lottospielen zum Beispiel.[187] Eine Menge Menschen tippen Geburtstage. Dabei müssten sie bei diesen Zahlen ihren Gewinn mit viel mehr Menschen teilen, als wenn sie eher Zahlen über 31 tippen. Oder noch schlimmer: Ihr Hochzeitstag. Als ob sonst niemand drauf gekommen wäre, im August zu heiraten. Auch Manager machen oft den gleichen Fehler, wenn sie versuchen, anderen zuvorzukommen.[188]

Doch die Informationen, die vorhersagen, was das nächste große Ding ist, haben natürlich alle.

Oder das Thema Hipster. Wir ziehen in ein Viertel, weil es noch günstig und laut Geheimtipps total im Kommen ist, und beschweren uns dann, wenn der fünfte Kiosk beginnt, Bartöl und Hosenträger zu verkaufen, oder um uns herum nur noch Akademiker wohnen, die sich die Mieten leisten können. Noch schlimmer: Deutsche Urlauber, die dem «Geheimtipp: Kroatien»-Titelbild des Merianhefts folgen, um dann zu stöhnen: «Es waren viiiel zu viele Deutsche in der Ecke!» Was haben Sie denn erwartet? Wenn wir anderen tatsächlich einen Schritt voraus sein wollen, hilft es anzunehmen, dass sie mit ziemlicher Sicherheit genauso viele Interessen und Informationen wie wir selbst haben.

Wir merken also, dass es eine ganze Menge Alltagssituationen gibt, in denen wir aufs falsche Pferd setzen, wenn wir an der Theory of Mind sparen. Immer dann, wenn es wichtig ist einzuschätzen, was andere brauchen, wissen oder können. Wenn wir dabei nicht höllisch aufpassen, greifen wir wieder vor allem auf unseren eigenen Kenntnisstand, Erfahrungsschatz oder experimentellen Standpunkt zurück. Oder wir unterschätzen das Denken der anderen monumental. In diesen Situationen sollten wir uns in Ruhe hinsetzen und uns die Zeit nehmen, eine Prognose zu erstellen. Aber auch im Alltagsgespräch sollten wir uns nicht allzu häufig von Smartphone und Co. ablenken lassen. Denn wir brauchen unsere ToM-Fähigkeiten, um nicht unangenehm aufzufallen.

«Humor ist Vernunft, die verrückt wurde» (Groucho Marx) – Ohne Theory of Mind kein Pferd in der Bar

Am häufigsten zeigt sich unser Theory-of-Mind-Vermögen im Gespräch. Die Art, wie wir uns unserem Gegenüber anpassen, eine Sprache wählen, die es versteht. Metaphern erfordern zum Beispiel eine ganze Menge ToM-Kapazität. Oder noch besser: Comedy. Witze, Ironie, Sarkasmus. Und damit haben wir neben Spiegeln, Helfen und Perspektivenwechseln noch eine weitere soziale Verhaltensweise gefunden, die erklärt werden will. Gemeinsames Lachen. Warum tun wir es, wie funktioniert es, und kann man dabei etwas falsch machen?

So viel vorab: Natürlich kann man das. Falschmachen geht in der Kognition immer, und Humor hat sogar besonders viel mit sozialer Kompetenz zu tun.[189] Er beruht auf Annahmen darüber, was der andere weiß oder nicht weiß, darüber, was er erwartet und was er für angemessen hält.

Zum Beispiel machen wir uns über jemanden lustig, weil wir etwas wissen, das er nicht weiß. Für Ironie dagegen brauchen wir zwei Leute, die gleich viel wissen. Der Unterschied zwischen einer Lüge und einem ironischen Statement liegt einzig und allein im Verständnis meines Gegenübers – beide Male sage ich etwas anderes, als ich eigentlich meine. Nehmen wir zum Beispiel Walter Ulbrichts Satz «Niemand hat die Absicht eine Mauer zu errichten». Bei Ironie gehe ich davon aus, dass du verstehst, dass ich das Gegenteil meine, während ich bei einer Lüge hoffe, dass du es nicht tust. Das ist der Unterschied. Deswegen ist Ulbrichts Satz nach dem 13. August 1961 ironisch, aber vorher eine Lüge. Und wenn Sie ihn heute lesen, tun Sie das in der passend sarkastischen Tonlage.

Was als Ironie durchgeht, entscheiden die Beteiligten. Darum kann ich auch nicht einfach etwas sagen und dann behaupten, das war ironisch. Wenn dagegen Angela Merkel in die Flüchtlingskrise hinein fragt, ob wir denn wirklich beabsichtigen, eine Mauer um das Land zu errichten, und uns dann fragt, wie wir es mit der Seegrenze halten wollen, dann weiß sie, dass wir wissen, dass sie weiß, dass das Unsinn ist. Also alle außer Horst Seehofer. So schafft Ironie noch eine ganz neue Form von Gemeinschaftsgefühl: das Gefühl, auf den gleichen Wissensschatz zurückzugreifen. Wo es Insiderwitze gibt, entsteht auch ein Innen. Und ein Außen. Dieses Instrument ist so mächtig, dass Kim Jong-un im September 2016 Sarkasmus verboten hat.

Um solche Machenschaften aufzudecken, baut unser Ironieverständnis stark auf das ToM-Netzwerk. Unter anderem der präfrontale Cortex sagt Ihnen, über welche Bemerkung Sie lachen sollen.[190] Hätten Sie eine Läsion in diesem Bereich, müssten Sie sich auf die Lacheinspieler verlassen und könnten nur noch Sitcoms aus den neunziger Jahren gucken. Bei Schizophreniepatienten ist der Frontallappen dagegen weniger aktiv – und sie haben Schwierigkeiten damit, Witze über andere zu verstehen.[191] Zusätzlich lenkt der TPJ unsere Aufmerksamkeit auf Unstimmigkeiten und hilft uns, die Perspektiven aller Anwesenden im Kopf zu behalten. Klingt anstrengend, macht uns aber eine ganze Menge Spaß. Wie witzig wir etwas finden, bestimmt am Ende nicht nur unsere emotionale Reaktion darauf, sondern auch das Level an Kognition, das wir zu seiner Auflösung brauchen, also Aktivierung in TPJ und Konsorten.[189]

Wir mögen einen Witz, wenn er uns fordert. Und daraus können wir eine echt praktische Anwendungsmethode wissenschaftlicher Forschung ziehen: das Rezept für den besten Witz. Wissenschaftler haben dafür die Gags professioneller Comedians untersucht und kommen zu dem Ergebnis: Der perfekte Witz hat fünf bis sechs Ebenen sozialen Hineinversetzens. Inklusive Publikum und Comedian. Das sind schon ganz schön viele, aber nicht so viele, dass das Publikum den Überblick verliert. Der perfekte Witz strengt unser Gehirn gerade so weit an, dass wir uns klug fühlen. Der Level ist wahrscheinlich von Publikum zu Publikum unterschiedlich. Wenn

Sie sich jemanden vorstellen wollen, dem ToM eine Nummer schwerer fällt, denken Sie an diese eine Person in Ihrem Bekanntenkreis, die immer mit zehn Sekunden Verzögerung lacht. Zwei Menschen können durchaus den gleichen IQ haben und sich trotzdem in ihrenToM- und Humorfähigkeiten unterscheiden. Wer jedoch Theory of Mind ab dem zweiten Level anstrengend findet (ich denke, dass er denkt), der kann auch Ironie schlechter verstehen.[192, 193] Genauso wie jemand mit kleinerem Arbeitsgedächtnis.[165] Und wer schneller zwischen Perspektiven wechseln kann, der kann auch besser Witze zusammensetzen.[190] Wenn Sie Menschen also immer schon im Stillen nach ihrem Sinn für Humor beurteilt haben, haben Sie wahrscheinlich recht. Aber natürlich schwankt auch der abhängig von Situation und äußeren Umständen und hat auch nicht immer nur mit Theory of Mind zu tun. Humorfähigkeit korreliert auch mit der Tendenz, sich gern kitzeln zu lassen, emotionaler Stabilität, Extraversion und der Aufgeschlossenheit für neue Erfahrungen. Selbst das Alter kann sich negativ auf unser Witzeverständnis auswirken[194], und exzessiver Alkoholkonsum kann den präfrontalen Cortex erstaunlich humorlos machen.[195]

Hier ein kleiner Test aus einer Studie. Wählen Sie das lustige Ende für den folgenden Witz:

Es ist Muttertag, und Anne und Tim haben ihrer Mutter aufgetragen, im Bett zu bleiben und auf etwas zu warten. Die Mutter freut sich. Es riecht schon sehr gut aus der Küche. Aber die Zeit vergeht und vergeht, der Geruch verfliegt, ohne dass etwas passiert. Nach zwei Stunden beschließt sie, doch aufzustehen und nachzusehen. In der Küche trifft sie auf Tim, Anne und zwei leer gefrühstückte Teller ...

1. Anne sagt: «Dein Essen steht im Ofen bereit.»
2. Anne nimmt ein Ei und zerschlägt es am Kopf ihres Bruders.
3. «Schau, Mama», sagt Anne. «Es ist Muttertag, darum haben wir uns heute mal selbst Frühstück gemacht und gegessen.»

Alkoholabhängige mochten meistens die Version mit dem Ei. Die Betroffenen tendieren häufiger zum Slapstick.

Doch ganz egal, was die persönlichen Vorlieben sind, können wir festhalten: Humor ist eine Form des sozialen Austausches. Wenn das gemeinsame Lachen also nicht funktioniert, liegt das an zwei Ebenen: Der Zuhörer kommt gedanklich nicht hinterher, und/oder der Sprecher hat es verpasst, sich darauf einzustellen. Im Gespräch ist Witze-erzählen-die-der-andere-nicht-versteht damit auch nur bedingt ein Zeichen sozialer Intelligenz.

Kommen wir zur nächsten Frage: Was passiert in unserem Gehirn, wenn uns etwas zum Lachen bringt?

Die meisten Witze brauchen zwei Schritte. Der erste ist Inkongruenz. Zwei Elemente müssen auftauchen, die nicht zueinanderpassen, weil das Konventionen, Intentionen oder Erwartungen widerspricht (Kommt ein Pferd in die Bar). Etwas passt nicht zusammen. Das verwirrt unser Gehirn, weil es doch so gerne in wiedererkennbaren Mustern und Erwartungen denkt. Damit wird die nötige kognitive Erregung bereitgestellt.

Der zweite Schritt ist die Auflösung. Da ist Ihr Gehirn aber erleichtert, dass das Pferd einen guten Grund hat, in der Bar zu sein. Es fühlte sich auch schon ein bisschen desorientiert. Puh. Das ist ja gerade noch mal gutgegangen. Erleichterung und angenehme Gefühle. Belohnungszentrum. Area tegmentalis ventralis, Striatum. Mesocorticolimbische dopaminerge Gegend. Da, wo das Glück sitzt. Schon wenn wir mit Kindern herumalbern, beruht das auf dem gleichen Prinzip. Gerade noch entspannt im Arm, dann fliegt man plötzlich. Oooo Gott. Puh. Doch wieder aufgefangen. Oder man wird gekitzelt. Hihihihih. Ups, vorbei. Spannung, Auflösung, Sicherheit. Ein tolles Gefühl.

Komisch, dass wir als Erwachsene etwas Ähnliches erleben, wenn wir einem alternden Mann in Jeans vor einer roten Ziegelsteinwand zugucken. Aber es sagt uns auch einiges darüber, warum wir Humor aus keiner Debatte ausschließen sollten. Er regt die Gehirnzentren an, die wir für die komplexeste Kognition brauchen. Und er verbindet das mit positiven Gefühlen. Mit den Vorgängen, die unsere Motivation steigern und auch unsere Kreativität und Leistung. Lachen hilft uns, tätig zu werden oder auf kreative Problemlösungen zu kommen. Selbst Gandhi soll sinngemäß einmal gesagt haben: «Hätte ich keinen Sinn für Humor, hätte ich mich schon längst umgebracht.» Wir erinnern uns: Lachen kann die Schmerzgrenze nach oben setzen.[70] Ein Mensch ohne Humor ist dagegen – laut dem amerikanischen Prediger Henry Ward Beecher – wie ein Wagen ohne Federung: Jeder Kieselstein rüttelt ihn durch.

Und damit bleibt uns nur noch zu beantworten: Warum lachen wir? Was bedeutet Humor für die Gemeinschaft? Schon eine ziemlich eigenartige Angewohnheit des Menschen. Jemand erzählt etwas, und danach fallen wir alle gemeinschaftlich in Zucken und Quieklaute (oder Grunzlaute, je nachdem). Das ist natürlich ein synchrones Verhalten und damit per se gemeinschaftsfördernd – die Witze werden sogar lustiger, je mehr wir uns mit dem Sprecher synchronisieren.[196] Dazu kommt das gemeinsam erfahrene Gefühl. Alles in allem gut für den sozialen Zusammenhalt. Doch es gibt noch verschiedene andere Theorien, warum wir Humor brauchen.[189] Eine davon sagt, dass er dazu da ist, um Stresssituationen aufzulösen. «O mein Gott, wieder dieses Knacken. Da! Genau da! Hast du das auch gehört? Ich werd noch verrückt.» (Manisches Kichern.) Tatsächlich funktioniert Lachen als natürlicher Gegenspieler zu Stress. Es bringt gute Laune und hat wahrscheinlich einen positiven Effekt auf unser Herz-Kreislauf-System, genauso wie unseren Hormonhaushalt. Lachen hilft uns, den Herzschlag wieder herunterzufahren, die Ausschüttung von Stresshormonen zu senken und unser Immunsystem anzukurbeln.[197]

Doch neben diesen positiven Eigenschaften des Humors als soziales Schmiermittel und Selbstverstärker gibt es auch negativere Formen, mit denen wir uns selbst verteidigen. Eine andere Theorie schlägt darum vor, Humor als die friedfertigere Variante von Aggression anzusehen. Wir können Dominanz ausdrücken, indem wir uns über jemanden lustigmachen. Oder wir können Missstände anprangern, ohne sofort eine Krise auszulösen. So wie Sie Ihrer Freundin immer wieder scherzhaft vorwerfen, eine Chaotin zu sein, anstatt ihr zu sagen, dass Sie – wenn Sie noch einmal so lange auf sie warten müssen – ihre Nummer mit sofortiger Wirkung aus Ihrem Handy löschen werden. Frei nach Wilhelm Busch: «Was man ernst meint, sagt man am besten im Spaß.» Passend dazu gibt es Paarforscher, die finden, dass erfolgreiche Paare sich dadurch auszeichnen, dass sie es schnell schaffen, die Spannung in Streitgesprächen in einen humorvollen Ton umzuleiten.[198] In einer guten Beziehung geht es also nicht nur darum, miteinander lachen zu können, sondern auch übereinander.

Nach einer weiteren Theorie ist Humor so etwas wie eine Luxus-Zusatzfunktion, die sich nur leisten kann, wer sonst schon alles hat. Damit signalisiert uns Humorfähigkeit: «Wow, der kann vor dem Tiger wegrennen *und* dabei noch Witze reißen. Solche Gene will ich für meinen Nachwuchs.» Die Theorie dazu heißt «Handicap Principle» und besagt, dass sich als Paarungssignal oft Eigenschaften durchsetzen, die uns eigentlich behindern sollten (Stichwort Pfauenrad), weil die den Weibchen erst recht Fitness in allen anderen Bereichen suggerieren. Wenn ein Signal einfach zu haben ist, funktioniert es nicht, um andere anzulocken. Nur wenn das Signal Kosten mit sich bringt (ganz schön schwer, so ein Pfauenschwanz, verdammt, jetzt bin ich im Busch hängen geblieben), ist es relevant. Und weil die meisten Tiere schwache Kreditkartenbelastungsgrenzen haben, gehen die Signale eher auf Kosten des Überlebens.

Ob Humor wirklich ein Luxusprodukt ist, das uns zeigt, wie viel Reserven der andere noch aufbringen kann, lässt sich schwer klären. Immerhin sind es tatsächlich die Frauen, die Humorfähigkeit bei der Partnerwahl wichtiger nehmen als die Männer.[199] Dass Humor dann andere Fitnesssignale wie ein Sixpack oder dichtes Haar übertrumpfen kann, wird wohl niemanden überraschen. Aus Frauenperspektive auch kein Wunder. Frauen lachen gerne. Ihr Gefühlszentrum reagiert möglicherweise stärker auf Humor[200, 201], und sie lachen mehr, wenn sie miteinander reden.

Mit dem Thema Anziehung kommen wir zu einem Punkt, den wir in unserem Zwei-Leute-Szenario bis jetzt ausgelassen haben. Zwei Leute begegnen sich meist nicht einfach so. Sie stehen in einer Beziehung zueinander. Einen Teil davon bezieht schon unser MPFC mit ein, wenn er fragt, wie unser bisheriger Kontakt mit dieser speziellen Person war. Aber es gibt auch universale Beziehungen.

Zwei Menschen sitzen sich gegenüber. Vielleicht sind sie ein Paar. Vielleicht Chefin und Angestellter. Vielleicht Vater und Tochter. Zwischen ihnen besteht eine Hierarchie, vielleicht besteht eine Zu- oder Abneigung. Vielleicht Liebe. Vielleicht ein lang andauernder Konkurrenzkampf. Das drückt sich in unserem Verhalten genauso wie in unserem Kopf aus. Um unser Gehirn darauf einzustimmen, ist nicht nur Aktivität in bestimmten Arealen nötig, sondern auch Hormone. In den nächsten Kapiteln wird es darum gehen, was mit unserer Interaktion passiert, wenn diese Botenstoffe sich einschalten. Da können wir den Frontallappen doch abschalten, oder?

Hormongesteuert ist auch eine Form von selbstbeherrscht. So eigenwillig ist unser Sozialleben

Hormone werden gerne mit Emotionen in eine Schublade gesteckt. Nämlich die mit der Aufschrift «Nicht öffnen! Schlechter Einfluss für den Verstand». Wer möchte schon emotional genannt werden. Ebenso gerne sagen wir: «Lass dein Herz sprechen», aber wenn dann jemand den Kopf ausschaltet, nennen wir ihn hormongesteuert.

Doch es gibt gute Gründe, warum wir uns ihres Einflusses auf unser Verhalten nicht irgendwann genauso entledigt haben wie des Großteils unserer Körperbehaarung (iiihhh, ein Brusthaar!).

Genauso wie die Wissenschaft in den letzten Jahren verstanden hat, warum Emotionen ziemlich fundamental sind, um gute Entscheidungen zu treffen – oder manchmal auch um überhaupt welche zu treffen –, beginnen wir langsam zu verstehen, welche Rolle Hormone dabei spielen könnten.

Angefangen mit den körperlichen Prozessen, die Hormone auslösen. Über die wissen wir nämlich weit mehr. Dabei spielen Hormone vor allem eine Rolle als – nun ja – Botenstoffe. Neben der Kommunikation über Nervenbahnen bieten sie eine weitere Möglichkeit für die verschiedenen Organe, um Informationen miteinander auszutauschen. Hormonelle Kommunikation hat dabei zum einen den Vorteil, dass sie, anders als das kurz aufblitzende Nervensignal, in der Lage ist, langfristig gültige Anweisungen zu übermitteln. Dazu gehört zum Beispiel der Dauerauftrag «wachsen».

Zum anderen hat das hormonelle Kommunikationssystem auch mehr Möglichkeiten, sich im Körper auszubreiten. Jede Zelle, die mit der Blutbahn verbunden ist, kann theoretisch auch von Hormonen beeinflusst werden. Über diesen Weg koordinieren die Moleküle eine ganze Menge Teilaspekte unseres Lebens. Sexualhormone sind wichtig für die Fruchtbarkeit, während die Hormone aus der Schilddrüse den Stoffwechsel, Kreislauf und das Wachstum beeinflussen. Die Bauchspeicheldrüse produziert Insulin. Nach einem Flug helfen Hormone, den Jetlag zu meistern.

Alles einigermaßen lebenswichtig. Aber ist das Grund genug, diesen Stoffen auch einen Platz in unserer Psyche einzuräumen? Aber natürlich. Schließlich müssen Körper und Geist in den meisten dieser Situationen zusammenspielen. Sie wissen schon: Fight or Flight (Kampf oder Flucht) bei Stress, Rest and Digest (Ausruhen und Verdauen) in der Entspannungsphase. Mal sollten die Gedanken schnell und einfach sein und der Körper bereit zum Sprung, ein andermal wollen wir uns konzentrieren, lange nachdenken, und Herzklopfen ist das Letzte, was wir brauchen. Nicht umsonst atmen Sie tief durch, um einen klaren Kopf zu kriegen, oder drehen die richtige Musik auf, um den Körper auf Trab zu bringen. Wechselwirkungen, wohin man schaut. Es ergibt also Sinn, diese Prozesse mit derselben Fernbedienung zu regulieren. Jetzt müssen wir nur noch rausfinden, wie das geht.

Das Wissen, das wir über den Einfluss von Hormonen auf das Verhalten haben, kommt aus einer ganzen Menge Quellen, von denen jede ihre eigenen Vor- und Nachteile hat. Angefangen bei Tierstudien (mehr Möglichkeiten zur Untersuchung, aber eben Tierstudien) über Genanalysen und Hormonspiegelmessungen (was war jetzt noch mal Ursache und was Wirkung?) bis hin zu Studien, bei denen man Menschen tatsächlich Hormone verabreicht und dann schaut, was passiert («Sind wir sicher, dass es das Gehirn erreicht? Was ist mit der Blut-Hirn-Schranke?» – «Keine Ahnung, aber alle anderen machen es auch so!»). Noch ein Nachteil dieser Studien ist der, dass sie nur sehr begrenzt eine natürliche körperliche Reaktion herstellen können. Wenn Testosteron eine bestimmte Wirkung hat, wenn Sie seine Konzentration im Blut verzehnfachen, ist es schwer zu sagen, ob diese Ergebnisse mit denen einer natürlichen Konzentration im Blut übereinstimmen. Wenn Sie schauen wollen, wie sich ein Stück Kuchen auf Ihre Stimmung auswirkt, bekommen Sie auch nicht unbedingt akkurate Ergebnisse, wenn Sie beobachten, wie sich Ihre Stimmung nach zehn Stücken Kuchen verändert.

Dazu kommt, dass die Hormone alle miteinander interagieren. Wenn Sie einen Körper erst mal ordentlich mit Kortisol unter Stress setzen und sich dann angucken, wie er sich so verhält, messen Sie dann noch die Wirkung von Kortisol oder eher vom beruhigenden Oxytocin, mit dem Ihr Hirn gegensteuert, um Sie wieder in den Ruhezustand zu bringen? Ach ja, und dann gibt es dabei noch jede Menge Geschlechterunterschiede.

Man muss das Ganze also sorgfältig differenzieren. Alles nicht einfach. Aber auch dafür gibt es jede Menge Studien. Hormone sind ein hippes Thema, mit Anwendungsmöglichkeiten von Gesundheit, über Psychologie bis hin zu Sex. Darum werden aus jedem dieser Bereiche jeden Monat Dutzende neue Ergebnisse in die Öffentlichkeit gespült.

Wir wissen mittlerweile, dass der Körper auf bestimmte Situationen reagiert, indem er die passenden Hormone ausschüttet. Zum Beispiel setzt er bei einer ganzen Menge von Eltern-Kind-Kuschel-Beziehungskrams Oxytocin frei. Testosteron sehen wir häufig nach Wettbewerben. Vor allem, wenn man sie gewinnt. In Stresssituationen finden wir Kortisol. Wir wissen, dass diese Hormone uns in solchen Momenten helfen können, unser Verhalten auf die Gesamtsituation einzustellen. Und wir wissen, dass Hormone zu diesem Feintuning an mindestens drei Punkten beitragen können: in der Wahrnehmung, bei der Verarbeitung und bei der Ausführung der darauffolgenden Handlung. Damit verstärken die Hormone sogenannte Response Tendencies – also unsere Tendenz, in einer gewissen Art und Weise auf unsere Außenwelt zu reagieren. Mal in Richtung Aggression, mal in Richtung Risiko, mal in Richtung Beschwichtigung, mal ganz anders. Das ist oft überlebenswichtig. In meinem eigenen Revier kann ich mich anders aufführen als hinter feindlichen Linien. Oder etwas alltäglicher: Im Heimspiel trete ich anders auf als auswärts. Und wenn ich gerade haushoch gewonnen habe, kann ich mich gegenüber den eigenen Fans anders geben, als wenn ich mit Schimpf und Schande aus dem Turnier gekickt worden bin. Und in all diesen Situationen sollte ich mich anders benehmen, als wenn ich gerade meinem Kind die Brust gebe (oder mit meiner Frau bei einem romantischen Essen bin).

Es wäre schon blöd, wenn ich diese atmosphärischen Komponenten immer wieder bewusst in die Überlegung jeder einzelnen Handlung einbeziehen müsste. Stattdessen nehmen wir einfach eine allgemeine Anpassung vor: Jetzt ist Demut angesagt. Jetzt Alpha-Männchen-Gehabe. Und jetzt ist es Zeit für Feingefühl. Wenn unsere Versuchsperson also erkannt hat, wer ihr gegenübersitzt, werden in ihrem Kopf die passenden Hormone ausgeschüttet. Die beeinflussen Wahrnehmung, Kognition und Ausführung und sorgen dafür, dass sie auf ein und denselben Reiz auf unterschiedliche Weisen reagiert.

Stellen Sie sich vor, jemand macht Ihnen ein Angebot, das Sie nicht ablehnen können. In der einen Situation schlagen Sie ein, weil Sie sich Gewinn und Status erhoffen (Testosteron). In der anderen zögern Sie, weil Ihnen irgendetwas an seinem Gesichtsausdruck nicht gefällt (Oxytocin). Oder Sie lehnen ab, weil Sie «Der Pate» schon gesehen haben und Angst vor einem Pferdekopf in Ihrem Bett haben (Kortisol). Dreimal derselbe Reiz, dreimal ein anderes Ergebnis, je nachdem, in welcher Gesamtsituation Sie sich gerade befinden.

In der Natur kennen Sie solche Verhaltensänderungen zum Beispiel aus dem Stadtpark, wo die Schwäne Sie immer dann anfauchen, wenn sie Küken haben. Ansonsten sind Sie den Schwänen herzlich egal. Auch eine Hündin reagiert unterschiedlich auf einen sich nähernden Artgenossen, je nachdem, ob in ihrem Korb noch ein Wurf Junge schläft oder nicht. Wer in der einen Situation noch ein potenzieller Partner wäre, ist jetzt eine Bedrohung. Die Hündin nimmt ihn anders wahr und tendiert zu einer anderen Antwort.

Ganz so schematisch laufen diese Mechanismen im Menschen natürlich nicht ab. Frischgebackene Menschen-Eltern fauchen im Park nur ganz selten vorbeigehende Omas an. Dafür können Sie sich am Strand über eine E-Mail aufregen, die Ihnen der Kollege an den 8000 Kilometer entfernten Urlaubsort geschickt hat, und dann fauchen und Testosteron ausschütten, ganz ohne dass der Feind in der Nähe ist. Sie haben also allgemein eine weit größere Bandbreite an Möglichkeiten, die Prozesse in Ihrem Gehirn aufzumischen, als die meisten Ratten. Sie können auch bei einer ganz subtilen Drohung eine Hormonreaktion entwickeln oder bei einem nicht ganz so offensichtlichen Flirt. Genauso können Sie Ihre Hormonreaktion auch eher wieder in den Griff kriegen, wenn sie sich gerade unangemessen anfühlt. Sie reagieren flexibler, abgestimmt mit dem Kontext und Ihrer Kognition.

Hormone steuern unser Verhalten also nicht fern oder bringen uns dazu, Dinge zu tun, die angeblich nicht zu uns passen. Dennoch haben sie einen ziemlich großen Einfluss auf alles, was wir tun. Und so viel evolutionäres Erbe lässt man nicht einfach hinter sich. Warum auch? Hormone bringen auch für unser komplexes Sozialleben die besten Voraussetzungen mit. Sie reagieren sehr flexibel auf Situationen und können sich jederzeit wieder umstellen. Dadurch, dass der Körper diese Hormone relativ gut umwandeln kann, kann im Zweifel aus Testosteron auch Estradiol (ein weibliches Sexualhormon) werden, wenn der Wettbewerb ausgefochten ist und wir uns wieder dem entspannten Sozialleben widmen können. So sind Hormone ideale Ratgeber für ein schnell wechselndes Umfeld.

Ein bisschen wie der Zeitungsjunge in den Lucky-Luke-Comics, der «Extrablatt, Extrablatt!» rufend durch die Gegend läuft. Es gibt eigentlich nur zwei bis drei Szenarien, die er so verkündet: Irgendwelche Verbrecher sind in der Stadt, es gibt ein Duell bei High Noon, oder die Daltons sind mal wieder gefasst worden. Und die Ankündigungen lösen immer die gleichen Muster aus. Bei Bedrohung holen die Mütter die Kinder rein, Luke ölt seinen Colt, der Totengräber schnitzt einen neuen Sarg und nimmt Maß an Vorbeilaufenden. Sind die Schurken gefasst, kocht irgendjemand Teer und Federn, der Bürgermeister bereitet einen Blumenkranz vor, und Luke verpasst die Zeremonie, weil er schon in den Sonnenuntergang reitet. I'm a poor lonesome cowboy …

Ein bisschen so wirken wahrscheinlich Hormone. Jedes davon vermittelt seine ganz persönliche Schlagzeile und löst damit an verschiedenen Ecken des Körpers die dazu passenden Prozesse aus, ohne dass Totengräber und Averell Dalton sich dafür noch mal absprechen müssten.

Aber was passiert eigentlich, wenn unsere üblichen Verdächtigen das Gehirn unserer Versuchsperson erreichen? Fangen wir an mit Oxytocin, dem Popstar unter den Hormonen.

Oxytocin – Ein Hormon
fühlt sich falsch verstanden

Oxytocin begleitet uns schon ganz schön lange. Analogformen dieses Hormons beeinflussen Sozialverhalten und Reproduktion seit rund 700 Millionen Jahren. Aber erst sein Einfluss auf menschliche Beziehungen hat ihm späte Berühmtheit eingebracht. So viel Berühmtheit, dass es heute in den Medien ziemlich oft als «Kuschelhormon» bezeichnet wird. Wenn man «Oxytocin kaufen» googelt, wird «Das Spray gegen Untreue» angepriesen. Eine andere Seite verspricht «bessere und tiefere Beziehungen». Und wenn das nicht genug des Hypes wäre, hat sich ein bekannter Wissenschaftler auf dem Gebiet auf einem TED-Talk gleich noch als «Doctor Love» vorgestellt. Dann hat er angefangen, willkürlich Leute zu umarmen.

Der Wissenschaftsbetrieb war nicht amused. Denn wenn es um den tatsächlichen Effekt von Oxytocin auf unser Verhalten geht, reichen die Einschätzungen von «eindeutig prosozial» über «gemeingefährlich» bis hin zu «völlig überschätzt». Wenn auch mit einer Tendenz zum kontextabhängig Prosozialen. Außerdem spielen bei unserem Bindungsverhalten noch eine ganze Menge anderer Hormone eine Rolle. Vasopressin zum Beispiel, das besonders bei Männern wichtig ist, um Beziehungen zu etablieren.[202] Und dann interagiert natürlich wieder alles mit den Endorphinen, Östrogenen, Testosteron, Stresshormonen, Neurotransmittern und was es sonst noch so gibt. Aber das führt zu weit. Bleiben wir zunächst bei dem, was wir über Oxytocin wissen. Das ist schon verwirrend genug. Und längst nicht der Weisheit letzter Schluss. Deshalb:

Achtung, das Folgende entspricht dem aktuellen Forschungsstand! Sämtliche Angaben erfolgen ohne Gewähr und können sich in den nächsten Jahren jederzeit wieder ändern. Für Einblicke in die eigene Beziehung wird keine Haftung übernommen. Nachmachen der Studien auf eigene Gefahr. Alle Ähnlichkeiten mit real lebenden Pärchen sind rein zufällig. Bei den Dreharbeiten wurden keine Präriemäuse verletzt.

Hier kommt die Maus

Dass wir überhaupt erkannt haben, wie wichtig dieses Hormon ist, verdanken wir weniger unserer eigenen sorgsamen Verhaltensbeobachtung, sondern einer Maus. Aber nicht irgendeiner Wald-und-Wiesen-Feldmaus, sondern: der monogamen Präriemaus, Microtus Ochrogaster. Dieses Tierchen ist beeindruckend romantisch: Es bindet sich lebenslang, entwickelt Stress, wenn man es von seinem Partner trennt, und sucht auch nach dem Tod des anderen oft keinen neuen Begleiter. So etwas ist unter Mäusen ein recht unbekanntes Verhalten.

Auf der Suche nach Unterschieden zwischen ihnen und anderen Mäusen stießen Wissenschaftler auf die Rezeptordichte für das Hormon Oxytocin und probierten sogleich, was passierte, wenn man die Rezeptoren für dieses Wundermittel ausschaltete. Tatsächlich war's das bei den Präriemäusen mit Bis-dass-der-Tod-uns-scheidet. Blieb also nur die Frage: Woran scheitert es bei diesen Mäusen? Leben sie nicht monogam, weil sie ihre Unabhängigkeit mehr schätzen? Können sie sich nicht auf eine gemeinsame Kindererziehung einigen? Investieren beide zu viel in ihre Karriereplanung, entwickeln sich auseinander, nur um dann festzustellen: Das ist nicht die Präriemaus, die ich geheiratet habe?

Die Antwort ist simpler: Genau genommen scheitert es schon

daran, dass sie sich nicht mehr an ihre Sexualpartner erinnern. Die Mäusemännchen könnten an der Mutter ihrer zehn Kinder vorbeigehen und sie anbaggern mit den Worten: «Ey Süße, kennen wir uns nicht von irgendwoher?» So sieht es bei den meisten anderen Mäusearten die ganze Zeit aus. Vielleicht hätten die Mäuse Lust, Beziehungen aufzubauen, nur wissen sie halt nicht mehr, mit wem. Wenn man ihnen dagegen Oxytocin verabreicht, entwickeln sie ein starkes Band mit ihrem Gegenüber. Und das sogar ohne Sex! Auch sonst scheint es einige Prozesse auszulösen, die dafür sorgen, dass das Beziehungsleben der Mäuse dem menschlichen überraschend ähnlich ist – und manchmal zum Glück doch ganz anders.

Aber entscheiden Sie selbst[203]: Präriemauspärchen leben, wie gesagt, ihr Leben lang zusammen. Sogar die Kinder ziehen sie überraschend emanzipiert gemeinsam groß. Gemeinsame Elternzeit hat eine lange Tradition. Das Präriemaus-Äquivalent der Flitterwochen kommt allerdings ganz ohne Sandstrand aus und besteht einfach gleich direkt aus einem 40-stündigen Sexualakt, einem der längsten, der im Säugetierreich bekannt ist. Allerdings kein Grund, neidisch zu werden. Für den Rest der Zeit ist das Sexualleben etwas katholischer, weil rein fortpflanzungsorientiert. Die Paarungsbereitschaft bei Weibchen wird immer erst dann aktiviert, wenn das interessierte Männchen in der Nähe ist beziehungsweise seine Pheromone in Riechweite. Sonst ist nix mit der Stimmung.

Das alles war schon länger bekannt. Doch als Wissenschaftler sich vor kurzem die DNA der Familienstammbäume ansahen, fanden sie etwas Überraschendes und weit weniger Katholisches: Bei unseren Präriemäusen deuten Gentests auf recht stabile Beziehungen hin, aber auch auf ein buntes Durcheinander an Stiefvätern, Adoptivkindern und Patchworkfamilien.[204] Die Präriemausdamen sind zum Zeitpunkt ihrer Erregung zwar sehr selektiv, aber nicht unbedingt was das Objekt der Begierde betrifft. Monogamie heißt im Tierreich nämlich nicht unbedingt, dass die Tiere außerehelichen Sex komplett ausschließen würden. Es heißt, dass sie immer wieder zu demselben Partner zurückkehren und miteinander alt werden.

Das wäre es also, das Ursprungsmodell der Beziehungen. So oder so ähnlich hat alles angefangen. Wenn Ihnen das nächste Mal also jemand erzählt, er habe ein traditionelles Familienbild, fragen Sie ihn, ob er den 40-stündigen Geschlechtsakt, gelegentliche Seitensprünge oder die gemeinsame Elternzeit meint.

Ein Hormon, sie ewig zu binden

Sind unsere Beziehungen also wie die von Präriemäusen? Können wir nun endlich aufhören, uns da von Rosamunde Pilcher reinreden zu lassen? Haben wir uns durch mehrere Kapitel komplexer sozialer Kognition durchgearbeitet, um uns die Antworten auf unsere hochentwickelten Beziehungsfragen jetzt im *Kleintiergehege* zu suchen?

Natürlich nicht. Aber 700 Millionen Jahre evolutionäre Vorerfahrung und ein Einfluss auf Beziehungen, der schon auf Ratten zurückgeht[205], sind eine ganz schön mächtige Grundlage, die man nicht einfach so abschütteln kann. Deshalb spulen wir viel von dem uralten Beziehungsprogramm tatsächlich auch heute noch ab. Nur eben aktualisiert und verbessert, mit viel mehr Chaospotenzial.

Plasma-Oxytocin zum Beispiel beeinflusst die emotionale Unterstützung, positive Kommunikation und Zärtlichkeit zwischen Partnern.[206] Wenn man Ihnen Oxytocin verabreicht, erleichtert das den Rückgriff auf positive Erinnerungen[207, 208] und steigert Ihre Bereitschaft, auf andere zuzugehen.[209, 210] Medikamente, die den Oxytocinkreislauf stören, wie zum Beispiel das Antidepressivum SSRI (Serotonin-Wiederaufnahmehemmer), beeinflussen auch die Zufriedenheit mit unserer Beziehung.[211]

Dafür wird Oxytocin in sehr vielen Momenten freigesetzt, die wir allgemein als «herzerwärmend» kategorisieren würden. Am stärksten ist es in Frischverliebten, dicht gefolgt von jungen Eltern[212]. Dann bringt es jede Menge mütterliche Verhaltensweisen hervor. Wenn im Krankenhaus die Wehen eingeleitet werden sollen, verabreichen die Ärzte Oxytocin. Und damit sind sie schon ziemlich dicht dran am sozialen Urknall.

Das Hormon Oxytocin hat also eine ganze Menge mit dem zu tun, was wir erleben, wenn wir lieben. Es macht uns nur nicht unbedingt «lieb». Aber wer hat das von Liebe behauptet? Auch ein anderer wichtiger Punkt, nämlich der, dass Oxytocin wahrscheinlich in jeder Menge anderer Situationen ausgeschüttet wird, die mit Beziehungen nur sehr peripher zu tun haben, hält uns nicht davon ab, von Oxytocin etwas über unser Beziehungsleben zu lernen.

Es ist wie mit der Hitze beim Kochen: Mit ihr allein lässt sich noch kein Gericht zubereiten. Und das Kochen selbst ist definitiv nicht der einzige Verwendungszweck, den wir für eine kleine Flamme haben. Dennoch, wenn gekocht wird, passiert das eigentlich nie ohne Erhitzen. Und wenn wir verstehen, welche Rolle dieses Erhitzen in dem Prozess spielt, wie es Weiches knusprig machen kann, Hartes weich und Getrenntes verschmelzen lässt, dann haben wir eine ganze Menge davon verstanden, was Kochen bedeutet. Auch Oxytocin ist nicht allein und ausschließlich maßgebend für unsere Beziehungen. Aber es mischt fast immer mit. Deshalb: Zeit, den Spieß umzudrehen. Anstatt uns ständig zu fragen, ob es ein Hormon gibt, das uns Schmetterlinge-im-Bauch-treu-ergeben-bedingungslos-für-immer-verliebt macht (und warum man dieses Verhalten dann in der Natur so selten beobachtet), können wir uns einfach fragen, was das Hormon, das wir unter anderem ausschütten, wenn wir unsere Kinder, Eltern, Geliebten und engen Freunde sehen, in uns auslöst. Und ist das Liebe?

Nehmen wir an, unsere Versuchsperson ist verliebt in ihr Gegenüber. Und tatsächlich könnten wir nun sehen, wie im Gehirn das Oxytocinlevel steigt. Wie viel Anteil hat das, was wir jetzt beobachten, an dem, was wir Liebe nennen? Wenn man diese Liebe wirklich auf ein Oxytocin-Nasenspray reduzieren könnte, dann würde sie vor allem in den Nuclei des Hypothalamus gebildet und von einem bohnengroßen Gewächs mit dem wenig poetischen Namen Hirnanhangdrüse in die Welt gesetzt. Doch wir wollen uns nicht zu lange in dieser Region aufhalten, denn dort beginnt Oxytocin nur seinen Weg zu diversen Stellen des Körpers und besonders dem Gehirn unserer Versuchsperson. Es reist zu einigen Orten, die wir schon kennen, wie zur Amygdala, der Area tegmentalis ventralis, dem Belohnungszentrum, dem Rückenmark und dem Hippocampus.

In Ihrem Körper findet die Liebe ihren Weg in die Cerebrospinalflüssigkeit (auch Hirnwasser genannt), danach geht sie tatsächlich auch ein bisschen durch den Verdauungstrakt (oder, romantischer, durch den Magen), in den Uterus oder bei den Männern in die Hoden, und ja, dann geht sie auch ins Herz. All das sind jedenfalls einige der Stellen, an denen Oxytocin binden kann oder auch generiert wird.[213]

Und das, was es dort auslöst, sagt uns schon so einiges über die Wirkung der Liebe. Oder zumindest darüber, wie es auf uns wirkt, im Umkreis unserer Lieben zu sein.

Erst mal erfahren wir etwas über die Gründe, uns überhaupt auf eine Beziehung einzulassen. Immerhin ist das mit jeder Menge Anstrengung, Einschränkung, Opferbereitschaft und dem Teilen unserer Matratze verbunden. Aber aus irgendeinem Grund erklären sich die meisten von uns immer wieder dazu bereit. Und sie haben das vage Gefühl, dass der Grund dafür nicht verminderte Mietkosten sein sollten. Nein, es geht natürlich um positive Emotionen, um das Gefühl, belohnt zu werden. Unsere Versuchsperson fühlt ihr Herz höherschlagen.

Und das geht wahrscheinlich wieder mal auf Babys zurück. Viele der Neuronen, die sensitiv für Oxytocin sind, sind eng verbunden mit den dopaminergen Neuronen und sorgen für Wohlgefühle, unabhängig davon, ob wir uns mit knuddeligen Babys oder knuddeligen Erwachsenen umgeben. Die beiden unterliegen sogar ähnlichen individuellen Variationen. Unsere persönlichen Veranlagungen im Dopamin- und Oxytocinsystem bestimmen mit, als wie angenehm wir Bindung empfinden. Mit anderen Erwachsenen oder unserem Nachwuchs.[214-216] Das heißt, Menschen erleben nicht nur Partnerschaften ganz unterschiedlich, sondern auch das Elternsein selbst. Und für Kinder lassen sich Gefühle genauso wenig erzwingen wie für Erwachsene.

Das ist nicht die einzige Gemeinsamkeit zwischen Eltern und

Geliebten. Schauen wir uns zum Beispiel die Areale an, die im Hirn einer Mutter aufleuchten, wenn sie ihr eigenes Kind im Gegensatz zu anderen Babys anguckt, dann sind es die Gegenden, die auch in der romantischen Liebe aufleuchten oder im Bereich bedingungslose Liebe.[217, 218] Der Unterschied zwischen meinem Baby und deinem sind Schmetterlinge im Bauch. Selbst Haustierbesitzerinnen zeigen ein aktiveres Belohnungszentrum beim Anblick ihres eigenen Hundes (auch wenn der Kontrasteffekt nicht ganz so stark ist wie bei Babys – aber immerhin fanden sie Babys und Hunde gleich belohnend und aufregend).[219]

Die guten Gefühle haben so ziemlich alle Formen von Romantik gemeinsam. Die Gehirnregionen, die aufleuchten, wenn Sie Ihren Partner sehen[217, 220-222], bei Frischverliebten genauso wie bei Langzeitpartnern, sind reich an Oxytocin- und Dopaminbindestellen – die motivationsfördernden Gebiete eingeschlossen. Und auch sexuelle Anziehung (und Ausführung) wird mit jeder Menge Oxytocinausschüttung begleitet.[223] Kein Wunder, dass Romantik und Sex so häufig verwechselt werden. Selbst der Meins-ist-aber-besser-Effekt ist nicht nur Babys vorbehalten. Auch Männer unter Oxytocin-Einfluss erleben ihre Partnerin als schöner im Vergleich zu anderen Frauen.[225] Und wo wir schon bei Gemeinsamkeiten wären: Eine andere Studie verglich die Gehirnaktivierung verliebter homosexueller Partner mit der verliebter Heteros. Es wurden keine signifikanten Unterschiede festgestellt.[224] Das ist natürlich nur eine kleine Studie, aber bislang gibt es auch noch keinen Beweis des Gegenteils. Wenn wir bei der Definition von Ehe auf unser Hirn hören würden, wäre die Sache also schon durch.

Oxytocin kann in unserem Gehirn also zu jeder Menge verliebter Zustände beitragen. Doch auch hier gibt es einige Stolperfallen. Angefangen damit, wenn der Oxytocin-Nachschub plötzlich nachlässt.

Liebe tut weh. Die Ursprünge von Fürsorge, Zuneigung und peinlichen SMS nachts um vier

Dank Oxytocin und Dopamin wird sozialer Kontakt von uns also belohnend bis umwerfend empfunden. Wenn Rattenmütter in den Tagen nach der Geburt die Wahl zwischen zwei Hebeln hätten, wobei der eine sie mit Babys überschüttet und der andere mit Kokain, wählten sie die Babys.[226] Kein Wunder, dass alle Formen von Liebestaumel auch im modernen Menschen ziemlich dringliche Ausmaße annehmen können. Wenn es um das Belohnungszentrum geht, ist nämlich fast immer auch ein wenig Obsession dabei. Bei Müttern kann das zu einer ganzen Bandbreite an interessanten Verhaltensweisen führen: obsessives Streicheln, obsessives Saubermachen, obsessives Nestbauen, obsessives Nicht-aufhören-Können-darüber-zu-reden ... Kreuzen Sie einfach an, was Ihnen schon mal begegnet ist.

Diese Anlagen könnten einer der Gründe sein, warum Frauen eher zu obsessiven Zwangsstörungen neigen als Männer. Zumindest tragen sie vor und nach der Schwangerschaft ein erhöhtes Risiko dafür mit sich herum.[227] Und auch in der romantischen Liebe tendieren Menschen schnell dazu, voneinander besessen zu sein. Obsessives Streicheln, obsessives Ablecken, obsessives Über-nichts-anderes-Reden ... Kommt Ihnen das bekannt vor? Wenn Sie das nächste Mal an einem Sommerferientag in der Kassenschlange im Baumarkt versacken, stellen Sie sich einfach alle Kunden als obsessive Nestbauer vor.

Wenn wir Beziehungen und Rauschgefühle miteinander in Verbindung bringen, dann können wir einige Beziehungsprobleme besser verstehen. Den Gewöhnungseffekt zum Beispiel. Wie bei Drogen. Wenn sich unser Gehirn erst mal an ein gehobenes Aktivierungslevel gewöhnt hat, reagiert es irgendwann nur noch mit Langeweile, bis man die Dosis erhöht. Auch an den Beziehungsmix kann man sich gewöhnen. Dann trennt man sich, weil das Feuer nicht mehr da ist. Danach fällt beiden auf, dass es ohne Beziehung gar keinen Oxytocin- und/oder Opiat-Nachschub mehr gibt, und sie fallen erst recht in ein Loch. Unschön für alle Beteiligten. Denn wenn unser Gehirn eine versprochene Belohnung nicht kriegt, tendiert es dazu, uns daran zu erinnern, und nach einer Weile kann es in dieser Hinsicht ziemlich dogmatisch werden. Mit unangenehmen Konsequenzen für alle Beteiligten.

Um zu verstehen, warum Liebeskummer so ein verdammt mieses Gefühl ist, müssen wir noch mal zurück zum Belohnungslernen und der Frage, was passiert, wenn die Belohnung, die Sie bekommen, nicht der versprochenen Größenordnung entspricht. Oder gar nicht kommt.

Zuerst haben wir gelernt, ein Verhalten mit guten Gefühlen zu verbinden. Nicht nur in der Romantik, sondern auch bei jedem anderen Genussmittel. Wir erwarten Kaffee. Oder eine Gute-Nacht-SMS. Oder ein Falafelsandwich. Jedem das Seine. Im Laufe des Lernprozesses verlagert sich die Belohnung weiter nach vorne, das heißt, wir reagieren nicht mehr nur auf den Erhalt der Belohnung, sondern schon auf die vage Ankündigung («Kollegin sieht milde gestresst aus. Raucherpause!»). Zumindest bei Ratten bedeutet das, dass eine Gruppe Neuronen die bevorstehende Freude ankündigt und eine andere Gruppe dann die Paketannahme bestätigt. Wobei sich die zweite Gruppe in ihrer Erwartung ganz auf die erste Gruppe Neuronen und ihre Vorhersage verlässt. Das kann funktionieren, muss es aber nicht. Wenn die ersten falschliegen, stehen die zweiten auf dem Schlauch. Und Sie können bei all der Vorfreude nur schwer vermitteln, dass Sie eigentlich mit dem Rauchen/Trinken/Essen/Breaking-Bad-Gucken aufhören wollten.

Wenn die Erwartungen unserer Neuronen enttäuscht werden, dann streiken sie und stellen das Feuern vorübergehend ein. Damit signalisieren sie uns einen sogenannten negativen Vorhersagefehler (Prediction Error). Das ist so ziemlich das Gegenteil des Glücksrausches, den uns Babys, Schokolade, Liebe und Co. vermitteln. Ein unangenehmes Ereignis, verbunden mit negativem Empfinden – eher wie das Gefühl, wenn man aus dem Urlaub zurückkommt, in strömendem Regen landet, ohne Frühstück, und die gute Laune ist auf den Seychellen zurückgeblieben, genau wie das Gepäck. Im Dopaminspiegel findet man nach solchen negativen Rückmeldungen aus der Umwelt erst mal eine ordentliche Flaute. Hoch wissenschaftlich auch «Dip» genannt. Gehirnaktivierung findet man dann zum Beispiel in der Insula, die wir schon von der Verarbeitung von Mitgefühl für Schmerzen und andere innere Zustände kennen.[228]

Je nachdem, wie groß die Differenz zwischen Erwartetem und Erreichtem ist, kann der Dip ziemlich dramatisch ausfallen. Wenn Sie sich jemals gefragt haben, warum Kandidatinnen bei Germany's Next Top Model weinen (nicht, dass es nicht völlig in Ordnung wäre zu weinen, wenn Heidi Klum anwesend ist) – Vorhersagefehler. Können Sie von außen nicht verstehen. Sie haben nicht Monate damit zugebracht, eine Belohnung zu *erwarten*.

Vielleicht kennen Sie's von der WM, wenn die deutsche Mannschaft jedes Mal irgendwie das Ruder rumgerissen hat. Am Ende des Spiels gab es zuverlässig Glücksgefühle und Sommermärchen. Das hat Ihr Gehirn gelernt, davon geht es jetzt aus. Die Belohnung verlagert sich immer weiter nach vorne, bis Sie das Glücksgefühl schon morgens auf dem Weg zur Arbeit erwarten, obwohl Anpfiff erst um 20 Uhr ist. Und das macht Ihr Gehirn jedes Mal so, ganz egal, ob die Mannschaft gegen Ghana spielt oder Italien.

Manche Vorhersagefehler verfolgen uns emotional noch sehr lange. Auch das Gefühl, ein schlechtes Feedback zu bekommen, wenn Sie ein gutes erwartet hatten. Das schmerzt dann einfach mal doppelt so sehr. Somatischer Marker nennt sich das, wenn Ihr Gehirn Verhaltensweisen ein emotionales Label verpasst, um Ihnen zu sagen, welche zu besseren und welche zu schlechteren Gefühlen geführt haben als erwartet. Dieses Zusammenspiel aus guten Gefühlen, wenn etwas funktioniert hat, und schlechten, wenn es nicht so lief wie gedacht, ist quasi die Zuckerbrot-und-Peitsche-Methode Ihres Gehirns. Und genauso wie in der Dressurschule führt es auch in Ihrem Kopf zum sogenannten Reinforcement Learning, also der erfahrungsbedingten Schlussfolgerung, ob es sich lohnt, ein Verhalten zu wiederholen. Bei der Auswertung dieser Lernerfahrung hilft uns unter anderem der ventromediale präfrontale Cortex (VMPFC). An ihm können wir sehen, wie das Leben ohne die Fähigkeit aussähe: Ist der VMPFC geschädigt, tendieren wir dazu, die gleichen falschen Entscheidungen immer und immer wieder zu treffen.[229] Beim Kartenspielen genauso wie im Sozialleben.

Enttäuschte Gefühle sind also sinnvoll, weil sie uns davon abhalten, doofe Dinge zu wiederholen. Wenn das Essen im Restaurant nicht gut schmeckt, gehen wir nicht mehr hin, wenn wir immer wieder aufs falsche Pferd gesetzt haben, suchen wir uns irgendwann eine vertrauenswürdigere Einnahmequelle. Und wenn vom Auserwählten nie eine vernünftige Nachricht zurückkommt, verlieren wir die Motivation, ihm hinterherzulaufen. So sollte es jedenfalls sein. Es gibt mehrere Gründe, warum das Ganze schieflaufen kann.

Erstens: Sie erwarten gar nichts mehr von dem Verhalten, aber Sie können aus anderen Gründen nicht damit aufhören.

Nehmen wir die Arbeit: Wenn wir uns von Überstunden und nervenaufreibenden Last-Minute-Präsentationen Anerkennung, Beförderung, eine Gehaltserhöhung oder einfach eine Woche Ruhe versprechen und dann jedes Mal enttäuscht werden, enden wir im deprimierenden Dopamintief. Am Ende haben wir nicht nur keine Motivation mehr, sondern erwarten sogar schlechte Gefühle. Aber zumindest über einen bestimmten Zeitraum müssen wir ja trotzdem noch jeden Montag dahin. Wenn leistungsfähige Mitarbeiter in ihrem Job zu «Low-Performern» werden, kann genau das passiert sein. Eine derart negative Erwartung lässt sich nur durch viel positive Erfahrung verlernen. Ganz ohne Motivation und Erwartung ist Arbeit verdammt anstrengend. Es ist ja erst diese Zuversicht, die uns überhaupt dazu bringt, etwas zu tun.

Nihilismus wie beim Philosophen Diogenes ist also nur dann ein vertretbarer Ansatz, wenn Sie es sich wie er leisten können, den ganzen Tag in einem Fass zu sitzen und ab und an «Geh mir aus der Sonne» zu nuscheln. Bei Beziehungen könnte sich der gleiche Effekt einstellen, wenn sich die Partner in ihren Erwartungen ständig enttäuscht fühlen, aber dann doch zusammenbleiben wegen der Kinder oder der gemeinsamen Couch. Vielleicht wollen beide an den Problemen arbeiten, aber es ist verdammt schwer, einen Schritt vorwärtszumachen, wenn man in der Reaktion nur negative Gefühle erwartet.

Zweitens: Unser Lernverhalten ist durcheinander.

Wie in allen Bereichen gibt es auch bezüglich Dopamin und Reinforcement Learning jede Menge individuelle Unterschiede. Manche Menschen passen ihr Verhalten schnell und einfach an (manchmal auch vorschnell), während andere dazu tendieren, an bewährten Strategien festzuhalten. Bis zum bitteren Ende.

Wie sehr Neurotransmitter und Co. unsere Entscheidungen beeinflussen, sehen wir an den Medikamenten, die den Dopaminspiegel verändern. Manchmal aus sehr gutem Grund – zum Beispiel zur Behandlung von Parkinson. Oder Depressionen. Da ist es dann ein ziemlich unwichtiger Nebeneffekt, wenn es den Betroffenen schwerer fällt, beim Glücksspiel zwischen zwei Kartenstapeln zu wechseln, wenn der eine ihnen immer schlechte Ergebnisse gibt[230], und vielleicht sind auch Stimmungsänderungen und Energieschübe ein kleines Übel im Vergleich.

Aber was ist mit diesem Fall: In den USA ist kürzlich eine Pille zugelassen worden, die irreführender Weise als «Viagra für die Frau» bezeichnet wird und sowohl an Dopamin, als auch an Serotoninrezeptoren ansetzt. Der Wirkstoff war eigentlich als Antidepressivum geplant. Genau genommen beeinflusst er denselben Dopamin-Rezeptor (D4), dessen Genvariation immer wieder spielentscheidend auftaucht bei der Frage, wie wir mit Verlusten und Gewinnen umgehen.[231] Wer würde nicht für etwas mehr Sex seine Lernfähigkeit einschränken wollen? Oder seine Persönlichkeit verändern?

Und das ist nicht das einzige Mittel, das unser Beziehungsverhalten auf den Kopf stellen kann. Unsere Welt bietet schließlich ziemlich viele belohnende Tätigkeiten an, die alle in Konkurrenz zueinander stehen. Je nach Vorlieben haben wir eine reiche Auswahl: von Büchern über Sport und Kuscheln bis hin zu Kokain. Auf Letzteres war die Natur nicht vorbereitet. Blöderweise jubiliert das Belohnungszentrum bei Kokain auch noch eine ganze Nummer lauter als bei natürlichen Ereignissen. Und dank Gewöhnungseffekt findet es bald alles andere fade. Deswegen ist es für Menschen mit Opiatabhängigkeit schwieriger, etwas lohnend zu finden, was für jeden normalen Menschen der Sinn des Lebens ist – zum Beispiel Spaghetti Carbonara. Wenn man Affen kleinere Dosen an Endorphinen gibt, groomen sie weniger – es geht ihnen ja schon gut, sie brauchen keine Fellpflege. Und für den Menschen fühlen sich soziale Bindungen wahrscheinlich auch weit weniger erstrebenswert an, wenn sie den Rausch gewohnt sind. Vielen Betroffenen fällt es schwerer, eine Bindung zu ihren Kindern aufzubauen.[232]

Drittens: Wir wollen das gute Gefühl nicht missen. Und außerdem haben wir das immer so gemacht.

Ganz intensive Erwartungen, solche, an die wir zutiefst gewöhnt sind, oder solche, die ein Urbedürfnis sind, verlernt man nicht einfach so. Soll heißen, der Vorhersagefehler-Prozess wird so lange wiederholt, bis die Belohnung in der versprochenen Größe da ist. Das Gleiche gilt für Verhaltensweisen, die uns in unregelmäßigen und doch verführerischen Abständen belohnen. Wir erinnern uns: Je unvorhersehbarer, desto größer der Lerneffekt. Deswegen verfolgen wir dieses Verhalten erst recht intensiv. Wie das Spiel an Spielautomaten. Oder das SMS-Schreiben an Menschen, die nur auf jede dritte Nachricht antworten, aber dann mit «Heyyy!». Liebeskummer kann zum reinsten Entzug werden, inklusive Auf-dem-Handy-Sitzen. Oder auch emotionale Ausraster. Kann man schon bei Affen beobachten. Wie wir gerade gesehen haben, finden die Groomen ähnlich belohnend wie Menschen. Doch wenn man ihnen kurzzeitig Opiatblocker verabreicht (auch nicht viel invasiver als «Viagra für die Frau»), kann sich das positive Gefühl einfach nicht einstellen. In der Folge machen sie quasi den ganzen Tag nichts anderes mehr, als sich zu streicheln. Ohne Unterlass. Sie tun alles, um das gute Gefühl wiederzubekommen. Wir haben eben ein Bedürfnis nach Zuwendung. Und wenn das nicht befriedigt wird, werden wir etwas ungehalten.

Das Gleiche gilt für Situationen, in denen wir einem einstmals geliebten Menschen begegnen. Je länger die Beziehung war, desto stärker sind alle Maschinen auf Kuscheln und Streicheln eingestellt. Aber die Beziehung ist vorbei, und die Belohnung kommt nicht mehr. Stattdessen erhalten wir einen Vorhersagefehler, inklusive Alarmgefühl und Glückstief. Wie der frischgebackene Vegetarier neben dem Bratwurststand, dessen Gehirn sich schon auf all die schönen Dinge einstellt, und der jedes Mal wieder erfahren muss, dass es dazu nicht kommt. Stattdessen gibt es wässrigen Tofu, und schlimmer kann Enttäuschung nicht sein. Zum Glück kann sich das Gehirn umgewöhnen. Übrigens auch zum Vegetarier.

Doch bis dahin plagt Sie die Wurstsehnsucht oder der Liebeskummer. Dafür nutzt das Gehirn die große Schnittmenge zwischen Arealen, die wir sonst aus dem Bereich Motivation und Belohnung kennen, und denen aus der Ecke Suchtverhalten.[233] Deren Aktivierung stärkt auch Ihre Empfänglichkeit für alles, was Sie mit der Belohnung in Verbindung bringen. Das ist dann der Moment, in dem die an Liebeskummer erkrankte Freundin anfängt zu heulen, weil sie «seinen» Pullover gesehen hat. Oder jemand den gleichen Haarschnitt wie er trägt. Oder das gleiche Deo.

In einigen Bereichen des Gehirns, die für Motivation so wichtig sind, überlappt die Aktivierung, egal ob wir gerade unseren Expartner sehen oder denjenigen, in den wir frisch verliebt sind[233]: Das heißt, egal ob Sie glücklich oder unglücklich verliebt sind, zumindest Teile Ihres Gehirns gehen diese Gefühle mit der gleichen Motivation an. Die gleichen Gegenden könnten übrigens auch für die Langzeitleidenschaft (und das Ausleben dieser Leidenschaft) ziemlich wichtig sein.[222] Aber sie lassen uns eben auch glauben, den anderen noch mal anzurufen wäre eine gute Idee. Vielleicht heißt das ja, dass Leute, die besonders intensiven Liebeskummer empfinden, auch eher Beziehungen mit einem lange zufriedenstellenden Sexleben führen? Wäre doch schön. Sollte dringend mal jemand untersuchen.

Kurz gesagt: Oxytocin und Dopamin sorgen also mit dafür, dass Liebe uns so viel Ansporn und gute Gefühle bringt, doch die gleichen Regungen können uns schier in den Wahnsinn treiben, wenn wir sie auf das richten, was wir nicht haben können.

In dem Falle gilt: Schmerzen gehören zum Lernprozess der Entwöhnung. Großer Vorhersagefehler heißt auch großer Lerneffekt. Je heftiger die Enttäuschung, umso eher hilft sie uns irgendwann, die Idee loszulassen, doch noch mal zum Hörer zu greifen. In den meisten Fällen gehen die Schmerzen deshalb irgendwann vorbei. Das ist doch aufmunternd. Genauso wie die Tatsache, dass der Schmerz in den meisten Fällen nicht völlig umsonst ist, sondern uns hilft, uns weiterzuentwickeln. Bis es so weit ist, gibt sich Ihr Gehirn immerhin jede Menge Mühe, damit umzugehen: mit Hilfe von Emotionsregulation. Oder durch Kontakt mit Freunden. Paradoxerweise kann Oxytocin nämlich sogar helfen, Stress zu überwinden.[233] Und wie.

Oxytocin und die tiefere innere Ruhe

Der nächste Effekt, den wir in unserer Versuchsperson erkennen könnten, wenn Oxytocin langsam seine verschiedenen Bindestellen im Gehirn erreicht, wäre ein tiefes Durchatmen. Oxytocin wirkt auf die Achse, die Adrenalin produziert, genauso wie auf die Amygdala und hat starke angstlindernde Effekte.[234, 235] Das ist der Grund, warum es manchmal guttut, sich nach einem anstrengenden Tag in die Arme nehmen zu lassen oder vor der großen Dienstreise die Haare gewuschelt zu bekommen.

Erinnern Sie sich an das Kind, das schreiend zu seiner Mutter rennt, weil es mit den negativen Gefühlen nicht umgehen kann? Wie so vieles aus der Eltern-Kind-Beziehung haben wir das auch in unseren Partnerschaftsalltag hinübergerettet. Wenn es uns schlechtgeht, suchen wir fast automatisch die Hilfe anderer.[236] Die Hand von geliebten Menschen zu halten lindert unsere Reaktion auf Was-auch-immer-Böses-da-komme.[237] Je geliebter, desto mehr. In geringerem Maße funktioniert das auch, wenn Sie sich die Hand eines völlig Fremden schnappen. Aber die laufen dann immer so schnell weg.

Individuelle Variationen im Hormonsystem spielen ebenfalls eine Rolle bei der Frage, wie befriedigend wir Interaktionen oder soziale Unterstützung im Allgemeinen empfinden.[238] Das ist einer der

Gründe, warum manche Menschen nach dem Stress eine Umarmung wollen und andere Whiskey.

Der Oxytocin-Flash gegen den Stress hat seinen Ursprung wahrscheinlich wieder in Mutter-Kind-Zeiten.[239, 240] Die Angst, die die Mütter zu überwinden hatten, war eine ziemlich fundamentale, nämlich ... nun ja ... die vor den eigenen Kindern. Jungfräuliche Ratten haben eine natürliche Aversion gegen Neugeborene. Damit sie sich trotzdem mit ihnen abgeben, schüttet des Gehirn Oxytocin aus. Und diesen Prozess haben sich die Menschen erhalten. Noch während der Geburt flutet die Natur das Gehirn der Mutter mit Hormonen, um a) die Milchproduktion anzukurbeln, b) die Bindung anzuregen und c) sie vergessen zu lassen, wie anstrengend das Ganze war (deswegen wahrscheinlich der selektive Effekt für das Speichern positiver Erinnerungen[208]).

Diese stressreduzierende Wirkung erleichtert unsere Beziehungen ungemein. Denn am Anfang jeder Beziehung steht die Fähigkeit, jemand anderes überhaupt in der Nähe zu tolerieren – und das bedeutet, Ängste zu überwinden. Schließlich wissen wir nie, wie uns der andere gesinnt ist. Er könnte es auf Streit abgesehen haben, auf unsere Vorräte oder unseren Status. Also lieber jedes soziale Signal vorsichtig interpretieren. Das heißt immer auch Stress. Amygdala-Aktivität, erhöhte Wachsamkeit, Kortisol-Ausschüttung – ein Großraumbüro ist nichts für schwache Nerven. Also sich den anderen Menschen lieber vorsichtig nähern, wie einem Rudel Gorillas. Dafür brauchen wir ein soziales Gedächtnis (kennen wir schon von den Präriemäusen), damit wir wissen, mit wem wir welche Erfahrung gesammelt haben. Dazu gehört aber auch, Stressreaktionen zu überwinden.

Romantische Liebe bewirkt gerade im Anfangsstadium – neben dem ganzen Wolke-sieben-Kram – besonders eins: Der Anblick der Geliebten (und auch schon der Gedanke an sie) scheint die Aktivierung der Amygdala zu unterdrücken.[241] Sie wissen schon, einer der Orte, die für Wachsamkeit und negative Gefühle zuständig sind. Reduzierte Wachsamkeit ist der Grund, warum Sie sich mit jemand anderem wohl fühlen können, obwohl Sie sich noch nicht allzu lange kennen, und wahrscheinlich auch der, warum Ihr Kumpel immer noch mit diesem Typen rumhängt, der doch ganz offensichtlich noch nicht über seinen Ex hinweg ist. *Jeder* sieht das.

Auch in Langzeitbeziehungen ist Stressreduktion eines der schönsten Paargefühle überhaupt: «Zusammen alleine sein». Also jeder puzzelt auf seiner Sofaseite vor sich hin, man sieht vom anderen nur die Laptoprückseite, zwischendrin wird gefüßelt. Bis man in der Beziehung so weit ist, muss man schon eine Menge sozialer Nervosität und Alarmbereitschaft überwinden. Zumal wenn Sie sich nicht sicher sind, wann Sie diese Socken zuletzt gewaschen haben. Oder anders gesagt: Einem anderen Menschen so wenig Aufmerksamkeit entgegenzubringen will gelernt sein.

Diese Tatsache sollte man viel mehr wertschätzen. Auch weil es gut für die Gesundheit ist. Die Oxytocin-Ausschüttung und die damit einhergehende Entspannung steigern die Aktivität des Parasympathischen Nervensystems. In diesem Ruhezustand arbeitet auch das Immunsystem besser. Passend dazu verstärkt Oxytocin die Ausschüttung von Proteinen, die die Signale des Immunsystems lenken.[242-244] Liebe hat also auch viel mit dem Zu-Hause-Gefühl zu tun, das wir brauchen, um runterzukommen und zu regenerieren. Kurzum: Der soziale Rummel kann uns manchmal ganz schön herausfordern, aber gerade deswegen ist es sinnvoll, den angenehmen Beziehungen in unserem Leben ausreichend Platz einzuräumen, um in Kopf und Körper wieder Ruhe einkehren zu lassen.

«Auftritt soziale Kognition»
Wie Oxytocin Raum fürs Soziale schafft

Doch neben diesen ganzen Wohlfühlemotionen könnte die angstlösende Wirkung noch einen weiteren handfesten Effekt auf unser Sozialleben haben. Sie schafft den Raum für soziale Kognition, wo stark emotionale Begegnungen unsere Theory of Mind eher einschränken. Wer überlegt, ob er Kampf oder Flucht wählen soll, hat eben keine Zeit, auch noch drüber nachzudenken, ob das Gegenüber sich gerade nur so aufführt, weil es Zahnschmerzen hat. Auch einige der Schwierigkeiten von Autisten, die Mimik anderer zu interpretieren, könnten daher rühren, dass der direkte Augenkontakt ihnen schon dermaßen viel Stress bereitet[245], dass sie sich kaum auf irgendetwas anderes konzentrieren können. Dagegen wird Ihnen fast jeder Beziehungsratgeber bestätigen, dass ein Paargespräch über Freizeitgestaltung sich weder mit Kampf noch mit Flucht besonders gut deeskalieren lässt.

Oxytocin könnte beiden Faktoren entgegenwirken und so jene Arten komplexer sozialer Kognition ermöglichen, die wir in unserem näheren Umfeld viel eher brauchen.

Tatsächlich sind Angst, Stress und Emotionalität (selbst wenn es sehr empathische Emotionen sind) eher hinderlich, wenn es darum geht, sich differenziert in andere hineinzuversetzen.[246] Oxytocin dagegen bindet nicht nur an die Amygdala und senkt deren Aktivität, es könnte auch die Kopplung verstärken zwischen dieser Region und dem präfrontalen Cortex, wie wir das aus der Emotionsregulation kennen.

Passend dazu hilft Oxytocin uns bei einer ganzen Reihe entsprechender Herausforderungen. Zum Beispiel scheint es unsere Sensitivität für soziale Signale zu verstärken. Sehen wir eine Bewegung, teilt unser Gehirn ihr eher jene besondere Art von Aufmerksamkeit mit, die es Lebewesen vorbehält.[247] Wir sind aufmerksamer dafür, wenn jemand von einem Spiel ausgeschlossen wird, und tendieren eher dazu, ihn mit einzubeziehen.[209] Sprühen wir es uns in die Nase, können wir Gesichtsausdrücke besser interpretieren.[248] Nach der Gabe von Oxytocin sind wir in einem Streit weniger feindselig und benutzen mehr positive Kommunikation beziehungsweise streiten wir sehr viel produktiver.[249] Dabei hatten die Forscher die Paare extra gebeten, ein immerwährendes Streitthema zu nehmen. Also eins von denen, bei denen der Partner einem immer so auf die Nerven geht, dass man gar nicht das Gefühl hatte, dass man da noch mal weiterkommen kann. Doch anscheinend gibt es für unsere Streitkultur noch Hoffnung. Ist doch ermutigend. Auch Väter bringen ihren Söhnen nach der Gabe von Oxytocin mehr Responsivität und weniger Feindseligkeit entgegen (warum auch immer sie das vorher nicht getan haben).[250]

Die positiven Effekte finden sich auch in Situationen, die Oxytocin-Ausschüttung anregen – ganz ohne Nasenspray. Je stärker wir in jemanden verliebt sind, desto schneller sind wir darin, die Intention hinter seinen Bewegungen zu verstehen (TPJ, DMPFC, Sie erinnern sich)[251]. Allein die Erwähnung des Namens eines geliebten Menschen verstärkt unsere kognitive Performance.[252] Auch der Anblick geliebter Menschen verstärkt unsere Leistung im «Gedanken an den Augen ablesen»-Test. Besonders Männer werden danach besser darin, negative Emotionen in anderen zu erkennen.[253] Die haben sowieso noch mehr Luft nach oben – in dieser Aufgabe genauso wie im Oxytocin-Level.

Wenn man all das hört, könnte man wirklich denken, es handelt sich um ein Kuschelhormon. Oder zumindest das Hormon für soziale Kompetenz. Aber wir wissen ja, es kann immer anders laufen als gedacht. Und es gibt mehrere Gründe, warum diese Zuschreibungen nicht wirklich passen.

Der erste ist der, dass Sensitivität für soziale Reize uns nicht unbedingt prosozialer macht. Wenn Probanden unabhängig voneinander Lotto spielen und danach den Gewinn des anderen erfahren, sind es diejenigen mit Oxytocin, die plötzlich schadenfroh oder neidisch sind. Vielleicht weil sie sensibler sind für den sozialen Gedanken «Der hat aber meeeehr!». Wer von einem Menschen betrogen wurde (in einem ökonomischen Spiel), tendiert unter Oxytocin eher dazu, seine Beziehung gegenüber einer anderen Person dadurch zu belasten und misstrauischer zu entscheiden (jedenfalls als Frau).[254] Auch auf soziale Signale wie «Meine-Freundin-hat-gesagt-dem-kannst-du-nicht-über-den-Weg-trauen» reagieren Probanden unter Oxytocin sensibler. Das Gleiche gilt für soziale Gruppen; Probanden unter Oxytocin tendieren dazu, Mitglieder ihrer eigenen Gruppe gegenüber Fremden zu bevorzugen.[255] Auch macht uns Oxytocin wahrscheinlich sensibler dafür, wie die Mitglieder der eigenen Gruppe sich verhalten und was sie von uns denken. Probanden unter Oxytocin passen sich eher an.[256, 257] Deswegen wurde es auch das Herden-Hormon genannt.

Und zu guter Letzt geht mit der Liebe wahrscheinlich auch ein gewisser Beschützerinstinkt einher – und der hat es in sich. Wir erinnern uns an die fauchenden Schwäne mit ihren Küken. Bei Ratten finden wir mit Oxytocin Ähnliches. Die Mutter zögert nicht, jede Art von Eindringling aufs Kreuz zu legen, der ihrem Kind zu nahe kommt.[258] So kann Oxytocin in bestimmten Situationen zu erhöhter Aggression führen. Möglicherweise auch bei Menschen.[258] Aber ist es nicht schön, sich vorzustellen, dass zur Liebe auch ein ganzer Batzen Kampfbereitschaft gehört? Was wäre die Weltliteratur, wenn Liebe nur Ringelreihen auslösen würde?

Oxytocin und die Frauen

Und wo wir schon dabei sind, die Geschichte ein wenig komplizierter zu machen: Die Effekte von Oxytocin lassen sich eigentlich nicht angucken, ohne wenigstens darauf hinzuweisen, dass sie von Geschlecht zu Geschlecht ganz anders sein können. Männer und Frauen reagieren zum Teil ganz unterschiedlich auf Oxytocin, und beide schütten es auch in unterschiedlichen Situationen aus. Beider Eltern Oxytocinsystem reagiert beispielsweise, wenn sie sich um ihre Kinder kümmern. Aber der Anlass ist oft unterschiedlich.

Bei Müttern funktioniert der Kreislauf Baby streicheln – Oxytocin ausschütten – Baby streicheln. Daneben gibt es auch noch Umarmen, Küssen und kindgerechtes Sprechen im Angebot. Bei Vätern war die Oxytocin-Reaktion auf Babystreicheln eher mau. Stattdessen reagierten sie leidenschaftlich auf Kitzeln, Hochwerfen und Dinge zeigen. Männer schütten Oxytocin aus nach stimulierendem Spiel.[259] Der Kreislauf geht also eher Kitzeln – Oxytocin ausschütten – Carrera-Bahn zeigen. Bei Männern sind die Bindungshormone sogar besonders stark mit dem Belohnungszentrum verwoben, weswegen man glaubt, dass bei ihnen generell Beziehungsaufbau mehr mit Spaß und Spiel zusammenhängt.

Wer immer schon vermutet hat, dass Männer und Frauen Liebe anders ausdrücken, darf sich von dieser Studie bestätigt fühlen. Autos zeigen ist auch Bindung. Kann natürlich individuell variieren. Umgekehrt ist es durchaus in Ordnung, wenn der Vater den Zeh verarztet, während die Mutter auf dem Boden mit Autos spielt. Und als Elternteil merken Sie ja selbst, wenn Ihr Belohnungszentrum anspringt – also wissen Sie am besten, was bei Ihnen bindungsfördernd ist.

Im klassischen Modell sagt man zur Vater-Kind-Action auch pädagogisches Spiel, weil die Kinder dabei Körper und Umwelt entdecken. Von der Mutter die emotionale Stabilität, vom Vater die Balance. Deswegen rennen viele Kinder zu ihren Vätern, wenn sie glücklich sind und spielen wollen, fallen dann auf halber Strecke hin und laufen zurück zu ihrer Mutter, um sich trösten zu lassen. Es muss sich also kein Elternteil zurückgesetzt fühlen. Kinder sind einfach sehr opportunistisch in ihren Vorlieben und holen sich immer genau das, was sie brauchen – mit gleicher Wichtigkeit.

Oxytocin kann also eine ganze Menge angenehme soziale Gefühle wecken und Ängste lindern. Es kann unserer Liebe genauso wie unserem Liebeskummer förderlich sein. Wir entdecken es oft im Rahmen von familiären Situationen. Dafür bringt es uns in genau die richtige geistige Verfassung, indem es die nötige Kognition genauso wie einen klaren Blick für die soziale Perspektive schärft. Je nach Umstand kann uns das prosozialer machen. Doch wenn wir uns angegriffen fühlen, könnte es auch den Beschützerinstinkt wecken. Überhaupt gibt es Momente, in denen einen Kampfgeist einfach weiterbringt. Findet jedenfalls Ihr Hormonsystem.

Testosteron –
Große Macht bringt mittelgroßes
Verantwortungsbewusstsein mit sich

Oxytocin ist längst nicht der einzige Weg, auf die Anwesenheit der anderen zu reagieren. Setzen wir also unser Szenario zurück und lassen diesmal ein ganz anderes Hormon in die Höhe steigen: Testosteron. Wie verändert sich die Beziehung zwischen unseren Versuchspersonen jetzt?

Testosteron ist ein beliebter Kandidat für die Frage, ob wir dank Hormonen eigentlich besser dran sind. Einflussreich seit mehreren Millionen Jahren. Gehört als Steroid zu den besterforschten Botenstoffen. Unser Wissen darüber, wie es das Verhalten beeinflusst, ist trotzdem eher vage. Das Tier, in dem wir die ersten Vorläufer finden, ist ein kieferloser Fisch, mit dem wir eine 500 Millionen Jahre alte Verwandtschaftsbeziehung pflegen.[160] Seine Hauptbestimmung hatte es da schon gefunden: Sexualmerkmale zu entwickeln und am Fortpflanzungsverhalten mitzuarbeiten. Interessanterweise sind die Neuronen im Hypothalamus, die auf solche Steroid-Hormone reagieren, involviert in das Management nicht nur von Sex, sondern auch von Aggression. Ein hohes Testosteronlevel in der Spucke korreliert mit aggressivem genauso wie mit sexuellem Verhalten.[260-262] Und bei Leuten, die allgemein eine gesteigerte Tendenz zur dominant-aggressiven Persönlichkeit mitbringen, steigt das Testosteronlevel vor der Interaktion mit Frauen an.[263] Hätte Freud gefallen. Der war überzeugt, dass Sex eng mit dem Zerstörungstrieb verknüpft ist. Und dieser Zusammenhang findet sich über Spezies- und Geschlechtergrenzen hinweg. Wie üblich taugt er nicht zur Verallgemeinerung oder Entschuldigung. Der Mensch ist seinen Hormonen nicht einfach so ausgeliefert. Bei Straftätern lässt sich zum Beispiel ein Zusammenhang zwischen dem Testosteronspiegel und sexuellen Übergriffen nachweisen, aber nicht mehr unbedingt nach Verhaltenstherapien.[264]

Es gilt: Die Evolution hat das Gehirn für uns nicht neu geschaffen.

Sie baut auf dem auf, was schon da ist. Und Testosteron und die tieferliegenden Areale, deren Aktivität es steigert, sind alle noch vorhanden. Der Testosteronspiegel korreliert mit der Aktivität in diesen Arealen, und wenn man es aktiv verabreicht, steigt die Aktivität ebenfalls an.[265-268]

Was rauskommt, wenn man diese alten Mechanismen mit der neuen menschlichen Tendenz zu elaboriertem Sozialverhalten paart, ist eine ganz neue Palette an Handlungsweisen. Aggression ja, aber mit Niveau. In diese Kategorie fallen zum Beispiel Lästern, Mobbing, Hetze, Spott und Demütigungen. Nichts davon ist eine automatische Folge von Testosteronausschüttung. Aber diese Verhaltensweisen können ein Nebenprodukt sein, wenn das Hormon Körper und Geist auf Gefahrensituationen trimmt. Zum Beispiel, indem es angesichts eines wütenden Menschen Wachsamkeit und Herzschlag hochfährt[269, 270] oder (in Zusammenarbeit mit Vasopressin) den Output von der Amygdala auf Regionen im Stammhirn erhöht, sodass wir schneller auf Gefahren reagieren können.[271] Gleichzeitig vermindert es (zumindest bei Frauen) die Stressreaktion, die Aufmerksamkeit für ängstliche Gesichter und die Schreckreaktion.[272]

Ob Testosteron im Speichel oder vom Wissenschaftler direkt verabreicht wird, das Muster bleibt konsistent: Weniger Aversion gegenüber ärgerlichen Gesichtern, die Probanden schauen länger hin, reagieren stärker. Dafür lassen sie sich von furchtsamen Gesichtern kaum aus dem Konzept bringen.[269, 270, 273]

Wenn wir um unser Überleben oder unsere Position kämpfen müssen, ist das eine klasse Sache. Jedenfalls für uns. Nicht unbedingt aus allgemein pazifistischer Perspektive gesehen. Denn genau diese Signale sind es, die uns üblicherweise dazu bringen, von Aggression abzulassen. Man tritt niemanden, der am Boden liegt. Und man beleidigt niemanden, der jetzt schon aussieht, als würde er gleich vor allen in Tränen ausbrechen.

Stattdessen: Verstärkte Aggression gegenüber dem anderen, weniger Dämpfung, wenn man die Furcht in dessen Augen sieht. Auf diesem Weg macht Testosteron aggressive Handlungen wahrscheinlicher. Und jetzt erinnern wir uns daran, dass die Gabe von Testosteron kürzlich wieder schwer in Mode gekommen ist, um Alterserscheinungen bei Männern zu übertünchen. Halten Sie das für eine gute Idee? Es gibt eine ganze Menge gute Gründe, Testosteron zu sich zu nehmen – eine Geschlechtsumwandlung zum Beispiel. Aber Alterserscheinungen? Wenn wir bedenken, wie viele Terroranschläge, Morde und andere scheußliche Dinge von 15- bis 30-jährigen Männern verübt werden, können wir uns nicht einfach freuen, dass die irgendwann aus dieser Phase herauswachsen?

Aber mal ganz abgesehen vom Testosteronüberschuss hat das Hormon natürlich auch seine adaptiven Seiten. Ein bisschen Testosteron zur rechten Zeit kann wahre Wunder wirken.

Testosteron und Wettbewerb

Während Oxytocin das Immunsystem stärkt, wird es von Testosteron eher unterdrückt. Ein schöner Trick der Natur, denn sonst könnten Spermienzellen als Fremdkörper vom Immunsystem angegriffen werden.[274] Vielleicht liegt hier auch der Ursprung des Klischees vom starken Mann, der sich dann bei Schnupfen klagend ins Bett legt. Gleichzeitig sorgt dieser Mechanismus aber auch dafür, dass das Testosteronlevel gar nicht immer gesteigert sein kann. Niemand kann nur von Testosteron getrieben werden. Fragt sich, wann es die Oberhand gewinnt. Man könnte meinen, dass wir dieses Hormon nur in Kampfsituationen brauchen. Doch die Geschichte ist wie immer vielschichtiger. Wir scheinen Testosteron längst nicht nur bei einem handfesten Konflikt (oder Techtelmechtel) auszuschütten, sondern auch in einer ganzen Menge Situationen, in denen wir uns in irgendeiner anderen Form von Wettbewerb befinden.[275-277] Eine Theorie dazu heißt «Challenge Hypothesis». Challenge im Sinne von Herausforderung. Wenn sie stimmt, dann schütten wir Testosteron dann aus, wenn wir gefordert werden. Es erleichtert uns den Sprung in den Konkurrenzkampf um Ressourcen und Partner, wenn nötig mit harten Bandagen. Tatsächlich fördert Testosteron dominantes Verhalten, vor allem, wenn unser Status bedroht wird, und aggressive Taktiken sind eine Art der Antwort darauf.[261, 262, 278]

Wie schnell aus Wettbewerb Aggression wird, können wir am Spiegeln sehen. Sobald Probanden sich auf einen Wettbewerb vorbereiten, war's das mit empathischem Spiegeln. Stattdessen freuen wir uns, wenn der andere traurig guckt, und lächelt er, ziehen wir die Stirn kraus. Dabei hat er uns noch gar nichts getan. Die bloße Aussicht auf Wettbewerb scheint zu reichen.[279, 280] Doch es gibt auch andere Möglichkeiten, mit dem Statuskampf umzugehen.

Um die zu beschreiben, bietet es sich an, von Dominanz zu sprechen statt von Aggression. Die inspiriert uns nämlich zu einer ganzen Reihe anderer Verhaltensweisen. Im Wettbewerb um Frauen (oder Männer) können wir uns ja im Gegensatz zum Konkurrenten auch mal auf die Angebeteten selbst konzentrieren. Im Klartext: Flirten, Augenkontakt, Lächeln etc. Das tun Männer alles mehr unter Testosteron.[281] Bei Frauen passiert möglicherweise das Gleiche[282], das ist aber nicht ausreichend erforscht.

Eine andere beliebte Methode: Angeberei. Auch da scheint Testosteron genau das zu verursachen, was damit herkömmlich assoziiert wird: einen Affentanz. Forscher ließen Skateboarder eine ganze Reihe Tricks vorführen. Einige, die sie besser beherrschten, und andere, bei denen sie öfter mal abspringen mussten, um sich nicht total auf die Klappe zu legen. Manipuliert wurden die Beobachter. Immer 18 und hübsch, aber mal männlich, mal weiblich. Es stellte sich heraus: Skateboarder, denen hübsche Mädchen zugucken, brechen keine Tricks ab. Dann lieber mit voller Fahrt gegen die Wand. Demonstriert Überlebenswillen. Und was fand man danach im Speichel dieser übermütigen Angeber? Testosteron natürlich.[283] Damit wir uns so aufführen können, scheint Testosteron die Sensibilität für Belohnung zu steigern[284] und gleichzeitig die Schockreaktion zu schwächen.[285]

In ökonomischen Spielen sehen wir Ähnliches. Testosteron in Männern scheint eine Tendenz mit sich zu bringen, Belohnungen zu über- und Risiken zu unterschätzen. Dafür lässt es unser Belohnungszentrum beim Anblick potenzieller Belohnungen übermütig werden. Und dann wundern wir uns über Finanzkrisen. Doch das Ganze hat nicht nur Nachteile. Der Gesamteindruck ist eher der, dass uns Macht zu Machern macht. Und manchmal braucht man genau das. Machtmenschen packen Dinge an, wenn's sein muss, auch gegen Widerstände.

Bei dem Spiel sollen alle im Raum kreative Ideen entwickeln und bekommen dafür Beispiele als Vorlage. Dem Machtmenschen ist völlig egal, was in den Beispielen steht. Er entwickelt munter drauflos. Alle im Raum sind von dem summenden Ventilator genervt. Der Machtmensch schaltet das blöde Ding aus.[286, 287] In einer ganzen Menge Situationen können Probanden unter Testosteron und Macht sogar prosozial handeln.[288, 289] Besonders, wenn das ihrem Ruf nützt. Ein bisschen wie der Pate. Probanden unter Testosteron-Einfluss pokern zum Beispiel ehrlicher, wenn die Gefahr besteht, ansonsten mit heruntergelassenen Hosen erwischt zu werden.[290] Ob man das als prosozial werten kann, ist natürlich ein bisschen fragwürdig. Ohne die Chance, erwischt zu werden, lügen die Probanden weiter, dass sich die Balken biegen.

Im Gehirn unserer Versuchsperson scheinen Oxytocin und Testosteron fast gegensätzlich zu wirken.[291] Wo Oxytocin die Amygdala-Aktivität gedämpft und mit dem präfrontalen Cortex gekoppelt hat, scheint Testosteron die Amygdala hochzuregulieren und die Verbindung zum Cortex zu schwächen.[292] Also mehr Wachsamkeit, weniger Selbstkontrolle. Im Verhalten unserer Versuchsperson beobachten wir jetzt unter Umständen weniger Vertrauen[289] und schlechteres Mindreading.[292] Stattdessen lehnt er sich vielleicht im Stuhl zurück, verschränkt die Arme hinter dem Kopf, nimmt Raum ein. So drückt er gegenüber der anderen Person gleich schon eine gewisse Stärke aus, um sie zu beeindrucken, zu umwerben oder zu provozieren. Alles wäre möglich. Und so fühlt sie sich wahrscheinlich auch. Auf jeden Fall wird sie nicht so schnell zurückweichen.

Nun kennen wir die Wirkung von zwei der wichtigsten Hormone auf unser Verhalten. Wo Oxytocin uns in den richtigen Geisteszustand fürs Gemeinschaftsleben zu versetzen scheint, setzt Testosteron eher andere Prioritäten, koppelt tiefere Hirnregionen vom lästigen präfrontalen Einfluss los und macht uns wachsam, angriffsbereit und durchsetzungsfähig, aber manchmal eben auch prosozial. Allgemein gesprochen macht es uns risikobereit. Auch beim Flirten. Was wir davon mitnehmen können, ist, dass wir unserem Gegenüber je nach Situation und Beziehung unterschiedlich begegnen können. Doch das ist weniger ein Störfaktor als eine weitere Art unseres Gehirns, mit einer wechselhaften sozialen Umgebung umzugehen. Taktgefühl. Wir passen uns an, und das ziemlich häufig in der richtigen Art und Weise. Anstatt gegen den Einfluss dieser Hormone zu argumentieren, sollten wir uns lieber auf die Schulter klopfen, wenn wir es geschafft haben, im richtigen Moment Dominanz auszustrahlen oder sozial feinfühlig zu sein oder beschützend. Wir können versuchen, ein Gespür dafür zu entwickeln, welche Auslöser in unserer Umwelt diese Stimmung in uns triggern und was gerade in unserem Kopf vorgeht. Dieses Bewusstsein kann uns auch helfen, wenn unsere Hormone uns doch mal schlechte Ratgeber sind. Probleme können auftauchen, wenn die Anpassung, die in einem Moment unserer Evolution sinnvoll war, nicht mehr auf die heutige Lage passt. Soll heißen, das Verhalten unserer skateboardenden Teenager könnte in gewisser Weise sogar zielführend sein. Immerhin ist die Situation ziemlich nah dran am evolutionären Paarungstanz, und vielleicht kommt der Typ, der mit dem Kopf durch die Wand will, bei den Mädchen tatsächlich ganz gut an. Wer aber seine Aktiengeschäfte auf Testosteron aufbaut, sollte seine Risikokalkulation lieber noch mal durchrechnen lassen. Und wer sich durchsetzen möchte, der sollte sich vorher nicht allzu sehr auf die Bindung mit seinen Kollegen konzentrieren. Insgesamt sollten wir uns Zeit geben, unsere Stimmung umzustellen, gerade in dieser schnelllebigen Welt. Anstatt mit klopfendem Herzen und geballten Fäusten nach der Arbeit nach Hause zu kommen, wenigstens ein bisschen durchatmen. Umdenken. Und am Strand weniger E-Mails checken.

Wo wir schon dabei sind etwas zu lernen, können wir aus der Oxytocin-Testosteron-Debatte gleich noch etwas über Geschlechterrollen mitnehmen. Schließlich ist das der Hauptgrund, warum Hormone überhaupt in eine Unterhaltung eingebracht werden.

Erst mal Klischeebestätigung: Frauen schneiden in Theory-of-Mind-Aufgaben regelmäßig besser ab. Männern fällt dieses soziale Denken im Durchschnitt etwas schwerer. Dafür bringen sie ein stärkeres systematisches Denken mit (also in klaren Wenn-dann-Strukturen).[293] Weil diese Tendenz zuweilen auch mit Autismus in Zusammenhang gebracht wird, sprechen einige Forscher hier vom «extrem männlichen Gehirn».[293]

Allerdings ist das ein guter Moment, um anzusprechen, dass Geschlechter nicht halb so schwarz und weiß beziehungsweise rosa und hellblau sind, wie uns das im Spielzugladen oft vorkommt. Die Stereotype, an die uns die Hormone erinnern, variieren dank Erfahrung und Veranlagung individuell in alle möglichen Richtungen.

Wenn Sie wissen wollen, ob Sie als kleines Kind in den Testosterontopf gefallen sind, gibt es dazu ein einfaches Mittel, das auch ein schöner Partygag ist: Schauen Sie sich das Längenverhältnis zwischen Ihrem Zeigefinger und dem Ringfinger an. Bei Frauen ist es relativ ausgeglichen, mit einer Tendenz zum längeren Zeigefinger. Bei Männern dagegen ist der Ringfinger in den meisten Fällen länger. Dieses Verhältnis weist darauf hin, in welchem Verhältnis wir vor unserer Geburt mit Testosteron und Estradiol in Kontakt standen.

Sexualhormone spielen eine wichtige Rolle dabei, das Gehirn während der Entwicklung in eine eher männliche oder weibliche Richtung zu schieben. Bei Transsexuellen oft in eine andere Richtung als erwartet.[294] Das Fingerlängenverhältnis steht darum auch in Zusammenhang mit anderen geschlechtsspezifischen Eigenschaften wie Spielzeugpräferenzen, Blickkontakt und der Dichte einiger Gehirnregionen[295], unter anderem eben solcher, die eine Rolle beim Mindreading spielen. Letztlich beeinflusst pränatales Testosteron also die Mindreading-Fähigkeiten in beiden Geschlechtern.[296]

Damit sind Hormone fast der beste Grund, sich Geschlechter eher als ein Kontinuum vorzustellen als eine binäre Unterscheidung. Vielleicht gibt es irgendwo einen stereotypen Mann. Vielleicht wohnt

er in Wolfsburg und studiert Baumarktmanagement und im Neben-
fach Autos. Die Mehrheit der Männer und Frauen lässt sich aber
nicht so leicht in eine Schublade stecken.

Selbst die Wirkung von Oxytocin und Testosteron wird sehr viel
nuancierter, wenn man die Wechselwirkungen mit anderen Hormonen untersucht. Darum sollten wir zumindest noch ein weiteres
Hormon in unsere Gleichung einbeziehen, das in unserem Alltag
ebenfalls eine große Rolle spielt.

Testosteron und Kortisol – Die Dual-Hormon-Hypothese

Es gibt verschiedene Möglichkeiten, mit Wettbewerb umzugehen.
Die eine ist, einfach immer voll auf Konfrontationskurs zu gehen
und regelrecht auszurasten, wenn wir uns provoziert fühlen, ganz
egal, wie groß und stark unser Gegenüber ist. Nun sind Menschen
keine Cockerspaniel. Den meisten anderen Tierarten steht noch eine
andere Option offen. Rennen, was das Zeug hält. Oder auch: Flight.

Die Fight-Response mit Testosteron kennen wir schon. Flight
hingegen wird zu großen Teilen von Kortisol koordiniert. Kortisol
schütten wir unter anderem als Reaktion auf Stress aus, und es tut
das, was wir im Allgemeinen von einer ordentlichen Flight-Response
erwarten: Kohlehydrate in Glukose umwandeln, um Energie bereitzu-
stellen; metabolische und andere unnötige Prozesse einschränken,
damit wir uns aufs Wesentliche konzentrieren können – ein ordent-
licher Schub für das Herz-Kreislauf-System. Und bei drei sind alle
auf den Bäumen. Vielleicht passiert das gerade im Körper unserer
anderen Versuchsperson. Sie fühlt sich schon wieder etwas unwohl,
und ihr Körper trifft die nötigen Vorsorgen für einen Konflikt.

Neben dem ganz konkret herannahenden Tiger schützt uns Kortisol aber möglicherweise auch vor den abstrakteren und langfristigen Folgen dieser Begegnung. In bestimmten Gefahrensituationen
scheint die Ausschüttung von Stresshormonen im richtigen Moment
ein wichtiger Schutzfaktor vor chronischem Stress und einer Post-
traumatischen Belastungsstörung (PTBS) zu sein.[297] Vielleicht weil

der Körper den Schock sonst nicht genügend auffängt. Vielleicht weil Kortisol das Erinnern und damit auch mögliche Flashbacks beeinflusst.[298] Überraschenderweise könnte so ein Nebeneffekt der gefürchteten Panikreaktion der sein, dass sie uns später vor mehr Angst bewahrt. Das geht so weit, dass einige Wissenschaftler vorschlagen, Trauma-Patienten mit Stresshormonen zu behandeln.[299, 300] Wenn der Kortisolpegel kurzfristig ansteigt, scheint das Angst erst mal zu lindern.[298] Damit sind die Folgen denen von Testosteron ziemlich ähnlich. Besonders Frauen könnten nach Kortisol-Gabe auf Provokationen sogar aggressiver reagieren.[301] Auch sonst trifft unser Körper Vorkehrungen, damit uns Angst und Panik nicht überwältigen. Einer der wichtigsten Effekte von Kortisol ist darum auf lange Sicht der, die weitere Kortisolausschüttung zu verhindern. Man spricht von einem negativen Feedback-Loop. Wie eine Klimaanlage, die es kalt macht, aber wenn es eisig wird, sich selbst runterfährt. Ist doch schön, dass unser Körper uns kurzfristig unter die Arme greift, wenn Angst und Stress uns zu überwältigen drohen. Nur macht uns das nicht unbedingt friedfertiger, wenn wir uns in die Enge getrieben fühlen. Für die Forscher ist dieser Gegenmechanismus eher unpraktisch, weil sie nie genau wissen, ob sie gerade eine Klimaanlage in Höchstform messen oder eine, die sich vorsichtshalber runtergefahren hat.

Das Denken unserer Versuchsperson würde jetzt möglicherweise schneller werden. Immerhin würde sie sich im Glückszahlen-Rätsel nicht mehr mit einer zweiten Stufe aufhalten und weniger Arbeitsgedächtnis beanspruchen. Dafür könnte sie vielleicht schneller und automatischer auf ihre Umwelt reagieren.[302, 303]

Für uns selbst ist es eine gute Erinnerung daran, dass Hormone – auch wenn sie uns manchmal auf die Nerven gehen – durchaus eine adaptive Funktion haben. Sie müssen uns nicht überfordern, sondern können uns auch fokussieren und die Angst für eine Weile in Schach halten. Schwierig wird es, wenn der Stress chronisch wird oder so stark, dass wir in der Prüfung tatsächlich nur noch weglaufen wollen (oder wahlweise den Klausurstapel angreifen). Der Grund hierfür könnte sein, dass der Feedback-Loop nicht schnell genug greift.

Wie genau unsere Reaktion auf Stress aussieht, hängt von unserer Veranlagung ab, aber auch von unserem Testosteronspiegel. Weil wir die Fight- wie die Flight-Reaktion in ähnlichen Situationen brauchen, sind die Hormone, die darin involviert sind, auch eng miteinander verbunden. Kortisol und Testosteron scheinen gegensätzliche Antworten auf die gleiche Bedrohung zu moderieren. Besonders bei Männern wirken sie wie direkte Antagonisten. Wie Harry Potter und Voldemort. Soll heißen: Wenn der eine ist, kann der andere nicht sein. Denn Kortisol hemmt die Achse, an deren Ende Testosteron steht, und Testosteron hat den gegenteiligen Effekt.[304, 305] Beide Hormone scheinen sogar einen entgegengesetzten Einfluss auf den Ausdruck unserer Gene zu haben. Wer häufig Testosteron ausschüttet, wird auch in Zukunft eher zu dieser Reaktion tendieren, weil die Gene, die für die Kortisol-Produktion wichtig sind, weniger dominant sind. Bei Kortisol ist es das Gegenteil.[306] Das heißt, was auch immer die Beziehung zu ihrem Gegenüber ist und unabhängig davon, ob dieses Gegenüber sie herausfordert oder provoziert: Die Art, wie unsere Versuchsperson darauf antwortet, variiert je nachdem, welche Hormone und Veranlagung sie in die Situation mitbringt. Und hier ist Stress einer der wichtigsten Faktoren.

Die Theorie, die das zu erklären versucht, heißt Dual-Hormon-Hypothese. Sie schlägt vor, dass es nicht nur Testosteron ist, das unseren sozialen Status beeinflusst, sondern dessen Interaktion mit Kortisol.[267, 306] Alles Machtstreben bringt uns nichts, wenn wir gleichzeitig von Stress geflutet werden. Tatsächlich treten viele von den testosterontypischen Verhaltensweisen nur dann auf, wenn der Kortisolspiegel der Probanden niedrig ist.[307-310] Das gilt auch für Aggression[308, 311] und findet sich zum Beispiel bei Gefängnisinsassen.[307] Kortisol dagegen bringt uns im Konflikt eher dazu, zu beschwichtigen, uns zu «unterwerfen» und Frieden zu stiften.[269, 312, 313] Alles sehr gute Beispiele, warum eine gewisse Tendenz zum Rückzug nicht schaden kann. Die «Warum?»-Frage ist hier also einfach zu klären. Aber was ist mit der Gegenseite? Warum brauchen wir Ärger?

Empört euch!

Ärger hat eine schlechte Presse. Wenn wir daran denken, wie wir eine bessere Welt schaffen, dann steht «Wir brauchen mehr Wut» sehr weit unten auf der Wunschliste der Charaktereigenschaften. Kein Wunder. Ärgerliche Menschen sind anstrengend, und wer ständig ärgerlich ist, tendiert zu Herzerkrankungen.[314] Doch für Ihr Gehirn gibt es etwas noch weit Unangenehmeres als Ärger. Und das ist Frustration. Aber lassen Sie mich ausholen.

Um zu verstehen, warum es manchmal eben Attacke sein muss und nicht Rückzug, hilft es, wenn wir beide Verhaltensweisen nicht mehr nur als Gefechtsstrategien sehen, sondern eher als Formen allgemeiner Verhaltensoptionen. Draufzugehen oder zu vermeiden (in der Forschung auch «Approach-Avoidance-Differenzierung» genannt). Offensive und Defensive. Es gibt wahrscheinlich noch zahlreiche weitere Motivationen menschlichen Handelns, aber diese Differenzierung ist trotzdem eine recht elegante Möglichkeit, viele Formen davon zu beschreiben. Ob man sich ins Getümmel stürzt, mit einer heißen Schokolade aufs Sofa kuschelt, sich auf eine neue Stelle bewirbt oder eine Beförderung aus Angst vor Überforderung ablehnt – in all diesen Situationen fällt es uns relativ leicht, eine Idee zu entwickeln, ob wir gerade im Approach-Modus sind oder ob wir ausweichen.

Wo genau sich diese beiden Tendenzen im Gehirn verorten lassen, ist noch sehr unklar. Eines der Dinge, die dabei passieren könnten, ist eine gewisse Dominanz des linken oder rechten präfrontalen Cortex. Etwas, das wir auch finden, wenn wir das Gehirn im Ruhezustand angucken. Und auch da scheint es mit den passenden Charakterzügen zusammenzuhängen. In beiden Fällen fanden die Forscher heraus, dass die Gehirnaktivierung, die mit Approach zusammenhängt, mit positiven Emotionen korreliert.[315] Diese Menschen waren oft allgemein besser gelaunt, reagierten in Filmen stärker auf positive Emotionen und schwächer auf negative.

Aber wie geht das zusammen? Ärger und positive Gefühle? Wahrscheinlich hat es damit zu tun, dass Ärger immerhin eine produktive Emotion ist. Wenn man Studenten eine Umfrage zum Thema gigantische Studiengebührenerhöhungen vorlegt und sie nach ihrer Meinung fragt, einmal «nur interessehalber, die Entscheidung wird unabhängig davon getroffen», und einmal «als wichtigen Faktor in der Entscheidungsfindung», dann werden beide Gruppen wütend, aber nur in der zweiten geht dieses Gefühl mit den typischen Mustern einher, die wir aus der Approach-Motivation kennen.[316] Das Gleiche, wenn wir mit rassistischen Vorurteilen konfrontiert sind: Motiviert, sie zu kontern, sind wir, wenn wir das Gefühl haben, dass es etwas bewirkt.[317] Die Möglichkeit, Einfluss auf die Quelle unseres Ärgers zu haben, macht aus ihm einen sehr antreibenden Zustand. Ohnmächtig fühlen wir uns einfach nur schlecht.

Auf Dauer ist die Defensive kein Aufenthaltsort. Kein Zustand, der uns zufrieden macht und voranbringt. Als grundsätzliches Charakterprofil hängt hohes Kortisol eher zusammen mit ängstlichen Persönlichkeiten, Angststörungen und Depressionen. Im Beruf gehen hohe Positionen eher mit hohem Testosteron und niedrigem Kortisol einher (Ursache und Wirkung wieder offen).[318] Dieser Zusammenhang ist wahrscheinlich ein Grund für ganz viel, was falschläuft in unserer Welt und ein Indikator dafür, wie dringend sich unser Wirtschaftssystem ändern muss. Aber leider neigen Individuen mit niedrigem Testosteron- und hohem Kortisol-Level dazu, Dominanz aktiv zu vermeiden, und wenn sie es doch in Führungspositionen schaffen, lassen sie ihre kognitiven Fähigkeiten aus lauter Stress auf dem alten Schreibtisch zurück.[319]

Vielleicht müssen wir uns mehr Mühe geben, beide Welten zu vereinen. Wege schaffen, wie sich Führungspositionen auch ohne Dauerstress und jahrelangen Hahnenkampf erreichen lassen. Damit unsere Führungsebene gut durchmischt ist und weder nur aus Menschen besteht, die diese Stellung zu sehr aufregt, noch solchen, die sich darin so sicher fühlen, dass sie zuerst mal das komplette Jahresbudget verzocken. Und dann könnten beide Seiten auch noch etwas an sich arbeiten.

Das ist es also, was schiefgehen kann, wenn wir unter Druck stehen. Wir können uns für die falsche Reaktion entscheiden, Flight wählen, wo Fight angebracht wäre. Oder andersherum. Weil wir unsere Optionen falsch einschätzen oder weil wir es so gewohnt sind oder weil wir etwas als Bedrohung einschätzen, was gar keine sein muss (Argh! Eine Führungsposition!).

Damit wissen wir jetzt eine Menge darüber, wie Kortisol und Testosteron auf unser Verhalten wirken. Wir sehen, dass sie beide wichtig für herausfordernde Situationen sind und uns schnell und handlungsfähig machen für Rückzug oder Attacke. Wenn wir uns die langfristigen Profile angucken, sehen wir, dass es bei beidem ein Zuviel des Guten gibt, das in Aggression *oder* Depression münden kann.

Doch vielleicht gibt es noch einen dritten Weg: anfreunden. Eine Antwort auf sozialen Stress, die möglicherweise eher von Oxytocin propagiert wird und die wir öfter bei Frauen finden.[320] Frauen nutzen auch das Spiegeln der Gesichtsausdrücke eher für positiven Kontakt. Ein Stirnrunzeln machen sie seltener nach. Beim Lächeln eines Unbekannten sind sie immer dabei.[321] Nicht «fight or flight» – «tend and befriend». Ganz nach dem Motto: Fremde sind Freunde, die wir noch nicht kennen.

Besonders als Frau kennen Sie vielleicht die Situation. Sie befinden sich in der Bahn oder einem anderen dubiosen öffentlichen Raum. Es ist dunkel, Sie sind allein, gegenüber nur ein einzelner Unbekannter. Die Situation ist zwiespältig. Lieber ein leichtes Probelächeln rüberwerfen, um zu schauen, wie der andere reagiert. Okay, hat freundlich zurückgelächelt, vielleicht muss ich doch nicht den Waggon wechseln.

Die Möglichkeit, Situationen schnell über einen Blickkontakt zu klären, spielt in unserem Leben wahrscheinlich sogar eine größere Rolle als die, unseren Status zu betonen, indem wir mit dem Skateboard gegen eine Wand fahren. Also schließen wir das Hormonkapitel ab und kehren noch ein letztes Mal in diesem Teil zurück zum Verhalten. Denn ein entscheidendes Puzzleteil fehlt uns noch.

Geteilte Aufmerksamkeit.
Ich schau dir in die Augen

Blickkontakt kann flüchtig sein und ist kein besonders auffälliges Verhalten. Trotzdem ist es sehr aufschlussreich. Ständig tauschen unsere Versuchspersonen Blicke aus. Warum tun sie das?

Die Augen sind das Fenster zur Seele, weiß der Volksmund, aber eigentlich sind sie viel mehr als das. Sie sind ein Fenster zum nächsten Futterplatz. Denn Menschen benutzen ihre Augen seit jeher zum Informationsaustausch. Kein Wunder, dass wir so stark auf Blicke reagieren.

Erinnern Sie sich an die Aufgabe, Wackelaugen auf alles zu kleben, um die soziale Kognition anzuregen? Auch ein Baby können Sie damit sehr lange beschäftigt halten. Babys lieben alles, was ein Gesicht hat. Gesichter mit offenen Augen lieber als mit geschlossenen. Und solche, die es direkt angucken, lieber als solche, die weggucken. Die Begeisterung ist uns in die Wiege gelegt, denn Blickkontakt erzeugt eine fundamentale Innigkeit, die wir überraschend häufig und mit überraschend vielen Menschen teilen. In der Forschung spricht man von geteilter Aufmerksamkeit (oder auch Shared Attention).[322]

Zuallererst suchen wir Blickkontakt, um sicherzugehen, dass unser Gegenüber uns wahrnehmen wird, wenn wir sprechen. Wir stellen klar: Wir beide sind uns gegenüber gerade aufmerksam. Auch das kann schon jede Menge Botschaften senden. Der Fahrradfahrer sucht den Blick des Linksabbiegers, um sicherzugehen, dass er ihn gesehen hat. In der Präsentation gucken Sie Ihre Kollegin an, um zu sagen: «Ich bin aufmerksam, ich fiebere mit dir mit.» Und Sie werfen dem aggressiven Elternteil, das da vorne sein Kind so auffällig am Arm reißt, einen Blick zu, der sagt: «Wir beobachten, was du tust.» Sie sind aufmerksam, und je nach Situation übermitteln Sie dabei mal mehr und mal weniger Gefühl.

Der zweite Teil der geteilten Aufmerksamkeit wird besonders

dann relevant, wenn es gerade keine Möglichkeit zum Sprechen gibt. Sie nutzen Ihren Blick, um auf etwas hinzuweisen. Wie im Meeting, wo Sie Ihrem Gegenüber unauffällig zeigen wollen, dass Jörg schon wieder eingeschlafen ist, es aber natürlich nicht laut aussprechen wollen, weswegen Sie Ihren Lieblingskollegen angucken, um die Aufmerksamkeit herzustellen, und dann richtungsweisende Augenbrauenbewegungen machen. Wenn's nicht beim ersten Mal funktioniert, gleich noch mal, mit leichtem Kopfnicken.

Das ist ein schönes Kunststück, das Sie als Kleinkind lernen. Erst die Aufmerksamkeit herstellen, sie dann auf etwas lenken und anschließend – ganz wichtig – sie wiederherstellen. Wenn Sie nach den richtungsweisenden Augenbrauenbewegungen nicht wieder zurückgucken, um sich Ihr Grinsen abzuholen, wirken Sie merkwürdig. Und wenn Sie nur kurz Blickkontakt herstellen, ohne die Augen dann gezielt auf ein Objekt zu richten, sondern einfach irgendwohin, glaubt Ihr Gegenüber, Sie hätten einfach das Interesse verloren.

Nur durch das ständige Du-Objekt-Wechseln erreichen wir geteilte Aufmerksamkeit. Babys lernen, auf genau das gleiche Signal zu achten, um zu sehen, was wichtig ist, und Ihre Aufmerksamkeit darauf zu lenken. Wenn Sie ihm auf diese Weise ein Objekt präsentieren («Huch, da ist ja der Kasper! Was macht er denn da? Ja, was macht er da?»), verarbeitet es dieses Objekt intensiver, als wenn Sie es einfach hinstellen.[323] Und auch intensiver, als wenn Sie nur das Objekt angucken. Sie sagen: «Dieses Objekt ist wichtig für dich.» Noch lange bevor Sie das mit Wörtern vermitteln können.

Blickreich geteilte Aufmerksamkeit könnte auch eine wichtige Rolle bei der Kommunikation spielen. Denn auch dabei geht es vor allen Dingen darum, etwas zu teilen. Nicht nur Informationen, sondern auch einen gewissen Rhythmus. Gelungene Kommunikation mit zwei Sprechern gleicht auf neurowissenschaftlicher Ebene einem Tanz. Zwei Gehirne tauschen sich miteinander aus und verfallen in einen gleichen Rhythmus. Das erste beginnt, Sprache zu produzieren, das andere fängt fast zeitgleich an, diese Sprache zu verarbeiten. Dann geht es andersherum. Rechter Fuß vor, linker zurück. Jetzt ist mein

Gehirn auf Sprachproduktion ausgerichtet und deins auf Verständnis (dafür nutzen wir jeweils unterschiedliche Areale). Die Aktivierungen greifen ineinander und wechseln sich gegenseitig ab.

Das Maß an Synchronität, das zwei Sprecher erzeugen können, sagt aus, wie gut sie einander verstanden haben.[324] Driftet einer ab oder der andere vollendet seine Sätze nicht, war's das mit dem Transfer. Synchronität dagegen verbessert die Signal-to-Noise Ratio[325] – also das Verhältnis zwischen dem Signal, das wir auswerten können, und all dem Lärm in uns drin und um uns herum. Es hilft, wenn es dabei zum Dialog kommt. Ein Monolog bringt im Gehirn weitaus weniger Synchronität zustande.[326] Wahrscheinlich ein Grund, dass es uns dabei oft so viel schwerer fällt zuzuhören.

Doch wer schon einmal getanzt hat, weiß, dass es ohnehin nicht reicht, auf den anderen zu reagieren. Es braucht auch ein gewisses Vorausahnen des Gegenübers. Wenn Sie warten, bis er Ihnen gegen das Schienbein tritt, gewinnen Sie damit keine Tanzmeisterschaft. Genauso scheint es im Gehirn zu sein. Gegenseitiges Verständnis hängt zu einem großen Teil davon ab, was in meinem Gehirn passiert, bevor der andere anfängt zu sprechen. Wenn hier schon Theory-of-Mind- und Motivationsregionen bereitstehen, haben wir eine weitaus größere Chance, den anderen zu verstehen.[327] Ansonsten kommt es zu dieser Art von Gesprächen, in denen der andere zwar schon seit fünf Minuten auf Sie einredet, Sie das aber erst jetzt mitkriegen und nun nach dem angemessenen Gesichtsausdruck suchen, obwohl Sie gar nicht wissen, wer denn nun gestorben ist. Um das zu vermeiden, schauen Sie Ihr Gegenüber an und versuchen zu sehen, wann er dazu ansetzt, etwas zu sagen. Dann stellt sich Ihr Gehirn darauf ein. So passt sich Ihre Gehirnaktivierung seinem Sprechrhythmus an. Faszinierend ist das auch, wenn man bedenkt, dass es genauso funktioniert, wenn die Sprache schon vor langer Zeit aufgenommen wurde. Sie können Ihr Gehirn mit dem von jemand anderem synchronisieren, der schon lange fort ist.

Bei dieser Art von Synchronität könnte der Blickkontakt eine wichtige Rolle spielen – im Sinne von «Achtung, Achtung, hier beginnt gleich Kommunikation». Denn unsere Gehirne synchronisieren sich besser, wenn wir uns beim Reden anschauen, als wenn wir Rücken an Rücken sitzen. Und die Qualität der Unterhaltung schätzen wir dann auch besser ein. Auch andere nonverbale Kommunikation wie Gesten oder bestimmte Gesichtsausdrücke können die Synchronisation verstärken.[326] Wenn es dagegen um weniger kognitive Aufgaben geht, kann der Blickkontakt eine ganz andere Wirkung haben. Beim gemeinsamen Summen synchronisieren sich die Gehirne besser, wenn wir gerade nicht in die Augen des anderen gucken, sondern Rücken an Rücken sitzen.[328] Merke: Wenn wir verstanden werden wollen, sind Worte nur die Spitze des Eisbergs.

Doch es gibt noch einen anderen Grund, sich mit Blickkontakt zu befassen. Und der sagt viel aus über die Natur des Menschen.

Das Fenster zur Seele

Menschen folgen wie keine andere Spezies dem Blick ihres Gegenübers. Sie folgen den Augen des anderen eher als dem Rest des Körpers, und wenn die Augen geschlossen sind, folgen sie gar nicht mehr. Auch Babys interessieren sich weit weniger für Kopfbewegungen – schon gar nicht wenn Sie dabei eine Augenbinde tragen.[322] Weil diese Art zu kommunizieren so menschlich ist, können wir sie auch wieder nutzen, um eine ganze Menge über uns selbst zu lernen.

Zum Beispiel, indem wir uns angucken, was Sie tun, wenn Sie Ihrem Gegenüber nicht vertrauen. Dafür erzählt man den Probanden einfach, dass das Stück Schokolade, das im Raum versteckt ist, nur an einen der Probanden geht und der andere Ihnen falsche Hinweise geben könnte beziehungsweise er es in der Vergangenheit anderen gegenüber bereits getan hat. Danach setzt man Sie dem anderen gegenüber. «Hier ist die Schokolade», sagt das Gegenüber und guckt scheinheilig nach links, wo angeblich die Schokolade versteckt ist. Na klar. Für wie doof hält der Sie? Ihre Augen ignorieren seinen Blickhinweis trotzdem nicht.[329]

Da können Sie nach dem Experiment noch so häufig erklären, dass Sie nichts auf seine Information gegeben haben. Ihr Blick folgt seinem trotzdem jedes Mal. Das ist interessant, weil es bedeutet, dass Sie automatisch eher davon ausgehen, dass der andere eine für Sie hilfreiche Information hat. Wenn seine Tipps nicht vertrauenswürdig sind, haben sie eigentlich keine Relevanz, und Sie könnten sie genauso gut ignorieren. Aber dafür müssen Sie sich bewusst anstrengen. Das ist ein Hinweis darauf, welche Art des Zusammenlebens für uns die natürlichere ist.

Schimpansen dagegen interessieren sich nicht allzu sehr für Hinweise, völlig egal, wie vertrauenswürdig die sind. Wenn Sie einem Schimpansen drei Becher hinstellen und unter einem davon Futter verstecken, wird er willkürlich alle Becher anheben, um zu sehen, wo das Futter ist. Wenn Sie sich dabei vor ihn stellen und wild mit den Armen wedelnd auf den Becher zeigen, unter dem das Futter ist, wird er Sie komisch angucken. Dann wird er wieder jeden Becher anheben, um zu sehen, wo das Futter ist. Zeigegesten werden bei Schimpansen allgemein eher als Aufforderung aufgefasst. Gib mir DAS. Das informative Zeigen, das Menschenkinder schon so früh beginnen («O mein Gott, guck da, ein Schmetterling! Da!»), machen Schimpansen eigentlich gar nicht.[330] Informationen zu teilen ist offenbar eine spezifische Eigenschaft des Menschen.

Auch den nächsten Hinweis darauf, dass wir wahrscheinlich Kinder einer ziemlich kooperativen Welt sind, finden Sie beim Blick in den Spiegel. Genauer gesagt in Ihre Augen.[330] Menschenaugen sind anders als die jeder anderen Primatenspezies. Die Iris ist von Weiß umgeben, was ihre Stellung im Auge sichtbar macht. Jeder kann erkennen, wo Sie hingucken. Selbst im Halbdunkel. Wenn Sie Futter entdecken, sehen die anderen genau, in welche Richtung Sie schielen. Wenn Sie dem Alphaweibchen hinterhergucken, ragt plötzlich das Alphamännchen hinter Ihnen auf. Und um das zu vermeiden, müssen Sie sich eine teure Ray-Ban-Sonnenbrille kaufen. Das reinste Ärgernis. Auf jeden Fall ein Nachteil in einer wettbewerborientierten Umgebung. Es gibt noch nicht mal eine medizinische oder biologische Erklärung dafür. Man kann mit diesen Augen nicht besser gucken. Oder schlechter. Oder sonst irgendwas.

Bis zum Beweis des Gegenteils gilt: Das Weiß in Ihren Augen ist Deko. Aber Sie haben es nun mal. Das heißt, Ihre Vorfahren müssen daraus einen Vorteil gezogen haben. Nicht das Alphamännchen oder die Spezies im Allgemeinen, sondern Ihre Vorfahren ganz persönlich. Sie sind schließlich diejenigen, die sich weitervermehrt haben. Das spricht dafür, dass es für Ihren Vorfahr sinnvoll war, andere wissen zu lassen, wohin er guckt. Wo eine Bedrohung ist, wo mögliche Beute. Er hat gerne Informationen geteilt. Bis jetzt gibt es jedenfalls keine andere Erklärung für dieses Alleinstellungsmerkmal. Und damit sind wir an einem entscheidenden Punkt in unserer Geschichte. Hier geht es über die Wechselwirkungen zweier Gehirne hinaus. Wir beginnen uns mit dem Leben in der Gruppe zu beschäftigen. In einer Gemeinschaft.

Bis jetzt haben wir schon ziemlich viel von dem verstanden, was zwischen zwei Menschen ablaufen kann. Wir haben uns allerlei Verhaltensweisen angeguckt, begonnen mit dem Spiegeln über das Kümmern und Verteidigen bis hin zum Provozieren – oder Fliehen. Und das alles inklusive der dahinterstehenden Empfindungen von Fürsorge bis eiskalte Panik. Wir wissen, wie unser Gehirn reagiert, wenn unser Gegenüber a) eine Körperhaltung hat oder b) ein Gefühl oder c) einen Gedanken oder d) einen sexy Augenaufschlag/ein sehr breites Kreuz – soll heißen, wir verstehen ein bisschen mehr vom Einfluss der Hormone darauf.

Wir können festhalten, dass unser Gehirn im ständigen Austausch mit seiner Außenwelt steht. Dass es lernfähig ist und sich immer wieder neuen Menschen, Anforderungen und Situationen anpasst. Und dass ihm einiges davon leichter fällt, wenn es dabei Freude hat.

Wenn die Dinge ihm stattdessen schwerfallen, wissen wir jetzt auch etwas besser, warum. Vieles, was uns merkwürdig oder unangebracht vorkommt, ergibt zumindest aus evolutionärer Perspektive Sinn – und dass Sie mal mehr brauchen würden, hat Ihrem Gehirn ja niemand gesagt!

Zum Ausgleich tappt es jetzt in Stolperfallen, die sich unter vier Überschriften zusammenfassen lassen: Erstens haben wir manchmal nicht die Kapazitäten oder die Konzentration, die Motivation oder den Hormonspiegel, um das Ausmaß an Kognition zu erübrigen, das die Situation bräuchte. Zweitens nutzen wir genau diese Kognition und jede Menge anderer Wege immer mal wieder, um die eigentlich passenden Emotionen zu verwirren. Drittens wählen wir manchmal die falsche Reaktion, weil wir wichtige Informationen übersehen oder falsch gewichtet haben. Viertens basieren diese Informationen allzu häufig auf uns selbst, wo wir doch eigentlich an andere denken wollten.

Im folgenden zweiten Teil verlassen wir unseren Raum mit zwei Menschen, denn das, was jetzt kommt, betrifft nicht nur unsere direkten Beziehungen, sondern die ganze Gesellschaft. Bei den merkwürdigen Verhaltensweisen, die unser Zusammenleben hervorgebracht hat, können wir nämlich auch so einiges nachbessern. Diesmal fangen wir gleich mit der «Warum»-Frage an. Wieso wir mindestens mit einem Menschen klarkommen müssen, ist schnell geklärt. Nachwuchs. Aber warum Gemeinschaften? Warum Kultur? Wie wäre es stattdessen mit einer schmucken einsamen Insel?

Wenn wir verstehen, warum wir mit anderen Menschen besser dran sind als mit ein paar ausgewählten Kokosnüssen (oder einem Ball namens «Wilson»), haben wir schon viel gewonnen. Dann können wir aufhören, uns zu fragen, warum wir in einer Welt leben wollen mit Leuten, mit denen wir offensichtlich nichts gemeinsam haben, und uns den wichtigen Fragen zuwenden: Wie haben wir das bis jetzt geschafft? Was passiert dabei in unserem Kopf? Und was geht denn jetzt wieder schief?

Warum also leben Menschen zusammen? Die Spur führt uns fast fünf Millionen Jahre zurück. Aber Sie hatten heute eh nichts mehr vor, oder?

TEIL II

Gehirn^{7 Milliarden}

Herzlichen
Glückwunsch ...

... Sie sind also Mensch. Es ist nicht selbstverständlich, dass Sie hier sind. Noch vor zwei Millionen Jahren, vor der ganzen Geschichte mit der Sprache und dem Feuer und dem riesigen frontalen Cortex, konnte ja keiner ahnen, dass Sie es mal zu etwas bringen würden. Lange ereignete sich in Ihrer Evolution nämlich nicht allzu viel, jedenfalls nicht viel mehr als bei allen anderen Lebewesen auch. Aber in den letzten 250 000 Jahren passierte dann plötzlich alles auf einmal – vor allem in den letzten 40 000 Jahren, als die Sprache auftauchte und Götter und Kunst und Werkzeuge mit verschluckbaren Kleinteilen. Es ist ein großer Teil von dem, was uns zu Menschen macht. Es ist auch ein großer Teil von dem, was Sie selbst ausmacht und womit Sie sich den Tag über so beschäftigen. Das ist verdammt viel für einen relativ kurzen Zeitraum. Und wir haben Grund zu der Annahme, dass die anderen an allem schuld sind.

Die Geschichte des heutigen Menschen beginnt vor sechs bis acht Millionen Jahren, als das Klima unzuverlässig wurde. Die Welt wurde plötzlich sehr trocken, und die dichten Wälder dünnten aus. Zwischendrin wurde es dann auch mal wieder feucht und windig. Es war ein einziges Chaos, und einige Spezies dachten ernsthaft darüber nach, sich bei der zuständigen Stelle zu beschweren.

In den kommenden Millionen Jahren experimentierten einige Ihrer Vorfahren mit alternativen Lebensformen. Das Ergebnis war eine ganze Reihe neuer Spezies, die Hominiden, die sich vor allem darin ähnelten, dass sie die eigenartige Angewohnheit hatten, immer mal wieder auf zwei Beinen durch die Gegend zu laufen. Wir dachten, wir wüssten den Grund dafür, nämlich dass man so in der Savanne besser sehen kann. Aber dann fanden wir heraus, dass die Wälder eigentlich schon vor dem aufrechten Gang ausdünnten, und jetzt sind wir uns nicht mehr ganz sicher und warten auf eine bessere

Erklärung.[331] Wahrscheinlich ist, dass die wechselnden Umstände verschiedene Anpassungsstrategien hervorbrachten, die sich unterschieden in ihrer Flexibilität und Baumliebe.

Was auch immer der Grund war, die Sache mit der Zweifüßigkeit hat gut funktioniert. Bald bevölkerten alle möglichen Ausführungen von Zweibeinern die Region um den afrikanischen Graben. Die evolutionären Testmodelle reichten von feingliedrigen Gestalten, bis hin zu massiveren Ausgaben mit großem Kiefer und grimmigem Blick. Neben der Zweibeinigkeit ist ihre andere Gemeinsamkeit, dass sie großenteils ausstarben. Erfolgreich war vor allem eine Spezies: Homo. Sie hatte den klaren Wettbewerbsvorteil, dass sie ein etwas größeres Gehirn hatte und ein paar tolle Dinge herausgefunden hatte, die man mit Steinen und Stöcken tun kann.

Wenn es nach der Geschichte geht, so wie wir sie von den T-Shirts kennen, hat es sich damit auch schon fast erledigt, und wir könnten jetzt ein paar Millionen Jahre Werbepause einlegen. Der Urknall der Menschwerdung. Denkste.

Hirngemeinschaft.
Ein Mammut jagt man
nicht alleine

Tatsächlich sind Werkzeuge nur ein Teil der Geschichte. Und nicht mal ein besonders beeindruckender. Die ersten waren so primitiv, dass sie nicht besonders gut dazu geeignet sind, uns von dem abzuheben, was heute auch bei Schimpansen in freier Wildbahn beobachtet wird. Und danach passierte erst mal lange Zeit nicht viel. Mindestens eine Million Jahre lang, um genau zu sein. Und was sich dann zutrug, hatte viel weniger mit Wurfgeschossen zu tun, als man allgemein denkt. Unsere Erfolgsstory vom Gejagten zum Jäger basiert nämlich weniger auf der Weiterentwicklung des Modells Wurfspeer 9000, sondern vielmehr auf der Antwort auf die Frage, wie viele Menschen nötig sind, um ein Mammut zu jagen. Denn die Entwicklung des Menschen ist ein Wimmelbild. Und dafür sprechen vor allem zwei Gründe.

Der erste Grund ist ein zeitlicher. Sechs Millionen Jahre sind in evolutionärer Zeitrechnung ungefähr so lang wie die Amtszeit von Yanis Varoufakis. In einer Zeitspanne, die kaum reicht, um sich das Hemd reinzustecken, können Sie die Größe Ihres Gehirns nicht vervielfacht haben. Oder sollten Sie nicht, wenn es nach der klassischen Evolution geht. Bei Darwin braucht es immer erst eine ganze Menge unterschiedlicher Individuen, ziemlich viel Fortpflanzung und ein großes Sterben, damit überhaupt etwas passiert. Auch wenn wir heute wissen, dass sich unsere DNA – oder zumindest der Teil davon, der umgesetzt wird – auch schon zu Lebzeiten der Umwelt anpasst.

Große Veränderungen brauchen Zeit. Also mindestens eine Generation. Bei einer Spezies, die erst mit etwa 14 Jahren überhaupt an Fortpflanzung denken kann und es dann wahrscheinlich noch längst nicht sollte, kann das ganz schön dauern. Vor allem dann, wenn man die ersten vier Millionen Jahre damit vertrödelt, ein paar Steinkeile zurechtzuhauen und es sich kognitiv auf dem Level von Schimpansen gemütlich macht.

Erst vor ungefähr zwei Millionen Jahren tauchen wie gesagt die ersten Fertigkeiten auf, von denen wir uns relativ sicher sind, dass andere Primaten sie so nicht hinbekommen würden.[332] Die Äxte, die zu dieser Zeit entstanden, verlangen wahrscheinlich ein höheres Maß an räumlichen Fähigkeiten, als wir das von unserer Verwandtschaft gewohnt sind. Man könnte meinen, jetzt passierte endlich was. Doch dann erfinden unsere Vorfahren erst mal wieder lange Zeit nichts. Selbst vor 250 000 Jahren, als der Mensch seine heutige Hirngröße bereits ausgebildet hatte, fiel ihm 200 000 Jahre lang nicht allzu viel ein, was er damit anfangen könnte. Erst dann beginnt er plötzlich, Klingen zu schmieden und hoch komplexe Werkzeuge zu konstruieren, in die er sogar Knochenmaterial einbaut, als wäre ihm jetzt erst aufgefallen, dass Werken versetzungsrelevant ist. Dieser plötzliche Schlussspurt von 40 000 Jahren Zivilisationsaufbau lässt sich mit Darwins «Survival of the Fittest» einfach nicht gut erklären.

Alternativ gibt es nur einen Prozess, der so schnelle Veränderungen hervorbringen kann: Kultur. Wissen, das weitergegeben wird. Um zu sehen, wie schnell kulturelle Veränderungen funktionieren, stellen Sie einfach ein Kind vor ein Telefon mit Wählscheibe. Technische Entwicklung ist überhaupt das beste Beispiel für kulturelle Evolution. Laut dem Moore'schen Gesetz verdoppelt sich die Größe von Festplattenspeicherplatz jedes Jahr, während sich der Preis halbiert. *Das* sind Geschwindigkeiten. Und für das Web 2.0 musste die Informatiker-Generation Web 1.0 nicht mal aussterben. Im Gegenteil. Die beiden können miteinander reden. Technik verändert sich so schnell, gerade *weil* wir das Wissen vorheriger Generationen nutzen dürfen und nicht jeder Maschinenbaustudent die Dampfmaschine neu erfindet.

Stellen Sie sich vor, Sie würden 1000 Jahre in der Zeit zurückversetzt. Wie viele Dinge, die Sie aus unserer Gegenwart kennen, könnten Sie selbst wieder neu erfinden, geschweige denn herstellen? Wahrscheinlich wären Sie am Ende einfach gezwungen, eine Pizzeria aufzumachen – mit sehr einseitigem Belag. Denn Wissen, das nicht an eine ausreichend große Gruppe weitergegeben wird, ist erst mal für lange Zeit weg. Nach dem Untergang des Römischen Reiches dauerte es mindestens 900 Jahre, bis die Menschheit das Sofa wiederentdeckt hatte. Das Sofa! Über tausend Jahre, bis sie annähernd wieder auf dem gleichen Stand war wie vorher, was Kanalisation und Infrastruktur angeht.

Jede Kulturtechnik, die verloren geht, wirft uns um Jahre in unserer Evolution zurück – so als müsste ein Elefant plötzlich ohne seinen Rüssel klarkommen oder ein Pfau mit einem Bürzel. Deshalb regt uns das mit der Bibliothek von Alexandria auch immer noch so auf. Dagegen beruhigt es uns, in einem Manufactum-Katalog zu sehen, dass irgendjemand die Fähigkeit am Leben hält, Staubwedel aus Eichhörnchenschwänzen herzustellen.

Wir brauchen das Zusammenleben also, um unseren Lebensstandard zu ermöglichen. Und wir sprechen hier nicht von elaborierten Mikrochips oder Sinfonieorchestern. Wir sprechen von Frühstück.

Aber kann kulturelle Evolution tatsächlich auch unser Gehirn weiterentwickelt haben? Vieles spricht dafür. Zunächst einmal wäre das menschliche Hirnwachstum ohne kulturelle Entwicklungen wahrscheinlich gar nicht möglich gewesen. Im menschlichen Gehirn gibt es mehrere Genkombinationen, die für eine vermehrte Zellteilung und ein beschleunigtes Wachstum sorgen. Ziemlich viele Wissenschaftler versuchen gerade herauszufinden, welche das sind. Fest steht aber, dass sich diese genetischen Variationen nur durchsetzen können, wenn die betroffenen Individuen dieses enorme Wachstum überhaupt unterfüttern können. Die Proteinzufuhr, die unser Gehirn dafür braucht, konnten Menschen nur liefern, weil sie lernten, wie man mehr aus seinem Essen herausholt. Vor circa 3,3 Millionen Jahren erfanden unsere Vorfahren das Fleischmesser, mit dem sich mehr rohes Fleisch von den Knochen des Tieres abtrennen lässt.[333] Weniger Aufwand, mehr Nahrung. Fleischmesserherstellung wurde sofort ein elementarer Bestandteil des Lehrplans.

Nur ein paar hunderttausend Jahre später gab es eine neue

Schlagzeile: «Feuer beherrscht! – Können wir jetzt aufhören, auf Bäumen zu schlafen?» Mit dem Braten vervielfachte sich der Nährwert, den die frühen Menschen aus ihrer Nahrung ziehen konnten, und die Verdaulichkeit. Das erlaubte weiteres Wachstum des Gehirns, aber eben nur unter der Bedingung, dass Ihnen am Anfang irgendjemand verrät, wie Sie dafür ausreichend Nährstoffe gewinnen. Zum Glück haben wir eine gewisse Tendenz zum Informationenteilen. Stellen Sie sich vor, Ihr Vorfahr hätte sich das Fleischermesser patentieren lassen. Oder der Nächste hätte geheim gehalten, wie man Feuer herstellt, und Fackeln gegen eine kleine Gebühr an die Nachbarn vermietet. Stattdessen haben beide ihre Errungenschaften geteilt. Zumindest mit dem eigenen Stamm. Nicht unbedingt mit diesen suspekten Individuen von der anderen Flussseite. Die sind nicht von hier.

Jede Elterngeneration erklärt ihren Kindern wieder neu, wie man Feuersteine benutzt, wie Stroh und Holz gestapelt werden und wo der Grillanzünder hinmuss. Grilltipps sind fundamentales Kulturgut. Dagegen setzten andere Homo-Gruppen nur auf physische Evolution. Der Nussknacker-Mensch zum Beispiel (eigentlich Australopithecus Boisei) ernährte sich lieber vegetarisch von Gräsern und verbesserte dafür seine Kautechnik. Er starb aus. Wahrscheinlich weil sich sein Kiefer mehr entwickelte als sein Gehirn.

Wir brauchen also mindestens diese zwei Dinge: Gene, die das Gehirn zu großem Wachstum anregen, und eine Kultur, die uns in die Lage versetzt, dieses Wachstum zu unterstützen. Damit sind wir endgültig ein Produkt von beiden Formen der Evolution: Nature and Nurture.

Doch damit ist der Tanz von Umwelteinflüssen und Genexpression noch längst nicht beendet. Unser Leben lang reagieren Gene und Umwelt aufeinander, wiegen im Takt des anderen, wechseln sich in der Führung ab, und wenn einer hinfällt, steht der andere nervös lächelnd rum und winkt ins Publikum.

Unsere Gene legen die Grundvoraussetzung für ein Gehirn, das von seiner Umgebung lernen kann. Und unsere Umwelt sorgt wiederum dafür, dass die Voraussetzungen für diesen Lernprozess gegeben sind. Stellen Sie sich vor, was passieren würde, wenn Babys ganz ohne Erwachsene aufwachsen würden, ganz ohne die Erfüllung der menschlichen Grundbedürfnisse: Nahrung, Zuwendung, Schutz und kabellose Internetverbindung. Diese Aufgaben lassen sich nur schwer outsourcen. Will man sein Kind dazu bringen, Chinesisch zu lernen oder zumindest chinesische Laute auseinanderzuhalten, braucht man dafür schon einen Chinesen. Videos oder CDs sind völlig ineffektiv.[334] Das gleiche gilt übrigens für den Versuch, irgendjemanden – oder gar Kinder im Mutterleib – mit Mozart zu beschallen. Ein Effekt dieser Strategie konnte bis heute nicht nachgewiesen werden.[335] Klavierlehrer helfen schon besser. Bestimmtes Lernen braucht Menschen. Und erst der Umgang mit ihnen ermöglicht uns ein komplexeres Gehirn, wie wir es haben. Deshalb lassen sich unsere sozialen Fähigkeiten kaum von allem anderen, was wir lernen, trennen. Die Frage, wie gut Kinder dazu in der Lage sind, anderen Leuten Aufmerksamkeit entgegenzubringen und sie nachzumachen – die wir zum Beispiel brauchen, um von ihnen zu lernen, wie man so schicke Fleischermesser herstellt –, korreliert Jahre später mit ihrer Fähigkeit, anderer Leute Annahmen einzuschätzen.[336, 337] Und um unsere Theory of Mind-Fähigkeiten richtig auszubilden, müssen wir erst mal sprechen lernen. Darum ist es bei taub geborenen Kindern wichtig, noch vor dem zehnten Lebensjahr mit der Zeichensprache zu beginnen, damit sich ihre Fähigkeiten bestmöglich entwickeln können.[338] In dieser Zeit entwickelt sich auch unser alter Bekannter, der TPJ, ganz fundamental. Und ohne diese Fähigkeiten können wir in der Gesellschaft einfach nicht mithalten.

Ein Großteil der menschlichen Entwicklung besteht also darin, Probleme zu lösen, die man ohne andere Menschen gar nicht gehabt hätte. Trotzdem muss es sich gelohnt haben, sich zusammenzuraufen. Und zwar im größeren Umfang als alle anderen Herdentiere. Fragt sich nur, warum.

Das Zusammenleben mit anderen ist keineswegs eine neumodische Idee nach dem Motto «Eigentlich würde ich ja gerne in einer

Hütte im Wald leben, aber Papa sagt, ohne Networking geht heute gar nix mehr». Stattdessen ist Ihr Gehirn das Resultat von mehreren Jahrmillionen Evolutionsdruck auf eine Spezies, die weder über Krallen noch über sonstige überzeugende Argumente im natürlichen Wettkampf verfügt. Im Ausgleich haben Ihre Vorfahren alles auf Zusammenarbeit gesetzt und demgemäß ein komplexes Gehirn ausgebildet, das dieser Aufgabe gewachsen ist: mit der Fähigkeit zu kommunizieren, sich in andere hineinzuversetzen und Zusammenarbeit zu koordinieren. Bonobos, Krähen und Wale sind auch ziemlich gut in Sachen Zusammenarbeit. Aber kaum eine Spezies ist so sehr darauf getrimmt, andere nachzuahmen, mit ihnen Informationen auszutauschen und von ihnen zu lernen. Schon im ersten Lebensjahr reagiert der Mensch auf anderer Leute Blickrichtung, um zu wissen, was wichtig ist, achtet er auf deren Gefühlsäußerungen, um zu lernen, was gefährlich ist, und macht die blödesten Bewegungen nach, für den Fall, dass das mal wichtig werden könnte. Ihr Gehirn ist das Ergebnis dieser Mischung aus sozialer Neugierde, Beobachtungsgabe und Integrationswillen. Um die dreifache Größe ist das menschliche Gehirn genau dafür im Laufe der Evolution angewachsen. Übrigens hat Ihr eigenes Denkorgan in den Jahren nach Ihrer Geburt annähernd genauso viel zugelegt. Und schon vorher war Ihr Gehirn so groß, dass es sich in tiefe Falten legen musste, um noch in Ihren Schädel zu passen.

Und Ihre Umgebung hat fleißig dazu beigetragen. Von Ihren Eltern haben Sie das Sprechen gelernt, von den Lehrern das Rechnen und von Ihren Geschwistern, wie man Klötzchentürme kaputt macht. Seitdem haben Sie Ihren Kopf mit Sprache, Logik und den Gedanken anderer Leute gefüllt. Sie haben gelernt, mit Zahlen umzugehen, die Zukunft zu planen, abstrakte Ideen zu formulieren und Ihre Gedanken zu hinterfragen. Vieles davon schon aus der Perspektive eines Laufstalls. Und immer spielten Ihre Mitmenschen eine entscheidende Rolle. Alleine hätten Sie vielleicht nie herausgefunden, wie sich Ihr eigenes Denken von dem anderer unterscheiden könnte.

Alles davon hinterlässt Spuren in Ihrem Kopf. Diese Informationen sind quasi die Bedienungsanleitung für die Welt und auch die Voraussetzung für Ihr komplexes Gehirn. Dort, wo sie fehlen, entstehen kognitive Defizite, die nach dem zweiten Lebensjahr kaum noch aufzuholen sind. Ihr Gehirn ist somit auch eine kulturelle Meisterleistung und erfolgreiches Teamwork von zehntausend Generationen. Neue Verbindungen entstehen, und alte werden nicht abgebaut, wenn Sie sie immer wieder nutzen müssen. Rezeptoren werden abgebaut oder vermehrt. Nachdem wir in die Grundschule gegangen sind, ist unser Gehirn darum nicht mehr das gleiche. Hoffentlich.

Wir brauchen Kultur also für Komfort und einen großen Cortex. Aber damit ist noch nicht geklärt, warum sie sich tatsächlich in unserer Evolution durchgesetzt haben. Es geht schließlich auch ohne Frühstück. Und ohne Cortex.

Mit Menschen ist besser als ohne.
Warum wir erst sozial wurden
und dann klug

Die Mischung aus Kultur und Veranlagung kann zumindest bis zu einem gewissen Grad erklären, wieso sich der Mensch ein größeres Gehirn leisten konnte. Doch das begründet noch lange nicht, warum er es hat. Das ist wie mit der Apple Watch. Sie sich leisten zu können ist eine Sache, eine sinnvolle Verwendung dafür zu finden eine ganz andere. Der Mensch hätte die Proteine ja auch in andere Körperteile stecken können. Wenn heute jemand Proteinshakes trinkt, hat das eher weniger mit Gehirn zu tun. Im Nachhinein erscheint diese Investition natürlich durchaus sinnvoll. Jedenfalls sinnvoller als die Apple Watch. Schließlich haben Sie's dank Ihrem Gehirn jetzt im Winter schön warm, und Ihre Fressfeinde können Sie im Zoo besuchen. Aber bis dahin hat es verdammt lange gedauert. Die Evolution selektiert nun mal nicht mit Blick auf Zukunftspotenzial – so im Sinne von «Wenn ich jetzt sehr viel in das Gehirnwachstum investiere, feinmotorische Fähigkeiten ausbaue und dazu noch riestere, habe ich in 2,5 Millionen Jahren das erste Lebewesen, das mit Besteck isst».

Nein. Ein Merkmal muss dem Lebewesen noch zu Lebzeiten nutzen. Und dafür reichen ein paar Stock-und-Stein-Konstruktionen als Verkaufsargument nicht aus. Vor allem, wenn für besagte Apparaturen die Hälfte der heutigen Hirnmasse wahrscheinlich ausgereicht hätte. Mit dem Werkzeugbau wuchsen zwar auch das Gehirn und unser Wettbewerbsvorteil, aber anfangs nur sehr moderat. Denn ein wirklich großes Gehirn muss man sich erst mal leisten können.

Eine kurze Kosten-Nutzen-Bilanz
Ihres Gehirns

Das Gehirn ist ein Energiefresser.[339] Ein Viertel der körperlichen Energieressourcen geht dafür drauf. Bis heute ist nicht ganz geklärt, wie Sie es überhaupt durchfüttern. Es wäre naheliegend, dass Lebewesen mit einem großen Gehirn einen stärkeren Stoffwechsel haben. Große Gehirne würden dann quasi von einem Hochofen angetrieben, und anderer Leute Hirne liefen eher mit einem Feuerchen. Quasi die Sparflammen-Edition der Intelligenz. So ein Zusammenhang wurde aber nie gefunden. Das wäre ja auch noch schöner, wenn dünne Menschen auch noch per se schlauer wären.

Laut einer anderen Theorie mussten wir für das größere Gehirn ein Stück Darm aufgeben. Das würde passen, denn das menschliche Gehirn ist größer, als man bei seiner Körpergröße erwarten würde, und der Darm kürzer. Außerdem ist es das einzige Organ, an dem überhaupt gekürzt werden könnte. Wenn diese Theorie stimmt, dann verlangt unser Gehirn nach besserem Essen als andere Spezies, und das wiederum bedeutet mehr Arbeit – nicht nur damals, sondern auch heute. Vor allem im Fitnessstudio. Um die Versorgung Ihres Gehirns sicherzustellen, verzichtet Ihr Körper auf Muskelmasse und baut lieber Fettpölsterchen auf. Ihr Bizeps ist Ihrem Gehirn herzlich egal.

Positiv betrachtet: Sie dürfen Ihren Winterspeck jetzt Hirnkraftstoff nennen. Negativ betrachtet: Sie haben noch mehr körperliche Wettbewerbsfähigkeit eingebüßt. Im Vergleich dazu gibt es eine Quallen-Art, die ihr Gehirn – um den Aufwand in Grenzen zu halten – sofort verdaut, sobald sie es nicht mehr braucht, nämlich dann, wenn sie einen sicheren Schlafplatz gefunden hat. Danach kommt sie ganz wunderbar ohne klar. Auch Bakterien erleben dank multiresistenter Keime gerade ein Comeback im Rennen um die dominante Spezies auf diesem Planeten. Und die sind wirklich nicht die hellsten. Das gibt einem schon zu denken.

Intelligenz ist eben nur eine Möglichkeit von vielen, sich in der

Evolution durchzuschlagen, und sie lohnt sich nur, wenn die Umstände sie bevorzugen. Fragen Sie mal Bonobos oder Delfine, die haben auch ziemlich große Gehirne, aber viele von ihnen sind vom Aussterben bedroht. Wer weiß, vielleicht sind in ein paar Jahren auch für uns Schwimmflossen wieder hilfreicher oder Kiemen.

Auch vor zwei Millionen Jahren waren Werkzeug und ein großes Gehirn keine Selbstläufer. Tatsächlich ging die Rechnung größeres Hirn = evolutionärer Erfolg für die meisten Spezies nicht auf. Die Evolution hat mehrere damit ins Rennen geschickt. Zuletzt wurde der Homo naledi entdeckt. Äußerst grazil, 45 Kilogramm, ein Gehirn von der Größe einer Orange. Heute könnte er in einer Castingshow mitmachen. In der Evolution hatte er keine Chance. Jedenfalls nicht auf Dauer.

Unser Vorfahr dagegen, der Homo erectus, der aufrechte Mensch, der vor etwas mehr als einer Million Jahren auftauchte, hat mit dem Jäger-Sammlertum eine echte Marktlücke für sich entdeckt. Er ließ die Bäume endgültig hinter sich, perfektionierte die Zweibeinigkeit und schritt von da an sehr elegant durch die Savanne. Er war auch der Erste, der begann, Werkzeug dauerhaft mit sich herumzutragen, anstatt es fallen zu lassen, wenn er es nicht mehr brauchte. In gewisser Weise war er der erste Mensch, der seinen Körper durch kulturelle Produkte erweiterte, so wie Sie das heute beispielsweise mit Ihrem Smartphone tun. Oder mit Skischuhen. Die Gehirngröße des Homo erectus liegt ungefähr auf der Mitte zwischen Mensch und Schimpanse, wenn man die Körpergröße mit einrechnet. Doch sein Aussehen ist dem eines modernen Menschen schon recht ähnlich. Sie könnten mit einem Homo erectus im Büro arbeiten und würden den Unterschied kaum merken.

Angehörige des Homo erectus machten sich auf nach Europa und Südostasien, wo sie eigene Gattungen bildeten. Andere blieben zu Hause wohnen und ließen sich dort zum Homo sapiens weiterbilden. Diese Gruppe entschloss sich erst kürzlich, vor circa 100 000 Jahren, sich den Rest der Welt anzuschauen. Die Gattungen trafen aufeinander. Zum Teil vermischten sie sich, wie Homo sapiens und

Neandertaler. Doch so wirklich überdauert hat nur eine Gruppe. Wieder mal waren es unsere Vorfahren, und wieder mal waren sie ziemlich allein auf dieser Welt. Die Letzten unserer Art.

Hätte sich damals schon irgendjemand für uns interessiert, hätte man «Rettet die Menschen»-Aufrufe auf T-Shirts gedruckt, und irgendwo in China hätte ein Zoo ein Zuchtprogramm ausgerufen. Aber es kam alles ganz anders, und heute wissen wir: An unserer Intelligenz lag das nicht.

Und wozu nutzen Sie Ihr Gehirn so?

Was ist also in der Umwelt des Menschen passiert, dass er mit Hirn besser dran war als ohne? Warum sind wir klug? Laut der spezifischen Intelligenzhypothese entwickelt sich jede Form von Intelligenz als Antwort auf ein spezifisches Problem. Ein Gehirn muss also nicht unbedingt in der Gänze wachsen, um ein spezifisches Set an Fähigkeiten zu entwickeln. Deshalb können Tauben sich gut orientieren, sind aber ansonsten eher dumm. Der Mensch dagegen ist ziemlich gut in ziemlich vielen Dingen. Es ist also die Frage, welche Herausforderung er meistern konnte, die ihn langfristig so grundlegend verändert hat.

Wie das immer so ist, wenn alles auf einmal passiert, fällt es uns auch heute noch schwer zu sagen, was genau vor einer viertel Million Jahren zuerst passiert ist. Wenn wir versuchen, solche Fragen zu beantworten, verfangen wir uns meist in einem Henne-Ei-Problem und hängen dann darin herum wie in einem Spinnennetz.

Braucht man Sprache, um komplexe Werkzeuge zu erfinden, oder hilft Basteln bei der Konstruktion von Grammatik? Selbst wenn wir eine sinnvolle Erklärung finden, bleibt sie wissenschaftlich oft eine «Just so»-Erklärung im Sinne von «Is halt so». Sie lässt sich weder beweisen noch widerlegen. Auch wenn eine Erklärung sehr schlüssig erscheint, heißt das nicht unbedingt, dass sie wahr ist. Sie können zum Beispiel nicht davon ausgehen, dass Behördensprache absichtlich geschaffen wurde, um Ihnen persönlich das Leben schwerzumachen, nur weil alles dafür spricht. Also machen wir wieder das, was wir immer tun, wenn wir nicht weiterkommen: Wir gucken uns die Kinder an.

Wenn Sie gerne wissen wollen, wie sich der Mensch vom Schimpansen unterscheidet, dann hilft der Blick auf die kindliche Entwicklung ganz ungemein. Würden Menschenkinder mit wunderbaren Kopfrechenfähigkeiten auf die Welt kommen und Schimpansen nicht, könnte man sagen, dass Menschen anfangs besser im Rechnen waren, und dann müsste man einen Grund finden, warum das den Weg geebnet hat für alles, was danach kommt, von Sprachfähigkeit bis Mülltrennung. Viel Spaß.

Zum Glück kommen Kinder nicht als Kopfrechengenies auf die Welt. Es ist überhaupt nicht so einfach, etwas zu finden, was Kleinkinder anderen Spezies voraushaben. Immer, wenn man gerade etwas anscheinend Spezifisches entdeckt hat, kommt irgendeine Spezies daher und nimmt es auch für sich in Anspruch. Delfine sprechen sich gegenseitig mit Namen an.[340] Ziegen können geometrische Reihen mit den richtigen Formen ergänzen.[341] Schimpansen kommunizieren in rudimentärer Gebärdensprache. Wie soll man da etwas finden, was den Menschen einzigartig macht? Noch vor dem Kindergarten!

Um ein für alle Mal herauszufinden, was uns tatsächlich zu Menschen macht, hat eine Studie gezielt Kleinkinder im Alter von zwei bis drei Jahren, Orang-Utans und Schimpansen verglichen. Was glauben Sie, wer gewonnen hat? Die Antwort ist: zunächst keiner. Kleinkinder waren in vielen Fällen ungefähr genauso intelligent wie die Primaten. Nämlich darin, wie sie die Welt wahrnehmen, Ursache-und-Wirkung-Zusammenhänge verstehen oder mit Objekten hantieren.[342] Vielleicht hatten Sie das schon erwartet, weil Kleinkinder Ihnen noch nie ganz helle vorkamen.

Aber die Studie hat auch etwas gefunden, worin die Kinder bereits kleine Genies sind: Kleinkinder sind außergewöhnlich gut in so ziemlich allem, wofür man mehr als eine Person braucht, also zum Beispiel in Zusammenarbeit, Verständnis oder Informationsaustausch. Schon Babys haben soziale Fähigkeiten, die fast jede andere

Spezies in den Schatten stellen. Und das, obwohl sie sonst so gut wie nichts können. Sozial gesehen haben sie alle möglichen Talente: auf Emotionen reagieren, Menschen imitieren, Menschen auseinanderhalten und vor allem: Menschen dazu bringen, Dinge zu tun. Der frühe Mensch konnte also wahrscheinlich weder Schleudern noch Steine richtig gut manipulieren, dafür aber seine Mutter. Und wenn er Glück hatte, kaufte die ihm ein Eis.

Die Theorie dazu heißt Soziale-Intelligenz-Hypothese. Sie besagt, dass größere Hirnleistung vor allem dann nötig ist, wenn wir mit anderen zusammenleben. Deswegen vermuten die Forscher, dass wir Menschen nicht erst intelligent wurden, um dann zu beschließen: «Lasst uns mit anderen Menschen zusammenleben, das ist sicherer, und vielleicht können wir irgendwann Kindertagesstätten aufmachen und in langfristiger Perspektive Schützenvereine», sondern dass die Menschen zuerst näher zusammenlebten und das so schwierig war, dass sie sich dafür ein besseres Gehirn anschaffen mussten. Wer schon einmal versucht hat, in einer WG einen fairen Putzplan auszuarbeiten, weiß, was damit gemeint ist.

Auch beim Homo erectus könnte sein Sozialleben entscheidend zu seinem Erfolg beigetragen haben. Denn es war unserem schon ziemlich ähnlich. Der Homo erectus setzte bereits auf Arbeitsteilung und lebte wahrscheinlich in kleinen, familiär organisierten Gruppen. Mehrere aus der Gruppe waren wohl in die Kindererziehung involviert und halfen der Mutter nach der Geburt, das Baby zu versorgen. Tatsächlich korreliert die Gehirngröße mit der Gruppengröße, in der wir leben. Das gilt im Besonderen für den Neocortex.[343] Wird alles größer, je nachdem, wie groß die Affenbande ist. Das heißt, dass Individuen, die in größeren Gemeinschaften leben, meist klüger sind. Also im Durchschnitt. Nicht im Hinblick auf den individuellen Freundeskreis. Facebook-Freunde ersetzen keine IQ-Punkte. Und selbst wenn sie es könnten: Wenn wir von der Größe des Gehirns auf die mögliche Gruppengröße schließen – und bei den meisten Affen funktioniert das nicht schlecht –, dann ist das Gehirn auf circa 150 Kontakte ausgerichtet.[344] Mehr Facebook-Freunde gelten nicht.

Tatsächlich begegnet uns diese 150 immer wieder.[344-346] Man spricht fast mythisch auch von der «Dunbar-Zahl» – benannt nach ihrem Entdecker, dem Anthropologen Robin Dunbar. Die meisten Firmen haben um die 150 Mitarbeiter. Sie scheint außerdem die ideale Mitgliederzahl für Kirchengemeinden zu sein, und wir finden sie in Jäger-Sammler-Gemeinschaften und noch bestehenden Urvölkern. Und nicht zuletzt bei der Auswertung von Handykontaktlisten. Zwischen hundert und zweihundert. Das scheint die ungefähre Gruppengröße zu sein, für die wir gemacht sind. Und die ist gar nicht so leicht zu organisieren. Mit all diesen Menschen pflegen Sie unterschiedliche Beziehungen. Sie müssen mit ihnen reden, sich an ihre Namen und Geburtstage erinnern und ihnen in regelmäßigen Abständen lustige Katzenbilder schicken. Deswegen untergliedern Sie sie in Gruppen. Angefangen mit fünf engen Freunden, darauf folgen 15 Vertraute, 50 Kumpel, 80 Bekannte. Oder so ähnlich. Auch diese Daten kommen aus der realen Welt, aus sozialen Netzwerken, Twitter und Handynetzen. Interessanterweise sind selbst viele moderne Armeen nach dieser Verdreifachungsstruktur organisiert. Eine 5-Mann-Squad, 15 Leute in einem Corps, 150 in einem Jahrgang etc.

Je näher die Menschen uns sind, desto regelmäßiger interagieren wir mit ihnen. Der Durchschnittsmensch hat pro Tag Kontakt mit 15 Leuten. Das will gut aufgeteilt werden. Die Beziehungen mit der engen Familie pflegen wir darum täglich. Die Beziehungen zu Freunden lassen über 18 Monate gemessen deutlich nach.[347] Wer da zurückbleibt, wird zurückgelassen. Also kümmern, Kontakte pflegen, organisieren. So funktioniert menschliches Zusammenleben. In der realen Welt müssen Sie zusätzlich noch Arbeitsgemeinschaften gründen und Tauschhandel organisieren und Kinderbetreuung und Schlüsselübergaben von Airbnb.

Alles nicht einfach. Deshalb erweitert die Kulturelle-Intelligenz-Hypothese die Soziale-Intelligenz-Hypothese noch und meint, dass der Mensch für dieses Sozialleben so viel dazulernen musste, dass er sein eigenes Gehirn überholt hat. Um in dieser Gesellschaft zu leben, müssen Sie nicht nur mit allen möglichen Fähigkeiten geboren werden, Sie müssen sich auch einiges aneignen. Das, was Sie von Haus aus an Intelligenz mitbringen, würde für dieses Leben nicht ausreichen, denn ohne Sprache, Grundrechenarten und gesellschaftliche Regeln sind Sie alleine aufgeschmissen. Mensch sein ist ein bisschen wie bei einem Onlinespiel. Geboren werden ist umsonst, aber wenn man wirklich mitspielen will, muss man 18 Jahre in Addons investieren.

Damit haben wir schon einen Großteil der «Warum»-Frage gelöst, denn jetzt beginnen wir uns in einem Kreislauf zu bewegen: Wir brauchen Gemeinschaft zum Überleben; das Zusammenleben mit Menschen erfordert Hirn; das Hirn durchzufüttern erfordert Gemeinschaft; die Gemeinschaft ...

Und wenn man in diesem Kreis erst mal drinsteckt, fallen einem unterwegs gleich noch viel mehr Wege ein, wie sich das Zusammenleben nutzen lässt. Immerhin haben wir jetzt mehr Hirn.

Teufelskreis Sozialleben

Wie das mit der Evolution so ist, können schon kleine Ereignisse eine Welle auslösen. Man schickt einen schlanken Vogel mit großen Reiseambitionen auf eine Insel ohne natürliche Feinde, und schwups, hat man einen extrem sesshaften Dodo. Schickt man dann eine Gruppe Holländer auf die Insel, hat man keinen Dodo mehr. Solche Mechanismen funktionieren auch bei sozialer Evolution. Zwei Gruppen derselben Affenart leben in einer Gegend mit unterschiedlicher Baumdichte. Die einen brauchen dafür Mithelfer, weil die Gejagten immer irgendwo einen Baum zum Entkommen finden. Die anderen können ihre Beute allein in die Enge treiben. Die eine Gruppe lernt, ihr Essen zu teilen. Die anderen Affen geben davon nur was ab, wenn man sie sehr ausführlich belästigt.[348] Genau so könnte der Ursprung der Menschen ausgesehen haben. Ausgelöst durch einen Unterschied in der Baumdichte.

Die Fähigkeit zur Kooperation ist tatsächlich erblich. Auch Hunde sind in ihrer Evolution sozialer geworden. Nach jahrhundertelanger Lebensgemeinschaft mit Menschen und sehr gezielter Auslese schlagen sie Primaten in allen möglichen Sozialkompetenz-Aufgaben.

Irgendwann hat sich die Entwicklung wahrscheinlich selbst verstärkt. Auch das kommt in der Evolution häufig vor. Giraffen haben einen langen Hals, weil diejenigen Giraffen, die oben an die Bäume kamen, mehr Futter hatten. Ein langer Hals lässt sich schlechter biegen, also brauchte es einen noch längeren Hals, um ans Wasserloch zu kommen. Wer essen *und* trinken kann, ist klar im Vorteil. Das Ergebnis ist ein Tier, dem man keinen Schal stricken möchte.

Beim Menschen könnte die Entwicklung mit der Jagd weitergegangen sein. Weil die sich besser in Gruppen erledigen lässt, müssen die anderen Aufgaben im Team gut verteilt werden. Ganz ohne MyHammer.de. In Urvölkern verbringen die Leute am Tag mehr als 50 Prozent ihrer Zeit mit Tätigkeiten, die in erster Linie nicht ihnen selbst nutzen, sondern einem anderen Stammesmitglied.[349] Eine Hand wäscht die andere. Ein erfolgreicher Stamm ist am Ende für alle gut. Vielleicht gibt es in solchen Gesellschaften auch den Tag über nicht allzu viel zu tun. So oder so sind diese kleinen Gefälligkeiten der Beginn von Kooperation und damit die Grundlage von Kommunen, Sozialversicherungen und Internetforen zu Haushaltsproblemen. Türen aufhalten für die Staatengemeinschaft.

Mit ziemlicher Sicherheit waren sie auch der Anfang moderner Kinderbetreuung. Wer gemeinsam jagt, der teilt sich am besten auch die Pflege des Nachwuchses. Das ist effektiver. Tatsächlich gehören Menschen zu den wenigen Spezies, die sich um anderer Leute Kinder kümmern und ihnen sogar etwas zu essen abgeben. Genau genommen gehören sie zu den wenigen Spezies, die ihren *eigenen* Kindern etwas zu essen abgeben. Schimpansen kümmern sich zwar wirklich sehr liebevoll um ihren eigenen Nachwuchs und entwickeln eine starke Bindung, aber auf Essensbitten reagieren sie nur in 50 Prozent der Fälle. Und dann geben sie in 100 Prozent der Fälle nichts von dem wirklich leckeren Zeug ab.[350] Menschen dagegen haben gelernt, ihr Essen aufzuteilen. Auch in den meisten Stämmen funktioniert das so. Wer etwas fängt, bringt es für alle mit nach Hause.

Jetzt wissen wir ziemlich genau, warum Menschen gemeinschaftlich zusammenleben. Es ist eine der wenigen Sachen, die sie wirklich gut können. Und diese Fähigkeit ist selbstverstärkend mit starkem Abhängigkeitspotenzial. Mittlerweile ist uns die Gemeinschaft so zu Kopf gestiegen, dass sie ihre eigene kulturelle Evolution ausgelöst hat. Ohne Gemeinschaft wäre also kaum noch etwas am gewohnten Fleck. Hinter und vor Ihrem Schädel. Die gute Nachricht ist, dass wir für genau diese Herausforderungen gemacht sind, denen wir uns täglich stellen: Arbeitsteilung und Zivilisation. Schließlich haben Sie ein Gemeinschaftshirn. Der Mensch hat sich alle möglichen anderen Eigenheiten angewöhnt, die das Zusammenleben erst ermöglichen, von emotionalen Fähigkeiten über eine faire Futterverteilung bis hin zu einem hübschen Regelwerk als Vereinssatzung.

Wer dabei betrügt, wird äußerst kreativ bestraft. Noch so etwas, worin Menschen gut sind. Schließlich funktioniert das Ganze nur mit einem Mindestmaß an Vertrauen. Und da sind wir jetzt wieder in der heutigen Zeit angekommen.

Wir haben schon geklärt, warum wir ein Interesse daran haben, die Gemeinschaft am Laufen zu halten. In den nächsten Kapiteln geht es um die Verhaltensweisen, die wir uns dafür angewöhnt haben. Mittlerweile sollte es uns eigentlich nicht mehr überraschen, dass viel davon fest in unserem Gehirn verankert ist. Also konzentrieren wir uns auf unsere bewährten Fragen: Wie verhalten wir uns? Was sagt unser Kopf dazu? Und: Geht das noch besser?

Fangen wir an mit einer Fähigkeit, die wir anscheinend dringend brauchen, um das Rad unserer Gesellschaft am Laufen zu halten: Vertrauen.

Das Einmaleins
der Zusammenarbeit

Tatsächlich steht Vertrauen am Anfang von so ziemlich allem. Wir haben schon mehr als eine Fähigkeit kennengelernt, die notwendig ist, um eine Gesellschaft zu gründen. Theory of Mind gesellt sich mit Sicherheit dazu. Mitgefühl wohl auch. Kommunikation hilft. Aber fast alles, was man mit diesen Dingen anstellen kann, hat eine ganze Menge mit Vertrauen zu tun.

Wenn die anderen Teile die Bausteine sind, könnte Vertrauen eine Art Zement sein, der es uns erlaubt, daraus Gebäude zu errichten. Bei der Frage, wann Zusammenarbeit funktioniert und wann nicht, geht es sehr oft um die Schwierigkeit, Vertrauen aufzubauen, zu erhalten oder wiederherzustellen. Das unterschätzen wir oft. Jemandem zu vertrauen klingt wie eine große, schöne Sache für besondere Anlässe. Tatsächlich vertrauen wir den ganzen Tag über in eine ganze Menge Dinge.

Wir vertrauen darauf, dass unsere Kollegen zur Arbeit kommen und dass unser Ehepartner das Gemeinschaftskonto nicht leerräumt, darauf, dass der Chef uns am Monatsende bezahlt und dass die Bäckerin uns die Brötchen gibt, auch wenn sie unser Geld bereits hat. Wenn sie stattdessen die fünf Euro in ihre Tasche steckt und wie wild geworden aus dem Laden rennt, wären wir, milde gesagt, überrascht. Wir vertrauen darauf, dass niemand unser Auto klaut, wenn wir es am Straßenrand stehen lassen, und dass der Nachbar unsere Gartenmöbel nicht mitnimmt. Stellen Sie sich den Aufwand vor, wenn dem nicht so wäre. Das Kindertrampolin im Garten würde nachts ins Wohnzimmer geräumt. Der Normalzustand ist das nicht.

Auch die meisten von den eben erwähnten Gemeinschaftsarbeiten, die unser Gehirn erst nötig und möglich gemacht haben, brauchen Vertrauen. Denn für Austausch muss ich davon ausgehen, etwas zurückzukriegen. Wir müssen darauf bauen, dass die Sammler die anderen nicht leer ausgehen lassen, genauso wie wir darauf vertrauen müssen, dass die Angestellten in der Kita alle Kinder gleich gut versorgen. Dank solcher Mechanismen kann der Mensch Politik machen, Arbeitsgruppen bilden, sich gegenseitig helfen und kaum gebrauchte Latexstiefel auf eBay ersteigern, ohne die ständige Furcht, dass der andere ihm seine Gegenleistung vorenthält. Und das lohnt sich.

Wer manchmal daran zweifelt, ob Zivilisation wirklich die beste Option ist, wo es doch Alternativen wie Baumhäuser oder Erdlöcher gibt, dem sei der YouTube-Channel «How to make everything» empfohlen. Da sehen wir einen Mann, der alles ganz alleine macht. Zum Beispiel ein Hühnchen-Sandwich, für das er Getreide und Gemüse anbaut, ein Huhn schlachtet, zum Ozean fliegt, um Wasser zu gewinnen (etwas dekadent vielleicht, das geht auch aus Urin) und Gurken einlegt. Am Ende kostet ihn das Ganze 1500 Dollar und sechs Monate Zeit. Er meint, es schmecke nicht besonders gut. Zur Auswahl stehen noch ein 2000-Dollar-Burger, ein 4000-Dollar-Anzug (Schafe, Wolle, Webstunden) und ein sechsteiliger Workshop zum Thema Eisengewinnung aus der Erde. Wenn es auch lehrreich ist, uns immer mal vor Augen zu führen, wie viel Zeit und Ressourcen in unseren Gütern drinsteckt – effektiv ist das nicht.

Vertrauen ist also wichtig. Und es ist zerbrechlich. Eine Kleinigkeit reicht, um alle Arrangements zu zerdeppern. Stellen Sie sich vor, Sie lassen nur ein einziges Nachbarskind allein im Wald zurück, und schon werden Sie von den Eltern nicht mehr zum Essen eingeladen. Und dieses Vertrauen lässt sich nicht so einfach wiederherstellen. Nachdem die Nachbarn ihr Kind nach drei Stunden Suche wiedergefunden haben, geben sie es Ihnen am nächsten Tag nicht noch mal mit, um zu gucken, ob's heute besser läuft. Das ist besonders problematisch, wenn man sonst keine Nachbarn hat. Dann war's das mit der Arbeitsteilung. Mammuts kommen so nicht auf den Tisch.

Auf gesellschaftlicher Ebene ist ein solcher Vertrauensverlust entsprechend schädlich. Je weniger wir vertrauen, desto mehr müssen wir uns schriftlich bestätigen und belegen lassen, mühsam verhandeln. Hohe Kosten, unverhältnismäßiger Verwaltungsaufwand, Papierverschwendung. Ein Leben wie eine Steuererklärung. Als Nächstes wählen die Menschen krude Parteien, bestechen oder bedrohen sich gegenseitig, rufen Bürgerwehren aus und holen die Kindertrampoline rein. Vertrauen ist die Grundlage unserer Zivilisation. Also höchste Zeit, uns mal zu fragen, was es damit eigentlich auf sich hat.

Was ist Vertrauen?

Schon die wissenschaftliche Definition von Vertrauen verrät uns eine ganze Menge: Vertrauen ist ein psychologischer Zustand, in dem wir uns willentlich verletzbar machen, weil wir überzeugt sind, dass der andere uns nicht ausbeuten wird. Eine interessante Formulierung für ein Ehegelübde.

So gesehen sind alle oben beschriebenen Vertrauensmomente Situationen, in denen wir verletzbar sind. Wir laufen unbewaffnet und angreifbar durch die Gegend, geben anderen unser Geld, unsere Kinder genauso wie unsere Gesetzgebung und ein Gewaltmonopol in die Hand. Da kann einem schon mal schwindelig werden.

Das meiste, was die Forschung über Vertrauen weiß, kommt aus einem Spiel mit dem überraschenden Namen «The Trust Game». Das Vertrauensspiel. Es wird meistens von zwei Spielern gespielt. Spieler 1 bekommt eine bestimmte Summe Geld, sagen wir zehn Euro, die er mit Spieler 2 teilen kann. Der Twist dabei (und beide Spieler wissen das) ist dieser: Spieler 2 bekommt nicht einfach nur das Geld ausgezahlt, das ihm Spieler 1 überwiesen hat, sondern das Dreifache davon. Danach kann er einen Teil des Geldes an Spieler 1 zurücküberweisen.

Das ist ein bisschen, wie wenn Eltern ihrem Kind eine überteuerte Ausbildung an einem schicken Ivy-League-College bezahlen, in der Hoffnung, dass es danach ein Vielfaches von dem investierten Geld verdient und ihnen dann einen hübschen Alterssitz in Florida finanziert – oder wenigstens auf Rügen. Beide Parteien gewinnen. Im Spiel sieht dieser Win-win-Ausgang so aus: Spieler 1 überweist Spieler 2 die ganzen zehn Euro. Spieler 2 erhält die dreifache Summe, also 30 Euro. Spieler 2 überweist 15 Euro zurück. Beide leben glücklich und zufrieden bis an ihr Lebensende.

Aber warum geht Spieler 1 eigentlich davon aus, dass das passiert? Das Spiel ist anonym, und es gibt nur eine Runde. Eigentlich hat Spieler 2 gar keinen Grund, etwas zurückzuüberweisen. Also, warum hält der andere nicht einfach seine sicheren zehn Euro ganz fest und freut sich? Was haben nur alle immer mit der Taube auf dem Dach?

Nun, die ist bekanntlich größer als der Spatz in der Hand. 15 Euro sind mehr als zehn. Vertrauen ist also eine Investition in die Zukunft. Deshalb sind diejenigen Gehirnareale stark daran beteiligt, die wir für die Wertschätzung zukünftiger Belohnungen brauchen, die dem Rest des Gehirns noch viel zu abstrakt sind. Die Gegend um den orbitofrontalen Cortex und den VMPFC zum Beispiel.[351] Beide brauchen wir, um Langzeitziele einzuhalten, obwohl es gerade akut andere Bedürfnisse gibt.[352] Damit sind sie quasi das Herrchen des inneren Schweinehunds. Wenn wir sagen, wie gerne wir uns diese Jacke kaufen würden, zeigen sie uns vor unserem inneren Auge Bilder des nächsten Sommerurlaubs, für den wir sparen, und helfen uns bei der Selbstkontrolle.

Damit unterscheidet sich das Vertrauensspiel gar nicht besonders von jeder anderen alltäglichen Abwägung zwischen zukünftigem Gewinn und spontanem Genuss. Jetzt hungern, später noch einen Schokoriegel übrig haben. Jetzt nicht noch mal auf Facebook klicken, dafür später früher fertig sein. Jetzt Wäsche waschen, Samstag nicht das Lebenskonzept in Frage stellen. Unser Gehirn befindet sich ziemlich häufig in Situationen, wo es jetzt und später gegeneinander abwägen muss.

Vertrauen ist also kein reiner Selbstzweck, sondern wir versprechen uns etwas davon. Nicht unbedingt etwas Materielles. Vielleicht öffnen wir uns jemandem, in der Hoffnung auf einen guten Rat. Wir geben einem Politiker unsere Stimme, in der Hoffnung auf eine Autobahnumgehung, oder wir legen unsere Finanzen zusammen in der Hoffnung, Steuern zu sparen. Und trotzdem ist es eine Form langfristigen Denkens.

Deswegen vertrauen wir auch besonders gerne, wenn wir davon ausgehen, dass beide von der Situation profitieren. Wenn der andere *mehr* gewinnt, wenn er uns übers Ohr haut, vertrauen wir *weniger*. Damit ist derjenige, der vertraut, weder naiv noch blauäugig oder gutgläubig, sondern geht strategisch sinnvoll vor. Wie beim Gemüse pflanzen: Nicht immer besonders durchdacht, nicht immer richtig angewandt, gerne an den falschen Ort gesetzt, und es ist unklar, ob sich die Investition lohnt, aber im Grunde zukunftsorientiert.

Aber die Entscheidung, einem Menschen zu vertrauen, ist mehr als eine Risikokalkulation für ein Aktienpaket. Auch wenn sie auf ähnlichen Faktoren beruht à la Investition, Risiko und Gewinn. Die Art, wie ich meine Chancen ausrechne, unterscheidet sich in beiden Szenarien.

Wenn Sie überlegen, ob Sie jemandem vertrauen, stellen Sie eine ganz Menge Fragen, die Sie sich bei einem Aktienpaket nicht stellen würden. Ist es meinem Blick ausgewichen? Hat es einen festen Händedruck? Und wer vertraut schon einem Aktienpaket mit einem Schnurrbart? Wie sich Ihre Evaluation eines Aktienpakets von der eines Geschäftspartners unterscheidet, kann man im Scanner sehen, indem man das Vertrauensspiel variiert. Spieler 2 wird durch einen Computer ersetzt, der mit 50/50-Wahrscheinlichkeit entscheidet, ob er Ihnen Geld zurückgibt.

Mit wem würden Sie lieber spielen? Der Vergleich, den Sie jetzt anstellen, findet wahrscheinlich vor allem in den Theory-of-Mind-Regionen statt.[353] Sie evaluieren, welche Interessen Ihr Gegenüber haben könnte oder auch wie Sie sich in der Situation verhalten würden. Aber auch eine emotionale Komponente spielt in die Entscheidung mit rein. Wer vertraut schon, wenn das Bauchgefühl gegenüber der Person nicht stimmt? Lächelnden Gesichtern vertrauen wir mehr als ärgerlichen, attraktiven mehr als unattraktiven. Diese Effekte haben nichts mit langem Nachdenken zu tun (wer so schöne Ohrläppchen hat, muss quasi vertrauenswürdig sein). Vielmehr spielen sie sich quasi automatisch in den ersten 100 Millisekunden ab, wenn wir ein Gesicht sehen.[354-357] Da ruft unser Gehirn schon «Wow, hast du das Lächeln gesehen? Lieber alles Geld überweisen!» Und zumindest gegenüber lächelnden Gesichtern hält es dieses Vertrauen aufrecht, auch wenn man ihm mehrfach das Gegenteil beweist.[355]

Auf lange Sicht geht es natürlich nicht nur um Äußerlichkeiten. Sonst wäre unsere Spezies ein ziemlich trauriger Haufen. Es geht auch um die Vorerfahrung. Jemand, der uns vorher ausgeschlossen hat, ist weniger vertrauenswürdig als jemand, der uns in die Gruppe integriert hat.[358] Dazu kommt noch der Halo-Effekt. Wenn wir erst mal eine Sache gefunden haben, die wir an jemandem mögen, dichten wir ihm alle möglichen anderen positiven Eigenschaften an (jeder weiß, dass Leute, die die «Sendung mit der Maus» mögen, allgemein bessere Menschen sind). Wenn wir dagegen von anderen vor jemandem gewarnt werden, sind wir eher auf der Hut.[359]

Hier begegnet uns mal wieder unser alter Bekannter, die Amygdala. Wir wissen bereits, dass sie beim Verarbeiten von Gesichtern eine wichtige Rolle spielt. Ein Teil dieser Aufgabe scheint zu sein, ein mentales Post-it hochzuhalten mit der Aufschrift «Der sieht ja aus wie ein Gebrauchtwagenverkäufer!». Entsprechend haben Menschen mit Schäden an der Amygdala auch Schwierigkeiten damit, Gesichter nach ihrer Vertrauenswürdigkeit zu beurteilen.[360] Neben dieser Gutachterrolle ist sie auch an der Angst beteiligt, betrogen zu werden, wenn wir jemandem unser Vertrauen schenken.

Wenn Sie die überwinden und auch Ihr allgemeines Urteil vorteilhaft ausfällt, dann überweisen Sie das Geld und warten gespannt auf Rückmeldung. Und dieser Ausgang ist relativ häufig positiv. Die Mehrheit der Probanden arbeitet eher mit einem Menschen zusammen als mit dem Computer.[353]

Vertrauen ist also ein langfristiger Weg, unsere Welt vor Chaos zu bewahren. Wir entscheiden uns dazu, basierend auf einer Gewinn-Risiko-Kalkulation und einigen mehr oder weniger rationalen Überlegungen über unser Gegenüber – der Knackpunkt, bei dem die ersten Schwierigkeiten auftauchen. Aber letztlich vertrauen wir überraschend häufig, wenn man die Umstände bedenkt. Das ist doch schon mal etwas wert. Und es ist auch nicht völlig aus der Luft gegriffen.

Denn Vertrauen geht noch mit einer anderen Verhaltensweise einher. Wissenschaftlich «positive Reziprozität» genannt. Umgangssprachlich: Vertrauenswürdigkeit.

Gute Gründe zu vertrauen

Wenn Sie meinen, dass es ziemlich wahrscheinlich ist, im Vertrauensspiel etwas zurückzukriegen, liegen Sie richtig. Eine große Mehrheit weiß, was in diesem Fall das erwartete Verhalten ist, und hält sich daran. Und zwar von Kindesbeinen an.

Zur Illustration schnappen Sie sich zwei Kinder. Legen Sie zwei Süßigkeiten so außer Reichweite, dass die Kinder ihre Belohnung nur kriegen können, wenn sie gemeinschaftlich an einem Strang ziehen und eine Räuberleiter bauen. Mit ziemlicher Sicherheit hebt jetzt eins das andere hoch. Das kommt uns so logisch vor, dass wir gar nicht merken, welche Grundannahme dahintersteckt: Das untere Kind geht davon aus, dass das andere ihm einen fairen Anteil an der Beute abgeben wird. Und das obere Kind versteht, dass das der Deal ist, und teilt meist ungefragt.

Wenn eines der Kinder gerade beide Süßigkeiten noch in der Luft in den Mund gesteckt und dabei laut «Muahahaha!» gerufen hat, sollten Sie es umtauschen. Die Mehrheit der Kinder versteht ungeschriebene Fairness-Gesetze. Sie halten sich daran, und vor allem vertrauen sie darauf, dass die Gesetze eingehalten werden. Wenn es mal doch nicht klappt, halten sich kleine Kinder die Option «Auf-den-Boden-werfen-und-schreien» offen.

Tipp des Tages: Einfach mal einem Geschwisterkind Taschengeld geben und dem anderen nicht. Oder ganz offen bei «Mensch ärger dich nicht» mogeln, während nur eins der Kinder hinguckt. Das

Drama, das Sie damit auslösen, ist zutiefst sozial. Und es ist nicht die einzige Möglichkeit, die die Kleinen nutzen, um Zusammenarbeit sicherzustellen. Kinder handeln Kooperation aus – inklusive entstehender Konflikte und verbindlicher Absprachen. Erst helfe ich dir, dann du mir. Versprochen.

Versuchen Sie dagegen mal einer Gruppe Schimpansen zu erklären, wozu man Abzählreime braucht. Der Ranghöchste kriegt immer alles. Ist doch selbstverständlich. Danach will zwar niemand mit ihm zusammenarbeiten, aber das steht auf einem anderen Blatt. Darum kümmern wir uns später.[361] Im Vergleich dazu ist «Eeene, meene, miste, es rappelt in der Kiste» ein Meisterstück an Teamverständnis. Ein gerechter Mechanismus, der alle zufriedenstellt. Zumindest bis zum Ende der großen Pause.

Dahinter verstecken sich mehrere wichtige kognitive Leistungen. Zunächst müssen wir eine Idee davon entwickeln, was überhaupt gerecht und ungerecht ist. Solche Ungerechtigkeit wahrzunehmen und darauf zu reagieren verlangt eine ganze Menge Theory of Mind.[362, 363] Zweitens benötigen wir wieder eine gewisse Voraussicht. Vertrauenswürdigkeit lohnt sich vor allem langfristig. Das spiegelt sich auch in der Gehirnaktivierung. Die Areale, die wir schon fürs Vertrauen selbst brauchten, wie der VMPFC, bestimmen auch mit, wie viel wir davon zurückzahlen.[364]

Interessanterweise lässt sich dieser Effekt auch künstlich im Labor erzeugen. Nämlich indem man die Wirkung von Serotonin auf diesen Bereich des Gehirns moduliert. Blockiert man die Serotonin-Aufnahme, reagiert der VMPFC nicht mehr so stark. So kann ein Medikament Sie tatsächlich weniger vertrauenswürdig machen.[365, 366]

Hauptsache, wir kriegen das geregelt

Zivilisation stellt uns immer wieder vor Herausforderungen, die nicht ganz so einfach zu regeln sind wie die gerechte Verteilung von Marsriegeln nach gemeinsamer Räuberleiter.

Damit wir in jeder Situation wissen, was zu tun ist, haben Menschen sich ein hochkomplexes Regelwerk überlegt. Das ist nach Vertrauen, Reziprozität und Kooperation die nächste faszinierende Verhaltensweise: Regeln aufstellen und sich auch noch daran halten. Komme, was da wolle. Das macht das Leben natürlich nicht gerade einfacher. Statt einfach meinem Impuls zu folgen (Eis = lecker), muss ich alles Mögliche bedenken (Ich muss das Eis erst bezahlen?). Und diese Regeln unterscheiden sich auch noch von Kulturkreis zu Kulturkreis. Das kann einem schon mal widernatürlich vorkommen. Wenn man allein auf weiter Flur fünf Minuten vor einer roten Ampel wartet. Nachts um drei.

Nun kann man den Sinn einzelner Regeln in Frage stellen. Aber die Tatsache, dass es Regeln gibt, ist erst mal nichts besonders Widernatürliches oder Neues. Schimpansen wissen auch sehr genau, wer als Erstes ans Futter darf. Nur dienen die menschlichen Regeln besonders dem Erhalt der Zusammenarbeit und sind auch eine Nummer ausgeklügelter. Vor allem funktionieren sie meist ohne direkte Bedrohung.

Wenn eine Krähe sich zuerst auf einen Wurm stürzt, geht keine andere mehr dazwischen, auch wenn er der ersten zu entwischen droht. Genauso wie Sie nicht den Parkplatz eines anderen besetzen, nur weil der sich beim Einparken gerade blöd anstellt. Bei den meisten Tierarten gibt es einen Respekt vor physischem Besitz. Im Gegensatz zum Autofahrer kann die Krähe ihren Wurm aber nicht mit einem «Privat-Wurm»-Schild versehen und dann gemütlich eine Runde fliegen. Beim Menschen dagegen funktioniert Eigentum auch in Abwesenheit des Besitzers. Würden Sie die Kaffeetasse Ihrer Kollegin mit nach Hause nehmen, weil die im Urlaub ist? Ein Schimpanse schon. Durch diese Idee von Eigentum wird Tauschhandel erst möglich.[367]

Einige Theorien, wie die des Philosophen Thomas Hobbes, gehen davon aus, dass der Mensch wild geboren ist und die Gesellschaft ihm Regeln aufzwingt, die ihn unter Kontrolle halten. Aber mal ehrlich: Trauen Sie das einer Spezies zu, die Schrebergartenvereine erfunden hat? Wahrscheinlicher ist, dass es gar keine autoritäre Macht braucht, damit wir «links gehen und rechts stehen». Und überhaupt: Menschen suchen von sich aus Struktur und Regeln. Wenn eine Katastrophe ausbricht, sehen wir im Fernsehen oft randalierende Horden, die Fensterscheiben einschlagen, und gruseln uns bei diesem Einblick in die dunkle Seele des Menschen.

Tatsächlich ist das erste Bedürfnis im Angesicht auseinanderbrechender Zivilisation nur bei den wenigsten ein Flachbildfernseher. Bei den meisten ist es die Nähe der Liebsten und eine schöne Schlange, in die sie sich reinstellen können. Irgendwas zum Festhalten. Wenn in Katastrophensituationen die physische Infrastruktur wegbricht, sichert die soziale Infrastruktur unser Überleben.[368] Das ist es, was wir aufrechterhalten. Soziale Verbindungen, Informationsteilung, Unterstützung, Schutz und eben: die Grundregeln der Zusammenarbeit. Es gibt einen relativ großen gemeinsamen Nenner in der Frage, wie sich Menschen ihr Zusammenleben vorstellen. Wenn sie es sich denn leisten können. Und *das* ist vor allem eine Frage der Umstände. Also kein Grund, in Panik zu verfallen.

Kooperation ist beim Menschen nicht nur eine wohlkoordinierte Option. Sie ist auch unser Liebling. Bei Kindern sehen Sie das, wenn Sie dem einen die Möglichkeit für eine individuelle Belohnung ganz ohne Räuberleiter geben. Also entweder ihr arbeitet zusammen und jeder kriegt einen Schokoriegel, oder ich drücke dir den Riegel ganz einfach in die Hand, und das andere Kind geht leer aus. In den meisten Fällen wählen die Kinder die Räuberleiter.[369] Kooperation als Standardverhalten. Denn Zusammenarbeit bietet viel mehr als Schokolade. Die Möglichkeit auf Freundschaft, einen Schutz davor, aus der Gruppe ausgeschlossen zu werden, die Chance, etwas zu lernen, eine Gelegenheit, Spaß zu haben, langfristige Beziehungen zu knüpfen und später vielleicht Fußballbilder zu tauschen. Alles sehr gute Gründe. Wie auch mit allem anderen Verhalten, das gut für uns ist, kommuniziert unser Gehirn uns diese Information mittels Wohlgefühl.

Die Areale unseres Gehirns, die aktiv sind, wenn Kooperation funktioniert, sind auch mit dem Belohnungszentrum assoziiert: der orbitofrontale Cortex, das ventrale Striatum und der Nucleus caudatus. Letzterer ist wichtig beim Lernen und zielgerichteten Handeln. Er ist zum Beispiel aktiv, wenn wir uns entscheiden zu kooperieren.[370] Danach bestätigt er freudig, wenn der erwartete Gewinn eingetreten ist. Und je nachdem, wie stark er das tut, desto eher denken wir «Jippieh, noch mal!» und sind bereit, beim nächsten Mal erneut zu vertrauen.

Es geht also wieder um positives Reinforcement Learning. Um die Prozesse, die auch so viele Formen von Verlangen und Süchten antreiben. Wenn man das bedenkt, ist es gleich weniger überraschend, dass wir um zehn Uhr abends gerne noch schnell eine E-Mail beantworten, wenn wir dadurch behilflich sein können. Wenn es um Work-Life-Balance geht, ist meistens die Rede vom gemeinen Chef, der seine Mitarbeiter noch spät in der Nacht knechtet. Aber wahrscheinlich geht ein ziemlich großer Teil Nachtarbeit auch auf das Konto des netten Kollegen, mit dem die Zusammenarbeit so gut klappt und der jetzt gerade nur die eine Info braucht, damit er weiter arbeiten kann. Und das fühlt sich in dem Moment sogar ganz gut an. Wir sind eben gerne hilfreich.

Dementsprechend sind, wenn wir *nicht* kooperieren, vor allem Gehirnzentren aktiv, die in Selbstkontrolle, Konfliktmanagement und die Unterdrückung von Impulsen involviert sind. ACC (anteriorer cingulärer Cortex) und DLPFC (dorsolateraler präfrontaler Cortex) spielen eine wichtige Rolle bei der kognitiven Kontrolle oder in Situationen, in denen wir unsere gewohnten Reaktionen unterdrücken müssen. Sie sind aktiviert, wenn wir uns entscheiden, nicht zu kooperieren, genauso wie bei dem Gedanken, ein Versprechen zu brechen und zu lügen.[362, 371] Wir müssen uns also geistig am Riemen reißen, um jemanden hängenzulassen.

Doch wenn Zusammenarbeit uns so viel Spaß macht, warum kooperieren wir dann nicht permanent und dauerhaft? Na ja, wir machen ja auch sonst nicht immer alles, was unser Belohnungszentrum befürwortet. Ist wie mit Sex. Davon ist unser Belohnungszentrum auch sehr angetan. Heißt aber nicht, dass wir es ständig tun. Oder mit jedem. Oder dass wir es im Nachhinein immer für die beste Entscheidung halten. Eine Vorliebe ist trotzdem schon mal ein guter Anfang.

Bleibt die alte Frage: Warum kriegt es eine Spezies, die angeblich zur Kooperation geboren ist, nicht hin, wenigstens einmal einen Klimagipfel mit vernünftigen Ergebnissen zu produzieren? Und warum sind diese superkooperativen Menschen eigentlich nie in meiner Arbeitsgruppe? Kurz gesagt: Woran scheitert Kooperation?

Cooperation Fail.
Und warum es trotzdem nicht klappt ...

Vertrauen geht oft schleichend verloren. Wenn Sie das Vertrauensspiel oft genug wiederholen, lässt Ihr Gehirn ein bisschen locker und erlaubt sich ein paar Einsparungsmaßnahmen. Soll heißen: Sie halten den kostspieligen Theory-of-Mind-Apparat nur so lange am Laufen, wie Sie ihn zur Einschätzung der anderen Person brauchen. Das ist noch so ein Grund, warum Vertrauen Effizienz bedeutet. Mit der Zeit können Sie die Aktivität des DMPFC herunterfahren und schonen oder für andere Fragestellungen aufwenden wie die, wann eigentlich noch mal Ihr Parkschein abläuft.[372] So lernen Sie, sich in der Gegenwart anderer wohl zu fühlen, ohne sie ständig zu hinterfragen.

Menschen mit großen sozialen Ängsten zeichnen sich dagegen dadurch aus, dass ihr präfrontaler Cortex während des Vertrauensspiels permanent aktiv ist. Als würden sie sich die ganze Zeit fragen: «Kann ich dir trauen? Was ist mit jetzt? Immer noch? Sicher?» Möglicherweise lässt die Hyperaktivität in ihrem Gefühlszentrum nicht zu, dass der Cortex das Vertrauen lernt.[351, 373, 374] Dazu würde passen, dass Oxytocin, das an die Amygdala bindet und damit den präfrontalen Cortex beeinflusst, Vertrauen in vielen Fällen stärkt. Im Belohnungszentrum verschiebt Vertrauen das Wohlgefühl von der Erfahrung zur Erwartung. Also mehr im Sinne von «Das wird schön!».[375] Vorfreude ist die schönste Freude. Wir bilden eine Vorstellung von unserem Gegenüber aus, die ohne große Überprüfung so weiterläuft. Jemand ist vertrauenswürdig. Punkt. Er muss das nicht mehr groß beweisen.

Wir gehen davon aus, dass alles gutgehen wird, und ein plötzlicher Bruch des Vertrauens wird zum Vorhersagefehler. Also eine von diesen Situationen, wo unser Gehirn ganz locker auf «Kenn ich, wird schon» gelaufen ist und plötzlich ein Signal reinkommt, das alle Maschinen stoppt, weil wir uns ganz furchtbar verrechnet haben. Dann sind plötzlich alle wieder wach. DMPFC, STS (superiorer temporaler Sulcus) und TPJ – sämtliche Theory-of-Mind-Regionen – sind alle schwer damit beschäftigt auszurechnen: Was war das? War es ein Versehen? Wie groß war das Versehen? Was fangen wir jetzt damit an?

Dann schaltet sich auch die anteriore Insula ein, die eigentlich immer aktiv ist, wenn es gerade etwas Emotionales oder besonders etwas Negatives zu gucken gibt – Schmerzen, Gruppenausschluss, unfaire Angebote.[376-379] Sie sorgt für den somatischen Marker, gewissermaßen das Post-it mit der Aufschrift «War doof, merkste selbst». Den klebt sie auf alle möglichen Erlebnisse, um uns wissen zu lassen, dass wir das mit Sicherheit nie wieder tun werden.

Die gleichen Mechanismen, die uns schon beim Belohnungslernen geholfen haben, Fehler in Zukunft zu vermeiden, greifen auch hier: somatische Marker, negative Gefühle und kognitive Kontrolle.[361] Sie schalten sich auch ein, wenn Sie kurz davor sind, Ihrem Gegenüber zu viele Informationen zu geben, einfach weil Sie sich grad so schön unterhalten. Sie beißen sich auf die Zunge und lassen es das nächste Mal mit der Offenherzigkeit.

Selbst wenn unser Gegenüber uns gar nichts getan hat, kann Vertrauen auf der Strecke bleiben. Zum Beispiel, wenn wir den DMPFC gar nicht bemühen und Vertrauen direkt ablehnen.[380] In dem Fall haben Sie wahrscheinlich nicht mal darüber nachgedacht, wie der andere sich verhalten wird, sondern grob die Risiken abgeschätzt und dann ein Urteil gefällt. So wie Sie, wenn Sie von einem Telefonanbieter angerufen werden, auch nicht wirklich über die verschiedenen Optionen nachdenken, sondern einfach Ihren Standardsatz sagen: «So was mache ich aus Prinzip nicht am Telefon.» Das Gleiche, was Sie neulich auch schon Greenpeace gesagt haben. Ganz egal, wie unterschiedlich Sie die beiden Vereine sonst einschätzen würden. Die dafür benötigten vielschichtigen Theory-of-Mind-Gedanken haben Sie nicht mit einbezogen. Auch Oxytocin steigert unser Vertrauen nur, wenn wir uns einem Menschen gegenübersehen.[381]

Die Entscheidung zu vertrauen oder nicht beginnt also schon damit, sie überhaupt als Entscheidung wahrzunehmen. Eine andere Lernschwierigkeit zeigt unser Gehirn dann, wenn es mit allzu vorgefertigten Erwartungen an die Situation herangeht. Wenn uns jemand als moralisch gut, neutral oder schlecht vorgestellt wird, dann beeinflusst das unser Vertrauen für den Rest des Tages, völlig egal, wie er sich konkret verhalten hat.[382]

Genau das wird auch im Gehirn reflektiert. Der Nucleus caudatus, der gerade noch so eifrig damit beschäftigt war, Erwartungen aufzubauen und Verhalten zu evaluieren, hält sich vornehm zurück, wenn das Gegenüber schon bewertet wurde (Was gibt's da noch zu lernen?). Und das funktioniert in beide Richtungen. Wenn uns normalerweise jemand im Vertrauensspiel enttäuscht, schickt diese Region des Gehirns einen Vorhersagefehler. Aber sofort. Damit wir diesen Fehler kein zweites Mal begehen. Aber wenn unser Interaktionspartner einen guten Ruf hat, scheint dass unsere Lernmechanismen eine Zeitlang auszuhebeln.[382]

Solche vorgefertigten Urteile tragen wir sogar von einem Kontakt zum nächsten. Bricht ein Spieler unser Vertrauen, sind wir danach ein gebranntes Kind und vertrauen dem nächsten auch nicht mehr. Verständlicherweise passen wir unsere Erwartungsstatistik an. Schade ist nur, dass dieser Effekt andersherum viel schwächer funktioniert.[383] Soll heißen: Wenn jemand sich enorm vertrauenswürdig verhält, vertraue ich deswegen noch lange nicht einem anderen. Auch Großzügigkeit gegenüber Unbeteiligten lässt nach, wenn jemand anders uns gegenüber geizig ist. Und Geiz kopieren wir eher als Großmut.[384] Wegen solchem Hin und Her sind unsere sozialen Präferenzen nicht fix, sondern leicht beeinflussbar. Kooperation kann also scheitern, weil wir sie gar nicht in Erwägung gezogen haben oder weil wir unser Gegenüber als unzuverlässig einschätzen. Manchmal begründet, manchmal wegen unabhängiger Vorerfahrungen. Und was auch immer wir tun, hat das Potenzial, eine Welle auszulösen.

Natürliche Vorlieben hin oder her: Wir halten uns eher an die Regeln, wenn alle das machen. Wenn aber alle mogeln, machen wir das natürlich auch eher. Und wenn einer bei Rot geht, denken wir alle noch mal darüber nach, ob wir stehen bleiben. Das hat wieder mit Reinforcement Learning zu tun.

Und so breitet sich das Verhalten aus. Eine kooperative Gesellschaft kann ein gewisses Maß an Trittbrettfahrern aushalten – zähneknirschend, denn sie muss dabei auch hinnehmen, dass diese Opportunisten in so einem Umfeld immer im Vorteil sind. Doch wenn es zu viele sind, bricht die komplette Kooperation zusammen. Die öffentlichen Verkehrsmittel sind ein gutes Anschauungsobjekt. Je mehr Leute dafür bezahlen, desto günstiger wird es für alle (zumindest in der Theorie). Noch mehr Geld lässt sich einsparen, wenn wir zudem auf die Kontrolleure verzichten können. Außerdem können wir durchschlafen im ICE ohne den freundlichen «Die Fahrscheine bitte»-Singsang. Es hat nur Vorteile.

Wenn dafür Ihr Ticket 20 Euro günstiger wäre (oder die Sparangebote vor den Feiertagen nicht immer schon ausverkauft), wären Sie vielleicht sogar bereit hinzunehmen, dass Sie Ihre Fahrt bezahlt haben, aber der Typ da vorne offensichtlich kein Ticket hat. Wenn die Anzahl der Trittbrettfahrer aber überhandnimmt und Sie die ganze Strecke von Hamburg nach Berlin hinter einem Junggesellenabschied sitzen, der sich darüber auslässt, wie doof es ist, für den Zug zu bezahlen, dann kaufen Sie vielleicht beim nächsten Mal auch keine Fahrkarte mehr. Oder Sie fahren nie wieder Bahn. Die Konsequenz ist die gleiche: Sie brauchen wieder mehr Kontrolleure, die Karten werden teurer. Weniger Leute fahren mit, die Karten werden noch teurer. Alle verlieren. Lustigerweise trifft das die Trittbrettfahrer fast am meisten – immerhin waren sie vorher im Schlaraffenland.

Dabei sind es nicht ausschließlich die Schwarzfahrer, die die Kooperation untergraben. Und das Motiv dahinter ist auch nicht immer, andere auszubeuten. Zusammenarbeit kann auch scheitern, wenn eigentlich alle nur gewinnen würden. In Situationen, in denen wir alle das Gleiche wollen, sollte es einfach sein, sich abzustimmen. Aber selbst da kriegen es Menschen nicht immer geregelt. Nehmen wir zum Beispiel die Hirschjagd. Die Idee ist simpel. Sie wachen morgens in Ihrem Urmenschendasein auf und stehen vor der Entscheidung, was Sie jagen sollen. Sie könnten dorthin gehen, wo die Hirsche grasen, in der Hoffnung, dass Ihr Nachbar das auch tut, kooperieren und gehen beide mit fetter Beute nach Hause. Doch auf dem Weg kommen Sie an einem Hasen vorbei. Sie könnten auch einfach den jagen. Kleinere Beute, aber falls Ihr Kumpel nicht auftaucht, stehen Sie wenigstens nicht mit leeren Händen da.

Letztes Mal, als Sie das gemacht haben, hat Ihre Frau mit den Augen gerollt und wurde sarkastisch. Was tun Sie? Der Clou ist: Eigentlich befinden wir uns in der besten aller möglichen Welten. Kooperation ist gut für beide. Sie und den Nachbarn. Sie müssen nur zu den Hirschen laufen. Das kostet Sie kein Stück mehr, und sowohl Sie als auch Ihr Kumpel gehen mit einem größeren Gewinn nach Hause. Alles wunderbar. Hier müsste jeder kooperieren. Tut aber nicht jeder.

Und wieder stehen die Ökonomen vor einem Problem und fragen sich: Warum könnt ihr nicht einfach kooperieren? Was stimmt nicht mit euch? Was nicht stimmt, ist Angst. Viele Menschen möchten sich ungern auf ihr Gegenüber verlassen. Haben Angst vor dem Risiko. Wählen die sicherere Option des Hasen. Im Gegensatz zum Vertrauensspiel müssen Sie sich hier keine Sorgen machen, ausgebeutet zu werden. Der andere profitiert nur von Ihnen, wenn er mit Ihnen kooperiert. Woran es hier scheitert, ist also weniger der Glaube an das Gute im Menschen als eine Absprache. Wie viel ist uns beiden ein Risiko wert? Dabei spielt auch die Persönlichkeit eine Rolle. Und die können wir schlecht einschätzen.

In der realen Welt begegnen uns solche Probleme zum Beispiel bei Gewerkschaften. Würden alle streiken, könnten alle mehr Lohn kriegen. Doch wenn manche dennoch zur Arbeit gehen, zeigt der Streik keine Wirkung, und am Ende stehen diejenigen, die etwas riskiert haben, mit leeren Händen da. Das Gleiche beim Klimawandel. Wenn alle Emissionen einsparen, haben alle etwas davon. Wenn nur ein paar es tun, verlieren die vielleicht im Wettbewerb und gehen pleite.

Um solchen Problemen vorzubeugen, braucht es Gemeinschaft. UNO-Gipfel, Absprachen und Gewerkschaften, deren Mitglieder sich vertrauen. Wenn Freunde das Hirschjagd-Spiel spielen, sind die Kooperationsraten weitaus höher, als wenn es Fremde tun.[385] Um uns zu ermutigen, können wir auch die Größe des Gemeinschaftsgewinns variieren. Hase gegen Hirsch ist vielleicht noch kein Riesenunterschied. Hase gegen Mammut schon eher. Und am Ende gewinnen alle mehr Geld.

Ein ganz anderer Grund, warum wir manchmal keinen gemeinsamen Nenner finden, ist der, dass wir nicht genau wissen, was der gemeinsame Nenner ist. Das Leben ist nämlich längst nicht immer so übersichtlich wie ein Vertrauensspiel.

Alles Vertrauen der Welt bringt nichts, wenn Zusammenarbeit uns verwirrt. Sieht man daran, wenn man die Hirschjagd etwas modifiziert. Folgendes Beispiel ist ein bisschen moderner. Stellen Sie sich vor, Sie wollen eine Eisdiele aufmachen. In der begehrten East Side ist der Markt dafür schon ziemlich voll. Aber genau ein Lokal könnte er wohl noch vertragen. An der West Side ist hingegen noch Platz für alle, aber der Gewinn ist mager.

Sie und Ihr Freund können sich nicht absprechen. Wenn Sie beide an die East Side gehen, gehen sie pleite. Gehen Sie beide zur West, machen Sie kaum Gewinn. Was tun Sie?

Das klingt vielleicht ein bisschen albern. Im realen Leben können Sie sich mit Ihrem Freund natürlich austauschen. Ökonomen mögen nur nicht gerne, wenn Menschen das tun, weil es ihre Vorhersagen so viel komplizierter macht. Und in ziemlich vielen Situationen ist es auch nicht ganz so einfach. Wer nimmt den letzten Platz im Bus, der immer zu voll ist? Wer bewirbt sich auf den freigewordenen Chefposten, wenn eigentlich alle ähnlich geeignet dafür wären? Bei solchen Situationen können sich Freunde sogar schlechter einigen als Fremde («Er ist mein Freund, also lässt er mir wohl den Vortritt. Oder denkt er gerade dasselbe?»). Am Ende stehen wir eine halbe Stunde vor der offenen Tür, weil jeder dem anderen den Vortritt einräumt («Nach dir, nein, nach dir»). Im Ergebnis kriegt den

Chefposten jemand aus einer anderen Firma, weil sich entweder alle gegenseitig ausgestochen haben oder keiner sich beworben hat. Und dann sind Sie mit dem neuen Chef unglücklich. Der nächste Grund, warum Kooperation scheitern kann, ist also ein Koordinationsproblem.

Letztlich fällt Kooperation den Probanden bei der Hirschjagd sehr viel leichter. Sie reagieren schneller, machen mehr Geld, halten sich eher an ihre eigenen Grundsätze. Das bedeutet, wenn wir ein Umfeld mit möglichst viel Zusammenarbeit wollen, sollten wir dafür sorgen, dass alle offensichtlich von der Zusammenarbeit profitieren. Wenn man dagegen wie Yahoo erzwungene Rankings einführt, bei denen in regelmäßigen Abständen der beste und der schlechteste Mitarbeiter bestimmt werden ... na ja, dann ist man eben nur so erfolgreich wie Yahoo.

Gerechtigkeit find ich gut.
Also, für mich jetzt

Auch wenn es Geld aufzuteilen gibt, fällt uns die Wahl der gerechtesten Lösung manchmal schwer. Es gibt nämlich weit mehr als eine Form von Gerechtigkeit. Die relative und die absolute zum Beispiel. Stellen Sie sich vor, Sie haben mit jemandem eine Stunde gearbeitet und dürfen zwischen Ihnen beiden jetzt 100 Euro aufteilen. Der andere darf nicht mitreden (das nennt man Diktator-Spiel). Bei so großen Summen tendieren die Probanden dazu, sich selbst zu bevorzugen. Vielleicht geben Sie sich 60 Euro. Immerhin hat der andere für eine Stunde jetzt 40 Euro bekommen. Das ist nicht schlecht. Die Situation wäre relativ unfair (Sie haben mehr), aber absolut gesehen fair (40 Euro für eine Stunde Arbeit). Wenn Sie dagegen nur acht Euro zum Aufteilen hätten und sich mehr nehmen würden, hätte der andere vielleicht nur drei Euro für eine Stunde. Das ist ein ganzes Stück gemeiner. Deswegen würde es Ihnen in der ersten Situation viel leichter fallen, unfair zu sein, als in der zweiten.

Viel Streit um Gerechtigkeit läuft ins Leere, weil wir unterschiedliche Perspektiven einnehmen («Du verdienst doch schon gut!» – «Aber nur 0,8-mal so viel wie mein männlicher Kollege!»). Tatsächlich messen wir den emotionalen Wert eines Geldbetrags auch daran, was der andere kriegen wird. Das gilt sogar bei Verlusten. Die sind uns sehr unangenehm, aber wenn wir erfahren, dass jemand anders sehr viel mehr verloren hat, reagiert das ventrale Striatum trotzdem, fast als hätten wir grad Gewinn gemacht.[386] Und welche Form davon Sie bevorzugen, hat viel mit Ihren individuellen Präferenzen zu tun. Unterschiedlich ist zum Beispiel, wie viel mich anderer Leute Freude freut. Ökonomen übersetzen das in eine Kosten-Nutzen-Funktion. Die bestimmt mit, welches Ergebnis mir am liebsten ist, ob das Ergebnis des anderen dafür eine Rolle spielt und in welche Richtung das Ganze geht.

Beispiel gefällig? Was ist Ihnen lieber: Sie bekommen 80 Euro und der andere nichts, oder Sie bekommen 80 Euro und Ihr Kumpel 20? Sehen Sie? Aber was, wenn Sie jetzt 70 Euro kriegen und Ihr Kumpel 10? Oder Sie beide 40? Je nach Kosten-Nutzen-Funktion lässt sich das ganz unterschiedlich lösen. Zum Beispiel ganz ohne soziale Perspektive – «Solange ich 80 kriege, ist mir alles andere egal» – oder sozial, aber fies: «Der Gewinn von anderen ist mir schon wichtig. Ich achte sehr darauf, dass sie weniger haben als ich.»

Prosozial sind Sie, wenn Sie aus dem Gewinn des anderen auch eine gewisse Freude ziehen. Aber selbst da gibt es zwei Herangehensweisen. Sozial ist, wo insgesamt am meisten gewonnen wird – selbst bei 80/20 –, oder wo beider Leute Gewinn möglichst gleich ist (40/40). Männer tendieren zu Ersterem, Frauen zu Letzterem.[387] Unsere sozialen Präferenzen ändern auch, wie sich Kooperation für uns anfühlt. Wer sich für andere mitfreut, genießt Zusammenarbeit mehr, inklusive Aktivität im Belohnungszentrum. Wer lieber mehr als andere gewinnt, freut sich besonders darüber, Sie auszutricksen.

Glücklicherweise kommt bei dieser Versuchsanordnung beim Großteil der Menschheit eher etwas Prosoziales heraus. Das heißt, wir müssen noch nicht das ganze System in Frage stellen. Nur einsehen, dass manche Menschen anders ticken. Auch Psychopathen könnten sich in dieser Hinsicht von anderen unterscheiden. Die zusätzliche Energie, die die meisten Menschen zum Lügen und Betrügen brauchen, scheint bei ihnen nicht wirklich notwendig zu sein.[388] Vielleicht erklärt das, warum einige Studien feststellen, dass sie in unserem Berufsleben so überproportional häufig in Führungspositionen aufsteigen.[389]

Es ist interessant, dass in der menschlichen Entwicklung Zusammenarbeit offensichtlich eine erfolgreiche Strategie war (sonst sollten die Alternativen uns leichter fallen), wir aber eine Arbeitswelt geschaffen haben, in der sich das Gegenteil durchsetzt.

Was lernen wir also aus diesen ganzen Fehlschlägen? Was können wir ändern?

Die kooperativste aller möglichen Welten

Tatsächlich können wir den Aufbau von Vertrauen begünstigen oder erschweren, je nachdem, welchen Rahmen wir dafür schaffen, welche Spielregeln wir aufstellen. Dann benehmen sich die Teilnehmer mal mehr, mal weniger kooperativ.

Im wahren Leben bedeutet das: Wenn wir wollen, dass Menschen zusammenarbeiten, sollten wir dafür sorgen, dass sie sich wiedersehen. Kooperation ist viel wahrscheinlicher in wiederholten Spielen.[390] Das klingt nicht überraschend, kann aber angesichts von Zeit- und Leiharbeit ruhig mal betont werden. Ein anderer wichtiger Punkt ist die Signalwirkung. Es macht einen Unterschied, ob wir beide gleichzeitig handeln (Spieler 1 überweist, Spieler 2 kreuzt an, wie viel Prozent des Geldes er auf jeden Fall zurückgeben möchte) oder ob ich dir erst Vertrauen entgegenbringen muss und du dir dann überlegen kannst, ob du mir etwas zurückgibst.

Und dieser Effekt kann in beide Richtungen gehen. Manche Probanden fühlen sich wohler, wenn sie ein Signal senden können à la «Ich vertraue dir, was sagst du jetzt?», während andere (in mindes-

tens einer Studie vor allem Frauen) eher Angst haben, sich verletz-
lich und gutgläubig zu zeigen.[391] Die vertrauen lieber gleichzeitig.
Augen zu, und beide springen.

Alle mögen es, eine kleine Botschaft mitzuschicken. Wenn man
im Diktator-Spiel dem Empfänger die Möglichkeit gibt, zu Wort zu
kommen (eine Bitte auszusprechen oder, was besonders gern getan
wird, den Gebenden an die Fairness zu erinnern), dann steigert das
die Gebefreude ungemein. Noch stärker wird sie aber gesteigert,
wenn beide miteinander reden können.[392] Die schlechtmöglichste Situation ist diejenige, wenn nur der Gebende eine Nachricht schicken
kann. Dann schicken sie warme Worte und ... viel weniger Geld. Ziemlich häufig finden sich Entschuldigungen in diesen Nachrichten.[392]
Und merkwürdigerweise auch das Wort Fairness. Merke: Wollen wir
Leute zum Austausch bewegen, müssen wir Kommunikation in beide
Richtungen ermöglichen. Und sehr gut darüber nachdenken, ob man
dem anderen eine Möglichkeit zur Rechtfertigung bieten möchte.

Wenn wir in einer Situation sind, in der wir uns entscheiden
müssen, anderen zu vertrauen, gibt es ein paar Grundregeln, mit denen man zumindest versuchen kann, gute Zusammenarbeit herzustellen. Im Jahr 1979 wurden diverse Mathematiker, Ökonomen und
Intellektuelle aufgefordert, einen Algorithmus vorzuschlagen[393], mit
dem der Spieler in Kooperations-Dilemmata am erfolgreichsten ist.
Ohne moralische Grundsätze. Die Vorschläge gingen von prosozial
bis hinterrücks und sind damit vielleicht auch repräsentativ für das
Verhalten ihrer Schöpfer. Ausgestattet mit diesen Algorithmen, ließ
man diverse Computer mit verschiedenen Algorithmen gegeneinander rechnen. Ein Turnier der Überlebensstrategien, und das, was wir
davon lernen können, ist dies:

1. Denken Sie nicht zu viel nach. Komplexe Strategien setzen sich
   auf die Dauer nicht durch. Ganz egal, was Ihnen *House of Cards*
   erzählt hat. Denn:
2. Heimtücke ist kein adaptives Verhalten. Den anderen im richtigen
   Moment über den Tisch zu ziehen funktioniert nicht besonders
   gut. Wenn beide fies und unfair sind, verlieren sie üblicherweise

beide, weil sie sich gegenseitig ständig den Gewinn verhageln. Über-den-Tisch-zieh-Taktiken funktionieren eigentlich nur, wenn sich der andere über den Tisch ziehen lässt. Deshalb:

3. Zahlen Sie zurück. Im Bereich Zusammenarbeit gibt es keine erfolgreichere Strategie als «Wie du mir, so ich dir». Verhalten Sie sich immer genau so, wie es Ihr Gegenüber gerade getan hat. Aber das bedeutet auch:

4. Vergeben Sie. Wenn jemand sich nach einem Ausrutscher ständig bemüht zeigt, es wiedergutzumachen, aber Sie nicht darauf eingehen, schaden Sie sich selbst am Ende mehr, als wenn Sie ihm noch eine Chance einräumen und dann notfalls noch eine Runde verlieren. Das Spiel können Sie damit trotzdem gewinnen. Ein anderer erfolgreicher Algorithmus folgt dem «Rote-Karte-Prinzip»: Man reagiert erst auf das zweite Vergehen respektive die zweite Kooperation des Vordermanns. Ging auch ganz gut.

5. Seien Sie niemals der Erste, der betrügt. Wenn Ihr Gegenüber bis jetzt kooperiert hat, seien Sie froh. Genießen Sie es, trinken Sie Martinis. Ist das Vertrauensverhältnis gestört, wissen Sie nicht, was danach kommt.

Das war's auch schon. Ist doch angenehm zu wissen, dass sich die gemeinen Strategien auf Dauer nicht durchsetzen. Auch wenn es etwas merkwürdig ist, dass wir das ausgerechnet anderen gemeinen Leuten verdanken. Denken Sie daran, wenn Ihnen das nächste Mal jemand ausgesprochen Hinterlistiges über den Weg läuft: Er mag Ihnen in diesem Moment schaden, aber im großen Gesamtbild könnte er doch eine prosoziale Funktion erfüllen. Nämlich die, dass er unfaires Verhalten im Durchschnitt weniger gewinnträchtig macht. Die Bösen stechen sich gegenseitig aus, und am Ende gewinnen die Adaptiven. Das heißt auch: Moralische Vorstellungen kommen nicht von ungefähr. «Wie man in den Wald ruft, so schallt es heraus», weiß ja jeder. Ist das Vertrauen erst mal gebrochen, können wir nur noch versuchen, es durch Überkompensation wiederherzustellen.[394] Aber das bedeutet viel Investition mit unbekanntem Ausgang. Besonders, wenn ihm ein Versprechen vorausging, heilt ein Vertrauensbruch fast nie ganz aus, ganz egal, ob wir uns entschuldigen, neue Versprechen machen oder von da an überbordend vertrauenswürdig sind.[395] Also lieber an das Sprichwort halten: «Wer einmal lügt, dem glaubt man nicht ...»

Damit sehen wir mal wieder, was uns die letzten Kapitel zu Vertrauen und Vertrauenswürdigkeit schon gezeigt haben: Der Mensch ist bestens ausgestattet für Kooperation. Er versteht die Regeln, nutzt die Möglichkeiten und hat dabei noch mehr Spaß. Wenn Kooperation schiefläuft, beruht das häufig auf Koordinationsschwierigkeiten, Furcht oder eingefahrenen Mustern und seltener darauf, dass das Gegenüber versucht, uns aktiv auszubeuten. Das System funktioniert öfter, als dass es versagt.

Auch wenn ein Strandurlauber seine Badeliege mit einem Handtuch blockiert und darauf vertraut, dass die jetzt ihm, und nur ihm, gehört, steht er damit in der Tradition von über zwei Millionen Jahren Evolution. Wenn derselbe Tourist anschließend drei Stunden mit einem anderen Urlauber hierüber diskutiert, um sein Anrecht auf die besagte Badeliege durchzusetzen, folgt er noch einem anderen evolutionären Instinkt: dem Verlangen, soziale Regeln zu verteidigen. Er möchte, dass sie eingehalten werden. Regelbruch ist eine ziemlich reale Bedrohung in einer Welt, in der man versucht, gemeinschaftlich Tiere zu jagen, die sehr viel größer und sehr viel stärker sind als man selbst. Denn wo kämen wir da hin, wenn einer wegrennt und man plötzlich ganz alleine vor dem Mammut steht.

Irgendetwas sagt uns, dass unsere Zivilisation nicht mehr funktionieren würde. Darum müssen Regeln durchgesetzt werden. Fragt sich nur, wie.

Rache ist Blutwurst.
Über Sinn und Unsinn von Bestrafung

Wenn all diese Maßnahmen nicht helfen, um uns zur Kooperation zu bewegen, bleibt natürlich noch ein Mittel. Es ist allerdings kostspielig und mit Vorsicht zu genießen: Bestrafung.

Ein Sinn für Gerechtigkeit macht nicht reich. Jedenfalls nicht im Labor. Da wird der nämlich meistens so überprüft: Ein Proband erhält zehn Euro, die er mit jemand anderem teilen kann. Er schlägt eine Art zu teilen vor («Ich fünf, du fünf») und der andere schlägt ein oder lehnt ab. Schlägt er ein, bedeutet das, das Geld wird aufgeteilt wie vorgeschlagen. Lehnt er ab, bekommt niemand was. Das nennt sich Ultimatum-Spiel. Wie viel müsste der andere Ihnen dabei anbieten, damit Sie einschlagen? Wenn Sie zur Mehrheit der Bevölkerung gehören, haben Sie nicht ein Euro gesagt. Die Mehrheit lehnt Angebote von unter drei Euro ab. Da aber ein kleiner Teil der Menschheit solche Angebote macht, gehen im Durchschnitt 16,2 Prozent der Studienpaare mit leeren Händen nach Hause.[396]

Wie schon gesagt, Gerechtigkeit macht nicht reich. Auch nicht auf der Geberseite, denn Menschen haben offensichtlich eine recht gute Vorstellung davon, was gerade von ihnen erwartet wird, und die meisten kommen gar nicht auf die Idee, so niedrige Summen anzubieten.

Und hier kommt die Bestrafung ins Spiel. Die Möglichkeit, bestraft zu werden, stärkt die Freigiebigkeit magisch. Das Prinzip funktioniert also. Strafende entsagen dem kurzfristigen Profit, um langfristig die Gesellschaft zu bewahren. Es fragt sich nur, warum ausgerechnet Sie es sein müssen, der dieses System am Laufen hält. Sie sehen die andere Person ja nie wieder! Sie wissen gar nicht, ob sie etwas gelernt hat. Alles was Sie wissen, ist: Sie haben jetzt drei Euro weniger in der Tasche. Das klingt doch nach einem sehr selbstlosen Verhalten, dass Sie auf Geld verzichten, damit andere sich demnächst kooperativer benehmen. Bestrafung als Altruismus.

Fragt sich nur, ob Bestrafen wirklich so ein pädagogisch wertvolles Verhalten ist. Fragten sich jedenfalls einige Wissenschaftler und guckten zunächst, welche Grundvoraussetzungen gegeben sein müssen, damit wir uns dazu bereit erklären zu bestrafen. Geht es uns zum Beispiel darum, dass der andere leidet? Würden Sie auch ablehnen, wenn nur du nichts kriegst, aber der andere kriegt genau das, was er vorgeschlagen hat? Also immer noch nichts für Sie, dafür aber sieben Euro für Ihr Gegenüber. Sie strafen nur noch sich selbst.

Würden Sie nicht machen? 45 Prozent der Versuchsteilnehmer schon.[397] Geht es denen vielleicht um die Botschaft? «Nicht mit mir!» – Immerhin haben sie keine andere Möglichkeit, ihr Missfallen auszudrücken. Und vielleicht schämt sich der andere so, dass er sich im nächsten Spiel mit jemand anders vielleicht besser benimmt. Praktizieren unsere Probanden also Gandhis gewaltlosen Widerstand, halten sie die andere Wange hin? «Das wollen wir doch mal sehen», dachten sich die Forscher und fügten hinzu: «Der andere wird nie erfahren, ob Sie abgelehnt haben.» Das ist nun wirklich zu irrational. Es ist, als würden Sie ein Weihnachtsgeschenk bekommen, das Sie ärgert und sich als Reaktion damit selbst an den Kopf hauen, wenn die Gäste weg sind. Ohne dass der andere das jemals erfährt!

Doch jetzt kommt's: Die Zahl der Menschen, die an diesem Geschäft nicht beteiligt sein wollen, bleibt ungefähr genauso hoch! Ein großer Teil schadet sich lieber selbst, als einen als erniedrigend empfundenen Geldbetrag anzunehmen. Ganz egal, ob jemand davon erfährt. Vielleicht geht es ihnen darum, die eigene Ehre zu schützen, vor sich selbst – ein Ego-Mechanismus. Ich brauche dein schmutziges Kleingeld nicht. Und lieber mache ich das grässliche Weihnachtsgeschenk kaputt und genieße das Gefühl, als es auf eBay zu versteigern. Nicht reich, aber selbstbestimmt. Merke: Manchmal geht es uns nicht darum, vor anderen gut dazustehen. Manchmal wollen wir vor allem uns selbst noch im Spiegel in die Augen gucken können. Auch wenn wir dafür ziemlich irrational sein müssen.

Genauso verwirrt wie die Forscher bei dieser Frage ist auch Ihr Gehirn. Die Regionen, die aktiv sind, wenn Probanden die unmoralischen Angebote ablehnen,[398] lassen auf ein Zusammenspiel aus wohlüberlegter und emotionaler Komponente schließen. Die emotionale Komponente ist klar: Wir hassen unfaire Angebote. Das menschliche Gehirn reagiert auf Betrug sehr verschnupft. Zusätzlich zu den Theory-of-Mind-Regionen schalten sich deshalb gleich mal wieder unsere gefühlsbetonteren Regionen ein. Die Insula weist uns darauf hin, dass etwas ganz und gar nicht so gelaufen ist, wie wir uns das vorgestellt haben. Ihre Aktivierung bestimmt auch, wie oft wir Angebote ablehnen.

Außerdem nutzen wir unser übliches ToM-Programm, um herauszufinden, woher die Ungerechtigkeit kommt. Technisches Versagen ist okay. Menschliches nicht. Die Insula reagiert auf unfaire Angebote durch Menschen, nicht durch Computer-Algorithmen.[398] Und hier beginnt der Konflikt Herz gegen Hirn (wer hätte gedacht, dass das Herz einen Hang zu Strafmaßnahmen hat?) – oder in diesem Fall eher: präfrontal gegen den Rest der Welt.

Obwohl wir noch nicht genau verstehen, wie das abläuft und welche Gehirnareale genau daran beteiligt sind, bestätigt eine Meta-Analyse, dass die frontalen Regionen dabei eher die kompromissbereite Fraktion einnehmen.[399] Der OFC, der wichtig ist für emotionales Lernen, langfristige Entscheidungen und Selbstkontrolle, scheint uns eher vom Strafen abzuhalten. Vielleicht behält er den langfristigen Gewinn im Auge. Je nachdem, wie stark der aber mit der Insula kommuniziert, steht am Ende trotzdem das Ergebnis «Strafe muss sein».[400] Wenn die Aktivität im OFC runter- oder die der Insula raufgeht,[401] treibt das die Ablehnungsraten durch die Decke. Das Gleiche gilt, wenn wir andere frontale Regionen kurzfristig via TMS lahmlegen. Immer nehmen weitaus mehr Probanden das unmoralische Angebot an. In diesem Fall gewinnt wahrscheinlich die Emotion, die sonst von diesen Regionen in Schach gehalten wird.[402]

Was für ein Konflikt dabei entsteht, sehen wir auch an der Cingulum-Aktivierung,[399, 403] die uns immer wieder begegnet, wenn verschiedene Antworttendenzen miteinander konkurrieren. Am Ende zahlen beide. Fragt man in einem Gerichtsspiel die Probanden, welche Strafe die Beschuldigten erhalten sollten, war es zwar der frontale Cortex, der mitentschied, ob überhaupt eine Strafe angemessen wäre. Doch das tatsächliche Strafmaß korrelierte mit der Aktivität in den Gefühlsregionen, zum Beispiel in der Amygdala.[404]

Und das ist längst nicht alles an emotionalen Einflüssen. Wenn Verrat bitter ist, ist Rache sehr, sehr süß. Jedenfalls weckt sie nicht völlig andere Gehirnzentren als Schokolade. Das Belohnungszentrum freut sich ganz enorm, wenn jemand bestraft wird, der es verdient.[405, 406] Die Freude über diesen Anblick ist so groß, dass wir sogar bereit sind, dafür Geld zu bezahlen. Je größer im Vorfeld die Aktivierung im Belohnungszentrum war, desto mehr. Und wir reden hier nicht nur von metaphorischen Strafen. Wenn jemand Sie im Vertrauensspiel betrügt, dürfen es auch mal Nadelstiche sein. Tatsächlich bringt auch dieser Anblick das Belohnungszentrum zum Leuchten. Jedenfalls bei Männern. Bei Frauen dämpft er lediglich das Mitgefühl. «Tja, das muss wohl weh tun ...». Es ist schon bedenklich, wie wenige Euros es braucht, um all unsere humanistische Grunderziehung über Bord zu werfen.

Lange Zeit dachte man, dass Bestrafen und Kooperieren Hand in Hand gehen. Ergibt Sinn. Wer viel auf Kooperation setzt, der hat auch ein Interesse, die zu bestrafen, die ihn dabei hängenlassen. Tatsächlich korreliert beides nur in den seltensten Fällen. Kooperieren steht in Verbindung mit Persönlichkeitszügen wie Prosozialität. Andere zu bestrafen scheint mehr mit Macht und Selbstsicherheit zu tun zu haben[407] oder auch mit Aggression. Narzissten bestrafen ebenfalls ziemlich viel. Und das, obwohl sie im Schnitt weniger geben im Spiel (und merkwürdigerweise noch weniger, wenn sie selbst dafür bestraft werden könnten).[408]

Ein bisschen anders könnte es bei einer weiteren Variante des Spiels, dem sogenannten Third-Party-Punishment, sein. Da sind Sie bereit Geld auszugeben, wenn jemand Drittem Schaden zugefügt wird. Auch wieder ein ziemlich verrücktes Verhalten. Schließlich sollte dabei unsere eigene Wut zumindest ein bisschen weniger ins Gewicht fallen. Aber dieses Verhalten lässt sich tatsächlich bei den verschiedensten Charakteren finden. Zum einen bei denen, die auch sonst besonders viel bestrafen,[409] aber auch bei Langzeit-Meditierenden. Letztere zeigen sonst eigentlich eher weniger Wut und Rachedurst. Vielleicht liegt es daran, dass hier zwei Motivationen mit reinspielen: Die Wut gegenüber dem Täter, aber auch das Mitgefühl für das Opfer. Immerhin sind die Langzeit-Meditierenden auch eher bereit, Geld zu bezahlen, um Leid zu kompensieren.[410]

Auch Oxytocin kann wie erläutert das Mitgefühl gegenüber Opfern steigern, ohne den Wunsch, die Täter zu bestrafen, zu beeinflussen.[411] Das bestärkt die Idee, dass dies beides ganz unterschiedliche Regungen sein könnten, die im Third-Party-Punishment manchmal ein ähnliches Ziel haben. Das heißt auch, dass man die Rufe nach härteren Strafen, die zur Standardantwort auf Terroranschläge und Gewalttaten folgen, mit Vorsicht interpretieren sollte. Die Emotion, die dahintersteckt, muss nicht unbedingt Mitgefühl sein.

So oder so bleibt die Frage, wie wir am besten mit der Situation umgehen sollen. Das Geld nehmen und rational sein? Dann sollten wir den Verstand siegen lassen. Wohlgemerkt ändern alle obigen Methoden, die den frontalen Regionen einen Vorsprung verschaffen, nicht das Gefühl, das wir zu dem Ganzen haben: Es ist nicht fair. Das ist vielleicht mit das Schwerste. Wir können uns dazu bringen, die Angebote anzunehmen. Aber wir fühlen uns danach nicht unbedingt besser. Das könnte zu unserer Approach-Avoidance-Unterscheidung aus dem Hormonkapitel passen. Testosteron erhöht die Ablehnungsraten. Depressive Patienten, die oft ein niedriges Testosteronlevel und hohe Kortisolwerte haben, nehmen mehr Angebote an.[412-415]

Strafen mag nicht rational sein, aber es ist vorwärtsgewandt. Also, was tun in Situationen, wenn wir uns die irrationale Entscheidung trotzdem nicht leisten können oder wollen? Da hilft uns mal wieder die Emotionsregulation und die Umdeutung. Genauso wie ich eine Situation positiv uminterpretieren kann, kann ich mich auch bemühen, die Handlungen einer Person neu zu bewerten. Der will nichts Böses. Der wollte nur spielen. Das verändert meine neurologische Reaktion genauso wie mein Verhalten als Antwort auf den anderen. Auch hineinversetzen im Allgemeinen hilft schon.[416]

Wer diese Strategien verfolgt, reagiert danach weniger emotional, lehnt seltener ab und verzeichnet insgesamt eine geringere Gehirnaktivität durch das unfaire Angebot, vor allem in der Insula. Oder man kann sich stärker auf die Belohnung konzentrieren. Patienten mit Läsionen im präfrontalen Bereich, die sonst eher ablehnen,[417, 418] hören damit auf, wenn die Bezahlung greifbar ist. Möchtest du *diese* drei Euro nicht haben? Und schon wird aus einer zukünftigen Belohnung etwas sehr Konkretes. Üblicherweise ist Geld, das wir in Zukunft bekommen, für uns weniger wert. Hätten Sie lieber 1000 Euro jetzt, oder 1010 Euro in fünf Jahren? Genau. Besonders Teenager haben übrigens Probleme damit, spätere Belohnungen zu verarbeiten. Sichtbare drei Euro zählen mehr.

Damit können Sie schon einiges davon beeinflussen, was in Ihrem Kopf passiert. Aber was passiert eigentlich auf der anderen Seite des Tisches?

Dort scheinen recht strategische Gedanken vorzugehen, jetzt, wo es bei der Kooperation weder um Gewinnzuwachs noch um wohlige Gefühle geht. Diesmal müssen wir nicht nur überlegen, was wir überweisen möchten, sondern was der andere von uns erwartet. Wann wird er uns bestrafen? Dafür brauchen wir wieder ein gehöriges Maß an Kognition, das ziemlich menscheneigen ist. Wir benutzen – Sie ahnen es – Theory of Mind. Und zwar auf verschiedenen Leveln. Ich kann mich fragen, wie sich mein Gegenüber fühlt oder was die gesellschaftliche Norm an dieser Stelle ist. Im Ultimatum-Spiel (das ist die Variante, bei der ich das Angebot des anderen ablehnen kann, woraufhin beide kein Geld erhalten) kommen wahrscheinlich beide zu einem recht ähnlichen Ergebnis: «Was du nicht willst, dass man dir tu, das füg auch keinem andern zu.» Üblicherweise nicht weniger, als du selbst annehmen würdest. Diese Regel ist ziemlich universell, außer wenn Teile des Systems geschädigt sind – zum Beispiel der VMPFC, den wir brauchen, um über die Gefühle anderer nachzudenken, die uns ähnlich sind, und allgemeine Gedanken mit emotionalen Assoziationen zu versehen. Zum Teil auch wenn wir unter Testosteron stehen, das die Aktivierung in genau diesen Bereichen hemmt. Das Ergebnis ist genau das: Probanden geben weniger, als sie akzeptieren.[418, 419]

In diesem Moment sind wir also auf jeden Fall härtere Verhandler. Ob wir damit zu einem Ergebnis kommen, hängt davon ab, ob unser Gegenüber tatsächlich nachgiebiger ist als wir selbst.

Allgemein ist eine Ultimatum-Situation nicht das beste Umfeld für prosoziales Verhalten. Auf beiden Seiten.

Der Preis der Strafe

Auf der Geberseite können wir am besten verstehen, was passiert, wenn wir das Gehirn während des Ultimatum-Spiels mit dem Diktator-Spiel vergleichen. Besonders der rechte DLPFC verarbeitet die Angst vor Bestrafung. Mit Stimulation des Letzteren kommt man auch hier wieder zu ziemlich spannenden Ergebnissen, wenn man die Spiele vergleicht.[420, 421] In der Ultimatum-Version mit der Strafmöglichkeit gaben die Menschen immer mehr. Doch mit der Stimulation wurde die Differenz zwischen den beiden Spielen kleiner. Je nachdem, ob man den DLPFC aktiviert oder hemmt, waren die Probanden entweder sensibler für Normen oder für Strafen. Wenn sie im Ultimatum-Spiel strafbasiert mehr gaben, ließen sie den anderen im Diktator-Spiel hängen. Und wenn sie im Diktator-Spiel freigebiger wurden, hatten sie weniger Angst vor Strafen und gaben im Ultimatum-Spiel weniger. Was sich nicht verändert, ist ihre Einschätzung, was ein faires Verhalten wäre oder was der andere erwartet. Sie wissen, was gerecht ist, und sie wissen, was ihnen Strafe einbringt. Aber es interessiert sie immer eher das eine *oder* das andere.

Kurz gesagt: Wenn wir uns an die Regeln von Fairness halten, kann das von unterschiedlichen Mechanismen angetrieben sein. Wir tun es entweder aus Angst vor Strafe oder wegen unserer Grundsätze. Beides zusammen ist schwer. Wenn wir eine Art des Denkverhaltens stärken, könnte das auf Kosten der anderen gehen. Einige dazu passende Erkenntnisse gibt es schon.

Bestrafung kann nämlich die Motivation zu gutem Benehmen untergraben. Gerade wenn sie nicht hoch genug ist, ist sie völlig ineffektiv. Wir nehmen sie einfach in Kauf. So verursachte zum Beispiel ein Kindergarten, der ein Strafgeld fürs Zu-spät-Abholen eingeführt hatte, eine signifikante Erhöhung der Zu-spät-Kommer. Ähnliche Erkenntnisse gibt es auch für Belohnungen. Monetäre Belohnungen unterminieren die Spielfreude in unserem Striatum.[422] Und jedes spontane hilfreiche Verhalten, das Kinder von Natur aus dem Forscher entgegenbrachten, ließ sich erfolgreich auslöschen, indem man ihnen nur ausreichend Belohnungen dafür gab. Und kleine Kinder sind wirklich außerordentlich hilfsbereit. So sehr, dass die Forscher eine Ablenkung erfinden mussten, um überhaupt einmal eine Situation zu erschaffen, in der sie nicht helfen.[423] Doch einmal belohnt, muss ein Verhalten immer belohnt werden, um es aufrechtzuerhalten.[424] Wenn uns erst der mahnende Blick von Beobachtern dazu gebracht hat zu spenden, erleben wir danach nicht mehr das Spenden selbst als belohnend, sondern den Moment, indem der Beobachter kurz wegguckt und wir unser Geld schnell in die eigene Tasche schmuggeln können.[425] Das ist eben die Krux. Vor diesem Problem stehen Verhaltenstherapie, Strafrecht und Pädagogik. Die Frage ist, ob es überhaupt möglich ist, durch Bestrafung und Belohnung dauerhaft besseres Verhalten zu erreichen – auch wenn keiner guckt.

Im schlimmsten Fall sitzt man nachher in einem Kindergarten voller schreiender Kinder, während die Eltern irgendwo entspannt einen Kaffee trinken. Und selbst im Optimalfall kann es passieren, dass man ganz nebenbei die sozialen Beziehungen untergräbt. Denn auch der Empfänger weiß sehr genau, woher der Wind weht, wenn der andere nur aus Angst vor Strafe nett ist.

Wirklich glücklich macht uns Kooperation nur, wenn andere freiwillig mitmachen. Sobald wir die Möglichkeit haben, den anderen zu bestrafen, freut sie uns viel weniger. Blöderweise ist es aber genau diese Freude, die vorhersagt, wie viel von dem Kooperationsvorschuss wir zurückzahlen. Man kann sich also die Interaktion ungefähr so vorstellen:

«Gib mir Geld, ich leg das gewinnbringend für uns beide an! Vertrau mir, oder ich hau dich mit dieser Holzkeule.»
«Oh. Hmmm. Na gut, hier sind 10 Euro. Krieg ich jetzt 15 von dir?»
«Nö, hast du ja nur wegen der Holzkeule gemacht. Ich gebe dir zwei.»

Und beim nächsten Mal ist das Vertrauen natürlich futsch. Die Möglichkeit zu bestrafen kann Interaktionen dauerhaft zerrütten.

Und das ist nicht das einzige Problem mit Bestrafung. Geben wir Spielern die Möglichkeit, in beide Richtungen zu bestrafen – also du bestrafst mich, ich bestrafe dich –, passieren zwei Dinge:

1. Die Menschen haben Angst zu bestrafen, sodass sich beide Seiten allgemein schlechter benehmen. Am Ende spielt fast keiner mehr mit.
2. Falls es doch zu Bestrafungen kommt, verschwenden sie ihr Guthaben in ständigen Rache-Gegenrache-Aktionen. Wieder verlieren alle.[426]

Wenn jeder jeden strafen kann, funktioniert am Ende gar nichts mehr. Das bedeutet nicht, dass Strafen unsinnig sind. Wie beschrieben steigern sie unsere Freigiebigkeit so, wie es sonst nur Weihnachten kann. Aber die Entscheidung, ob man Belohnungen oder Bestrafungen einsetzt, sollte eben sehr bewusst getroffen werden. Wenn man sie nicht dauerhaft aufrechterhalten kann oder es irgendeine Chance auf eine andere Lösung gibt, sollte man sich ernsthaft überlegen, ob man bereit ist, dieses Risiko einzugehen.

Und wenn man es schon tut, etwa weil sich das Weltklima bis jetzt mit gutem Willen einfach nicht retten lassen wollte, dann gibt es ein paar einfache Grundregeln, an die man sich halten kann[427]:

1. Belohnung und Bestrafung funktionieren gleich effektiv. Da fragt man sich ein bisschen, warum wir meistens zur Bestrafung greifen. Warum gibt es Strafzettel, aber keine «Schön geparkt»-Sticker mit einem Fünfer dran?

2. Anreize funktionieren besser, wenn sie für den Anreizgeber auch teuer sind. Zum Beispiel, wenn der Staat Geld ausgeben muss, um Häftlinge zu versorgen, oder der Lehrer auch eine Stunde länger bleibt, damit der Schüler seine Lektion lernt. Vielleicht weil die Strafenden dadurch stärker vermitteln, dass sie hinter den Lektionen stehen, anstatt dass man ihnen Eigeninteresse vorwerfen kann.

3. Es ist nicht unbedingt wichtig, ob die Anreize von außen oder von innen kommen. Es kann eine Kontrollinstanz innerhalb oder außerhalb des Teams geben. Nur sollte die Kontrollinstanz als solche festgelegt werden. Wenn alle sich gegenseitig rächen können, landen wir im Chaos.

4. Und wie immer: Langfristige Zusammenarbeit hilft. Je länger die Interaktion, desto eingespielter wird das System.

5. Zu guter Letzt: Nichtstun ist das effektivere Strafen. Wenn der andere nicht kooperiert, tun wir es auch nicht. So einfach ist das. Und als Strategie ist es langfristig erfolgreicher als aktives Strafen.[428]

Aber in den meisten Fällen ist das vielleicht gar nicht nötig. Denn eigentlich haben wir alle eine recht ähnliche Vorstellung davon, was richtig und falsch ist. Auch über die Zusammenarbeit hinaus. Und auch wenn es uns eigentlich gar nichts angeht. Denn wir verfügen über einen moralischen Kompass. Das ist eins von vielen Konzepten, die das Zusammenleben und soziale Kognition neben den ganzen skurrilen Verhaltensweisen auch noch hervorgebracht haben. Ein paar dieser Konzepte kennen wir schon. Gott zum Beispiel. Oder Gerechtigkeit. Aber es gibt noch weit mehr als das. Und wieder mal stellt sich die Frage, was unser Gehirn sich dabei denkt.

Er ist schlecht. Die Milch auch.
Die erstaunlichen Gemeinsamkeiten
von Ekel und Moral

Die Frage nach dem Sitz der Moral beschäftigt den Menschen schon ziemlich lange. Doch das ist keine schöne Einleitung für ein Kapitel, denn sie zwingt uns, ein paar unangenehme Verwandte der Neurowissenschaften wieder aus der Mottenkiste zu holen. Schließlich ist die Frage, wo im Gehirn die Moral verankert ist, eng verknüpft mit der, wo die Unmoral herkommt. Und das Dilemma, wie man mit unmoralischen Individuen umgehen sollte, hat die Menschen seit jeher zu weit mehr Kreativität ermutigt, als gesund ist. Bevor wir uns also damit auseinandersetzen, müssen wir uns zunächst damit beschäftigen, was jene unliebsamen Verwandten der Neurowissenschaften mit dieser «Erkenntnis» angefangen haben. Allein schon damit wir nicht aus Versehen den gleichen gruseligen Pfad hinablaufen.

Stellen Sie sich ein steriles Labor um die Wende zum 20. Jahrhundert vor, bärtige Männer in weißen Kitteln, die Leichen sezieren. Daneben eine aufgeschlagene Prozessakte. Der frühe Neurologe, um den es hier geht, ist ein Herr mit Namen Moritz Benedikt und arbeitet in Wien. Seine Testobjekte sind kurz zuvor der Guillotine zum Opfer gefallen, also machen Sie sich nicht die Mühe, sich dazu einen Körper vorzustellen.

Nun muss man der Fairness halber sagen, dass es zu dieser Zeit recht wenige Möglichkeiten gab, das Gehirn zu untersuchen. Selbst heute noch nutzen wir posthume Untersuchungen, um einige Fragen zu beantworten, auf die der Scanner nicht eingehen kann. Was also an dieser Szene gruselig ist, ist weit weniger der Teil mit Blut und Skalpellen, sondern viel eher der, in dem die Wissenschaftler den Mund aufmachen: die Rhetorik. Benedikt zum Beispiel beobachtete, dass in den Gehirnen von Kriminellen der Okzipitallappen das Kleinhirn nicht bedeckte. Dieselbe Beobachtung machte er bei Gorillas.

Soll heißen: Wenn der Okzipitallappen über das Kleinhirn geht, haben wir es mit einem richtigen Menschen zu tun, alle anderen sind minderwertig. Neurowissenschaftliche Erkenntnisse verbinden sich mit einer radikalen Ideologie. Ganz schlechte Idee.

Zum Glück hat die Menschheit noch einige andere Fortschritte gemacht, bevor sie den Gehirnscanner erfunden hat. Die posthumen Untersuchungen wurden weiterentwickelt. Wissenschaftler begannen sich die Zellverteilungen anzusehen und damit besser als vorher einzelne Strukturen zu identifizieren. Aber selbst da noch inspirierte die Frage der Moral einige eher schräge Designs. Ein Wissenschaftler namens Oskar Vogt beispielsweise erkannte als einer der Ersten, dass Moral ein sich entwickelndes, von Erziehung geprägtes Konzept ist. Als Versuchsobjekt verglich er aber die Gehirne diverser Krimineller mit dem von Lenin.

All das gehört zum langen Weg der neurowissenschaftlichen Forschung. Und wir sollten diese Geschichten im Kopf behalten, wenn wir das nächste Mal lesen, irgendjemand hätte den Sitz der Liebe oder den des Mitgefühls oder gar den aller Aggression identifiziert. Oder eben den Sitz der Moral. Ganz falsche Abbiegung. Tiefer, dunkler Wald. Wir wissen, wohin das führt.

Aber das ist natürlich kein Grund, ein Thema gar nicht mehr zu untersuchen. Erst recht ein so relevantes. Trotzdem war man in den Nachkriegsjahren fast *zu* vorsichtig mit der Frage. Seitdem Milgram gezeigt hatte, wie schnell wir bereit sind, alle möglichen Grundsätze über Bord zu werfen, wenn uns nur ein überzeugend aussehender Mensch im weißen Kittel dazu anhält (Stichwort Stromschläge), glaubten viele Menschen, dass Moral immer nur aus dem Kontext heraus entstünde und die Neurowissenschaften zu ihrer Erforschung unnütz wären. Alles Erziehung. Merke: Man kann es mit der gefühlten Komplexität auch übertreiben.

Heute sieht man Moral als ein komplexes Thema, aber eben eins, das erforscht werden kann, wenn die Disziplinen zusammenarbeiten: etwa Anthropologie, Psychologie und Soziologie. Und wenig überraschend geht man auch nicht mehr davon aus, dass sich der Sitz der Moral auf einem Kubikzentimeter verorten lässt. Stattdessen hilft uns auch hier wieder der Blick auf das Netzwerk. Und da hatten selbst die Vorfahren der Zunft eine einigermaßen richtige Eingebung. Sie wussten schon mal, dass dieses Netzwerk ziemlich viel Bauchgefühl nutzt.

Wie fühlt sich ein moralisches Urteil an?

Den einfachsten Hinweis darauf, dass Moral eben kein rein rationales Konstrukt ist aus Erziehung, Konventionen und sorgsamer Abwägung, geben uns wieder mal die lieben Kleinen. Denn Kinder treffen moralische Urteile, lange bevor sie wissen, wo Sally nach der Schokolade sucht. Und auch lange bevor man sie danach fragen kann.

Schon Kinder zwischen sechs und zehn Monaten bevorzugen die, die anderen helfen, gegenüber denen, die sie behindern.[429] Um das herauszufinden, mussten die Forscher tief in die Trickkiste greifen oder in diesem Fall besser gesagt in ein Kasperle-Theater. Allerdings ein eher reizarmes, mit geometrischen Formen (bunte Handpuppen bieten einfach zu viele Nebenwirkungen). Aber wir wissen ja schon, dass unser TPJ auf Vereinfachung manchmal besser reagiert als auf detaillierte Figuren.

Und so funktioniert auch das Stück, das unsere Kleinen jetzt zu sehen bekommen: Der arme Kreis möchte den Berg hochgleiten, aber das gemeine Dreieck schiebt sich ihm in den Weg. Das Quadrat steht nur so herum. Wie Quadrate das halt so tun. Danach zeigt man den Kindern die Förmchen noch mal. Und siehe da: Sie wollen fast nur noch mit dem Kreis spielen, selten mit dem Quadrat, das gemeine Dreieck würdigen sie keines Blickes. Dieser Trick funktioniert übrigens immer, ganz egal, welche geometrische Figur den Bösewicht spielt.[430]

Moralische Urteile fällen wir also, noch bevor wir sie in Worte kleiden können. Auch als Erwachsene beantworten wir Schlagzeilen schnell und intuitiv. Donald Trump antwortete 1994 in einem Interview für «Lifestyle of the Rich and Famous» auf die Frage, was seine 11 Monate alte Tochter von ihrer Mutter vererbt bekommen habe, sinngemäß: «Eine Menge, [...] sie hat ihre Beine. Wir werden sehen, ob sie auch ihre Brüste bekommt.» Liest man das, hat man sofort ein Urteil parat. Wir hören etwas und haben gleich eine Idee, ob wir es richtig oder falsch finden. So wie Sie manchmal jemanden sehen und sofort denken: Der ist blöd. Das ist Ihnen dann peinlich, und Sie suchen die nächsten paar Minuten nach rationalen Argumenten, die Ihr Urteil rechtfertigen.

Bei moralischen Urteilen strengt sich Ihr Gehirn genauso an, seine Entscheidungen zu begründen. Stellen Sie sich vor, ein Geschwisterpaar aus Ihrem Bekanntenkreis erzählt Ihnen, dass es vorhat zu heiraten. Was halten Sie davon? Intuitiv kommt Ihnen das wahrscheinlich falsch vor. Bruder und Schwester sollten nicht heiraten. Tatsächlich hat die Natur sehr viele Mechanismen entwickelt, damit genau das nicht passiert. Mal verlassen die pubertierenden Weibchen die Herde, mal sind es die Jungs. Mal entwickeln wir einfach keine Anziehung für Kinder, mit denen wir geschwisterlich aufwachsen, und dann wundern sich unsere Eltern, warum aus unserem Kibbuz/Hippiekommune/Wohnwagencampingplatz irgendwie keine Nachkommen entstehen.

Aber jetzt ist es nun mal passiert, und die beiden wollen zusammenleben, erzählen sie Ihnen innig umschlungen. Das fühlt sich falsch an. Natürlich, Inzest ist ja auch falsch. Haben Sie im Biologieunterricht gelernt. Aber bevor Sie sich eine Serviette schnappen und den beiden einen genetischen Stammbaum und das erhöhte Risiko der Bluterkrankheit aufmalen können, erklären die beiden schon, dass sie keine Kinder wollen. Er hatte eine Vasektomie, sie ist unfruchtbar. Kein Risiko. Also gar kein Problem ... Oder? Eigentlich nicht. Eigentlich geht es Sie auch nichts an. Und selbst wenn die beiden Kinder wollten – ein erhöhtes Risiko für genetisch bedingte Krankheiten gibt es bei anderen Paaren auch. Da greift der Staat auch nicht ein (zum Glück. Das waren dunkle Zeiten).

Warum sind Sie also immer noch nicht überzeugt? Wieder ist Ihr

Gehirn in der Zwickmühle, ein intuitiv gefälltes Urteil im Nachhinein rechtfertigen zu müssen. Moralische Emotionen stellen uns öfter vor solche Dilemmata. Und wie üblich fällt es unserem Gehirn schwer zuzugeben, wenn es selbst nicht weiterweiß. Religion kann ein Ausweg sein. Die meisten von diesen intuitiven moralischen Grundsätzen haben es ja in irgendeine Gebotesammlung geschafft.[431] Und ansonsten müssen Sie wohl einfach zugeben, dass Sie gerade irrational sind. Kann ja mal vorkommen. Fairerweise muss man sagen: Die Emotionen, die Sie gerade überwinden müssen, sind ziemlich stark.

Diese emotionale Komponente war einer der Gründe, warum Moral lange Zeit im Okzipitallappen vermutet wurde, dort, wo auch visuelle Informationen verarbeitet werden. Die Idee war, dass Sie über moralische Fragen urteilen wie über einen unbekannten Nachtisch: «Mag ich» oder «Mag ich nicht». Tatsächlich registrieren wir bei beidem eine ziemlich massive Aktivierung in der Insula und im cingulären Cortex. Beide sind uns schon begegnet beim Mitgefühl für Schmerzen.[376] Der cinguläre Cortex wird aktiviert, wenn wir an Dinge denken, die als moralisch verwerflich gelten, wie unfaires Spiel zum Beispiel[398] oder eben Inzest.[432] Aber interessanterweise auch, wenn wir eklige Dinge essen. Wird die Insula stimuliert, haben Sie einen seeeehr schlechten Geschmack im Mund. Weckt man Assoziationen zu Ekel, über Gerüche oder Hypnose, werden auch Ihre moralischen Urteile danach weitaus vernichtender.

Das heißt, Ekel und moralischer Abscheu liegen im Gehirn verdammt nah beieinander. So erklären sich vielleicht auch einige der Wörter, die wir für moralisch schlechtes Verhalten benutzen. Abstoßend. Widerwärtig. Abartig. Alles Worte, mit denen Sie auch ein Kakerlaken-Nest beschreiben könnten. Oder eine übergelaufene Toilette.

Daneben spielen die üblichen Verdächtigen der Emotionsverarbeitung (VMPFC, Insula, Amygdala) wieder eine große Rolle. Dadurch scheint das, was sich gut anfühlt, moralisch oft auch besser. Moralische Integrität ist zum Beispiel mit Zentren verbunden, die auch positive Stimuli verarbeiten, zum Beispiel dem orbitofrontalen

Cortex. Im Ergebnis sind ziemlich exakt die gleichen Gehirnzentren aktiv, wenn jemand moralisch richtigliegt oder wenn er gut aussieht.[433]

Dieser Zusammenhang ist nicht so überraschend, wie man vielleicht meinen könnte. Schließlich wurde unser Gehirn nicht an einem Tag erbaut, und alle neuen Konstrukte sind immer auch eine Weiterentwicklung des bereits Vorhandenen. So wie der TPJ früher vor allem für Aufmerksamkeitsprozesse da war. Das Prinzip ist das gleiche, als wenn Sie aus den übriggebliebenen Kartoffeln von gestern ein Bauernfrühstück machen. Davon bleibt wiederum was übrig, und das wird morgen ein Omelett. Irgendwann haben Sie einen Hackbraten und keine Ahnung, wie Sie dorthin gekommen sind, aber irgendwo darin steckt noch ein Stück Kartoffel (das Sie jetzt wirklich nicht mehr essen sollten).

Solche Doppelbelegungen sind immer gefährlich, weil sie unser Gehirn gehörig durcheinanderbringen können. In der Schmerzverarbeitung kennen wir das ziemlich gut. Bei einem Herzinfarkt zum Beispiel. Die übliche Filmszene: Der Protagonist regt sich auf, hält eine flammende Rede, atmet immer schneller, und plötzlich greift er sich an den linken Arm. Warum eigentlich der Arm? Als wir das letzte Mal nachgeschaut haben, lag das Herz doch ganz woanders. Doch im Rückenmark laufen verschiedene Nervenbahnen mit Nervensignalen aus dem ganzen Körper zusammen, und die Signale von Arm und Herz erreichen das Rückgrat auf der gleichen Höhe, da kann man die Herkunft der Schmerzen schon mal verwechseln.

Eine andere Art von Schmerzverwirrung sind Eiscreme-Kopfschmerzen. Die haben mit dem Kopf ebenfalls so gar nichts zu tun, beruhen aber auf einer ähnlichen Koverschaltung der Nervenbahnen. Oder Phantomschmerzen, die auch daher rühren können, dass der Teil Ihres Gehirns, der sonst Input des nicht mehr vorhandenen Körperteils bekam, sich vernachlässigt fühlt und jetzt beginnt, Signale aus benachbarten Regionen wie der Lippe mitaufzunehmen und beim Essen weh zu tun.[434]

Die Mechanismen, die zu solchen Missverständnissen führen,

sind nicht völlig geklärt. Mit Moralfragen haben sie auch nur peripher zu tun, aber sie sind ein schönes Beispiel dafür, dass unser Gehirn nicht immer alle Reize, die es bekommt, zu- und einordnen kann. Wie ganz am Anfang gesagt: Das Gehirn sitzt im Dunkeln. Und mit dem wenigen Input, den es bekommt, fällt es ihm gar nicht so leicht einzuschätzen, ob unser Gegenüber ein guter Samariter ist oder nur unverschämt gut aussehend. Im Ergebnis halten wir attraktive Menschen für freundlicher, ehrlicher und vertrauenswürdiger. Deswegen sind wir immer so wahnsinnig irritiert von Nazis in Nadelstreifen. Passend dazu werden Verbrecher, die auch noch unansehnlich sind, öfter und zu längeren Strafen verurteilt. Gut aussehende Menschen haben es auch leichter, Jobs zu finden, und verdienen im Schnitt zwölf Prozent mehr.[435-446] Bei so viel Diskriminierung müssten sich die Hässlichen aller Länder eigentlich längst vereinigt haben. Es gäbe eine ganze Menge Dinge, die man zu ihren Gunsten durchsetzen könnte – anonymisierte Bewerbungen ohne Foto zum Beispiel. Ist sowieso rätselhaft, warum wir die noch nicht haben. Schließlich ist erwiesen, dass sie Diskriminierung einschränken.[447]

Und das ist nicht der einzige Anblick, der unsere Moral kompromittiert. Zeigt man Probanden sexuelle Stimuli, hemmt das auch Areale, die mit Moral, Scham und Schuldgefühl zu tun haben.[448-450] Kein Wunder, dass einem gleich danach alles manchmal sehr peinlich ist. Gut, dass auch der präfrontale Cortex mal wieder ein Wörtchen mitzureden hat. Oder?

Muss ich mir das wirklich ansehen?

Wie bei allen sozialen Themen ist auch für das Fällen von moralischen Urteilen eine ganze Menge Vermittlungsarbeit zwischen Denken und Fühlen nötig. Dass diese zwei nicht immer leicht zusammengehen, kennen wir aus vertrackten moralischen Dilemmata, Gedankenexperimenten, bei denen es häufig darum geht, einzelne Menschen umzubringen, um eine beliebige Anzahl von Leuten zu retten. Zum

Beispiel: Darf ein Flugzeug abgeschossen werden, wenn die Gefahr besteht, dass es auf eine Skyline zurast? Bei dieser Frage sind wir uns sogar so unsicher, dass es darüber zu einem Regierungseklat kam. Der damalige Bundespräsident Horst Köhler verweigerte seine Unterschrift unter einem Gesetz, das die Schwelle zu solch einer utilitaristischen Entscheidung gesenkt hätte und das später vom Verfassungsgericht in Karlsruhe gekippt wurde. Was genau dabei in seinem Kopf vorging, wissen wir nicht. Aber dank des fMRI-Scanners können wir mutmaßen.

Wenn man unseren Versuchspersonen moralische Dilemmata präsentiert, dann reagieren sie mit den erwartbaren Emotionen. Also unangenehmen. Ihnen gegenüber stehen komplexere Kognitionen, wie wir sie aus der Theory of Mind und Selbstkontrolle kennen. Vielleicht kann man es sich so vorstellen, als würden diese beiden Sichtweisen in unserem Kopf streiten, denn je stärker sich das Gewicht in Richtung DMPFC verlagert, desto wahrscheinlicher ist es, dass Sie eine utilitaristische Wahl treffen, also etwas Unangenehmes, vielleicht sogar Verwerfliches tun mit dem rationalen Grund, dass dabei im Schnitt weniger Menschen sterben. Patienten mit Schäden im VMPFC, der für die sozialen Emotionen so wichtig ist, treffen enorm utilitaristische Entscheidungen.[451]

Dagegen helfen uns DMPFC und Co. wahrscheinlich wieder dabei, mit den entsprechenden Emotionen klarzukommen. Jedenfalls steigt ihre Aktivierung noch weiter an, je unangenehmer die Tat für uns ist, also je grausamer und direkter sie das Umbringen erledigen müssen.[452]

Was diese Variationen angeht, sind moralische Dilemmata sehr kreativ. In einem davon muss man einen dicken Mann auf die Schienen werfen, um einen Karren aufzuhalten. In einem anderen ein schreiendes Baby erwürgen, damit niemand die Hunderte Flüchtlinge entdeckt, die im Keller versteckt sind. Ist natürlich beides nicht gerade aus dem Leben gegriffen. Wenn ich schon moralisch richtig den fahrenden Karren stoppen möchte, könnte ich auch überlegen, selbst auf die Schienen zu springen. Und die einzige Möglichkeit, ein schreiendes Baby ruhigzustellen, ist, es zu erwürgen? Schon mal was von Schnullern gehört?

Es lässt sich einwenden, dass das nur Veranschaulichungen sind, Metaphern, aber genau da liegt das Problem. Solche Entscheidungen lassen sich nicht metaphorisieren. Wenn das Bild variiert, variiert Ihre Entscheidung. Wir können zwar argumentieren, dass es immer das Gleiche ist, zehn Menschen dem Wohl von Hunderten zu opfern; ob wir einen Knopf drücken oder ob wir sie eigenhändig erschießen. Aber unserem Gehirn können wir diese Unterscheidung nicht begreiflich machen.

Man kann meinen, es sei unethisch, den Zug von dem Gleis mit fünf Personen auf das mit einer umzuleiten, weil ich damit aktiv eingreife, um jemanden zu töten. Aber ist es das Gleiche, wenn Sie Ihren Nachbarn ermorden, um Spenderorgane für fünf weitere Menschen zu gewinnen? Ihr cingulärer Cortex würde das mit ziemlicher Sicherheit verneinen. Genauso wie STS und MPFC. Und auf welches von beiden Denkmustern wollen wir hören? Welches hat mehr moralische Legitimation, die Entscheidung in der eiskalten Ich-drücke-einen-Knopf-Situation, bei der wir uns den Emotionen verschließen können, oder die emotionsgetriebene Nahkampfvorstellung?

Keines von beiden ist einwandfrei, also warum das eine zur Erklärung des anderen bemühen und dem eigenen Gehirn einen Spagat zumuten, der uns später ein Posttraumatisches Stress-Syndrom einbringt.

Anstatt sich also felsenfeste Grundsätze für moralische Situationen zurechtzulegen und dann zu zittern, wenn es wirklich dazu kommt, sollten wir uns vielleicht einfach allgemein ein flexibleres Denken in Entscheidungssituationen angewöhnen. Würde ich diese schlechte Kritik geben, wenn ich sie der Person ins Gesicht sagen müsste? Würde ich diese Mitarbeiter entlassen, wenn ich es selbst tun müsste? Und warum bin ich im Internet eigentlich immer so gemein?

Was hast du dir dabei gedacht?
Schuldfragen klärt das ToM-Netzwerk

Auch bei moralischen Urteilen geht das Zusammenspiel Verstand und Gefühl wieder in beide Richtungen. In einer ganzen Menge Situationen finden Sie etwas moralisch schlimmer, nicht obwohl, sondern *weil* Sie darüber nachdenken können. Vor allem, wenn es darum geht, was andere getan haben. Ihrer Schmerzwahrnehmung könnte es eigentlich egal sein, ob jemand sich die Hand mit Schwung in der Tür einklemmt oder ob sie ihm jemand auf die Finger schlägt. Ist es aber nicht. Letzteres ist weitaus unangenehmer. Und auch dafür brauchen wir Theory of Mind.

Wenn man Probanden schreckliche Bilder ohne moralischen Hintergrund zeigt, also zum Beispiel einen leidenden Menschen im Krankenhaus, sind zwei Areale besonders aktiv: der orbitofrontale Cortex und der superiore temporale Sulcus (STS).[453] Den Ersteren kennen wir aus seiner Funktion zur Auswertung von Belohnung und Bestrafung. Der andere ist wichtig zur Betrachtung von Intentionen, also der Lösung der Frage: Ist jemand daran schuld? Dicht daran liegt auch der TPJ. Sie wissen schon, jenes kleine Areal, das uns hilft, unsere Gedanken von denen unseres Gegenübers zu trennen oder auch zu erkennen, ob unser Gegenüber überhaupt Gedanken hat. Damit wir Menschen anders betrachten als Straßenschilder und Rasenmäher, unterscheidet der TPJ zufällige von zielgerichteten Handlungen. Und damit liefert er eine der wichtigsten Informationen, die wir für unser moralisches Urteil brauchen.[106]

Denn wenn wir uns fragen, ob etwas richtig oder falsch ist, betrachten wir vor allem den Gedanken dahinter, nicht unbedingt das Resultat. Das ist eine Frage, um die Philosophen und Rechtswissenschaftler sich schon ziemlich ausführlich gestritten haben: Sind es die Konsequenzen oder die Intentionen meiner Handlung, die zählen? Wenn ich meinen Freund noch mal hochschicke, um zu gucken, ob die Kaffeemaschine aus ist, und dann stürzt über ihm das Haus ein, trifft mich dann eine Mitschuld? Und wenn ich das Ganze von langer Hand geplant habe, aber der angesägte Balken gibt einfach nicht nach – bin ich dann unschuldig?

Ihr Gehirn zumindest unterscheidet da sehr differenziert, und zwar so, wie Sie sich auch sonst die Gedanken anderer erschließen: mit Hilfe des präfrontalen Cortex und eben des TPJ. Wenn man den TPJ mit TMS runterreguliert, haben Probanden Schwierigkeiten, Intentionen in Gewalttaten zu evaluieren.[454] Ob Sie jemandem aus Versehen die Tür vor dem Kopf zuschlagen oder ob Sie sich hinter der Tür verstecken, ihn mit einem Brett k. o. schlagen und dann manisch lachen: Ohne Hilfe des TPJ sehen Sie da keinen Unterschied. Im Gegensatz dazu beachten Probanden mit Schäden am VMPFC, also einem der Orte, wo die emotionale Komponente verarbeitet wird, vor allem die Absicht dahinter, weniger den Ausgang. Für die ist das Brett vor den Kopf schlimm, unabhängig davon, ob Sie treffen oder nicht.

Moralfragen beantworten wir also nicht kategorisch, sondern abhängig von vielen situationsbedingten Faktoren, wie Direktheit und Intention. Wenn diese Dinge miteinander in Konflikt stehen, geraten wir aber schnell in Dilemmata, die sich nicht befriedigend lösen lassen. Wer am Computer Luftangriffe mit Drohnen steuert, muss seine moralischen Gedanken mit seinen Gefühlen vereinbaren und hat nicht mal die nötige Adrenalin- und Kortisol-Reaktion, die ihm helfen könnte, die Gedanken zu übertünchen. In anderen Fällen wissen wir, dass noch mal alles gutgegangen ist, können dem anderen aber nicht verzeihen, was hätte passieren können. Wenn diese Gedanken auch nicht immer kohärent sind, macht sich unser Gehirn immerhin recht vielschichtige Gedanken.

Damit weist es mehr Differenzierung auf, als es unsere Gerichtsordnung lange Zeit getan hat.[454] Im Mittelalter galt bei der Haftung vor allem das Resultat (tot oder nicht tot). Erst seit dem 16. Jahrhundert fragt das System auch nach der Schuld. Und mittlerweile wird Ihnen auch zugestanden, dass Sie nicht in jedem Alter gleich schuldfähig sein können. Bis zum siebten Lebensjahr sind Sie völlig schuldunfähig und eingeschränkt schuldfähig bis zum vierzehnten. Schöne neue Welt.

Eigentlich merkwürdig, dass differenzierte Urteile, die Ihr Gehirn innerhalb von Sekundenbruchteilen fällen kann, so lange brauchen, bis sie ihren Weg in die tatsächliche Rechtsordnung finden. Das ist noch ein Grund, unseren Gefühlen etwas mehr Aufmerksamkeit zukommen zu lassen. Ähnliches gilt für geistige Zurechnungsfähigkeit. Der Anthropologe Frans de Waal beschreibt, dass schon Rhesusaffen ein gewisses Gespür für geistige Unzurechnungsfähigkeit haben. Eine Spezies, die sonst mehr auf Hierarchie und unterschwellige Klassenunterschiede achtet als jedes Militär und jede Teenie-Clique in amerikanischen Highschool-Filmen. Rhesusaffen verbringen einen Großteil ihrer Zeit damit, Schweißausbrüche zu bekommen, wenn ihr Chef vorbeiläuft, und ihn ja nicht blöd anzugucken. Aber auch sie erkennen, dass es manchmal Individuen gibt, die nicht in der Lage sind, das zu begreifen. Und sie bestrafen sie nicht für Ausfälle.

Den meisten Menschen ist das in einer solchen Situation auch klar. Doch noch 1831 wurde Gesche Gottfried gehenkt, eine Frau, die wahrscheinlich am Münchhausen-Stellvertreter-Syndrom litt und bei ihrer Verhaftung 17 Lagen Unterwäsche getragen hat. 17! Serienmörderin hin oder her, da hätte man was merken können. Nicht, dass das ihre Verbrechen weniger traurig oder die Opfer weniger bemitleidenswert macht. Aber die Schuldfrage bleibt trotzdem.

Heute sind wir darin sehr viel weiter. Wir versuchen psychische Erkrankungen zu behandeln, Schuldfähigkeit einzuschätzen und allgemein niemanden mehr mit Schwertern zu köpfen. Aber immer noch gilt: Wer sich nicht an die moralischen Grundsätze hält, der wird in letzter Konsequenz aus der Gemeinschaft ausgeschlossen. Und es gibt wirklich wenig, was schlimmer sein könnte für einen Menschen.

Zurückweisung, Scham und wie wir damit umgehen

Wenn man bedenkt, wie unverzichtbar Zusammenarbeit für unser Überleben ist, bekommt man eine ungefähre Ahnung davon, wie wichtig es uns ist, von anderen sozial akzeptiert zu werden. Das Ergebnis dieses Evolutionsdrucks ist ein Wesen, das ohne seinesgleichen nicht leben kann – und will. Das freiwillig in dicht besiedelte Städte zieht (obwohl Sie sich neulich schon wieder eine *Landlust* gekauft haben), selbst in der eigenen Wohnung nicht alleine sein möchte und deshalb in seiner Freizeit ständig über Onlinedating versucht, dort andere Menschen anzusiedeln.

Da können wir noch so introvertiert und kontaktscheu sein. Ausgestoßen zu werden ist eine Urangst. Darum gucken wir uns jetzt noch weitere Konzepte und Gefühle an, alle bezogen auf die Frage «Wie steh ich denn jetzt nur da?», begleitet von einer Reihe von Verhaltensweisen, die man auch mit Imagepflege beschreiben könnte. Schon Babys, die noch keine Ahnung haben, was sie hier eigentlich sollen, freunden sich zur Sicherheit schon mal mit jedem an, den man in ihre Nähe stellt. Da ähneln sie Erstsemester-Studenten. Vorsorglich lieben sie alle Menschen im Allgemeinen. Vor allem aufmerksame Menschen. Und sie flirten. Babys haben ein sehr gutes Gespür dafür, wann es sich lohnt, fröhlich zu glucksen. Wenn niemand guckt, beobachten sie still, aber sobald man ihnen einen Blick zuwirft, beginnen sie zu strahlen. Wie Kühlschranklampen. Hätten Babys Twitter-Accounts, würden sie den ganzen Tag nur Refresh drücken, um ihre Follower zu zählen. Ist ja auch verständlich. Schließlich sind sie auf andere Menschen angewiesen. Also besser auf Nummer sicher gehen und immer schön networken.

Als Erwachsener werden Sie von demselben Drang angetrieben. Ist der Sitznachbar mürrisch, überlegen Sie zwei Stunden lang, was das mit Ihnen zu tun haben könnte. Dann passen Sie Ihre Stimmungslage an, um nicht unangenehm aufzufallen, und sind traurig, ohne zu wissen, warum.

Und je größer die Gruppe wird, desto mehr Mechanismen brauchen wir, um das Gemeinschaftsgefühl wachzuhalten. Irgendwann reicht die organisatorische Koordination nicht mehr aus. Dann brauchen wir Teambuilding und Afterwork-Bier mit Kollegen.

Wie sehr uns die Gemeinschaft ins Blut übergegangen ist, sieht man schon an kleinen Kindern. Auch die machen am liebsten alles gemeinsam. Wenn man ein Kind fragt, ob es lieber allein Fernsehen gucken möchte oder zu zweit, ist die Antwort: zu zweit. Stecken Sie zwei Kleinkinder in ein Zimmer mit Lego und gucken nach zehn Minuten noch mal, bauen sie mit ziemlicher Sicherheit zusammen an einem Turm. Oder eins baut, das andere macht ihn kaputt.

Wie gesagt, sozial heißt nicht «nett». Wir haben das Teambuilding selbstverständlich nicht erfunden. Unsere nächsten Verwandten haben ihren ganz eigenen Smalltalk, den wir im ersten Teil schon als Lausen oder Groomen kennengelernt haben. Eine Wunderwaffe, um Bindung zu schaffen, Vertrauen aufzubauen, Versöhnung zu initiieren. Schimpansen verbringen damit ein Viertel ihres Tages – eine Rieseninvestition. Zwar eine, die sich lohnt, aber wir wissen bereits, dass uns Menschen rationale Gründe meist nicht ausreichen, um etwas zu tun. Es muss sich außerdem auch gut anfühlen. Darum besitzen wir möglicherweise diese zahlreichen Nervenstränge, die auf nichts anderes reagieren als auf langsames Streicheln.[455] Tatsächlich erreichen die Signale aus diesen Strängen relativ schnell den Teil des Gehirns, an dem Endorphine ausgeschüttet werden. Orbitofrontaler und dorsal präfrontaler Cortex leuchten auf, wenn wir uns im Scanner streicheln lassen. Sie signalisieren uns: «Oh ja, da ist gut, mhmm, büschen weiter links, mhhhhhmm. Nicht aufhören!»

Eigentlich schade, dass wir dieses Kommunikationsmedium aufgegeben haben für Gespräche über das Wetter. Na ja, angeblich sorgen solche Wettergespräche dank Oxytocinausschüttung auch für gute Stimmung.[456] Abgesehen davon wollen wir vielleicht auch nicht unbedingt jedem unserer Bekannten, Chefs und Kollegen den ganzen Tag den Nacken kraulen. Wahrscheinlich würde das auch nicht reichen, um die nötige Kohäsion herzustellen.

Wenn man die Zeit, die Affen mit der Pflege sozialer Kontakte zubringen, auf menschliche Gruppengrößen überträgt, dann müssten wir nämlich 43 Prozent unserer Zeit mit Groomen verbringen. Zehn Stunden pro Tag. Wer hat die denn?

Stattdessen tendieren wir zu anderen, intensiveren Wegen, um Gruppenkohäsion zu erschaffen. Gemeinsam Musizieren, Tanzen (je intensiver, desto besser, also bitte schön im Stehen und bitte schön im Takt). Bringt beides die Gruppenstimmung hoch, sorgt für die Ausschüttung der passenden Endorphine und treibt die Schmerzgrenze nach oben, genau wie das Streicheln und Groomen. Dabei ist Synchronität mitentscheidend. Tanzen im Sitzen oder asynchron ist kaum relevant.

Als Gruppenaktivität ist Singen sogar besser als ein Gespräch. Und diese ganzen Schmiermittel sorgen erst recht dafür, dass die Zusammenarbeit klappt. Wenn wir imitiert werden, verhalten wir uns danach der Welt gegenüber allgemein hilfsbereiter.[457] Und virtuelles Teamrudern ist der reinste Rausch.

Unsere ausufernde Sozialkompetenz eröffnet uns eine ganze Menge an neuen komplexen Emotionen: Scham, Schuld, Stolz und Peinlichkeit. Natürlich spielen auch die Basisemotionen Furcht, Wut und Konsorten eine Rolle, wenn wir mit anderen Zeit verbringen. Aber die können auch ganz gut ohne solche komplexen Konstrukte.

Soll heißen: Angst vor einem Löwen geht immer. Ist quasi ein Selbstläufer. Aber um Angst vor einem Bewerbungsgespräch zu haben, brauchen Sie ein Selbstwertgefühl, das sich bedroht fühlen kann. Da entwickelt sich eine ganz neue Bandbreite an Befürchtungen.

Zum Ausgleich können Sie die sozialen Emotionen aber nutzen, um Stolz zu fühlen, wenn Sie der beste Bierpong-Spieler in Ihrem Bekanntenkreis sind. Dabei hat das evolutionär gesehen sonst leider so gar keinen Vorteil.

Jeden Tag eine gute Tat fürs Fotoalbum. Über Hilfsbereitschaft, Fürsorge und Imagepflege

Die sozialen Emotionen und das Konzept «Image» haben unsere Reaktion auf unsere Umwelt fundamental verändert. Wo Sie sonst vor Aggression zurückweichen würden, ist Ihnen das vor Ihren Freunden auf einmal peinlich. Hier kommt nun eine ganz andere evolutionäre Dynamik ins Spiel. Auch Ihr Verhalten ändert sich. Zum Beispiel wissen wir heute, dass Menschen zumindest zum Teil sozialer werden, wenn einer guckt. Dann geben wir mehr Trinkgeld. Ihr Belohnungszentrum jubiliert einfach, wenn Ihnen andere beim Spenden zugucken. Umgekehrt wird auch ein Schuh draus: Je anonymer wir uns fühlen, desto weniger geben wir.[458] Selbst der Blick eines Experimentleiters verändert unser Verhalten. Einen Zehner, den Probanden vom Versuchsleiter bekommen haben, verteilen sie einigermaßen gerecht. Aber versuchen Sie das Gleiche mal auf der Straße: Dann laufen sehr viel mehr glückliche Menschen mit ebenjenem Zehner nach Hause. Dieser Plus-Effekt durch Beobachtung funktioniert aber nur über kurze Zeiträume. Je länger wir uns beobachtet fühlen, desto weniger spendabel sind wir über die Zeit hinweg gesehen.[459] Von Greenwashing ist dabei oft die Rede.

Ziemlich häufig scheint es uns aber weniger darum zu gehen, was die anderen von uns denken, sondern mehr darum, was wir selbst von uns erwarten. Schließlich ist auch das oft genug ein Grund für Scham. Wir haben ein positives Selbstbild. Nicht immer gerechtfertigterweise. In Fragebögen bestätigen jede Menge Menschen, dass sie gerecht teilen. Nur sind das nicht unbedingt dieselben, die ihre Gewinne anschließend im Experiment tatsächlich gerecht aufteilen.[409] Es gibt einen ganzen Berg an Studien, die unsere Großzügigkeit auf die Probe stellen, indem sie uns zum Beispiel ein paar Ausreden zur Verfügung stellen, warum «Geben» jetzt gerade echt ungünstig ist. Oder warum Sie eigentlich schon genug getan haben.

Wenn man Probanden im Diktator-Spiel nicht nur die Möglichkeit gibt, anderen etwas zu geben, sondern auch, ihnen etwas wegzunehmen, werden sie gleich viel weniger großzügig. Im Sinne von: «Sei froh, dass ich dich nicht ausraube!»[460] Schön ist auch die Variante, wo wir die Wahl haben, entweder a) ein Diktator-Spiel zu spielen und zu entscheiden, ob oder wie viel wir dem anderen abgeben, oder b) einfach die acht Euro zu nehmen, und niemand erfährt, dass uns das Spiel je angeboten wurde.[461] Auf einmal erscheint es uns irgendwie moralisch okay, mit dem Geld nach Hause zu gehen. Der andere kriegt jetzt nicht mal zwei Euro, sondern gar nichts, aber irgendwie wirkt es trotzdem ... richtiger. Und auch besser, als im Diktator-Spiel die kompletten zehn Euro einzustreichen.

Dann gibt es noch die Variante, wo wir die Möglichkeit haben, zwischen einem unfairen (zu unseren Gunsten) und einem fairen Split zu wählen. Warten Sie drei Minuten, trifft der Computer die Entscheidung. Sie ahnen ja nicht, wie viel Zeit die Probanden auf einmal haben![462] Sehr eilig haben sie es hingegen, wenn sie zwei Optionen zur Auswahl haben und auf den ersten Blick sehen können, welche für sie die bessere ist. Um zu sehen, welche die bessere für ihr Gegenüber ist, müssten sie auf ein Feld klicken. Aber wer macht das schon. Wir haben doch keine Zeit.

Der Fairness halber muss man sagen, dass es trotzdem schon mal ein Plus ist, dass wir überhaupt geben. Hatte ja so keiner erwartet. Wir könnten einfach immer mit zehn Euro nach Hause gehen, und gut is. Aber unsere Gründe dafür scheinen sehr vielfältig und komplex zu sein.

Interessanterweise sind jene Tricks, die uns weniger großzügig machen, weniger erfolgreich, wenn es um Kooperation geht. Genauer gesagt, wenn es darum geht, den zweiten Schritt zu machen. Vielleicht gebe ich dem anderen nicht unbedingt was ab, aber wenn er mir im Vertrauensspiel Geld überwiesen hat, dann benehme ich mich trotzdem fair. Reziprozität ist wohl eine stabilere Grundlage für prosoziales Verhalten als Großzügigkeit.[463] Schade, dass es dafür immer zwei braucht.

So verwirrend und komplex diese Emotionen auch sind, sie sind trotzdem universal. Eine Person kann völlig abgeschnitten von jeder Technologie aufgewachsen sein und keine Ahnung haben, wovon Sie reden, wenn Sie erzählen, dass Sie Ihren Ex auf Facebook gestalkt und aus Versehen ein Bild von vor drei Jahren geliked haben. Aber dass es Ihnen peinlich ist, das merkt er.[464-466]

Wenn ein Verhalten so weit verbreitet ist, dann ist es wahrscheinlich nicht einfach nur ein kulturelles Konstrukt, sondern etwas, das in unserer Entwicklung irgendwann sehr sinnvoll war und deswegen jetzt zur Standardeinrichtung gehört. Wie Anschnallgurte.

Die Theorie dahinter: Die soziale Welt, an die sich der Mensch anpassen muss, ist so kompliziert, dass er sich trotz Hormonen und Tendenz zur Nachahmerei immer mal wieder auf die Klappe legt. In solchen Fällen helfen ihm soziale Emotionen auf zwei Arten: Zum einen sagen sie uns, wann wir einen sozialen Fauxpas begehen («War doof, ne, merkste selber?»), zum anderen leiten sie die passenden Signale ein, um den anderen unsere Reue oder unseren Stolz zu vermitteln, damit die sich wahlweise sagen «Er hat's nicht so gemeint, vielleicht sollte er uns leidtun» oder «Der strotzt ja vor Stolz. Besser befördern». Wenn man bedenkt, dass wir für diese Gefühle eine differenzierte Vorstellung davon brauchen, was andere von uns denken, kann man sie eigentlich auch schon wieder als Zeichen sozialer Intelligenz werten. Immerhin können Sie begreifen, was andere von Ihnen erwarten und was sie Ihnen – stattdessen – gerade geboten haben.

Hier ist schon wieder Theory of Mind im Spiel. Und deshalb lässt sich erahnen, welche Fehler wir dabei oft machen. Erstens unterstellen wir anderen wie üblich gerne Intentionen. Dann glauben wir, sie hätten sich gerade absichtlich weggedreht, obwohl wir einfach im Gegenlicht stehen. Außerdem tendieren wir dazu, unsere eigenen Gedanken und Erinnerungen auf andere zu übertragen. Deshalb nehmen wir unsere Wichtigkeit darin ziemlich sicher viel zu ernst. Denn auch wenn das jetzt schmerzt: Niemand denkt lieber über Sie nach als Sie selbst. Wenn die Erinnerung für Sie emotional aufgeladen ist, muss sie das nicht unbedingt für andere sein. Und was keine emotionale Erinnerung ist, wird meist gar keine.

Bei unseren Emotionen spielt unser Ego ziemlich häufig eine große Rolle. Und wie in allen komplexen Prozessen kann dabei auch eine Menge schiefgehen. Im schlimmsten Falle entstehen Störungen wie Narzissmus oder soziale Ängste. Doch wir alle tendieren dazu, Erlebnisse mal zu viel und mal zu wenig dem eigenen Tun zuzuordnen.

Schwarmdoofheit.
Anpassung bis zum Gehtnichtmehr

Diese Kombination aus unserer Fehlannahme, dass alle ständig über uns nachdenken, und der Angst, dass sie dabei etwas Schlechtes denken, macht uns zu enorm vorsichtigen Wesen, die immer nach dem nächsten sozialen Fehltritt Ausschau halten. Das beruht auf ähnlichen Mechanismen wie die anderen Formen sozialen Lernens, die wir bereits kennengelernt haben. Unser Gehirn belohnt uns, wenn wir uns gut einfügen, und bricht in Panik aus, wenn wir alleine dastehen. Gemeinschaft ist gut fürs Gefühl. In unserem Gehirn ist das Reward-Learning-System aktiv, wenn wir sehen, dass andere das gleiche Objekt mögen wie wir – und danach lieben wir es erst recht.[467]

Soziale Zurückweisung verursacht dagegen Schmerzen, die den körperlichen ziemlich ähnlich sind: Wenn zwei Versuchsteilnehmer PlayStation spielen und der dritte darf nicht mitmachen, können wir in seinem Gehirn die meisten der Areale aufleuchten sehen, die wir sonst von Schmerzen kennen.[468] Die beiden Arten von Schmerz liegen so dicht beieinander, dass unsere Sensibilität für körperliche Schmerzen auch vorhersagen kann, wie stark wir soziale Schmerzen spüren.[469] Anders gesagt: Wer viel flucht, wenn er sich auf den Finger haut, kommt auch nicht gut damit klar, wenn alle Kollegen auf dieser einen Party sind – außer ihm. Und umgekehrt lässt uns die Erfahrung sozialer Schmerzen auch körperliche Pein sensibler spüren.

Positive Rückmeldung von anderen ist dagegen fast so schön

wie Geld. Findet jedenfalls Ihr Belohnungszentrum.[470] Dank solcher Lernprozesse mögen wir Dinge lieber, wenn wir vorher beobachtet haben, dass andere sie öfter angucken.[471] Wenn jemand denselben Song auswählt wie wir, fühlen wir uns belohnt.

Dasselbe Netzwerk, das sich einschaltet, wenn unsere Erwartungen nicht zutreffen, schaltet auch die Alarmglocken an, wenn wir von der Norm abweichen.[83] Wenn wir das Unaussprechliche getan haben, nämlich uns eine eigene Meinung gebildet, werden die Gehirnzentren aktiv, die uns Vorhersagefehler anzeigen. Als hätten wir etwas falsch gemacht. Es folgt ein hochroter Kopf, heiß-kalte Panik und eine schnelle Evaluation der Möglichkeit, spontan im Boden zu versinken. Im cingulären Cortex wird ein Konflikt gemeldet. Der Nucleus accumbens dagegen fährt seine Aktivität deutlich herunter und erzeugt damit das Dopamin-Tief, das unsere Glücksgefühle in den Keller sinken lässt. Je nachdem, wie prägnant dieses Muster im Gehirn zu sehen war, desto eher passten die Probanden übrigens danach ihre Meinung der Allgemeinheit an.[472]

In Erwartung dieser Belohnungen und Bestrafungen variieren wir unser Verhalten schon im Vorhinein, und zwar mit Hilfe derselben Areale, mit denen wir auch finanzielle Belohnungen und Verluste verarbeiten. Zukünftige Belohnungen werden im VMPFC repräsentiert, schlechte Vorahnungen im ventralen Striatum.[473] So riskieren wir es, einen Witz zu machen, in der Hoffnung auf das gute Gefühl, einen Lacher zu ernten, oder halten eine Frage zurück aus Angst, uns zu blamieren. Die reinste Selbstzensur.

Schon kleine Kinder passen sich ganz wunderbar an. Das kann man sehen, wenn man sie in Pappboxen steckt.[474] Also in nicht allzu kleine. Nur so, dass sie sich gegenseitig nicht sehen können. Dann gibt man allen das «gleiche» Häschen-Buch. Und stellt ihnen Fragen dazu, was sie sehen. Natürlich sind die Bücher nicht identisch. In dem Buch von Kind Nummer drei ist zum Beispiel auf Seite X nicht Papa Hase, sondern Baby Hase abgebildet. Fragt man die Kinder nun reihum, was sie sehen, sollten zwei Kinder «Papa Hase» sagen und das dritte «Baby Hase». Stattdessen guckt es nach links und nach rechts und sagt «Papa Hase». Auf einem Video dazu kann man sehen, wie das Kind mit der abweichenden Abbildung (Versuchskaninchen, höhö) sein Buch verschämt zumacht, als hätte es was falsch gemacht. Süß. Wenn man den Kindern dagegen die Möglichkeit gibt, die Antwort dem Experimentleiter zuzuflüstern, dann antworten sie korrekt. Es scheint tatsächlich darum zu gehen, was die anderen Kinder von ihnen denken.

Und das bringt ihnen ein paar handfeste Vorteile. Mitläufertum ist kein schönes Wort, und wir tendieren dazu, dieses Verhalten verwerflich zu finden. Oft genug ist es das auch. Aber hier geht es um Kinder. Einiges spricht dafür, dass ihr Verhalten nicht allein auf Erziehung beruht, sondern eine natürliche Tendenz zur Anpassung offenbart. Und wenn wir etwas natürlicherweise tun, hat es wahrscheinlich – irgendwann einmal zumindest, Sie kennen das jetzt schon – in unserer Entwicklung Sinn ergeben. Was ist der Vorteil daran, angepasst zu sein?

Ziemlich oft ist es sinnvoll, genau das zu tun, was die anderen auch tun. Schließlich können wir von ihnen einiges lernen. Wenn unser eigenes Wissen uns im Stich lässt, genauso wie das Prinzip Versuch und Irrtum, dann beobachten wir andere. Erst wenn alles andere scheitert, versuchen wir's mit Innovation.[475] So wie Sie erst versuchen, die IKEA-Schrankwand nach Gefühl aufzubauen; wenn das nicht hilft, konsultieren Sie beiläufig die Anleitung; und wenn das auch nicht funktioniert, bauen Sie einen Stuhl. Und falls Sie statt der Bauanleitung auf menschliche Hilfe zurückgreifen müssen, haben Sie ein sehr genaues Gefühl dafür, wen Sie an Ihre Schrankwand lassen.

Besonders aufmerksam sind wir, wenn andere einen höheren Status haben als wir. Wir spielen lieber gegen jemand Höherrangiges (also jemand, der besser ist als wir). Das aktiviert unser ventrales Striatum. Möglicherweise weil wir ihn wichtiger nehmen, aber vielleicht auch weil wir von ihm eben mehr lernen können.[476] Und niemand kann so schön von anderen lernen wie Menschenkinder.

Für ein Experiment dazu wurde ein magischer Apparat mit ganz vielen Zahnrädern, Knöpfen und Tralala konstruiert.[477] Unmöglich zu erkennen, wie man diesen Automaten dazu bringen kann, eine Murmel auszuspucken. Doch ein Erwachsener zeigt es den Kindern. Hier drehen, da ziehen, da klicken, jetzt leicht schütteln. Und jetzt du.

Nach kurzer Zeit kommt ein anderer Erwachsener rein, der auch eine Murmel will (wird aus Kinderperspektive einfach so hingenommen. Der Mann wird schon wissen, warum er die Murmel jetzt so dringend braucht). Der Erwachsene setzt sich vor das Gerät und zieht sie einfach oben raus. Das Kind ist wieder dran, aber diesmal ganz alleine. «Du kannst die Murmel auf jede Weise holen, die du möchtest», sagt die Experimentleiterin und verlässt den Raum. Das Kind guckt zur Tür, zur Maschine, zur Tür ... und beginnt hier zu drehen, da zu ziehen und genau das zu tun, was ihm eingangs gezeigt worden ist. Obwohl es gesehen hat, dass es auch einfacher geht.

Versuchen Sie das mal mit einem Schimpansen. Der geht da sehr viel ergebnisorientierter heran. Kinder orientieren sich hingegen eher an der Handlung als am Ergebnis. Dieses Prinzip brauchen sie schließlich ihr Leben lang noch. Zum Beispiel, wenn Sie allein an einer einsamen Ampel stehen. Nachts um drei. Ergebnisorientiert ist das nicht. Aber wenn Sie es anders machen, sind Sie nachher Ihren Bischofsposten los, und da wäre es doch schade drum. Oder wenn Sie in Gesellschaft essen und feststellen müssen, dass die effizienteste Art (den Knochen abnagen!) gar nicht unbedingt die gesellschaftlich akzeptierte ist.

Also machen wir es lieber gleich so, wie es uns vorgelebt wird. Jedenfalls bis zu einem gewissen Grad. Wenn die Experimentleiterin dreimal in die Hände klatscht, bevor sie sich dem Murmelapparat zuwendet, machen Kinder das nicht unbedingt. Da besteht ja kein Zusammenhang zur Murmel. Es geht ihnen also nicht darum, die Spielerfahrung in allen Details nachzuerleben. Wenn die Leiterin dagegen dreimal auf den Hebel des Apparats klopfen würde, schon eher. Und wenn sie den Hebel tatsächlich umlegt, dann sind sie sich fast definitiv sicher, dass sie das auch tun sollten.

Auch sonst tendieren Kinder zum Gruppenlernen:[478] Wenn sie einer Gruppe Altersgenossen dabei zusehen, wie sie Belohnungen aus einem Automaten ziehen, und alle Kinder ziehen am roten, nur eins zieht am gelben Hebel (mit dem gleichen Ergebnis), dann tun sie nachher, was fast alle gemacht haben: Sie ziehen den roten. Mehrheitsbeschluss. So weit, so ähnlich bei Schimpansen. Ergibt ja auch Sinn, die Variante zu wählen, von der man mit größerer Sicherheit weiß, dass sie funktioniert. Doch selbst wenn das Kind vorher gesehen hat, dass bei ihm nur der gelbe Hebel funktioniert, macht es natürlich, was alle machen. Mengenentscheid, selbst wider besseres Wissen. Und am ehesten, wenn dann noch Leute zusehen. So was fällt Schimpansen überhaupt nicht ein. Die Tendenz zur Anpassung variiert mit dem Alter des Kindes und zwischen verschiedenen Kulturen. Aber es bleibt doch eine klare Richtung zu erkennen.

Diese Herangehensweise könnte auch der Grund sein, warum kulturelle Unterschiede beim Menschen deutlich klarer erkennbar sind als bei anderen Primaten.[479, 480] Auch bei denen sieht man manchmal gruppeneigenes Verhalten, etwa wenn sie Steine auf eine ganz bestimmte Weise greifen oder sich einfach mal neumodisch einen Grashalm ins Ohr stecken. Solches Verhalten breitet sich schon mal aus in der Kleingruppe. Trotzdem scheinen sich nicht immer alle dran zu halten. Oder ein paar Leute aus der Nachbargruppe machen auch noch mit. Das Muster ist allgemein fleckiger. Zwischen Menschen gibt es jedoch ganz klare Grenzen. Hier sagt man Brot, da sagt man Semmel. Dort trifft man sich um dreiviertel acht und Obacht erst bei der Überquerung des Weißwurstäquators.

Neben dem Lerneffekt spricht einiges dafür, dass uns diese Anpasserei sozial mehr Möglichkeiten bietet als die Außenseiterrolle (wenn auch nicht unbedingt mehr Rollen in Tim-Burton-Filmen).[479] Kinder bevorzugen diejenigen, die ihnen ähnlich sind. Mit 11 Monaten mögen sie lieber mit einer Puppe spielen, die auch Cornflakes mag. Mit fünf Jahren wählen sie aus Fotos von Spielpartnern denjenigen aus, der ihnen am ähnlichsten sieht. Und mit fünf bis zehn Jahren teilen sie lieber mit jemandem, der ihren Dialekt spricht. Sie lernen auch eher von ihm und freunden sich eher mit ihm an.

Und das hört im Erwachsenenalter nicht auf. Wenn wir daran denken, in welchem Maß wir bereit sind, uns altruistisch gegenüber einem Bekannten zu verhalten (denn genau das war die Frage in einem Experiment), dann steigt die Wahrscheinlichkeit, je mehr Eigenschaften wir von der folgenden Liste teilen: Sprache, Gegend, in der wir aufgewachsen sind, Bildung, Hobbys, Weltsicht und Humor. Je mehr Gemeinsamkeiten, desto mehr tun wir für die anderen. Vielleicht hängt das auch damit zusammen, dass wir uns von ihnen mehr Kooperation erhoffen. Oder sie zumindest besser einschätzen können, ganz nach dem Motto: Der andere ist mir ähnlich, der wird wahrscheinlich das Gleiche tun wie ich. Das schafft Vorhersehbarkeit, und die weckt Vertrauen. Wenn wir also wollen, dass der andere Vertrauen in uns setzt, haben wir ein Interesse daran, ihm, soweit es geht, klarzumachen, wie ähnlich wir ihm sind.[481] Und damit sind wir beim vorletzten Konzept dieses Teiles: der Gruppenidentität.

Diese Fremden sind nicht von hier. Der Ingroup-Outgroup-Graben

Wenn Menschen ihre eigene Gruppe bevorzugen, hat das ziemlich oft strategische Gründe. Dieser Punkt wurde zunächst außer Acht gelassen, als die Wissenschaft begann, das merkwürdige Verhalten geschlechtsreifer Erwachsener in Kleingruppen anzugucken und sich zu fragen: Was zur Hölle machen die da? Das Phänomen war dieses: Wissenschaftler teilten Menschen in kleine Gruppen ein, basierend auf, na ja, ziemlich dämlichen Gründen. Guck mal, der mag dasselbe Bild wie du. Ihr beide habt das Kreuzchen weiter links gemacht und ihr weiter rechts. Und ihr zwei, euch nennen wir jetzt mal «die Blauen». Keine vernünftigen Merkmale also, die wirklich etwas über den Charakter aussagen würden. Nichts Fundamentales wie: «Schneidest du deine Spaghetti klein, bevor du sie isst?»

Aber das war auch gar nicht nötig, weil die Menschen so oder so sofort anfingen, sich auf die Gruppenteilung einzulassen. Ohne zu zögern, hielten sie die eigene Gruppe für netter, intelligenter oder was es sonst an positiven Eigenschaften zu vergeben gab. Und jetzt konnte man alle im Raum nach dieser Kategorie aufteilen. Die einen gehören zur eigenen Ingroup, und die Menschen, die sich von ihr unterscheiden, sind die Outgroup. Und zwischen beiden tut sich ein sprichwörtlicher Graben auf: Wenn Menschen mit ihrer Ingroup zu tun hatten, gingen sie gleich in den Bevorzugungsmodus. Sie kooperierten mehr, überwiesen bei Geldspielen höhere Beträge und vertrauten bereitwilliger. Und sie waren sich auch ziemlich sicher, dass die Gruppe Blau besser aussieht. Team Blau hatte sogar Schwierigkeiten, die Gesichter der anderen auseinanderzuhalten – ein Phänomen, das sonst nur in natürlichen Gruppen zu beobachten ist, auch bekannt als «Alle Chinesen sehen gleich aus».

Man merkte also: Menschen formieren sich schnell und aufgrund einer ziemlichen Bandbreite an Vorbehalten gegenüber anderen und sind dabei auch gerne bereit, kreative Trennungs-Kriterien zu akzeptieren. Einerseits eine schlechte Nachricht, wie wenig man an der Oberfläche kratzen musste, um Diskriminierung freizulegen. Andererseits auch praktisch, weil man nicht unbedingt unterschiedliche Bevölkerungsgruppen ins Labor einladen musste, um Rassismus zu untersuchen.

Außerdem haben natürliche Gruppen den Nachteil, dass man nie weiß, welche Erfahrungen oder politische Grundstimmung die Probanden gerade mit ins Labor tragen. Jeder politische Rechtsruck würde in den eigenen Daten reflektiert. Oder die Vorbehalte haben andere Inhalte, als man erwartet. Bei den natürlichen Gruppen ist es nicht mal ein Naturgesetz, dass man die eigene Gruppe lieber mag.

Toshio Yamagishi, seines Zeichens Verhaltenswissenschaftler an der Hokkaido-Universität, und seine Kollegen spielten einmal ein Kooperationsspiel mit australischen und japanischen Probanden. Es stellte sich heraus: Japaner vertrauten lieber Australiern. Und Australier glaubten, Japaner bräuchten Geld.[482] Eine Studie mit verschiedenen Bevölkerungsgruppen Israels fand heraus, dass einige Bevölkerungsgruppen dort universell diskriminiert werden – auch von Anhängern ihrer eigenen Gruppe.[483] Dann also lieber die Gelben gegen die Blauen. Das scheint ja so ziemlich das Gleiche zu sein. Oder?

Es gibt ein paar entscheidende Unterschiede. Die Probanden mögen zwar die Mitglieder ihrer eigenen Gruppe gut behandeln, aber das bedeutet nicht, dass sie die andere Gruppe schlechter behandeln, als sie einen willkürlichen Fremden auf der Straße behandeln würden. Und selbst zu dem Berg an Studien darüber, wie viel netter wir zur eigenen Gruppe sind, gesellt sich ein ebenso großer Berg, der uns zeigt, wie zerbrechlich diese Nettigkeit ist.

Bei der Verteilung zum Beispiel: Wenn wir Geld zwischen Leuten aus zwei Gruppen aufteilen müssen, tendieren wir dazu, denjenigen aus unserer Gruppe mehr zu geben. Aber dieser Glaube scheint auch mit dem Vertrauen darin zusammenzuhängen, dass uns die anderen ihrerseits auch mehr geben werden – wir erinnern uns an die Kontrollillusion. Jedenfalls hören wir damit auf, sobald unsere eigene Bezahlung von einem Computer festgelegt wird. Auch die gesteigerte Zusammenarbeit beruht auf diesem Vertrauen. Kennt der andere Ihre Teamfarbe nicht, lassen Sie es sein. Wer weiß denn, ob der jetzt mit Ihnen zusammenarbeitet? Das Gleiche passiert, wenn Probanden nicht wissen, auf welches Koordinationsmerkmal sie sich einigen sollen, weil man ihnen mehr Informationen über die Gruppenzugehörigkeit hinaus gibt – Augenfarbe, Bildungsabschluss, Geschlecht («Du hast nichts überwiesen, weil wir nicht die gleiche Augenfarbe haben? Wen interessiert den die Augenfarbe? Ich hab dir gerade all mein Geld geschickt, weil wir beide Katzen mögen!»).[484]

Das heißt: Wir gehen nicht unbedingt davon aus, dass die Menschen in unserer Gruppe vertrauenswürdigere oder rundum bessere Menschen sind, sondern einfach dass sie eher mit uns kooperieren. Die Gruppe hält zusammen. An diese simple Grundregel scheinen wir uns zu halten. Prosoziales Verhalten gegenüber der Outgroup beruht dagegen auf verwirrenden Faktoren wie Attraktivität und Geschlecht des anderen.[485]

Wenn es um Vertrauen geht, sind wir etwas wählerischer. Lächelt der Outgroupler, guckt er neutral, guckt er ärgerlich? All das ruft schon in den ersten 200 Millisekunden eine unterschiedliche Reaktion hervor. Bei der Ingroup reagieren wir nur auf ärgerliche Gesichter mit der gleichen Intensität (allerdings resultieren diese Unterschiede nicht unbedingt in unterschiedlichem Verhalten, womit man wieder mal sieht, dass unsere vorschnellen Vorurteile sich nicht durchsetzen müssen).[486] Das könnte damit zu tun haben, dass ich der Ingroup ohnehin einen kleinen Vertrauensvorschuss einräume. Der orbitofrontale Cortex und das Striatum (das uns motiviert zu vertrauen, in der freudigen Erwartung auf eine Belohnung) sind jedenfalls aktiver gegenüber unserer Ingroup.[487]

Und wenn ich über andere Leute nichts weiter weiß, als dass sie zu meiner Gruppe gehören, dann nutze ich ebendiese einzige soziale Information, die ich habe. Es ist ein Vertrauensvorschuss genauso wie eine Koordinationshilfe. Fairerweise muss man sagen, dass dieser Vertrauensvorschuss nicht immer zu einer Bevorzugung der Ingroup führt. Denn vor allem, wenn eine Bedrohungslage von außen eintritt, tendieren die Mitglieder einer Gruppe nicht nur dazu, ihre eigenen Gruppenmitglieder zu bevorzugen, sondern auch dazu, deren Fehlverhalten härter zu bestrafen. Betrüger innerhalb der eigenen Gruppe sind eine größere Bedrohung. Und je mehr wir uns mit unserer Gruppe identifizieren, desto eher schämen wir uns auch für sie.[488]

Je größer die Unsicherheit in einem Spiel und je eher wir uns gegenseitig brauchen, um Gewinn zu machen, desto stärker wirken auch die Gruppeneffekte. Passend dazu lassen sie sich immer dort am besten beobachten, wo alle gleichzeitig miteinander handeln und keine Möglichkeit haben zu kommunizieren. Solche Situationen gibt es im realen Leben ziemlich häufig (Stichwort Hirschjagd, Stichwort Streik). Und sie zeigen uns die gute Seite der Gruppendynamik. Kooperation da schaffen, wo wir zögern.

Dafür wird sie schwächer in Spielen wie dem Vertrauensspiel, bei dem ich ja dem anderen zeigen kann: Guck, ich kooperiere – Gruppe hin oder her.[489]

Vorläufiges Fazit: Wenn ich Gruppendifferenzen überwinden möchte, sollte ich Möglichkeiten schaffen, Signale auszusenden. Außerdem ist es sinnvoll, Aufgaben gleichzeitig zu erledigen, sodass sich niemand durch Vorarbeit verletzbar macht.

Will man die Zusammenarbeit innerhalb einer Gruppe verbessern, sollte man also das Gruppengefühl stärken. Schließlich wissen wir mittlerweile, dass das nicht unbedingt heißt, dass wir anfangen, andere Abteilungen mit Kieselsteinen zu bewerfen. Kooperative Tasks gehören dazu: gemeinsames Problemlösen und gegenseitige Abhängigkeit schweißen zusammen. Die Wirkung von Teamfarben und Nummern wird dagegen allgemein überschätzt (jedenfalls wenn die Gruppen sonst nur zufällig zusammengewürfelt werden).[490-492]

Eine Projektionsfläche ist wichtig. Wenn Menschen das Gefühl haben, rein zufällig einer Gruppe zugeteilt worden zu sein, versagen oft schon die einfachsten Effekte. Wenn Sie dagegen glauben, Sie wurden aufgrund von ganz eindeutigen Kreuzchen-links-, Kreuzchen-rechts-Kriterien ausgewählt, dann fällt Ihnen schon etwas ein, warum Sie viel einzigartiger sind als die anderen. Das Gehirn hat's halt gerne logisch zusammengehörig und ist ein guter Geschichtenerzähler.

Es gibt noch eine Möglichkeit, Gruppenzugehörigkeit zu steigern, doch die führt uns zur dunklen Seite der Macht. Die Rede ist von Bedrohung durch die Outgroup. Konkurrenz, schlechtes Feedback oder ein handfester Konflikt. Damit gelangen wir in den Bereich der Gruppeneffekte, die sich durch gesteigerte Erwartungen und Vertrauen nicht mehr so einfach erklären lassen.

Denn letztlich ist unsere Gruppe wahrscheinlich doch nicht nur eine strategische Vertrauensgemeinschaft. Je natürlicher die Gruppen sind, je näher sie unserem Weltbild kommen und nicht zuletzt je negativer sie von der anderen Gruppe gesehen werden, desto eher stiftet unsere Gruppe auch Identität. Die Diskriminierung von anderen wächst, wenn wir uns sehr mit der eigenen Gruppe identifizieren oder ein großes Zugehörigkeitsbedürfnis haben.[493] Letztlich passen wir uns nicht nur an, um uns in der Gruppe besser aufgehoben zu fühlen. Wir passen uns auch an, um uns in der Welt besser aufgehoben zu wissen.

Das sehen wir an unserer Verbundenheit zu den kulturellen Werten. Auch die kann man relativ simpel verstärken. Nämlich durch Angst. Genauer gesagt: der fundamentalen Angst vor dem Nichts. Hier müssen wir ein bisschen ins Existenzialistische abschweifen, aber wir kommen vielleicht klüger wieder raus. Also: Der Mensch kommt aus dem Nichts, geht ins Nichts, und das ist ihm furchtbar unangenehm. Deshalb haben wir zwei Strategien, um mit der nagenden Leere fertigzuwerden.

Zum einen bewusste Gedanken, mit denen wir uns ein bisschen Unsterblichkeit zuschreiben. Einzug ins Paradies, Weiterleben in unseren Kindern, Hirn der Wissenschaft vermachen. So weit, so offensichtlich. Zum anderen gibt es aber noch einen ganzen Schutzwall aus unbewussten Konstrukten, mit denen wir uns zu einem Teil des großen Ganzen machen. Dazu gehört ein großes Ego. Hilft ungemein gegen die unglaubliche Gleichgültigkeit des Universums. Aber eben auch kulturelle Werte (und hier schließt sich der Kreis).

Probanden, die verstärkt auf ihre eigene Sterblichkeit hingewiesen wurden, zeigen einen größeren Bedarf nach kultureller Identität und loben Menschen über den grünen Klee, die damit übereinstimmen. Sie tendieren auch dazu, Menschen schlechter zu beurteilen, die gegen ihre kulturellen Wertvorstellungen handeln oder etwas dagegen sagen.[494-496] Kurzum: Der Gedanke an die eigene Sterblichkeit lässt uns reflexartig in die kulturelle Wertekiste greifen. Wir suchen irgendwas zum Festhalten.

Passend zur Egomanie zeigt sich der Weltbild-Effekt weniger stark in Menschen mit stabilem und starkem Selbstwertgefühl. Wer ganz fest glaubt, dass er selbst etwas Besonderes ist, der braucht offenbar keine Gruppe, um sich davon zu überzeugen. Anders gesagt: Wer 33 Barfuß-Selfies vom Strand postet, hat vielleicht gar keine Zeit mehr, sich über Burkinis Gedanken zu machen.

Neuronal gesehen scheint die Angst vor dem Tod Amygdala, Cingulum und Nucleus caudatus zu befeuern.[497] Die kennen wir schon von diversen starken Emotionen. Eine andere Studie findet im EEG eine relativ größere rechtsfrontale Aktivität. Auch das ist uns begegnet, wenn unsere Motivation auf Rückzug und Vermeidung geschaltet ist. Eine Theorie besagt nun, dass wir solche Gefühle ausgleichen, indem wir uns mit den passenden Gedanken wieder in einen offensiveren Modus zurückbringen. Zumindest beobachten einige Studien so einen Wechsel von linksfrontaler Dominanz zur rechten Seite. Bei Schuldfragen genauso wie ganz allgemein, wenn wir mit Unsicherheit klarkommen müssen.[498-501] Wenn die Angst zu groß wird, schalten wir also gelegentlich um auf «Angriff ist die beste Verteidigung». Und wo das im Bereich Gruppen endet, können wir an einigen aktuellen politischen Entwicklungen sehen.

Wissenschaftler haben sich viele schöne Tricks ausgedacht, um unsere Reaktion auf diejenigen zu untersuchen, die anders aussehen als wir. Oder anders denken oder ein anderes Geschlecht haben oder etwas anderes glauben oder andere Vereinsfarben tragen.

Sie haben zum Beispiel geschaut, ob Probanden einen herunter-gefallenen Briefumschlag genauso häufig in den Briefkasten ste-cken, wenn er an Herrn Öztürk adressiert ist, wie wenn Herr Müller der Adressat ist. Oder sie haben zwei Gruppen das gleiche Bewer-bungsschreiben gegeben und geguckt, ob das mit dem auslän-dischen Namen häufiger abgelehnt wird. Letzterer Trick funktioniert übrigens auch ganz gut, um Sexismus aufzuspüren. Neben der oben genannten «Beurteilung nach Aussehen» noch so ein Grund, warum wir anonymisierte Bewerbungsverfahren brauchen.

Wer auf Hightech steht, kann Probanden auch mit einer Virtual-Reality-Brille in eine Videospielwelt schicken und gucken, wie nah sie sich an der virtuellen Bushaltestelle neben Mitglieder der Outgroup respektive der Ingroup stellen. Und dann gibt es noch Mimikry. Wie wir im ersten Teil gelernt haben, ahmen wir die Gesichtsausdrücke anderer Menschen ständig nach – nicht unbedingt spürbar, aber mit Elektroden messbar. Mit dieser Methode können wir auch fest-stellen, dass ein Teil der Probanden den Gesichtsausdruck weniger stark nachmacht, wenn die Person auf dem Bildschirm eine andere Hautfarbe hat.

Dank solcher Studien wissen wir: Ja, es gibt Rassismus. Das klingt für Sie wahrscheinlich nicht besonders überraschend, sorgt aber zum Beispiel in den amerikanischen Medien für eine anhaltende Debatte. Wie schön, wenn man solch eine Frage mal schlicht und einfach klären kann. Wobei uns das an eine interessante ethische und philosophische Grenze führt. Was macht eigentlich unseren Charakter aus: Das, was wir im ersten Moment denken, wenn keiner hinguckt, auch wir selbst noch nicht? Oder die Gedanken, die wir tat-sächlich bewusst kontrollieren? Ist man trotzdem Rassist, auch wenn man gegensteuert? Und ist es überhaupt das kontrollierte Bewusst-sein, das da gegensteuert? Auf diesen inspirierenden Postkarten, wo eine weiße eine schwarze Hand schüttelt, heißt es doch immer so schön «Wir werden ohne Vorurteile geboren». Dann sollten doch eigentlich die ersten Emotionen die guten sein, bis sich dann der Verstand dazwischenschaltet und irgendwas sagt wie: «Aber Papa hat immer gesagt, Katholiken essen kleine Kinder.» Um diesen Fragen auf den Grund zu gehen, haben jetzt die Scanner ihren Auftritt. Also: Was passiert in unserem Kopf, wenn wir doofes Zeug denken? Oder fühlen?

Was der Gruppengraben mit uns macht

Das Schöne an Gehirnscannern ist, dass sie auch Gefühle aufzeigen können, die Menschen nicht gern zugeben oder sich selbst nicht erklären können. Letztlich brauchen wir natürlich auch Fragebögen, implizite Tests oder andere Daten, damit wir die Ergebnisse annähernd interpretieren können. Aber immerhin erlaubt uns der Scanner, unsere Gefühle ein bisschen besser aufzuschlüsseln und zu verstehen, auf wie vielen verschiedenen Ebenen unser Gehirn differenziert, mit wem wir es da gerade zu tun haben. Besser jedenfalls, als willkürlich Menschen auf der Straße anzuhalten und zu fragen: «Was halten Sie so von Schwarzen?»

Vor allem erlaubt es uns auch zu zeigen, wie variabel diese Prozesse sind und wie individuell und kontextabhängig. Es geht also darum zu verstehen, was passiert, nicht es zu diagnostizieren oder gar zu entschuldigen à la «Mein Hirn kann halt nicht anders». Kann es schon. Aber verstehen wir erst mal, was es überhaupt macht.

Die Art, wie wir über die Outgroup nachdenken, hilft uns nicht besonders. Sie lässt sich meistens einteilen in «zu viel» oder «zu wenig». Wir haben gesehen, dass wir schon im Alltag das Denken der anderen gern vereinfachen. Dann können Sie sich vorstellen, wie schwer wir uns damit tun, Individuen anderer Gruppen als eigenständige komplexe Wesen wahrzunehmen.

Solche Vereinfachungen benutzen wir ihnen gegenüber besonders häufig. Sie müssen auch nicht unbedingt negative Diskriminierung hervorrufen, sondern fallen erst mal in die Kategorie Stereotype: Asiaten sind gut in Mathe. Als Aussage nicht unbedingt klug, aber auch nicht unbedingt gefährlich. Und solche Kategorien werden auf alle möglichen Gruppen angewandt.

Gehen ein Mann, eine Frau und ein Mexikaner in eine Bar. Der Kellner bringt einen Martini Dry, einen Prosecco und einen Tequila. Wer hat was bestellt?

Finden Sie klischeehaft? Klar. Aber irgendwo in Ihrem Kopf ist die Information trotzdem so abrufbar gespeichert, dass Sie alles einwandfrei zuordnen konnten. Passend dazu haben solche Tasks viel mit den Arealen zu tun, in denen wir unser semantisches Wissen (also die Bedeutung von Dingen) abspeichern und unser Vorwissen über andere. Auf Grundlage dieses Wissens erstellt das Gehirn Vorlagen, mit denen es das Verhalten ganzer Bevölkerungsgruppen zusammenfassen kann (mehr oder weniger akkurat).

Stereotype basieren also auf Erfahrung. Auch wenn diese Erfahrung in vielen Fällen auf Sätzen wie «Jeder weiß doch», «Meine Tante kannte mal einen, der ...» und «In der *Bild* stand, dass ...» beruht. Solche Binsenweisheiten erlauben uns ganz prima vorgefertigte Urteile, ohne dass wir das Theory-of-Mind-Netzwerk dafür allzu sehr beanspruchen müssten. Neuen Informationen, die unseren vorgefertigten Bildern widersprechen könnten, schenken wir nicht allzu viel Aufmerksamkeit («Danke, aber wir haben schon eine Meinung»).[109] Was Energie angeht, ist das Gehirn eben ein Geizhals.

Im Scanner zeigt sich, dass wir auch Menschen mit unterschiedlichen politischen Gesinnungen anders wahrnehmen. Wenn wir gefragt werden, wie diese Menschen bestimmte politische Fragen beantworten, ist dabei weniger der VMPFC aktiv, den wir zum selbstreferenziellen Denken brauchen, sondern eher dorsale Regionen des medialen präfrontalen Cortex, die für allgemeinere Deduktion verantwortlich sind.[113] Derselbe Teil ist aktiv, wenn wir uns Gedanken über die Spielzüge einer anderen Person machen. Aber, und jetzt kommt der Knackpunkt: Wenn wir über Menschen nachdenken, die wir für uns ähnlich halten – unsere Familie, unsere Freunde –, denken wir anders. Zum Beispiel benutzen wir möglicherweise eher den VMPFC. Der ist mit Gefühls- und Belohnungsregionen viel besser vernetzt. Hier sammeln sich eine ganze Menge positive soziale Emotionen, lächelnde Gesichter, Menschen, die uns spiegeln, Kooperation.[502] Hier denken wir über unsere Träume, Hoffnungen und Eigenheiten nach, über Sachen, die für uns emotional relevant sind. Und eben auch über die, die uns nahestehen. Eine Meta-Analyse hat über 20 Studien verglichen: Nur selten wandert ein Gedanke über Fremde in diese Region.[503, 504] Kurz gesagt: Das Denken in Stereotypen ist wahrscheinlich eine Nummer distanzierter und weniger emotional.

Auch wenn es um Empathie geht, lassen wir die eigene Gruppe näher an uns heran. Sie fühlen ihre Schmerzen stärker,[505] bringen ihr mehr Mitgefühl entgegen und helfen mehr.[506-508] Wenn es um die Outgroup geht, hängt unser Mitgefühl eher davon ab, ob wir denjenigen mögen oder nicht.[509]

Denken wir über die Ideen ähnlich Gesinnter nach, benutzen wir also mehr Emotionen und ganz allgemein eher uns selbst als Referenzpunkt. Bei der Outgroup oder politisch Andersdenkenden nutzen wir weniger unsere eigene Erfahrung, sondern unser abstraktes Wissen über die Welt im Allgemeinen. Wenn wir wissen wollen, was ein Trump-Wähler über die Erbschaftssteuer denkt, stellt unser Gehirn eine ähnlich abstrakte Operation an, als hätten Sie gefragt, ob man in Kuala Lumpur wohl Tee anbauen könnte.[510]

Doch wenn wir erst mal in bestimmten Mustern denken, hilft uns das natürlich nicht dabei, die anderen als eigenständige Individuen mit eigenen Hoffnungen und Träumen wahrzunehmen. Zumindest für den Moment sind sie mehr so Statisten. Und Sie dachten, Ihre Frau wäre das unbekannte Wesen! Die gute Nachricht ist: Immerhin bemühen Sie überhaupt Theory-of-Mind-Regionen, wenn Sie den anderen einschätzen sollen. Das ist nicht selbstverständlich. Denn es gibt genug Studien, die belegen, dass selbst die MPFC-Aktivierung gegenüber der Outgroup zu wünschen übrig lässt.[505] Beim Gedanken an Obdachlose oder Drogenabhängige zum Beispiel.[509] Oder wenn besonders sexistische Männer Nacktfotos zu sehen bekommen. Von Frauen, versteht sich. Bei Männern reagieren sie auf die Fotos genauso wie ihre nichtsexistischen Geschlechtsgenossen.[511]

Soziale Kognition: Aus.

Wenn wir verstehen wollen, wie es zu diesen Denkmustern kommt, hilft es zu begreifen, was passiert, wenn wir den anderen *zu viel* Aufmerksamkeit schenken. Denn dann greifen wir schnell zur emotionalen Überreaktion. Angefangen mit gesteigerter Wachsamkeit.

Je fremder uns eine Outgroup ist, desto wachsamer begegnen wir ihr. Auf ein Outgroup-Gesicht reagieren wir mit einer stärkeren Schreckreaktion und mit Aktivierung der Amygdala. Besonders, wenn wir vorurteilsbelastet sind.[512] Das ist erst mal ein Zeichen von Aufmerksamkeit. Ihre Amygdala reagiert allgemein immer dann, wenn Sie ein Gesicht sehen. Doch wenn Sie schon einige andere Gesichter gesehen haben, verliert sie normalerweise das Interesse.

Das kennen Sie aus dem Alltag. Stellen Sie sich vor, Sie sitzen allein im Garten und Ihr Blick schweift an der Hecke entlang. Dann geht es in Ihrem Gehirn: «Blume, Busch, Blume, Blume, Busch ... Oh! Was macht der Mann in meiner Hecke?» Da ist Ihr Gehirn schön aufmerksam. Schweift es dagegen an der Schlange vorm Geldautomaten entlang, verbringen Sie nicht allzu viel Zeit damit, Gesichter zu lesen, à la schönes Gesicht, nicht so schönes Gesicht ... Wahrscheinlich denkt Ihr Gehirn eher: «Och nee, noch eins.»[245]

Im ersteren Fall haben Sie deswegen nicht zwangsläufig etwas gegen den Mann. Vielleicht ist es Ihr Nachbar. Aber er bekommt eben mehr emotionale Wachsamkeit zugeteilt als der Rest der Hecke. Mit Outgroup-Gesichtern könnte es uns immer ein bisschen so gehen.[513] Bei ihnen stellt sich nicht so schnell Gewöhnung ein. Dafür sind wir sensibler gegenüber Bedrohungssignalen. Die Amygdala-Aktivierung wächst je nach Hautfarbe, Direktheit des Blicks und Bedrohlichkeit des Kontexts.[513]

Erschwerend kommt hinzu, dass Wachsamkeit eben doch oft mit negativen Gefühlen einhergeht. Einer der ersten Hinweise darauf stammt noch aus Ronald Reagans Präsidentschaftszeit. Damals zeigte man Anhängern und Gegnern seiner Politik ein Video von einer Pressekonferenz im Weißen Haus und fragte sie immer mal wieder nach ihrer Stimmung. Die Republikaner ließen sich anstecken – Reagan glücklich, wir glücklich. Wenn Reagan schlecht gelaunt war, waren sie es auch. Demokraten waren beim Anblick der republikanischen Pressekonferenz einfach nur unglücklich. Die ganze Zeit über.[514] Wenn schon eine Pressekonferenz komplett unterschiedlich wahrgenommen wird, muss es uns vielleicht nicht ganz so wundern, wenn auch Reagans gesamte Präsidentschaft völlig unterschiedlich bewertet wird. Wenn wir erst mal ein negatives Bild geformt haben, lässt sich das nicht so einfach überwinden. Zumal wir uns dann auch nicht mehr mit allzu viel Nachdenken aufhalten.

Beim Gedanken an Drogenabhängige bleiben nicht nur Theory-of-Mind-Regionen stumm, sondern es entsteht eine emotionale Reaktion: Ekel, negative Reize, Insula.[509] Das gleiche Muster taucht auf, wenn jemand aus der anderen Gruppe im Wettbewerb gewinnt. Besonders, wenn wir dieser Person dafür Schlechtes wünschen.[515] Und diese erhöhte Insula-Aktivität ist für Theory of Mind erst recht kontraproduktiv.[246]

Aus den letzten Kapiteln wissen wir, dass auch die Dauerwachsamkeit und Amygdala-Aktivität weder Vertrauensbildung noch höhere soziale Kognition besonders fördern. Ruhige, sichere Situationen helfen da eher. Wenn wir mit unserer Ingroup zusammen sind, verarbeiten wir Gesichter detaillierter und erkennen sie auch besser wieder.[513] Wir spiegeln. Unsere Pupillenweite passt sich an. Das erleichtert Empathie und Vertrauen. Gegenüber der Outgroup ändert sich ebenfalls die Pupillenweite, aber die Interaktion reicht oft trotzdem nicht, um Vertrauen aufzubauen.[516]

Das ähnelt dem Gegensatz von Oxytocin und Testosteron. Das eine half uns eher, mit nahen sozialen Situationen umzugehen, das andere bei Wettbewerb und Herausforderung. Es scheint uns auch immer wieder zur stärkeren Zusammenarbeit mit unserer Gruppe zu motivieren. Gegenüber der Outgroup ist unser Geisteszustand eher in letzterem Modus. Gesteigerte Wachsamkeit, nicht unbedingt gesteigertes Nachdenken. Weniger Sensibilität. So wie wir unter Testosteron weniger Angst spüren, reagieren wir auch auf ängstliche Gesichter der Outgroup schwächer als auf die der Ingroup.[517] Auf bedrohliche Gesichter dagegen mehr. Männer reagieren stärker auf Bedrohung oder Wettbewerb. Und Männer mit gesteigertem Testosteronspiegel sind auch eher bereit, der anderen Gemeinschaft (in der hier zitierten Studie Fußballfans der anderen Mannschaft) Strafgelder aufzuhalsen – etwas, das Forscher bei Probanden unter Oxytocin nie beobachten konnten.[518]

Diese vielen unterschiedlichen Ergebnisse haben dazu geführt, dass einige Wissenschaftler die «Male Warrior Hypothesis» vorgeschlagen haben, nach der Männer eine andere Art von Gruppenzugehörigkeit pflegen als Frauen: weniger strategisch, aber dafür mit einem stärkeren Fokus auf das Wir-ihr-Gefühl. Wenn wir auch nicht wissen, ob das stimmt, können wir zumindest festhalten, dass es verschiedene Formen von Gruppendenken gibt. Manche drehen sich eher um die In-, andere mehr um die Outgroup. Manche sind strategisch und zeitsparend, andere emotional und wieder andere ignorant oder aggressiv. Wollen wir Methoden finden, sie zu überwinden, müssen wir uns überlegen, welche davon wir wie angehen wollen. Ein paar Ideen gibt es dazu schon.

Können wir unsere Vorurteile ändern?

Vielleicht sind wir nicht ganz so hoffnungslose Fälle, wie man glauben könnte. Oder zumindest gibt es viele Anknüpfungspunkte, wie wir versuchen könnten, gegen Vorurteile anzukämpfen. Je besorgter Probanden sind, Vorurteile zu zeigen, desto länger schauen sie der Outgroup ins Gesicht, desto stärker verarbeiten sie dieses Bild.[519, 520] Das geht so weit, dass die erhöhte Schreckreaktion gegenüber schwarzen Gesichtern nicht nur bei denen gefunden wurde, die schon Vorurteile haben, sondern auch bei denjenigen, die – zumindest laut implizitem Test – gar keine hatten, aber sich Sorgen machten, diesen Eindruck zu erwecken.[521]

Allgemein scheint unser Gehirn in solchen vorurteilsgefährdeten Situationen in den Konfliktmodus zu schalten. Ein ganzer Stapel Studien findet dazu die ACC-Aktivierung, die wir aus der Konfliktverarbeitung kennen. Da, wo wir die eine Antworttendenz zugunsten einer anderen unterdrücken müssen. Dieses Areal regt sich auch, wenn von uns eine unvoreingenommene Meinung gefragt ist[513], und könnte mitentscheiden, wie gut wir das hinkriegen.[522]

Es gibt eine Reihe von Methoden, den Graben zwischen uns und anderen zu verkleinern. Aktive Perspektivübernahme hilft uns, das Helfen gegenüber anderen zu verstärken.[523, 524] Wir können auch versuchen, bewusst ihre Gefühle nachzuvollziehen.[525] Beides reduziert die Gruppentrennung. Wenn sich israelische und palästinensische Versuchsteilnehmer vorher die Hände schüttelten und eine Weile unterhielten, verringerte das den Einfluss, den Gruppenzugehörigkeit auf die ökonomischen Entscheidungen hatte.

Gegen emotionale Überreaktionen hilft dagegen mal wieder Ablenkung. Lassen wir uns einfach treiben, reagiert die Amygdala eher auf Unerwartetes und Fremdes. Geben wir ihr eine andere Aufgabe, hört sie damit auf. Wenn wir fragen, wer auf den Bildern welchen Sport spielen könnte, interessiert sich unsere Amygdala gar nicht mehr für die Hautfarbe. Das Gleiche passiert, wenn eine andere Aufgabe gelöst werden muss, zum Beispiel Punkte auf dem Bildschirm zu zählen.[46, 526, 527] Eine ähnliche Methode haben wir schon genutzt, um empathische Reaktionen auf Schmerzen in Schach zu halten.

Unser Arbeitsgedächtnis kann sich eben nicht um alles gleichzeitig kümmern. Das könnte einer der Gründe sein, warum bunte Gemeinschaften zu den besten Schutzfaktoren gegen Fremdenfeindlichkeit gehören. Wenn wir ständig mit Menschen anderer Couleur zu tun haben, ohne dass wir uns damit besonders viel beschäftigen können, weil wir gerade anderes im Kopf haben oder es sowieso so viele sind, normalisiert sich unsere Reaktion eher, als wenn wir den anderen immer nur im Fernsehen und in Berichten aus Krisengebieten begegnen. Wer mehr Kontakt zu Menschen anderer Hautfarben hat, bei dem achtet auch die Amygdala weniger auf die Hautfarbe – bei Kindern wie bei Erwachsenen.[513] Wobei der Effekt selbst bei Kindern weit weniger ausgeprägt zu sein scheint. Vielleicht werden wir ja doch ohne Vorurteile geboren.[528]

Eine andere Möglichkeit ist es, die gegebenen Gruppen einfach mit anderen zu überschreiben. Wenn jemand zu Ihrem Team gehört, sollten Sie ihn beachten, auch wenn er auf den ersten Blick nicht zu Ihrem Kulturkreis gehört. Tatsächlich gibt es Studien, die genau das untersucht haben. Die Frage war: Kann eine künstliche Ingroup-Outgroup-Trennung natürliche Vorbehalte abschwächen? Es scheint so. Jedenfalls für einen Moment.

Teilt man bunt gemischte Probanden in Team Leopard und Team Tiger, konzentriert sich unser Gruppendenken nur darauf. Andere Unterschiede verschwinden. Tatsächlich scheint sich selbst die Verarbeitung der Gesichter im fusiformen Gyrus weniger zu unterscheiden.[529] Wenn wir es schaffen, in anderen sozialen Kategorien zu denken, können wir auch die Outgroup als Individuen sehen.

Wenn Sie noch ein Beispiel brauchen, wie wichtig diese Veränderung wäre, nehmen Sie dieses hier: Als im Jahr 2000 in den USA 35 Todesurteile aufgrund der neuen Möglichkeiten zur DNA-Analyse neu aufgerollt und die Verurteilten freigesprochen wurden, stellte sich raus: Die Mehrheit der unschuldig verurteilten Kandidaten im Todestrakt saß dort wegen irrtümlicher Identifizierung durch Zeugen mit einer anderen Hautfarbe.

Es gibt also viel zu tun. Aber es gibt auch viel, was wir tun können. Wir halten uns sonst auch nicht damit zurück, die Realität so lange zu drehen, bis wir sie für besser halten.

Ich mache mir die Welt, wie sie mir gefällt. Warum pure Vernunft keine Option ist

Neben der Frage, was andere über uns denken, gibt es noch das wichtige Sorgenthema «Was denke ich selbst über mich?». Last but not least sollten wir hier deswegen auch noch über das Konzept Selbstbild reden. Letztlich sind es Sie selbst, der oder die beurteilt, was Ihnen peinlich sein sollte. Und auch das ist ein Zeichen sozialer Kognition, denn dafür brauchen Sie erst mal eine differenzierte Vorstellung davon, wer Sie selbst sind und was Sie von sich erwarten. Nur dann können Sie sich fragen, wie Sie im Vergleich dazu so dastehen. Kennen wir von Adam und Eva. Die haben sich gerade noch über den Apfel gefreut, aber dank Selbsterkenntnis fühlen sie sich jetzt schuldig, und gerade ist ihnen aufgefallen, dass sie auch noch nackt sind. Zur Strafe gibt's jetzt Klamotten für alle. Was für ein Ärgernis.

Scham und Schuldgefühl sind natürlich erst mal arge Bedrohungen fürs Ego. Und wie mit jeder Bedrohung haben wir uns einiges überlegt, um damit umgehen zu können. Möglichkeit eins ist zu erklären, warum das, was auch immer gerade passiert ist, gar keine Relevanz fürs Ego hat. Jedenfalls nicht für unser eigenes. Gut aussehen ist eh was für Tussis und Mathe was für Langweiler. Problem gelöst. Jetzt kann man doof aussehen *und* kein Kopfrechnen können.

Lösungsmöglichkeit Nummer zwei ist wieder der externe Kontrolllokus. Besonders diejenigen Probanden, die eine starke Stressreaktion zeigen, die über lange Zeiträume anhält, tendieren zu der Annahme, ihr Leben sei eher von außen gesteuert.[530] Schuld ist wer anders – womit wir wieder bei Gottes Willen wären. Oder bei der Outgroup. Immer gern genommen werden auch Verschwörungstheorien oder der Verweis auf äußere Gesetzmäßigkeiten, die man leider nicht ändern kann, Stichwort Sozialdarwinismus («Ich würde gerne helfen, aber damit würde ich Abhängigkeit kreieren»). Auch sehr beruhigend, aber als Strategie etwas fragwürdiger, denn anstatt Schuld fühlen wir jetzt Wut.[65, 531-534] Vorzugsweise auf jemanden, der unser Problem gar nicht verursacht hat. Trotzdem benutzen wir diese Denkmuster immer wieder, denn sie helfen uns, eine potenziell selbstschädliche Emotion in harmloseren Ärger umzulenken, der uns auch noch Energie gibt, anstatt uns zu lähmen. Spätestens wenn wir uns auf einer Pegida-Veranstaltung wiederfinden, ist diese Strategie aber nicht mehr zielführend.

Ein hoher Interner Kontrolllokus, also Eigenwirksamkeit, gehörte ja auch zu den Voraussetzungen für Hilfsbereitschaft und Mitgefühl.[67] Wer sich selbstwirksam fühlt, also der Ansicht ist, er als Einzelperson könne etwas ausrichten, der steht eher auf gegen unsoziales Verhalten der Massen. Für uns selbst ist ein hoher innerer Kontrolllokus ebenfalls angenehmer. Er korreliert mit Selbstachtung oder Selbstwertgefühl und ist ein wichtiger Faktor für Gesundheit, Lebenserwartung, Zufriedenheit und Initiative.[535]

Ein hohes Selbstwertgefühl allein führt übrigens nicht unbedingt zu positivem Verhalten, weder in Hinblick auf Leistung noch auf Sozialverhalten.[536] Das heißt, wenn wir hier an uns arbeiten wollen, geht es nicht darum, den Menschen zu vermitteln, dass sie besonders toll sind, sondern vor allem, dass sie wichtig sind. Dass sie ihre Umgebung beeinflussen können.

Wenn all das nicht funktioniert, können wir noch versuchen, den zeitlichen Rahmen zu ändern. Je nachdem, inwieweit wir unsere sozialen Gefühle verallgemeinern, finden Emotionsforscher unterschiedliche Worte dafür. Es ist etwas anderes, ob wir Schuldgefühle einem Ausrutscher zuordnen oder unserem Charakter. Okay, dann haben wir uns halt doof benommen, wirklich doof, einmal. War eine Ausnahme. Das ist als Gefühl weit weniger selbstschädigend. Kann doch jedem mal passieren. Und schon haben wir wieder einen Grund, warum die Information keine echte Bedrohung fürs Ego darstellt.

Wenn es hart auf hart kommt, bietet sich uns noch eine weitere

Möglichkeit: positive Gefühle zu verstärken. Dafür nehme man einfach die gleichen Strategien und drehe sie um, das heißt: Erfolge werden dem Selbst zugeschrieben anstatt äußeren Umständen. Jede kleine Errungenschaft wird dadurch sehr egorelevant (dieser Bierdeckelturm steht für meine Bereitschaft, ans Äußerste zu gehen).

Dosiert angewendet, ist das eine sehr adaptive Strategie. Sie hilft uns, uns nicht unterkriegen zu lassen, wenn wir mal Kritik einstecken müssen. Besonders Leute, die auf ein großes Arbeitsgedächtnis zugreifen können, reagieren auf Ego-Bedrohung am stärksten mit Selbstüberhöhung. Testen kann man das, indem man ihnen einen Fragebogen zu Themen vorlegt, zu denen sie eigentlich nicht allzu viel Ahnung haben können, und sie nach ihrem Wissensstand fragt.[537]

Doch auch hier können wir's mit unserer positiven Selbstsicht übertreiben. Wir können Stolz einer bestimmten Leistung zuschreiben oder unserer allgemeinen Formidabilität. Letzteres ist für unsere Beziehungen und unseren Realismus nur bedingt förderlich («Natürlich könnten andere so erfolgreich sein wie ich, wenn sie auch so toll wären»). Das eine ist eine Art von Stolz, die an sich arbeitet, das andere eher ein chronischer Charakterzug und hat mit Leistung weniger zu tun.

Der Zufall macht natürlich auch nicht glücklich. Wenn alles Glückssache ist, kann man ebenso gut alle Anstrengung sein lassen. Deshalb hat man als Erwachsener irgendwann keine Lust mehr auf «Mensch ärgere dich nicht». Wir müssen uns doch zumindest einreden können, dass unser Handeln belohnt wird, wenn wir uns nur ordentlich Mühe geben.

Der unangenehme Nebeneffekt dieser Einstellung ist, dass wir für sie ein stückweit davon ausgehen müssen, dass die schlechten Dinge, die anderen Menschen zustoßen, zumindest ein ganz klein bisschen auch deren Schuld sind. Das nennt sich «Just world Illusion» – die Illusion einer gerechten Welt. Probanden, die gerade einen Fünfjahresplan für ihre Zukunft aufgestellt haben, sind danach eher geneigt zu glauben, dass eine Frau, die sich durch ein gerissenes

Kondom mit einer Krankheit angesteckt hat, selbst schuld ist.[538] Sie distanzieren sich auch eher von ihr. Könnte mir diese Frau ähnlich sein? Natürlich nicht! Ich habe einen Fünfjahresplan. Probanden, die gerade nur eine Einkaufsliste für morgen geschrieben haben, sind da weit verständnisvoller.

Dieses Muster zieht sich durch: Übergewicht, gewalttätige Beziehung, Drogenabhängigkeit – nix Fürsorge, eher Verärgerung.[539] Krebs, Blindheit und Alzheimer gehen in Ordnung. Metaanalytisch betrachtet: Je eher wir jemandem die Schuld an seiner Krankheit in die Schuhe schieben können, desto eher reagieren wir mit Wut auf sein Leid. Je weniger er Kontrolle zu haben scheint, desto eher reagieren wir mit Helfen und Mitgefühl.[540] Auch das kann adaptiv sein. Es ist weitaus anstrengender, jemandem zu helfen, der sich morgen absichtlich wieder in dieselbe Situation bringt. Aber moralisch einwandfrei ist das nicht.

Die eigene Messlatte erkennen

Die letzte Möglichkeit, Bedrohungen für das eigene Ego zu vermeiden, ist die, entsprechenden Situationen einfach völlig aus dem Weg zu gehen. Stellen Sie sich vor, Sie haben auf Ihrer Arbeit den Ruf, exzellent im Kopfrechnen zu sein. In der nächsten Sitzung gibt es eine komplizierte Berechnung anzustellen. Irgendwo am Anfang sind Ihre Gedanken abgeschweift, und Sie sind sich nicht sicher, ob Ihr Ergebnis richtig ist. Würden Sie es in den Raum rufen? Wohl nicht. Sie haben schließlich einen Ruf zu verlieren, gehen also lieber kein Risiko ein.

Bei Macht scheint es ähnlich zu sein. Die Frage, wie sie auf uns wirkt, hängt auch damit zusammen, wie viel wir davon erwarten. Macht erhöht unsere Tendenz, riskante Entscheidungen zu treffen.[541] Doch das ist nicht unbedingt der Fall bei jenen Individuen, denen der Wunsch nach Macht quasi in die Wiege gelegt wurde, bei denen Machtstreben ein ausgeprägter Charakterzug ist. Wenn diese

Menschen in eine Machtposition kommen, tendieren sie eher dazu, konservative Entscheidungen zu treffen.

Auch Menschen mit einem hohen Testosteronlevel treffen besonders riskante Entscheidungen, wenn sie in einer geringen Machtposition sind. Sobald man sie aber in eine höhere Machtposition setzt, vermeiden sie Risiken, so gut sie nur können. Solange sie unter ihrer Messlatte sind, haben sie keine Wahl, als Risiken einzugehen, um aufzusteigen. Sobald sie haben, was sie wollen, geben sie es nicht mehr her. Ein bisschen wie bei «Wer wird Millionär»: Unter 1000 Euro steigt kaum jemand aus. Man ist hingegangen, um Millionär zu werden. Selbst wenn ein Kandidat alle Joker schon verbraucht hat und trotzdem keine Ahnung, rät er wahrscheinlich eher, als das Geld zu nehmen. Obwohl 800 Euro immer noch besser sind als 0. Aber ab 32 000 Euro wird es schon interessanter. Alles eine Frage der persönlichen Messlatte. Sie dagegen, die gar nichts zu verlieren haben, sitzen zu Hause vor dem Bildschirm und rufen: «Du Idiot! Ich bin mir fast sicher! Nimm D!»

Unsere eigene Messlatte zu identifizieren kann bei Entscheidungen hilfreich sein. Was möchte ich wirklich? Habe ich diese Entscheidung getroffen, weil sie die beste ist oder weil ich mit den falschen Erwartungen herangegangen bin? Manchmal kann es sinnvoll sein, mit 800 Euro nach Hause zu gehen. In einer anderen Situation fragen wir uns vielleicht, warum wir in unserer Karriere seit Jahren auf der Stelle treten, und merken bei näherem Nachdenken, dass wir uns in unseren Entscheidungen vor allem um Bestandssicherung und nicht unbedingt um das Erreichen neuer Ufer bemüht haben.

Die andere interessante Idee daran ist, dass die Entscheidungen einer Person auf unterschiedlichen Posten nicht immer unbedingt dieselben sind. Ein aufstrebender junger Politiker riskiert es vielleicht noch, sich ein paar Feinde zu machen oder einen gewagten Vorschlag einzubringen. Ab der Kanzlerschaft kann er oder sie eigentlich nur noch verlieren und konzentriert sich auf den Machterhalt. Wer dann noch risikofreudig sein will, sollte sich schon den Friedensnobelpreis vornehmen.

Wir sehen nur das, was wir sehen wollen

Fußballfans kann man nicht trauen. Sportfans im Allgemeinen nicht. Alles Gruppen mit sehr subjektiver Wahrnehmung. Zu diesem Ergebnis kommt eine Studie von 1954.[542] Sie kennen das: Der Bekannte ist ein riesiger Dortmund-Fan, und Sie fragen höflich nach, wie das Spiel am Wochenende gelaufen ist. Es folgt eine dreißigminütige Erklärung darüber, wie ungemein unfair der Schiedsrichter war. Der Bekannte kann mindestens fünf Beispiele falscher Entscheidungen aufzählen, stellt drei davon pantomimisch dar und hat sogar ein illustratives Foto auf seinem Handy gemacht (man sieht sehr viel Grün und ein paar kleine gelbe Punkte). Sie hören aufmerksam zu, nicken, gucken verständig – und glauben natürlich kein Wort.

Die obige Studie gibt Ihnen recht. Stellt man zwei Gruppen Fans vor die Aufgabe, die Fouls in einer Spielübertragung zu zählen – selbstverständlich neutral –, haben ihre Ergebnisse weder etwas miteinander noch mit der Realität zu tun. Das finden wir nicht mal sonderlich überraschend. Fußballfans sind schlichtweg sehr subjektive Wesen. Und wir wissen das, deswegen reden wir so ungern mit ihnen. Jedenfalls solange sie noch ihren jeweiligen Schal um den Hals haben.

Es gibt natürlich eine ganze Reihe weiterer Situationen, in denen wir einfach aufhören, etwas von dem aufzunehmen, was unser Gegenüber sagt. Meistens nach Satzanfängen wie «Die Lehrer an meiner Schule sind alle …», «Das Problem mit Frauen ist …» oder «Es war auch nicht alles schlecht in …» – Bliep – Aufmerksamkeit weg.

Aber was stimmt nicht mit diesen Menschen? Oder was stimmt nicht mit uns selbst, wenn wir beschlossen haben, Fußballfan oder Parteianhänger zu sein? Merken wir das nicht? Dass Wahrnehmung subjektiv ist, wissen wir inzwischen. Dass wir dazu tendieren, unsere eigene Meinung für allgemeingültig und richtig zu halten, auch. Aber wie dick ist unser Schutzwall gegen neutrale Informationen?

Nun ja: ziemlich dick. Erst mal lassen wir diese Informationen natürlich ungern an uns heran. Dazu müssten wir ja nachdenken, überdenken, neu denken. Aber selbst wenn wir mit Fakten konfrontiert sind, kriegen wir es meistens hin, diese in unser Weltbild zu integrieren. Eine Mischung aus Tetris und «Was nicht passt, wird passend gemacht». Eine Studie aus Israel kommt zu dem Ergebnis,[543] dass sowohl Israelis als auch Palästinenser auf ein neutrales Nachrichten-Video zu einem Attentat auf ein Flüchtlingscamp reagieren mit «Unglaublich. Völlig verzerrt. Alle sind gegen uns!». Hätte man die Studie in Deutschland durchgeführt, hätten sie wahrscheinlich noch hinzugefügt: «Lügenpresse! Lügenpresse!»

Die Frage, warum wir die politische Überzeugung haben, die wir haben, ist einfach zu beantworten: weil es die richtige ist. Was denn sonst? Blöderweise sehen das die politischen Gegner auch so.

In einem Review zum Thema gibt es eine schöne Aussage in diesem Zusammenhang. Sinngemäß übersetzt: «Menschen glauben oft nicht, dass biologische Faktoren unsere politischen Entscheidungen beeinflussen können. Sie glauben, dass Politik das Produkt rationaler, bewusster und objektiver Entscheidungsfindung ist. Diese schmeichelhafte Sichtweise ist mit höchster Wahrscheinlichkeit unbegründet.»[544]

Politik hat sehr viel mit spontanen Eingebungen zu tun. Mit Emotionen, Dominanz, Vertrauen und der Frage, wie ausgeprägt das Kinn des Kandidaten nach vorne zeigt. Also doch alles Erziehung? Nicht wirklich. Die Korrelationen zwischen eigener politischer Überzeugung und der der Eltern sind so schwach, dass man sie in jeder Präsentation einfach überspringen würde.[545-547]

Oder ist Politik einfach eine Lebensentscheidung? Basierend auf Erfahrung, Freundeskreis und ein bisschen Nachdenken? Oder anders gefragt: Was muss im Leben eines Menschen passieren, damit er einer Partei beitritt?

Wie so oft weiß das die Wissenschaft nicht genau. Was sie aber herausgefunden hat: Es gibt durchaus ein paar entscheidende Konstanten in unserer politischen Position. Der Flecken, auf dem wir uns im politischen Raum bewegen, lässt sich vor allem an zwei Fragen festmachen: Was halten Sie von Gleichheit? Und was halten Sie von

Veränderung?[548] Und wie Sie dazu stehen, kristallisiert sich vielleicht schon früher heraus, als Sie denken. Genauer gesagt: Wenn Sie einei-ige Zwillinge großziehen und einer davon tritt in die Junge Union ein, dann besteht eine relativ große Wahrscheinlichkeit, dass auch bei dem anderen bald Helmut-Kohl-Poster über dem Bett auftauchen. Jedenfalls größer, als wenn Sie zweieiige Zwillinge großziehen. Ein Teil der politischen Überzeugung könnte also in den Genen stecken. Das lädt natürlich zu Spekulationen darüber ein, was die politischen Fraktionen sonst noch so unterscheidet. Auf der psychologischen Ebene gibt es dazu auch schon einige Erkenntnisse.

Konservative zeigen zum Beispiel in den meisten psychologi-schen Studien durch die Bank weg strukturiertere und stringentere Entscheidungsmuster.[548] Ihre Problemlösung ist konsistenter, und sie haben einen hohen Bedarf an kognitiver Geschlossenheit. Soll unter anderem heißen: Wenn sie einen Film angefangen haben, möchten sie auch wissen, wie er ausgeht.

Progressive bringen dagegen eine Tendenz zu Flexibilität, Mehr-deutigkeit, Unklarheit und neuen Erfahrungen mit. Wenn man po-litisch Linken und Konservativen eine Kategorisierungsaufgabe gibt, landet bei den Linken viel mehr in der «so dazwischen»-Kategorie. Konservative kategorisieren nach A und B.

Wie diese Unterschiede im Gehirn aussehen, zeigt uns mögli-cherweise ein Experiment, das oft mit ADHS-Kindern gemacht wird. Jedes Mal, wenn auf dem Bildschirm ein Pokémon erscheint, müs-sen sie so schnell wie möglich einen Knopf drücken. Außer wenn ein ganz bestimmtes Pokémon auftaucht. Die meiste Zeit sind es natürlich andere Pokémon, und so schnellt ihre Hand jedes Mal nach vorne, wenn sie eine Figur auf dem Bildschirm sehen. Dann muss ihr Gehirn mit einem Konflikt umgehen: «Nein, nicht jetzt.» Dafür brauchen sie wieder das Cingulum (ACC), das aktiv wird, wenn in unserem Kopf mehrere Antworten in Konflikt treten. Progressiven fällt diese Herausforderung allem Anschein nach leichter. Ihre Per-formance in dieser Aufgabe ist besser und das Cingulum aktiver, was angesichts der verbesserten Leistung wahrscheinlich heißt, dass es sensibler auf seine Aufgabe reagiert.[549] Konservative haben immer schon gedrückt, und sie drücken auch jetzt. Egal was auf dem Bildschirm erscheint.[549] Dieser Effekt könnte sich auch in der Größe des Cingulums widerspiegeln. Vielleicht ist es dieses Bewusstsein für Unklarheit und Zweifel, das Progressiven so auf die Stimmung schlägt. Linke sind (das hat mindestens eine Studie ergeben) gestresster und weniger zufrieden mit der Welt im Allgemeinen und ihrer Beziehung im Besonderen und einfach allgemein unglücklich (das ergaben zwei Studien).[550]

Das ist besonders lustig, weil sie dafür eigentlich keinen Grund haben sollten. Meinen sie jedenfalls selbst. Denn wenn man sich die Reaktion von Konservativen auf verschiedene Stimuli anguckt, sind eigentlich sie es, die besonders sensibel gegenüber dem Schlechten in der Welt sind. Sie bewerten Szenen negativer, lassen sich von entsprechenden Bildern stärker ablenken, gucken sie länger an, runzeln dabei eher die Stirn und zeigen auf ihrer Haut größere Erregung. Das trifft besonders auf Aggression und Normverletzung zu. Außerdem ekeln sie sich schneller und putzen häufiger. Im Gehirn ist diese größere Fokussierung auf Negatives möglicherweise reflektiert durch ein größeres Volumen der Amygdala.[551]

Beide Strategien haben natürlich Vor- und Nachteile. Geht es um den Bären im Gebüsch, ist es sinnvoll, lieber einmal zu viel Gefahr zu vermuten als einmal zu wenig. Aber man verpasst natürlich auch Möglichkeiten. Beim Spielen lernen Konservative schneller, welches – bildlich gesprochen – die schlechten Kartendecks sind, überspringen aber auch ein paar gute, weil sie sich zu früh festgelegt haben.

Es gibt mindestens zwei Theorien dazu, warum beide Strategien so weit verbreitet sind. Die eine besagt, dass es den Großteil unserer Entwicklung über die bessere Strategie war, lieber übertrieben vorsichtig zu sein. Aber beim modernen Menschen hat dieser Evolutionsdruck nachgelassen, sodass es mehr Raum für andere Persönlichkeitstypen gibt.

Der anderen Theorie zufolge gab es immer schon beide Typen, was in Kleingruppen ganz prima funktioniert hat. Einer schnitzt

Pfeile und hält Fressfeinde fern, der andere lässt sich von denen am anderen Flussufer erklären, wie das mit dem Feuer geht. Ein Grund, warum es heute so viele Konflikte zwischen beiden Sichtweisen gibt, könnte damit der sein, dass wir nicht mehr in Kleingruppen leben, sondern in Gesellschaften, die so groß sind, dass jeder sich entschließen kann, mit seinesgleichen zu wohnen. Dann haben wir Kommunalwahlen und sind verwirrt, was zur Hölle die anderen umtreibt. Das Gleiche bei der Wahl des amerikanischen Präsidenten.

Bis wir mehr darüber wissen, können wir zumindest eine Sache aus dieser Forschung lernen: Wenn politische Gruppierungen die Lage der Nation besprechen, geht es dabei sehr viel um gefühlte Einschätzungen. Sie können beiden Gruppierungen das gleiche Faktenblatt in die Hand drücken, sie werden sich aber auf unterschiedliche Zahlen darauf konzentrieren. Und die Zahlen werden sich unterschiedlich anfühlen.

Das heißt nicht, dass wir aufhören sollten, mit Fakten zu diskutieren. Auch wenn es manchmal den Anschein hat, als hätten wir's schon getan. Aber vielleicht können wir uns ein bisschen weniger wundern, dass Menschen protestieren, obwohl uns ihr Sozialstatus beim besten Willen nicht bedroht erscheint. Und wir müssen auch nicht bei jedem Protest eine Narrative erfinden, die die Besorgtheit der Bürger doch irgendwie erklären kann. Es gibt intensive Bedrohungen, und es gibt Bedrohungen, die sich sehr intensiv anfühlen. Und das Gehirn glaubt mit ziemlicher Sicherheit an beide.

Zu einem gewissen Grad sind dafür übrigens alle Parteien anfällig. Bedrohliche Ereignisse wie der 11. September lassen uns auch in anderen Bereichen nach althergebrachten Wertvorstellungen greifen. Oder wenn ein politischer Kandidat gewinnt, mit dem wir nicht übereinstimmen: Dann sinkt der Testosteronspiegel, und es steigt das Kortisol. Zum Glück können wir zumindest dagegen etwas machen: weniger Angst haben. Mehr dazu im abschließenden Kapitel.

Wenn die Forschung zu unseren politischen Empfindungen auch längst noch nicht abgeschlossen ist, bietet sie doch eine wunderbare Diskussionsgrundlage für die nächste Wahlparty. Auch der folgende Ausblick ist dafür nicht schlecht geeignet. Denn wie so oft kommen wir bei solchen Anlässen am Ende bei der Frage an, ob wir es nicht besser hinkriegen könnten mit dem Zusammenleben. Mehr Mitgefühl. Oder Verständnis. Oder zumindest Sachverstand. Und wenn uns dabei unser Denken immer so im Weg steht, können wir das nicht umräumen? Das ganze Gehirn, wenn wir schon dabei sind? Tja. Entscheiden Sie selbst.

AUSBLICK

Wie wir unser Gehirn
verändern können

Nun sind wir also am Ende unserer Reise durch die Neurowissenschaften angekommen. Wir haben gelernt, wie wir mit einzelnen Individuen zurechtkommen und in großen Gemeinschaften und vor allem, warum sich das für uns lohnt. Wir wissen jetzt, wie toll Kooperation funktionieren kann, und kennen einen Haufen Gründe, warum sie es trotzdem nicht tut. Wir wissen über den erzieherischen Effekt von Strafen Bescheid und darüber, warum sie meist trotzdem nicht fruchten. Wir haben gelernt, wie wichtig es ist, uns selbst und unserer Gemeinschaft etwas zuzutrauen, und kennen außerdem eine Menge Fälle, in denen das zu äußerst gefährlichen Schlussfolgerungen führt.

Bei aller Liebe scheint unser Gehirn mit Blick auf diese Aufzählung doch auch eine gewisse Navigationsschwäche zu haben. Am Ende stellt sich darum die Frage: Sollten wir nicht schleunigst etwas daran ändern? Können wir das technisch überhaupt? Nicht nur kurzfristig, sondern dauerhaft und grundlegend? Wir haben zu wenig Mitgefühl? – Stärken wir doch einfach die entsprechenden Verbindungen zwischen den Zellen, die unsere Wahrnehmung anderer mit unserem Gefühlszentrum verbinden. Oder trainieren wir das Areal, das dafür zuständig ist! Oder so! Wie auch immer das funktioniert!

Die Idee, die Gefühle und das Sozialleben des Menschen beeinflussen zu können, übt eine andauernde Faszination auf uns aus, fand Eingang in Filme und Bücher wie *Clockwork Orange* oder Aldous Huxleys *Schöne neue Welt*. Immer wieder wird die Frage aufgeworfen, was passiert, wenn wir tatsächlich versuchen, Menschen und ihre Gehirne gezielt zu manipulieren.

Früher hätte Ihnen jetzt keiner mehr zugehört, weil der Vorschlag aberwitzig geklungen hätte. Denn es war ja ausgemacht, dass das

Gehirn sich nach dem zwanzigsten Lebensjahr gar nicht mehr verändern kann. Völlig klar. Und dann – kamen die Taxifahrer. Man fand heraus, dass Londons Taxifahrer einen größeren posterioren Hippocampus haben als der Durchschnittsbrite (das ist jene Region, die wir dringend zur räumlichen Orientierung brauchen).[552, 553] Dies konnte zwei Dinge bedeuten:

1. Menschen mit herausragender Orientierung werden eher Taxifahrer. À la «Max, wir haben gesehen, wie gut du dich im räumlichen Intelligenztest geschlagen hast, und es gibt eigentlich nur eine Profession für dich ...» oder
2. das Gehirn verändert sich, sobald jemand längere Zeit Taxi fährt.

Aktuelle Forschungen legen nahe, dass letztere Erklärung richtig ist: Das Gehirn verändert sich während des gesamten Lebens. Musizieren erhöht unsere taktile Sensitivität.[554] Sport verbessert unsere motorische Koordination. Schon drei Monate Jongliertraining verdicken die Schicht Ihrer grauen Zellen dort, wo Sie visuelle und bewegungsrelevante Informationen verarbeiten.

Die Vorstellung, dass wir unser Gehirn neu verschalten können, ist ein bisschen unangenehm. Schließlich installieren wir auch die Updates für unseren Laptop nur, wenn wir aus Versehen draufklicken oder der Computer es irgendwann selbst erledigt, ohne uns zu fragen, und wir uns ärgern, dass wir ihn nicht runterfahren können. Was da alles schiefgehen kann! Und tatsächlich tut es das auch in unserem Gehirn. Es schafft Verbindungen, wo keine sein sollten, reagiert auf Signale, wenn es stumm bleiben könnte, und unterdrückt Informationen, die es eigentlich braucht. Entweder weil Sie eine Veranlagung dazu haben oder weil es mal wieder nicht vorbereitet war auf den modernen Alltag und seine Anforderungen. Dann produziert es chronischen Stress, braucht Zigaretten, um sich zu entspannen, oder entwickelt eine unangebrachte Vorliebe für nächtliche Wachphasen. Irgendwann glaubt es, Ihr Zeigefinger sei mit Ihrem kleinen Finger zusammengewachsen, nur weil Sie beide so oft gemeinsam benutzen, um Copy und Paste zu drücken.

Na ja, falls Ihnen Letzteres häufig passiert, ist Ihr Gehirn zu plastisch. Das ist Teil vieler Krankheitsbilder. Und es ist der erste Grund, sich mit Neuroplastizität, also der Fähigkeit des Gehirns, sich zu verändern, auseinanderzusetzen. Sie bietet Behandlungsmöglichkeiten für Phantomschmerzen, chronische Krämpfe, Schizophrenie und Autismus.[555, 556] Eine Möglichkeit, Plastizität in diesen Fällen zu lenken, ist TMS-Stimulation, die sie begünstigt oder unterdrückt. In Verbindung mit Trainingsprogrammen kann das die Lerneffekte vervielfachen.[557, 558] Wie üblich in gewissen Grenzen.

Nun klingt das immer noch sehr nach Science-Fiction. Die TMS-Keule für den Heimbedarf ist ziemlich weit weg. Aber viele Konsequenzen, die sich aus der Plastizitätsforschung ziehen lassen, brauchen gar keine medizinischen Interventionen, geschweige denn invasive.

Erinnern Sie sich an die Form der Phantomschmerzen, die entstand, weil die Neuronen, die zuvor Signale des Arms empfingen, jetzt auch auf Stimulation der Lippe reagierten? Eine mögliche Behandlungsmethode ist es, einfach die Lippe und den Schulteransatz asynchron mit Vibration zu stimulieren.[559] So zeigt man dem Gehirn, was zusammengehört. Und was nicht. Nach Schlaganfällen lässt sich die übermäßige Dominanz der gesunden Hirnhälfte durch noninvasive Stimulation behandeln, aber auch ein Handschuh auf der nicht beeinträchtigten Körperseite kann die Behandlung unterstützen – indem er uns zwingt, die Körperteile zu nutzen, die von der geschädigten Gehirnhälfte gesteuert werden und sie so mit Input versorgt.[560, 561] Proteine, die wir für das neuronale Wachstum brauchen, befinden sich in vielen Antidepressiva,[562] aber eine zusätzliche Möglichkeit, die nötigen Proteine zu fördern, ist Aerobic.[563] Plastizitätsforschung kann uns helfen, Neuropsychologie und ihre Fehlfunktionen besser zu verstehen. Danach können wir versuchen, die entscheidenden Faktoren auf unterschiedlichen Wegen zu beeinflussen, und haben auch gleich noch eine schöne Maßeinheit für die Effektivität.

Aber wie relevant ist das für unser soziales Gehirn?

Viele von den Trainingsangeboten, die es unter diesen Schlagworten gibt, sind sehr speziell. Sie fördern vor allem die Aufgabe, die wir damit trainieren. Wer ziemlich viel Dr. Kawashimas Gehirn-Jogging macht, wird danach besser in Dr. Kawashimas Gehirn-Jogging.

Doch einige Studien zeigen uns, dass wir auch etwas allgemeiner an uns arbeiten können. Musikalisches Training verbessert nicht nur die Verarbeitung von Musik, sondern auch von Sprache.[564] Es könnte sogar die Neuroplastizität selbst anregen.[565] Soll heißen: Wenn jemand lernt, Klavier zu spielen, horcht das Hirn auch auf, wenn er danach noch etwas liest. Musik steigert möglicherweise auch den Effekt, den körperliches Training für die Rest-Kognition mitbringt.[566] Und einige Wege eignen sich wohl auch, um unser soziales Gehirn zu trainieren. Hier können wir jetzt tatsächlich mal ein bisschen rumspinnen und uns von den immer neuen Erkenntnissen treiben lassen, auch wenn noch eine ganze Menge Forschung nötig sein wird, um zu wissen, was davon wirklich nutzt. Aber wir können uns ja mal inspirieren lassen.

Soziales Lernen

Das Thema Neuroplastizität ist jung, das Thema soziale Neurowissenschaften noch jünger. Schließlich haben wir noch nicht mal unsere jetzigen sozialen Fähigkeiten völlig verstanden. Wie sollen wir dann erst ernsthaft daran herummodellieren? Bei dem Versuch, einen sozialeren Menschen zu schaffen, hantieren wir darum mit Werkzeugen, die wir noch nicht vollständig verstehen, um ein Werk zu schaffen, von dem wir nur zum Teil wissen, wie es aussehen soll. Soll heißen, die Anzahl Studien, die es bis jetzt zu der Frage gibt, inwieweit wir unser soziales Gehirn verändern können, lässt sich an den Händen abzählen.

Wir können vermuten, dass das Lesen von Romanen Theory of Mind fördert. Soziale Fähigkeiten sind ausgeprägter bei Menschen, die viel Fiktion lesen, und ihre Fähigkeit, sich in ein Buch reinziehen zu lassen, hängt mit ihrer Empathie zusammen.[567, 568] Wir können auch beobachten, dass in kollektivistischen Kulturen eher gespiegelt wird als in solchen, die individualistisch geprägt sind.[467] Aber weil viele dieser Studien nur Korrelationen betrachten (A und B treten gleichzeitig auf) und keine Kausalzusammenhänge herstellen (A tritt auf, *weil* B auftritt), können wir uns dabei nicht sicher sein.

Dank der bisherigen Interventionsstudien wissen wir immerhin, dass Compassion-Training uns helfen kann, nicht nur negative Emotionen zu empfinden, wenn wir jemanden leiden sehen, sondern auch jene fürsorglichen Gefühle, die notwendig zum Handeln sind. Anders gesagt: Aktivierung in Regionen wie dem orbitofrontalen Cortex und der Area tegmentalis ventralis. Tatsächlich können diese positiven Emotionen helfen, unangenehme Gefühle in den Griff zu bekommen, weniger mit der negativen Gefühlsansteckung zu kämpfen zu haben, uns aufzuraffen und zu helfen.[569, 570]

Klinische Forschung zeigt uns, dass die Effekte von Sozialtraining noch weitere Aspekte des Lebens positiv beeinflussen können. Bei Schizophrenie-Patienten steigern sie nicht nur die entsprechenden Fähigkeiten, sondern wirken auch positiv auf Emotionsregulierung, Symptome und Erinnerungsvermögen.[571] TMS-Stimulation bei Schizophrenie und Autismus lindert soziales Vermeidungsverhalten und darüber hinaus negative Symptome und repetitive Bewegungsmuster.[572] Beide Forschungszweige zeigen uns: Es lohnt sich, sich mit der Plastizität unseres sozialen Gehirns zu beschäftigen. Für uns und andere.

Neben Trainingsinterventionen gibt es noch die uns bekannten Hormone. Im Zusammenhang mit Autismus wird tatsächlich sehr häufig die Behandlung mit Oxytocin erprobt, um soziale Interaktion und Emotionserkennung zu erleichtern.[573] Mit vielversprechenden, wenn auch längst nicht ausreichenden Resultaten.[574]

Für einen Großteil der weiblichen Bevölkerung ist die Einnahme von Hormonen schon längst Alltag, denn sie nimmt regelmäßig Analogformen zu Östrogen und Progesteron zu sich – je nach Marke der Pille. Östrogen arbeitet wohl eher im Einklang mit Oxytocin-

Bindungen – parasympathisches Nervensystem, soziale Kognition, friedliche Aktivitäten. Es scheint die Verarbeitung von Gesichtern zu verbessern.[575] Progesteron wird auch während der Schwangerschaft ausgeschüttet. Zumindest bei Tieren scheint es vor allem zwei Dinge zu induzieren: Mehr Furcht, weniger Lust auf Sex. Östrogen könnte auch neuronales Wachstum und bestimmte plastische Veränderungen anregen und im Alter Degeneration vorbeugen.[576, 577]

Ist leider alles noch nicht ausreichend untersucht. Weder die Effekte auf das Gehirn noch deren Auswirkung auf das Verhalten. Bis dahin lernen wir vor allem zwei Dinge:

1. Menschen scheinen der Idee, mit Hormonen auf ihr Gehirn einzuwirken, überraschend offen gegenüberzustehen. Und wer weiß, vielleicht hat es auf unser Gehirn sogar positive Effekte.

2. Diese Effekte gehen mit einem ganzen Rattenschwanz an Wechsel-, Neben- und Verhaltenswirkungen einher, die wir noch weniger verstehen als die Effekte selbst.

3. Wir sollten also noch etwas warten, bis wir anfangen, das Zeug ins Wasser zu kippen. Wobei wir das in gewisser Weise schon tun. Dank Industrie, Agrikultur und zu einem geringen Anteil auch Haushaltsabwasser befindet sich in unserem Trinkwasser auch immer mal wieder Östrogen.[578]

Wenn Ihnen die bisherigen Maßnahmen zu beunruhigend sind, gibt es auch im Alltag genügend Ansatzpunkte, wie wir unserem sozialen Gehirn auf die Sprünge helfen können. Da wissen wir wenigstens, was wir tun. Oder hoffen es zumindest. In der Kindererziehung zum Beispiel. Wir erziehen unsere Kinder in der Hoffnung, dass sie irgendwann aufhören, sich schreiend auf den Boden zu werfen. Und erschaffen dabei ganz nebenbei die neuronalen Verbindungen einer neuen Generation. Das funktioniert mal mehr und mal weniger gut. Darum bevorzugen manche Erwachsene immer noch die Sache mit dem Schreiend-auf-den-Boden-Werfen.

Andere verstehen nie so ganz, was Frauen umtreibt, und entwickeln stattdessen lieber die Relativitätstheorie. Doch meist kriegen wir es mit dem Aufziehen unseres Nachwuchses ziemlich gut hin – jedenfalls wenn man bedenkt, wie viel wir ihm eigentlich vermitteln müssen und wie viel Fürsorge er dabei braucht. Vielleicht dank den Jahrmillionen Jahren an Übung. Darum setzen unsere besten Chancen, das Gehirn positiv zu beeinflussen, auch hier bei der Kindererziehung an. Und bei den anderen Dingen, die wir schon gut können. Lernen. Arbeiten. Das Zusammenleben organisieren. An mindestens drei Schrauben können wir hierbei drehen:

1. Mehr Liebe

Liebe und Zuwendung sind ein schöner Nährboden für die Entwicklung des Gehirns. Kognition braucht Zuwendung, und soziale Kognition braucht Luft und Zeit. Haben wir oben gelernt. Wenn wir die Netzwerke stärken wollen, die wir für Fürsorge brauchen, dann sollten wir den Situationen Zeit einräumen, in denen wir genau das tun. Freunden und Familie mehr Raum geben.

Schließlich laufen unsere Beziehungen nicht automatisch nach dem Schema F ab, sondern sind individuell gestaltbar. Grundsätzlich ist das gut. Wir können froh sein, dass selbst die Mutter-Kind-Bindung kein alternativloses Standardprogramm ist. Man stelle sich vor, wenn sie, wie bei früheren Säugetieren noch, nach dem Pauschalreise-Prinzip durch Plazenta und Pheromone strikt durchorganisiert wäre.[679] Das hieße dann, dass unsere Muttergefühle in Abwesenheit des Babys sofort ausfielen, so wie bei Mäusen: Ist das Mäuschen längere Zeit nicht da, erzeugt das bei seiner Mutter erst eine Stressreaktion, aber dann stellt sie sich rasch auf die Situation ein. Aus den Augen, aus dem Sinn. Wäre unsere soziale Kognition so strukturiert, würden Sie beim nächsten Kinder-bei-den-Großeltern-Wochenende, ohne zurückzublicken, nach Mallorca durchbrennen.

Dank Kognition und damit einhergehender Flexibilität können Sie den Kontakt mit Ihrem Kind halten, auch wenn es nicht mehr niedlich riecht. Sie können sogar Kinder annehmen, die überhaupt nie gerochen haben wir Ihre eigenen und sie genauso lieben und umsorgen. Inklusive des dazugehörigen Oxytocin-Rausches.[580] Aber Sie müssen sich auch nicht reflexartig *für* Kinder entscheiden, weil Ihr Zyklus findet, das sei eine gute Idee. Also alles eigentlich ganz wunderbar.

Gleichzeitig bedeutet das aber auch, dass die Umstände einen großen Einfluss auf das Elterndasein haben. Bei beiden Elternteilen könnte sich das Maß, in dem sie sich in die Fürsorge für den Nachwuchs einbringen können, auch in dem Maße niederzuschlagen, in dem sich ihre Gehirnstruktur mit dem Elterndasein verändert, zum Beispiel durch die Vernetzung von ToM-Region STS und Amygdala.[581] Veränderungen, mit denen unser Gehirn auf die neue Herausforderung reagiert und uns hilft, sie zu bewältigen. Die Vaterrolle ist dabei besonders kontextabhängig. Es gibt alleinerziehende Vollzeit-Väter und solche, die erst lernen, dass sie welche sind, wenn ein Student mit Seesack in ihrem Hausflur steht. Das passiert Frauen relativ selten. Und es macht natürlich einen Unterschied.

Wenn Väter allerdings an der Erziehung teilhaben, wird die Oxytocin-Ausschüttung bei ihnen in den Monaten nach der Geburt ähnlich stark gesteigert wie bei der Partnerin.[259] Auch bei ihnen finden sich danach neuroplastische Veränderungen im Volumen derjenigen Areale, die fürs Elternsein besonders wichtig sind.[582] Wichtig dabei ist jedoch möglicherweise, ob sie in der Beziehung eine Haupt- oder Nebenrolle einnehmen.[581] Der Hormonhaushalt reagiert ebenfalls unterschiedlich. Wenn Väter mit ihren Kindern interagieren, sinkt der Testosteronspiegel.[583] Dagegen steigt er an, wenn sie das schreiende Baby hören und nicht reagieren können. Für ihr Gehirn ergibt das durchaus Sinn, denn unter Testosteron finden wir Kinderschreien weniger grässlich.[584] Aber ob es uns in den für den Umgang mit Kindern adäquaten Gemütszustand versetzt, ist zumindest fragwürdig. Dafür scheint vor allem Oxytocin hilfreich zu sein.[250]

Soll heißen, klassische Familienrollen sind ein sich selbst verstärkendes System. Mit langfristigen Folgen.[585] Väter, die viel in die Kleinkinderziehung involviert sind, haben intensivere Beziehungen zu ihren Kindern und halten sie nach der Scheidung eher aufrecht.[586]

Und auch für die Eltern ist es hilfreich, wenn sie Veränderungen gemeinsam durchmachen. Letztlich ist gemeinsames Oxytocin-Ausschütten ja nicht nur gut für die Eltern-Kind Beziehung, sondern für die Paare selbst.[212] Kurzum und wenig überraschend: Nähe zwischen Eltern und Kindern stärkt das Familienleben.

Darum wäre es doch schön, wenn wir es schafften, mit Elterngeld, Steuermodellen, betriebseigenen Kindertagesstätten, flexiblen Arbeitszeiten und halben Stellen eine Struktur zu entwickeln, die es beiden Eltern ermöglicht, die Rolle in der Kindererziehung zu spielen, die sie möchten.

Und auch ganz unabhängig von Kindern sollten wir Raum für sozialen Kontakt schaffen – die dafür benötigten Kapazitäten sind mit ziemlicher Sicherheit nicht verschwendet. Denn aller Wahrscheinlichkeit nach gehen wir, wenn wir viel sozialen Kontakt haben, danach mit gestärkter Kognition an die nächste Herausforderung. Aus mindestens zwei Gründen:

Im Tierreich zumindest winken durch Kindererziehung einige kognitive Boni. Gedankliche Flexibilität, Emotionsregulation, soziale Aufmerksamkeit. Besonders bei den Spezies mit zwei Erziehern finden wir das bei beiden Eltern.[587] Wir wissen schon, wie viel mehr Möglichkeiten Menschen haben, ihre sozialen Fähigkeiten zu nutzen. Und sei es bei Stand-up-Comedy. Und was wir öfter tun, darin werden wir besser. Es spricht also einiges dafür, dass auch nachwuchsfreie Zeit mit Familie und Freunden unserer sozialen Kognition auf die Sprünge hilft.

Der zweite Grund: weil es den Kindern guttut. Welchen positiven Effekt Zuwendung auf unser Gehirn hat, haben Tierstudien gezeigt. Mäuse-Junge, die man regelmäßig mit einem Pinsel streichelt, bringen später bessere kognitive Fähigkeiten mit, die sich über Generationen hinweg weitergeben lassen.[588, 589] Sensible Kindererziehung erleichtert auch später im Leben Anpassungsfähigkeit und stabile Beziehungen[590] mit Partnern genauso wie mit besten Freunden.[591, 592] Das Oxytocin-Level der Oma beeinflusst das der Mutter, und den Effekt können wir noch bei der Tochter sehen.[593]

Er ist ähnlich stimulierend wie eine anregende Umgebung[594]– das heißt, mit Zuwendung ist eine Menge gewonnen, selbst, wenn kein Laufrad oder mehrbändiges Lexikon im Haushalt ist. All you need is love.

Na ja, nicht ganz. Wir haben noch einige andere Gründe kennengelernt, warum alles schieflaufen kann – manchmal sogar *weil* wir viel Oxytocin ausschütten. Ziemlich häufig hat das mit Angst zu tun. Und auch damit umzugehen lernen ist ein wichtiger Schritt.

2. Angst essen Kognition auf – Weniger Stress

Die Glucocorticoide, die unser Körper bei zu viel Stress ausschüttet, kennen wir schon aus dem Kortisol-Kapitel, und sie können tolle Nebeneffekte haben. Vor allem, wenn wir ganz dringend wegrennen sollten. Oder uns sonst wie in einer angsteinflößenden Situation befinden. Beim Sport helfen sie uns, neue Herausforderungen zu meistern. Doch wie immer kommt es auf die Dosis an. Im Alltag ist unser Kortisolbedarf genauso übersteigert wie der an Koffein. Obwohl der Mensch die meisten lebensbedrohlichen Stressoren aus seinem Alltag verbannt hat, hat er all seine alten Kapazitäten zur Stressempfindung beibehalten. Jetzt hat er also genauso viel Angst, aber vor Dingen, die ihn eigentlich gar nicht umbringen können. Sehr ungünstig.

Versagensängste treiben die Stresshormone genauso in die Höhe wie ungesunde Arbeitszeiten.[595] Allein Schlafmangel kommt mit einem ganzen Rucksack an Problemen daher: chronische Entzündungen, kognitive Defizite, eingeschränkte Neuroplastizität.[596] Ausschlafen kann helfen. Oder eine Schlaftherapie, wenn nötig.[596, 597]

Von der Wirkung des Stresses auf unser Gehirn kriegen wir trotzdem wenig mit. Dabei ist die fundamental, auch für unser Zusammenleben. Denn ständiger Stress bewirkt neuroplastische Effekte. Ein verkleinerter Hippocampus geht nicht nur mit Depression, Diabetes

Typ 2 und Alzheimer einher – man findet ihn auch bei Menschen mit chronischem Stress, mangelnder körperlicher Bewegung, gestörtem Tag-Nacht-Rhythmus und andauerndem Jetlag.[598]

Und damit beginnt der Teufelskreis, denn ein kleinerer Hippocampus könnte auch ein Risikofaktor für posttraumatische Stresssyndrome sein.[599] Wir werden also stressanfälliger. Das gleiche gilt für Veränderungen in der Amygdala. Wir kennen dieses Areal schon aus der Angst vor dem Tod, vor Fremdem und vor Schlangen in Zoos; aus Situationen also, die Wachsamkeit erfordern. Grundsätzlich wichtig, kann aber schnell kontraproduktiv werden, denn unter Dauerstress wachsen die Verbindungen in der Amygdala. Sie reagiert mit Hyperaktivität und ... noch mehr Stress. Das wurde zum Beispiel an Trauma-Opfern des 11. Septembers gezeigt.[600] Im medialen präfrontalen Cortex schrumpft hingegen die Vernetzung durch Stress,[601-603] was seine Aufgabe, Selbstkontrolle und Emotionsregulation, wahrscheinlich nicht einfacher macht. Psychisch bedingt chronischer Stress zum Beispiel eine geringere Selbstachtung. Dabei wäre die so wichtig, um nicht in unsere Lieblings-Egoschutzmechanismen zu verfallen: Schuldzuweisung und Ausweichen.

Kurzum: Wir haben gelernt, welche Rolle Angst für Diskriminierung spielt, beim Mitläufertum, beim Versagen von Kooperation, bei Aggression, dem Weglaufen vor Verantwortung und Hilfsbereitschaft. Stress ist zwar nicht dasselbe wie Angst, doch die Muster – große Aktivität der Amygdala und ein ziemlich hilfloser präfrontaler Cortex –, sind uns in diesem Buch immer wieder über den Weg gelaufen. Und wenn sie auch manchmal adaptiv sein können (Stichwort Bären), haben sie uns häufig ein Bein gestellt. Wenn wir das besser unter Kontrolle kriegen und diese Prozesse aufbrechen wollen, sollten wir unser Stresslevel wahrscheinlich deutlich senken. Wieder können wir dort anfangen, wo das am besten geht: bei den Kindern.

Die trifft Angst mit voller Wucht. Wenn ein Baby sich ernsthaft beunruhigt fühlt, reagiert sein Nervensystem professionell: Herzschlag, Blutdruck, Stresshormone – alles fährt hoch angesichts der potenziellen Bedrohung.[604, 605] Und es wäre eine ganz doofe Idee, das unvermeidbare Schreien des Kindes dauerhaft zu ignorieren, denn es hat ziemlich wenige Möglichkeiten, dagegenzusteuern. Das Gefühlszentrum befindet sich im Schnellwachsgang, die frontolimbischen Strukturen aber, die es dem MPFC erlauben, die Emotion zu kontrollieren, sind noch längst nicht entwickelt. Im Gegensatz dazu gibt es schon ein paar Verbindungen in die andere Richtung – den Cortex nervös zu machen geht also schon ganz prima.

Bei Erwachsenen sehen wir weniger Amygdala-Aktivität, wenn sich der präfrontale Cortex einschaltet. Bei nervösen Kindern springen einfach beide im Quadrat. Darum brauchen sie die Erwachsenen, um die Regulation zu lernen. Das ist kein Grund zur Panik. Milder Stress könnte sogar gut für den Organismus sein. Er reagiert mit gesteigerter Resilienz und stärkerer Eigenregulierung.[606] Doch chronischer Stress ist für die Kleinen noch ungesünder als für die Großen, und weil das ganze System noch so plastisch ist, bringt er noch weitaus mehr Langzeitfolgen mit sich.

Eltern beeinflussen das Oxytocin-System ihrer Kinder genauso wie ihre spätere Antwort auf Stress und Isolation.[607-610] Frühzeitiger Stress verändert den Aufbau unseres Gehirns und die Ausschüttung der Stresshormone.[606] Bis beides ausgereift ist, stellen sie Nähe her, bis sich das Oxytocinlevel des Kindes an das der Eltern angleicht.[259] Die Gefühlsansteckung greift ihnen dabei unter die Arme. Kinder übernehmen die positiven Gefühle ihrer Eltern genau wie ihre Ängste. Wenn die Eltern also Entspannung ausstrahlen, fällt es dem Kind schwerer, ein totales Nervenbündel zu sein. Probieren Sie's mal. Wenn Sie demnächst auf offener Straße ein Baby schreien hören, schauen Sie ihm direkt in die Augen und lächeln Sie, was das Zeug hält. Meistens hören sie schon vor Verwirrung auf zu weinen. Oder Sie haben wenigstens die Mutter irritiert, und die schiebt ihr Kind jetzt woandershin.

Gefühlsansteckung ist eine Expressroute in den Kopf des Kindes, um die Emotionen zu regulieren, wo das Baby selbst bis jetzt noch nicht mal für Trampelpfade gesorgt hat. Es geht also den ganzen lieben langen Tag vor allem darum, Aufmerksamkeit und Gemeinsamkeiten herzustellen. Frisch geschlüpfte Babys verbringen durchschnittlich sieben Prozent ihres Alltags im aufnahmebereiten Wachzustand. In diesem Zeitraum nutzen Mütter durchschnittlich 70 Prozent ihrer Zeit, um mit dem Kind Synchronität herzustellen.[611, 612]

Ohne diese Unterstützung reift die Emotionsregulation vorschnell heran – mit unbekannten Folgen.[613] In Tierversuchen geht die Frühreife einher mit dem ein oder anderen sozialen Spleen im Erwachsenenleben.[614] Das könnte daran liegen, dass es wichtig ist, in der Kindheit anders mit Stress umzugehen als später. Trösten lassen statt Aversionen entwickeln. Sonst müssten Sie Ihrer Mutter immer noch übelnehmen, dass sie Sie damals zum Kinderarzt mit den fiesen Spritzen gebracht hat. Wir können für uns also mitnehmen: Es ist schön, dass Schreienlassen so langsam aus der Mode kommt. Denn selbst wenn es äußerlich funktioniert, können wir uns nicht sicher sein, welche langfristigen Konsequenzen es mit sich bringt. Und auch die Idee, dass man kleine Jungs «abhärten» muss, ist auf dem Rückzug. Das macht doch zuversichtlich für die nächste Generation.

Die Familie ist jedoch längst nicht der einzige Ort, an dem man ansetzen kann. Die Schule gehört natürlich dazu, der Kindergarten. Aus Gehirn-Perspektive sollte «Stressfreiheit» eigentlich das Motto aller Bildungseinrichtungen sein. Das Gehirn ist zum Lernen gemacht. Es schüttet dabei Dopamin aus. Dieses Gehirn muss man zum Lernen nicht unter ständigen Druck setzen. Kinder lernen buchstäblich im Spiel. Natürlich nicht nur dabei. Gruppenarbeiten sind auch völlig okay. Aber die wechselnden Situationen helfen ihnen, neuronale Netzwerke und Verschaltungen zu verfeinern und kognitiv flexibel zu werden.

Wer als Kind mehr spielt, ist als Erwachsener sozial kompetenter. Zumindest zeigen uns das Studien mit Ratten.[615] Doch Stress und Spiel vertragen sich nicht allzu gut. Und im Moment legen wir eher auf Ersteres Wert. Nicht nur durch Klausuren und Hausaufgaben, sondern auch durch so einfache Dinge wie Schlaf. Teenager brauchen Schlaf. Wir wissen das. Wir kennen die schädlichen Effekte eines gestörten Schlafrhythmus. Warum lassen wir sie also nicht schlafen? Wenigstens bis zur zweiten Stunde?

Auch die Größe von Schulklassen und Kitagruppen kann man überdenken. Wir haben doch mittlerweile gelernt, wie anstrengend es ist, ständig unter Menschen zu sein. Aber besonders in jungen Jahren lassen sich die Stressschäden noch relativ gut ausheilen.[601]

Kommen wir noch zum Thema «Soziale Ungleichheit». Der sozioökonomische Status scheint ebenfalls die Anzahl von Stressoren in der Kindheit zu beeinflussen. Gerade Kinder aus sozial schwächeren Familien sind oft Dauerstress ausgesetzt, mit mehr schädlichen Umweltfaktoren konfrontiert und nehmen die Belastung ihrer Eltern von klein auf mit. Sozialer Status korreliert mit Hippocampus-Volumen, Depression und Herzerkrankungen und der Amygdala-Reaktion auf bedrohliche Gesichter.[616] Wer also Statusunterschiede bekämpfen möchte, sollte sich dabei nicht nur auf Bildung konzentrieren, sondern auch auf den Stresslevel. Leider wird das bei Pisa nicht abgefragt.

Auch als Erwachsene gibt es eine Menge, was wir dagegen tun können, zumal im Alter die Resilienz gegenüber Stress-Schäden nachlässt.[601]

Das meiste davon wissen wir eigentlich schon ganz intuitiv: Körperliche Aktivität und soziale Kontakte (siehe oben: mehr Liebe) können die Alterseffekte zum Teil ausgleichen. Überhaupt ist körperliche Aktivität eine klasse Sache, unter anderem weil sie zur Durchblutung des präfrontalen Cortex beiträgt.[617] Ich finde das auch nicht schön. Niemand mag Bewegung. Aber wer weiß: Möglicherweise reicht schon eine Stunde Bewegung am Tag, um das Hippocampusvolumen wieder auf das eines völlig ungestressten Erasmus-Studenten in Lissabon zu bringen.[562] Besseres Gedächtnis inklusive. Intensives Mal-was-neues-Lernen hat einen ähnlichen Effekt.[618] Auch drei Monate Jongliertraining können den Hippocampus wie gesagt wachsen lassen. Selbst bei Älteren und unabhängig davon, ob man danach wirklich besser jonglieren kann.[619]

Also nicht gleich aufgeben: Der Weg ist das Ziel. Auch Verhaltenstherapie könnte sowohl Hippocampus- als auch Amygdala-Volumen verändern[620, 621] und dadurch chronische Ängste lindern.[622] Achtsamkeitsmeditation hilft uns ebenfalls, unsere Emotionen zu regulieren. Bei Patienten mit sozialen Ängsten reduzierte sie die Aktivität in der Amygdala.[623] Auch Menschen mit chronischer Müdigkeit profitieren möglichweise von Meditation. Gleichzeitig regt sie die kognitive Leistungsfähigkeit und den präfrontalen Cortex an.[620] Und wo wir schon dabei sind zu bestätigen, was Sie sich eh schon gedacht haben: Gelegentliches Fasten, Kalorienreduzieren, Proteine, Omega-3-Fettsäuren und Antioxidanzien sind wahrscheinlich nicht nur gut fürs Waschbrett, sondern auch für Hirn und Gedächtnis. Vielleicht weil sie dem Gehirn helfen, resilienter zu sein gegen Stress und chronische Entzündungen.[596]

Wie genau die perfekte Nervennahrung aussieht, ist allerdings nicht genug erforscht. Bis dahin können Sie sich auf diese eine Studie berufen, die nahelegt, dass Kakao-Flavonoide die Durchblutung des Gehirns verstärken.[624] Flavonoide findet man nicht nur in Früchten, sondern auch in Tee, Wein und – Sie ahnen es – Schokolade. Und auch wer sie darüber aufnimmt, könnte seine kognitiven Fähigkeiten fördern.[625] Also schnellstmöglich: Ausschlafen, ausgiebig Kuscheln, eine Weile tief Durchatmen, in die Therme schwimmen gehen und dann mit Tee und Schokolade wieder ins Bett. Wenn jemand fragt, sagen Sie, Sie machen Gehirnjogging.

Kurzum: Vorübergehend ist Stress völlig okay, doch wenn er zur Dauerbelastung wird, hat niemand etwas davon. Die Gesellschaft am wenigsten. Zum Glück können wir darauf einwirken. Durch Kindererziehung, unseren Arbeitsalltag, Meditation, Therapie oder einfach durch einen langen Spaziergang im Park. Außerdem können wir uns Zeit für ein neues Hobby nehmen. Das hat sogar mehrere Vorteile:

Tatsächlich waren bei Probanden nach Jongliertraining nicht nur Veränderungen im Hippocampus zu sehen, sondern auch im Nucleus accumbens, der so viel mit dem Belohnungszentrum zu tun hat und der Umsetzung von angenehmen Gefühlen zu Motivation. Wenn das kein Grund ist, öfter mal was Neues zu lernen! Und falls der Ihnen noch nicht ausreicht: Eine Umgebung mit viel kognitivem Input könnte Alterserscheinungen um Jahre hinauszögern.[626] Darum hängt Ihre geistige Fitness damit zusammen, wie Sie folgende Fragen beantworten: Haben Sie eine Fremdsprache gelernt? Spielen Sie ein Musikinstrument? Wie oft benutzen Sie einen Computer? Wann haben Sie zuletzt etwas erreicht, intellektuell, sportlich oder beruflich?

Neues Lernen hält wach und munter. Zum Glück gibt es so viel zu lernen. Gerade mit Blick auf die Gesellschaft.

3. Das Gehirn handhaben lernen

Am Ende des Buches können wir zurückschauen auf eine ziemlich breitgefächerte Ansammlung von Fähigkeiten, die unser Gehirn braucht, um den sozialen Alltag zu schaukeln: Multitasking, Emotionsregulation, das Talent, auf mehreren Leveln zu denken, und ganz viel Geduld. Viele Ansatzpunkte also, um dazuzulernen.

Eine Möglichkeit, die etwas gründlicher erforscht ist, ist die Verbesserung der Exekutiven Funktionen, also unter anderem Arbeitsgedächtnis, Task-Switching, kognitive Flexibilität und Konfliktmanagement. Diese Fähigkeiten sind uns immer wieder begegnet. Bei der Emotionsregulation und den Fallstricken der Theory of Mind genauso wie beim Versuch, mit Rückschlägen oder neuen politischen Ideen fertigzuwerden. Oder auch einfach nur um einen Witz zu verstehen. Praktischerweise sind diese Fähigkeiten nicht nur hilfreich bei der sozialen Kognition (als ob das nicht genug wäre), sondern auch hinsichtlich der Karriere, Noten und geistiger Gesundheit.

Es gibt eine ganze Menge Möglichkeiten, diese Fähigkeiten zu steigern. Viele davon machen sogar Spaß: Musikalisches Training, Klavierstunden und dergleichen sind gut fürs Arbeitsgedächtnis, das Task-Switching und die Fähigkeit, nicht auf das falsche Pokémon zu hauen.[627, 628, 629] Als Bonus erhöht das vielleicht auch unsere Aufmerksamkeit.[630] Übungen, die das Arbeitsgedächtnis steigern, helfen auch bei den Aufgaben, die flüssige Intelligenz verlangen.[631] Sport geht auch immer gut, wenn es um exekutive Fähigkeiten geht.[632] Selbst Videospiele sind gut für das Arbeitsgedächtnis und die Task-Switching-Fähigkeiten.[633] Kein Wunder. Zum Lernen braucht man eine ständige Anpassung des Lernniveaus, eine permanente leichte Herausforderung. Das können Videospiele sehr gut – inklusive Aktivität in den Belohnungs- und Motivationsregionen und Anhebung des Dopaminspiegels.[632] Das heißt, wenn wir an unserem Gehirn arbeiten wollen, ist der Computer gar nicht der schlechteste Ansatzpunkt. Zu schade, dass Spiele häufig so blöde Inhalte haben und damit nicht gerade zu unserem Sozialverhalten beitragen.[634] Mehr Diversität bei Videospielen braucht die Welt! Auf dem gesamten Planeten werden zusammengerechnet wöchentlich drei Milliarden Stunden Videospiele gespielt. Mit so viel Energieinvestition und besten Lernverhältnissen muss sich doch etwas anstellen lassen! Na ja, bis uns etwas eingefallen ist, können wir die Spiele immerhin einsetzen, um unsere visuellen, räumlichen und motorischen Fähigkeiten zu trainieren[632] – oder die von Chirurgen.[635]

Wem das nicht fancy genug ist, der kann es mit Neurofeedback probieren. Neurofeedback zeigt uns, was in unserem Kopf vorgeht, sodass wir selbst eine Chance bekommen, es zu regulieren. Denn wenn wir Feedback bekommen, lernen wir meist schneller und besser. Stellen Sie sich vor, Sie wollten mit einem leeren Kugelschreiber zeichnen lernen. Das funktioniert nicht allzu gut. Vielleicht werden Sie tatsächlich besser. Vielleicht auch nicht. Woher sollen Sie das wissen? Das Blatt ist weiß! Bei Neurofeedback setzen Sie zum Beispiel eine EEG-Kappe auf und bekommen dann eine nette Visualisierung Ihres Fortschritts. Sind Sie entspannt, fliegt das Flugzeug, steigt der Stress, fliegt es gegen einen Baum.

Mit Neurofeedback lässt sich möglicherweise die Approach-Avoidance-Tendenz beeinflussen, die wir als Attacke und Rückzug kennengelernt haben und die mit der Balance des Cortex zu tun hat.[636] Das Feedbacktraining könnte Ihnen auch helfen, die Alpha-Wellen in Ihrem Gehirn besser zu kontrollieren. Stärkere Fokussierung und weniger geistiges Abschweifen.[637] Für das Sozialleben spielt das vor allem eine Rolle, um dem anderen aufmerksam zuzuhören, seine Gefühle zu erkennen und Warnsignale zu bemerken, bevor sie in Schmollen übergehen. Wenn es doch im Streit endet, gibt es immer noch die Emotionsregulation. Und wenn Sie zwischendrin Klavierstunden genommen haben, hilft Ihnen Ihr verbessertes Arbeitsgedächtnis vielleicht dabei, sich noch tiefer in Ihr Gegenüber hineinzuversetzen. Ansonsten können Sie auch einfach die Kopfhörer aufsetzen und sehr laut in die Tasten hauen. Sie sind ja kognitiv flexibel.

Und mit diesem Stichwort sind wir jetzt am Ziel angelangt. Der Take-Home-Message. Was wollen wir von der Reise mitnehmen? Und passt das ins Handgepäck?

Fazit

Alles in allem haben wir uns tief ins menschliche Gehirn gewagt – sogar in den Teil, wo die unangenehmen Wahrheiten lauern. Zugegebenermaßen hatten wir dort nichts zu befürchten, denn wir sind nicht mit den besten Erwartungen gekommen. Wenn es um den Menschen geht, überrascht uns eigentlich nichts mehr. Aber was haben wir gefunden?

Mit Sicherheit ein paar Weltwunder. Theory of Mind, Mitgefühl, Moral-, Regel- und Selbstbewusstsein genauso wie einen ziemlich robusten Drang, irgendwie hilfreich zu sein. Fähigkeiten, die über Millionen Jahre immer komplexer geworden sind. Hier und da wurde etwas angebaut, alles ist flexibel, um jederzeit auf den Kontext zu reagieren, und jetzt neigen sich die Gebilde gefährlich windschief, wenn man sie überlastet. Dazwischen tummeln sich die Emotionen, das Hormonsystem, die Signale des Körpers. All das, was im Reiseführer gerne übersehen wird, aber eigentlich das Leben an den Ort bringt. Jubel, Trubel, Heiterkeit. Ziemlich häufig Trubel. Oder Meuterei. Aber wir haben auch einige Wege entdeckt, wie wir damit umgehen können.

Das ist also das soziale Gehirn. Wahnsinnig begabt, etwas vorschnell, aber mitfühlend und hilfsbereit; ziemlich eitel, normorientiert, leicht erregbar und doch kontrolliert. Ein Gemeinschaftswesen mit einem Hang zum Gemeingefährlichen ... Damit lässt sich doch arbeiten.

Denn das Fazit bleibt: Der Mensch kann sein Gegenüber besser verstehen, besser mit ihm zusammenarbeiten, besser mit ihm fühlen, besser von ihm lernen und besser mit ihm kommunizieren als alle uns bekannten Arten. Ob er daraus etwas macht oder ob er die Fähigkeiten ins Gegenteil verkehrt, kurz, ob wir das geregelt kriegen, liegt an den Umständen. Aber auch an uns. Vieles haben wir selbst in der Hand, einiges unsere Eltern und die der nächsten Generation. Wieder anderes können wir als Staat, als Gemeinschaft anpacken. Wir können unserem Gehirn mehr Anregung bieten. Und wir können dafür sorgen, dass seine Kognition nicht in Stress versinkt. Außerdem können wir unseren Beziehungen genug Raum geben für den gelegentlichen Oxytocin-Rausch.

Und wenn wir schon nicht an unserem Gehirn selbst arbeiten wollen, dann können wir es ihm zumindest einfacher machen. Wir können ein Umfeld schaffen, in dem es ihm leichtfällt, zusammenzuarbeiten oder sich in andere hineinzufühlen. Wir können einige seiner Denkfehler ausnahmsweise mal selbst korrigieren und es immer mal wieder mit Unbekanntem in Kontakt bringen. Vor allem können wir uns öfter mal fragen, was der andere eigentlich so denkt.

Etwas besser wissen wir das ja jetzt schon. Außerdem können wir nun ein bisschen besser nachvollziehen, was in unserem eigenen Kopf vor sich geht. Und wenn wir das nächste Mal eine Stolperfalle sehen, können wir vielleicht einfach drüberhüpfen. Na ja, seien wir ehrlich, wir tapsen wahrscheinlich trotzdem direkt hinein. Aber immerhin wissen wir dann, wie es dazu gekommen ist. Und Verständnis aufzubringen ist das Mindeste, was wir für unser Gehirn tun können. Es selbst macht ja schließlich kaum etwas anderes.

Danksagung

Die Geschichte dieses Buches beginnt mit einer E-Mail, die mich spätabends in Bangkok erreichte. Danach zieht sie sich über mindestens vier Kontinente, drei Reisekrankheiten und zwei Laptops. Dass sich das Schreiben trotzdem einigermaßen reibungslos anfühlte, verdanke ich vor allem meinem Mann Nissen. Danke für das ständige Wiederbeleben des Laptops in Laos, das Internetzugang-Schlangestehen in Kuba, das Wohnung-Möblieren nach der Rückkehr und die tausend anderen Arten der Unterstützung. Vor allem danke fürs nimmermüde Zuhören und Nachfragen – auch wenn ich gar nichts Neues zu erzählen hatte.

Für Letzteres danke ich auch Familie, Freunden und Kollegen, einschließlich Bella und Sophie, Fine und Martin, Annemieke, Elke, Andreas und Hannes, allen drei Annes, Sylvia, Philipp und der Lunch-Runde mit Anna-Lena, Lara und Roman. Vielen Dank denjenigen, die mitgelesen und kommentiert haben: Katrin, Sandra, Lea und Mathis – der das Manuskript noch in ein weiteres Land getragen hat. Und von Herzen eigentlich allen Mitarbeitern aus meiner Abteilung. Danke für die Inspiration! Letzteres geht auch an Gabriele für spätabendliche Einblicke in die Spieltheorie, Hannes für das Einführen in die Autorenrunde und meine Science-Slam-Kollegen für Gemeinschaft und Austausch – im Falle von Simon McGowan und Sebastian Lotzkat auch für spontane Gastfreundschaft vor den Verlagsterminen.

Danke denen, die das Buch möglich gemacht haben – meiner Agentin Gila Keplin von der literarischen Agentur Simon für die E-Mail, die alles in Gang setzte, und allen Einsatz danach, Programmleiterin Julia Vorrath für gute Gespräche und noch bessere Betreuung, meinem Lektor Tobias Schumacher-Hernández für das tiefe Reindenken und meinem Stipendium des Studienförderwerks Klaus Murmann für die vielseitige Unterstützung.

Vor allem aber auch Dank an meine Eltern Doro und Henner für

jahrelanges allabendliches Vorlesen und alles, was sie mir mitgege-
ben haben, einschließlich sehr viel Oxytocin.

ANHANG

Anmerkungen

1. McGurk, H. & Macdonald, J. Hearing lips and seeing voices. *Nature* 264, 691–811 (1976).
2. Chartrand, T. L. & Bargh, J. A. The chameleon effect: the perception-behavior link and social interaction. *J. Pers. Soc. Psychol.* 76, 893–910 (1999).
3. Gallup, A. C. *et al.* Visual attention and the acquisition of information in human crowds. *Proc. Natl. Acad. Sci.* 109, 7245–7250 (2012).
4. Farkas, I., Helbing, D. & Vicsek, T. Human waves in stadiums. in *Physica A: Statistical Mechanics and its Applications* 330, 18–24 (2003).
5. Carp, J., Halenar, M. J., Quandt, L. C., Sklar, A. & Compton, R. J. Perceived similarity and neural mirroring: Evidence from vicarious error processing. *Soc. Neurosci.* 4, 85–96 (2009).
6. Wang, Y., Ramsey, R. & Hamilton, A. F. de C. The control of mimicry by eye contact is mediated by medial prefrontal cortex. *J. Neurosci.* 31, 12001–10 (2011).
7. Chartrand, T. L. & Bargh, J. A. The chameleon effect: the perception-behavior link and social interaction. *J. Pers. Soc. Psychol.* 76, 893–910 (1999).
8. Harrison, N. A., Singer, T., Rotshtein, P., Dolan, R. J. & Critchley, H. D. Pupillary contagion: central mechanisms engaged in sadness processing. *Soc. Cogn. Affect. Neurosci.* 1, 5–17 (2006).
9. Codrons, E., Bernardi, N. F., Vandoni, M. & Bernardi, L. Spontaneous group synchronization of movements and respiratory rhythms. *PLoS One* 9 (2014).
10. Meltzoff, A. N. & Moore, M. K. Imitation of Facial and Manual Gestures by Human Neonates. *Science (80-.).* 198, 75–78 (1977).
11. Gazzola, V. *et al.* Aplasics Born without Hands Mirror the Goal of Hand Actions with Their Feet. *Curr. Biol.* 17, 1235–1240 (2007).
12. Cross, E. S., Hamilton, A. F. de C. & Grafton, S. T. Building a motor simulation de novo: Observation of dance by dancers. *Neuroimage* 31, 1257–1267 (2006).
13. Lahav, A., Saltzman, E. & Schlaug, G. Action Representation of Sound: Audio-motor Recognition Network While Listening to Newly Acquired Actions. *J. Neurosci.* 27, 308–314 (2007).
14. Buccino, G. *et al.* The neural basis for understanding non-intended actions. *Neuroimage* 36 (2007).
15. Gallese, V., Keysers, C. & Rizzolatti, G. A unifying view of the basis of social cognition. *Trends in Cognitive Sciences* 8, 396–403 (2004).
16. Pelphrey, K. A., Morris, J. P. & McCarthy, G. Grasping the intentions of others:

311

the perceived intentionality of an action influences activity in the superior temporal sulcus during social perception. *J. Cogn. Neurosci.* 16, 1706–1716 (2004).

17. Catmur, C., Walsh, V. & Heyes, C. Sensorimotor Learning Configures the Human Mirror System. *Curr. Biol.* 17, 1527–1531 (2007).

18. Kohler, E. *et al.* Hearing sounds, understanding actions: action representation in mirror neurons. *Science* 297, 846–8 (2002).

19. Bailey, P. E. & Henry, J. D. Subconscious facial expression mimicry is preserved in older adulthood. *Psychol. Aging* 24, 995–1000 (2009).

20. Oberman, L. M., Winkielman, P. & Ramachandran, V. S. Face to face: blocking facial mimicry can selectively impair recognition of emotional expressions. *Soc. Neurosci.* 2, 167–178 (2007).

21. Davis, J. I., Senghas, A., Brandt, F. & Ochsner, K. N. The effects of BOTOX injections on emotional experience. *Emotion* 10, 433–440 (2010).

22. Lakin, J. L. & Chartrand, T. L. Using nonconscious behavioral mimicry to create affiliation and rapport. *Psychol. Sci.* 14, 334–339 (2003).

23. Zajonc, R. B., Adelmann, P. K., Murphy, S. T. & Niedenthal, P. M. Convergence in the physical appearance of spouses. *Motiv. Emot.* 11, 335–346 (1987).

24. Lakin, J. L., Chartrand, T. L. & Arkin, R. M. I am too just like you: Nonconscious mimicry as an automatic behavioral response to social exclusion. *Psychol. Sci.* 19, 816–822 (2008).

25. van Baaren, R. B., Maddux, W. W., Chartrand, T. L., de Bouter, C. & van Knippenberg, A. It takes two to mimic: Behavioral consequences of self-construals. *J. Pers. Soc. Psychol.* 84, 1093–1102 (2003).

26. Neal, D. T. & Chartrand, T. L. Embodied Emotion Perception: Amplifying and Dampening Facial Feedback Modulates Emotion Perception Accuracy. *Soc. Psychol. Personal. Sci.* (2011).

27. Schachter, S. & Singer, J. Cognitive, social, and physiological determinants of emotional state. *Psychol. Rev.* 69(5), 379–399 (1962).

28. Jabbi, M., Swart, M. & Keysers, C. Empathy for positive and negative emotions in the gustatory cortex. *Neuroimage* 34, 1744–1753 (2007).

29. Simner, M. L. Newborn's response to the cry of another infant. *Dev. Psychol.* 5, 136–150 (1971).

30. Dondi, M., Simion, F. & Caltran, G. Can newborns discriminate between their own cry and the cry of another newborn infant? *Dev. Psychol.* 35, 418 (1999).

31. Preston, S. D. & De Waal, F. Empathy: Its ultimate and proximate bases. *Behav. Brain Sci.* 25, 1–20 (2002).

32. Strack, F., Martin, L. L. & Stepper, S. Inhibiting and facilitating conditions of the human smile: A nonobtrusive test of the facial feedback hypothesis. *J. Pers. Soc. Psychol.* 54, 768–777 (1988).

33. Hopp, H., Rohrmann, S., Zapf, D. & Hodapp, V. Psychophysiological effects of

emotional dissonance in a face-to-face service interaction. *Anxiety. Stress. Coping* 23, 399–414 (2010).

34. Zapf, D., Seifert, C., Schmutte, B., Mertini, H. & Holz, M. Emotion work and job stressors and their effects on burnout. *Psychol. Health* 16, 527–545 (2001).

35. Masserman, J. H., Wechkin, S. & Terris, W. ‹Altruistic› Behavior in Rhesus Monkeys. *Am. J. Psychiatry* 121, 584–585 (1964).

36. Jackson, P. L., Brunet, E., Meltzoff, A. N. & Decety, J. Empathy examined through the neural mechanisms involved in imagining how I feel versus how you feel pain. *Neuropsychologia* 44, 752–761 (2006).

37. Zillmann, D., Weaver, J. B., Mundorf, N. & Aust, C. F. Effects of an opposite-gender companion's affect to horror on distress, delight, and attraction. *J. Pers. Soc. Psychol.* 51, 586–594 (1986).

38. Singer, T. & Klimecki, O. M. Empathy and compassion. *Curr. Biol.* 24, R875–R878 (2014).

39. Silani, G., Lamm, C., Ruff, C. C. & Singer, T. Right supramarginal gyrus is crucial to overcome emotional egocentricity bias in social judgments. *J. Neurosci.* 33, 15466–15476 (2013).

40. Ruby, P. & Decety, J. How would you feel versus how do you think she would feel? A neuroimaging study of perspective-taking with social emotions. *J. Cogn. Neurosci.* 16, 988–999 (2004).

41. Hoffmann, F., Singer, T. & Steinbeis, N. Children's Increased Emotional Egocentricity Compared to Adults Is Mediated by Age-Related Differences in Conflict Processing. *Child Dev.* 86, 765–780 (2015).

42. Riva, F., Triscoli, C., Lamm, C., Carnaghi, A. & Silani, G. Emotional Egocentricity Bias Across the Life-Span. *Front. Aging Neurosci.* 8 (2016).

43. Savitsky, K., Keysar, B., Epley, N., Carter, T. & Swanson, A. The closeness-communication bias: Increased egocentrism among friends versus strangers. *J. Exp. Soc. Psychol.* 47, 129–273 (2011).

44. Lamm, C., Batson, C. D. & Decety, J. The neural substrate of human empathy: effects of perspective-taking and cognitive appraisal. *J. Cogn. Neurosci.* 19, 42–58 (2007).

45. Gu, X. & Han, S. Attention and reality constraints on the neural processes of empathy for pain. *Neuroimage* 36, 256–267 (2007).

46. Bavel, J. J. Van, Packer, D. J. & Cunningham, W. A. The Neural Substrates of In-Group Bias. *Psychol. Sci.* (2008).

47. Kim, M. J. *et al.* The structural and functional connectivity of the amygdala: From normal emotion to pathological anxiety. *Behav. Brain Res.* 223, 403–410 (2011).

48. Gross, J. J. Emotion Regulation: Conceptual and Empirical Foundations. *Handbook of Emotion Regulation* 3–20 (2014).

49. Koenigsberg, H. W. *et al.* Neural correlates of using distancing to regulate emotional responses to social situations. *Neuropsychologia* 48, 1813–1822 (2010).

50. Goldin, P. R., McRae, K., Ramel, W. & Gross, J. J. The Neural Bases of Emotion Regulation: Reappraisal and Suppression of Negative Emotion. *Biol. Psychiatry* 63, 577–586 (2008).

51. Richards, J. M. & Gross, J. J. Emotion regulation and memory: the cognitive costs of keeping one's cool. *J. Pers. Soc. Psychol.* 79, 410–424 (2000).

52. Banks, S. J., Eddy, K. T., Angstadt, M., Nathan, P. J. & Luan Phan, K. Amygdala-frontal connectivity during emotion regulation. *Soc. Cogn. Affect. Neurosci.* 2, 303–312 (2007).

53. Kim, M. J., Gee, D. G., Loucks, R. A., Davis, F. C. & Whalen, P. J. Anxiety Dissociates dorsal and ventral medial prefrontal cortex functional connectivity with the amygdala at rest. *Cereb. Cortex* 21, 1667–1673 (2011).

54. Giuliani, N. R., Drabant, E. M., Bhatnagar, R. & Gross, J. J. Emotion regulation and brain plasticity: Expressive suppression use predicts anterior insula volume. *Neuroimage* 58, 10–15 (2011).

55. Hayes, J. P. *et al.* Staying cool when things get hot: emotion regulation modulates neural mechanisms of memory encoding. *Front. Hum. Neurosci.* 4, 230 (2010).

56. Richards, J. M., Butler, E. A. & Gross, J. J. Emotion Regulation in Romantic Relationships: The Cognitive Consequences of Concealing Feelings. *J. Soc. Pers. Relat.* 20, 599–620 (2003).

57. Eippert, F. *et al.* Regulation of emotional responses elicited by threat-related stimuli. *Hum. Brain Mapp.* 28, 409–423 (2007).

58. Tangney, J. P., Baumeister, R. F. & Boone, A. L. High self-control predicts good adjustment, less pathology, better grades, and interpersonal success. *J. Pers.* 72, 271–324 (2004).

59. Batson, C. D., Duncan, B. D., Ackerman, P., Buckley, T. & Birch, K. Is empathic emotion a source of altruistic motivation? *J. Pers. Soc. Psychol.* 40, 290 (1981).

60. Adams, Richard E., Boscarino, Joseph A., Figley, C. R. Compassion Fatigue and Psychological Distress Among Social Workers: A Validation Study Access. *NIH Public Access* 76, 103–108 (2006).

61. Rossi, A. *et al.* Burnout, compassion fatigue, and compassion satisfaction among staff in community-based mental health services. *Psychiatry Res.* 200, 933–938 (2012).

62. Yoder, E. A. Compassion fatigue in nurses. *Appl. Nurs. Res.* 23, 191–197 (2010).

63. El-Bar, N., Levy, A., Wald, H. S. & Biderman, A. Compassion fatigue, burnout and compassion satisfaction among family physicians in the Negev area – a cross-sectional study. *Isr. J. Health Policy Res.* 2, 31 (2013).

64. Vachon, D. D., Lynam, D. R. & Johnson, J. A. The (non)relation between empathy and aggression: surprising results from a meta-analysis. *Psychol. Bull.* 140, 751–73 (2014).

65. Roseman, I. J., Spindel, M. S. & Jose, P. E. Appraisals of emotion-eliciting events: Testing a theory of discrete emotions. *J. Pers. Soc. Psychol.* 59, 899–915 (1990).

66. Bandura, A., Caprara, G. V., Barbaranelli, C., Gerbino, M. & Pastorelli, C. Role of affective self-regulatory efficacy in diverse spheres of psychosocial functioning. *Child Dev.* 74, 769–782 (2015).

67. Rossetto, K. R., Lannutti, P. J. & Smith, R. A. Investigating self-efficacy and emotional challenge as contributors to willingness to provide emotional support. *South. Commun. J.* 79, 41–58 (2014).

68. Batson, C. D., O'Quin, K., Fultz, J., Vanderplas, M. & Isen, A. M. Influence of self-reported distress and empathy on egoistic versus altruistic motivation to help. *J. Pers. Soc. Psychol.* 45, 706 (1983).

69. Tarr, B., Launay, J., Cohen, E. & Dunbar, R. Synchrony and exertion during dance independently raise pain threshold and encourage social bonding. *Biol. Lett.* 11, 0–3 (2015).

70. Dunbar, R. I. M. *et al.* Social laughter is correlated with an elevated pain threshold. *Proc. R. Soc. B Biol. Sci.* 279, 1161–1167 (2012).

71. Singer, T. & Bolz, M. *Compassion: bridging practice and science.* (Max Planck Institute for Human Cognitive and Brain Sciences, 2013).

72. Klimecki, O. M., Leiberg, S., Ricard, M. & Singer, T. Differential pattern of functional brain plasticity after compassion and empathy training. *Soc. Cogn. Affect. Neurosci.* 9, 873–879 (2014).

73. Klimecki, O. M., Leiberg, S., Lamm, C. & Singer, T. Functional neural plasticity and associated changes in positive affect after compassion training. *Cereb. cortex (New York, N. Y. 1991)* 23, 1552–1561 (2013).

74. Bogerts, B., Häntsch, J. & Herzer, M. A morphometric study of the dopamine-containing cell groups in the mesencephalon of normals, Parkinson patients, and schizophrenics. *Biol. Psychiatry* (1983).

75. Kirley, A. *et al.* Dopaminergic system genes in ADHD: Toward a biological hypothesis. *Neuropsychopharmacology* 27, 607–619 (2002).

76. Abi-Dargham, A. & Moore, H. Prefrontal DA Transmission at D1 Receptors and the Pathology of Schizophrenia. *Neurosci.* 9, 404–416 (2003).

77. Dauer, W. & Przedborski, S. Parkinson's disease: Mechanisms and models. *Neuron* 39, 889–909 (2003).

78. Roesch, M. R., Calu, D. J. & Schoenbaum, G. Dopamine neurons encode the better option in rats deciding between differently delayed or sized rewards. *Nat. Neurosci.* 10, 1615–1624 (2007).

79. Kringelbach, M. L., O'Doherty, J., Rolls, E. T. & Andrews, C. Activation of the

human orbitofrontal cortex to a liquid food stimulus is correlated with its subjective pleasantness. *Cereb. Cortex* 13, 1064–1071 (2003).

80. O'Doherty, J. *et al.* Sensory-specific satiety-related olfactory activation of the human orbitofrontal cortex. *Neuroreport* 11, 893–897 (2000).

81. Kim, J.-W. *et al.* Compassionate attitude towards others' suffering activates the mesolimbic neural system. *Neuropsychologia* 47, 2073–2081 (2009).

82. Salimpoor, V. N., Benovoy, M., Larcher, K., Dagher, A. & Zatorre, R. J. Anatomically distinct dopamine release during anticipation and experience of peak emotion to music. *Nat. Neurosci.* 14, 257–62 (2011).

83. Berns, G. S. & Moore, S. E. A neural predictor of cultural popularity. *J. Consum. Psychol.* 22, 154–160 (2012).

84. Moll, J. *et al.* Human fronto-mesolimbic networks guide decisions about charitable donation. *Proc. Natl. Acad. Sci. U. S. A.* 103, 15 623–8 (2006).

85. Tusche, A. & Böckler, A. Decoding the Charitable Brain: Empathy, Perspective Taking, and Attention Shifts Differentially Predict Altruistic Giving. *The journal of neuroscience* (2016).

86. Harbaugh, W. T., Mayr, U. & Burghart, D. R. Neural responses to taxation and voluntary giving reveal motives for charitable donations. *Science* 316, 1622–1625 (2007).

87. McCall, C. & Singer, T. The animal and human neuroendocrinology of social cognition, motivation and behavior. *Nat. Neurosci.* 15, 681–688 (2012).

88. Nelson, E. E. & Panksepp, J. Brain substrates of infant–mother attachment: contributions of opioids, oxytocin, and norepinephrine. *Neurosci. Biobehav. Rev.* 22, 437–452 (1998).

89. Numan, M. Motivational systems and the neural circuitry of maternal behavior in the rat. *Developmental Psychobiology* 49, 12–21 (2007).

90. von Hofsten, O. *et al.* Simulating newborn face perception. *J. Vis.* 14, 1–9 (2014).

91. Pileggi, L.-A., Malcolm-Smith, S. & Solms, M. Investigating the role of social-affective attachment processes in cradling bias: The absence of cradling bias in children with Autism Spectrum Disorders. *Laterality* 1–17 (2014). doi:10.1080/1357650X.2014948449

92. Sieratzki, J. S. & Woll, B. Neuropsychological and neuropsychiatric perspectives on maternal cradling preferences. *Epidemiol. Psichiatr. Soc.* 11, 170–176 (2002).

93. Koda, H. & Masataka, N. A pattern of common acoustic modification by human mothers to gain attention of a child and by macaques of others in their group. *Psychol. Rep.* 91, 421–422 (2002).

94. Brosnan, S. F. & De Waal, F. B. M. A Proximate Perspective on Reciprocal Altruism. *Hum. Nat.* 13, 129–152 (2002).

95. Romero, T., Castellanos, M. A. & de Waal, F. B. M. M. Consolation as possible ex-

pression of sympathetic concern among chimpanzees. *Proc. Natl. Acad. Sci. U.S.A.* 107, 12110–5 (2010).

96. Murdock, G.K., Stine, W.W. & Maple, T.L. Observations of maternal-infant interactions in a captive herd of sable antelope (Hippotragus niger). *Zoo Biol.* 2, 215–224 (1983).

97. Mikulincer, M., Shaver, P.R., Gillath, O. & Nitzberg, R.A. Attachment, caregiving, and altruism: boosting attachment security increases compassion and helping. *J. Pers. Soc. Psychol.* 89, 817 (2005).

98. Kurzban, R. The social psychophysics of cooperation: Nonverbal communication in a public goods game. *J. Nonverbal Behav.* 25, 241–259 (2001).

99. Bornemann, B., Kok, B.E., Böckler, A. & Singer, T. Helping from the heart: Voluntary upregulation of heart rate variability predicts altruistic behavior. *Biol. Psychol.* 119, 54–63 (2016).

100. Williams, L.E. & Bargh, J.A. Experiencing physical warmth promotes interpersonal warmth. *Science* 322, 606–607 (2008).

101. Kang, Y., Williams, L.E., Clark, M.S., Gray, J.R. & Bargh, J.A. Physical temperature effects on trust behavior: the role of insula. *Soc. Cogn. Affect. Neurosci.* 6, 507–515 (2011).

102. Lamm, C., Meltzoff, A.N. & Decety, J. How do we empathize with someone who is not like us? A functional magnetic resonance imaging study. *J. Cogn. Neurosci.* 22, 362–376 (2010).

103. Ruffman, T., Perner, J., Naito, M., Parkin, L. & Clements, W.A. Older (but not younger) siblings facilitate false belief understanding. *Dev. Psychol.* 34, 161–174 (1998).

104. Schurz, M., Radua, J., Aichhorn, M., Richlan, F. & Perner, J. Fractionating theory of mind: A meta-analysis of functional brain imaging studies. *Neurosci. Biobehav. Rev.* 42, 9–34 (2014).

105. Saxe, R. & Powell, L.J. It's the thought that counts: specific brain regions for one component of theory of mind. *Psychol. Sci.* 17, 692–699 (2006).

106. Van Overwalle, F. Social cognition and the brain: a meta-analysis. *Hum. Brain Mapp.* 30, 829–858 (2009).

107. Liu, D., Gelman, S.A. & Wellman, H.M. Components of young children's trait understanding: Behavior-to-trait inferences and trait-to-behavior predictions. *Child Dev.* 78, 1543–1558 (2007).

108. Behrens, T.E.J. T., Hunt, L.T.L., Woolrich, M.M.W. & Rushworth, M.F.S. M.M.F.S. Associative learning of social value. *Nature* 456, 245–9 (2008).

109. Garcia-Marques, T. & Mackie, D.M. Familiarity impacts person perception. *Eur. J. Soc. Psychol.* 37, 839–855 (2007).

110. Alvarez, J.A. & Emory, E. Executive function and the frontal lobes: A meta-analytic review. *Neuropsychology Review* 16, 17–42 (2006).

111. Wang, G. J. et al. Exposure to appetitive food stimuli markedly activates the human brain. *Neuroimage* 21, 1790–1797 (2004).

112. Corbetta, M. & Shulman, G. L. Control of goal-directed and stimulus-driven attention in the brain. *Nat. Rev. Neurosci.* 3, 201–215 (2002).

113. Overwalle, F. Van & Baetens, K. Understanding others' actions and goals by mirror and mentalizing systems: a meta-analysis. *Neuroimage* 48, 564–584 (2009).

114. Woodward, A. L. Infants selectively encode the goal object of an actor's reach. *Cognition* 69, 1–34 (1998).

115. Johnson, S. C., Slaughter, V. & Carey, S. Whose gaze will infants follow? The elicitation of gaze-following in 12-month-olds. *Dev. Sci.* 1, 233–238 (1998).

116. Gergely, G., Nádasdy, Z., Csibra, G. & Bíó, S. Taking the intentional stance at 12 months of age. *Cognition* 56, 165–193 (1995).

117. Saxe, R., Carey, S. & Kanwisher, N. Understanding other minds: linking developmental psychology and functional neuroimaging. *Annu. Rev. Psychol.* 55, 87–124 (2004).

118. Flombaum, J. I. & Santos, L. R. Rhesus monkeys attribute perceptions to others. *Curr. Biol.* 15, 447–452 (2005).

119. Hegel, F., Krach, S. & Kircher, T. Theory of Mind (ToM) on robots: a functional neuroimaging study. *Human-Robot Interact.* 335–342 (2008). doi:10.1145/1349822.1349866

120. Grossman, E. D. & Blake, R. Brain areas active during visual perception of biological motion. *Neuron* 35, 1167–1175 (2002).

121. Riekki, T., Lindeman, M. & Raij, T. T. Supernatural believers attribute more intentions to random movement than skeptics: An fMRI study. *Soc. Neurosci.* 9, 400–11 (2014).

122. Miesler, L., Leder, H. & Herrmann, A. Isn't it cute: An evolutionary perspective of baby-schema effects in visual product designs. *Int. J. Des.* 5, 17–30 (2011).

123. Kelemen, D. & DiYanni, C. Intuitions About Origins: Purpose and Intelligent Design in Children's Reasoning About Nature. *J. Cogn. Dev.* 6, 3–31 (2005).

124. Kelemen, D. Why are rocks pointy? Children's preference for teleological explanations of the natural world. *Dev. Psychol.* 35, 1440–1452 (1999).

125. Kelemen, D. & Rosset, E. The Human Function Compunction: Teleological explanation in adults. *Cognition* 111, 138–143 (2009).

126. Iacoboni, M. et al. Watching social interactions produces dorsomedial prefrontal and medial parietal BOLD fMRI signal increases compared to a resting baseline. *Neuroimage* 21, 1167–1173 (2004).

127. Spreng, R. N., Mar, R. A. & Kim, A. S. N. The common neural basis of autobiographical memory, prospection, navigation, theory of mind, and the default mode: a quantitative meta-analysis. *J. Cogn. Neurosci.* 21, 489–510 (2009).

128. McKiernan, K. A., D'Angelo, B. R., Kaufman, J. N. & Binder, J. R. Interrupting the ‹stream of consciousness›: An fMRI investigation. *Neuroimage* 29, 1185–1191 (2006).

129. Schjøedt, U., Stødkilde-Jørgensen, H., Geertz, A. W. & Roepstorff, A. Highly religious participants recruit areas of social cognition in personal prayer. *Soc. Cogn. Affect. Neurosci.* 4, 199–207 (2009).

130. Barrett, J. L. Theological correctness: Cognitive constraint and the study of religion. *Method Theory Study Relig.* 11, 325–339 (1999).

131. Barrett, J. L. Cognitive Constraints on Hindu Concepts of the Divine. *J. Sci. Study Relig.* 37, 608–619 (1998).

132. Barrett, J. L. & Keil, F. C. Conceptualizing a nonnatural entity: anthropomorphism in God concepts. *Cogn. Psychol.* 31, 219–47 (1996).

133. Barrett, J. L. Exploring the natural foundations of religion. *Trends in Cognitive Sciences* 4, 29–34 (2000).

134. Schjødt, U., Stødkilde-Jørgensen, H., Geertz, A. W. & Roepstorff, A. Rewarding prayers. *Neurosci. Lett.* 443, 165–168 (2008).

135. Marticorena, D. C. W., Ruiz, A. M., Mukerji, C., Goddu, A. & Santos, L. R. Monkeys represent others' knowledge but not their beliefs. *Dev. Sci.* 14, 1406–1416 (2011).

136. Gilovich, T., Savitsky, K. & Medvec, V. H. The illusion of transparency: biased assessments of others' ability to read one's emotional states. *J. Pers. Soc. Psychol.* 75, 332–346 (1998).

137. Samson, D., Apperly, I. A., Kathirgamanathan, U. & Humphreys, G. W. Seeing it my way: A case of a selective deficit in inhibiting self-perspective. *Brain* 128, 1102–1111 (2005).

138. Carlson, S. M., Moses, L. J. & Claxton, L. J. Individual differences in executive functioning and theory of mind: An investigation of inhibitory control and planning ability. *J. Exp. Child Psychol.* 87, 299–319 (2004).

139. Young, L., Dodell-Feder, D. & Saxe, R. What gets the attention of the temporo-parietal junction? An fMRI investigation of attention and theory of mind. *Neuropsychologia* 48, 2658–2664 (2010).

140. Saxe, R. & Kanwisher, N. People thinking about thinking people. The role of the temporo-parietal junction in ‹theory of mind›. *Neuroimage* 19, 1835–1842 (2003).

141. Apperly, I. A., Samson, D., Chiavarino, C. & Humphreys, G. W. Frontal and temporo-parietal lobe contributions to theory of mind: neuropsychological evidence from a false-belief task with reduced language and executive demands. *J. Cogn. Neurosci.* 16, 1773–1784 (2004).

142. Xu, S., Talwar, S. K., Hawley, E. S., Li, L. & Chapin, J. K. A multi-channel telemetry system for brain microstimulation in freely roaming animals. *J. Neurosci. Methods* 133, 57–63 (2004).

143. Arzy, S., Seeck, M., Ortigue, S., Spinelli, L. & Blanke, O. Induction of an illusory shadow person. *Nature* 443, 287 (2006).

144. Uddin, L. Q., Molnar-Szakacs, I., Zaidel, E. & Iacoboni, M. rTMS to the right inferior parietal lobule disrupts self-other discrimination. *Soc. Cogn. Affect. Neurosci* 1, 65–71 (2006).

145. Santiesteban, I., Banissy, M. J., Catmur, C. & Bird, G. Enhancing social ability by stimulating right temporoparietal junction. *Curr. Biol.* 22, 2274–2277 (2012).

146. Blanke, O., Ortigue, S., Landis, T. & Seeck, M. Stimulating illusory own-body perceptions. *Nature* 419, 269–270 (2002).

147. Blakemore, S. J., Den Ouden, H., Choudhury, S. & Frith, C. Adolescent development of the neural circuitry for thinking about intentions. *Soc. Cogn. Affect. Neurosci.* 2, 130–139 (2007).

148. Saxe, R. R., Whitfield-Gabrieli, S., Scholz, J. & Pelphrey, K. A. Brain regions for perceiving and reasoning about other people in school-aged children. *Child Dev.* 80, 1197–1209 (2009).

149. Southgate, V., Senju, A. & Csibra, G. Action anticipation through attribution of false belief by 2-year-olds. *Psychol. Sci.* 18, 587–592 (2007).

150. Surian, L., Caldi, S. & Sperber, D. Attribution of beliefs by 13-month-old infants. *Psychol. Sci.* 18, 580–586 (2007).

151. Ruffman, Ted, et al. «Does eye gaze indicate implicit knowledge of false belief? Charting transitions in knowledge». Journal of experimental child psychology 80.3 (2001): 201–224.

152. Onishi, K. H. & Baillargeon, R. Do 15-month-old infants understand false beliefs? *Science* 308, 255–258 (2005).

153. Luo, Y. Do 10-month-old infants understand others' false beliefs? *Cognition* 121, 289–298 (2011).

154. Hamlin, J. K., Hallinan, E. V. & Woodward, A. L. Do as I do: 7-Month-old infants selectively reproduce others' goals. *Dev. Sci.* 11, 487–494 (2008).

155. Fischhoff, B. & Beyth, R. I knew it would happen. Remembered probabilities of once-future things. *Organ. Behav. Hum. Perform.* 13, 1–16 (1975).

156. Epley, N., Morewedge, C. K. & Keysar, B. Perspective taking in children and adults: Equivalent egocentrism but differential correction. *J. Exp. Soc. Psychol.* 40, 760–768 (2004).

157. Apperly, I. A., Riggs, K. J., Simpson, A., Chiavarino, C. & Samson, D. Is belief reasoning automatic? *Psychol. Sci.* 17, 841–844 (2006).

158. Johnson, E. D., Tubau, E. & De Neys, W. The Doubting System 1: Evidence for automatic substitution sensitivity. *Acta Psychol. (Amst.)* 164, 56–64 (2016).

159. Evans, J. & Stanovich, K. E. Dual-process theories of higher cognition: Advancing the debate. *Perspect. Psychol. Sci.* 8, 223–241 (2013).

160. Ma-Kellams, C. & Lerner, J. Trust Your Gut or Think Carefully? Examining Whether an Intuitive, Versus a Systematic, Mode of Thought Produces Greater Empathic Accuracy. *J. Pers. Soc. Psychol.* (2016).

161. Colom, R., Rebollo, I., Palacios, A., Juan-Espinosa, M. & Kyllonen, P. C. Working memory is (almost) perfectly predicted by g. *Intelligence* 32, 277–296 (2004).

162. Van Boven, L. & Loewenstein, G. Social projection of transient drive states. *Pers. Soc. Psychol. Bull.* 29, 1159–68 (2003).

163. Bosacki, S. & Astington, J. W. Theory of mind in preadolescence: Relations between social understanding and social competence. *Soc. Dev.* 8, 237–255 (1999).

164. Henry, J. D., Phillips, L. H., Ruffman, T. & Bailey, P. E. A meta-analytic review of age differences in theory of mind. *Psychol. Aging* 28, 826–839 (2013).

165. Monetta, L., Grindrod, C. M. & Pell, M. D. Special issue : Original article Irony comprehension and theory of mind deficits in patients with Parkinson's disease. *CORTEX* 45, 972–981 (2009).

166. Davis, M. H., Conklin, L., Smith, A. & Luce, C. Effect of perspective taking on the cognitive representation of persons: a merging of self and other. *J. Pers. Soc. Psychol.* 70, 713–726 (1996).

167. Apperly, I. A. et al. Why are there limits on theory of mind use? Evidence from adults' ability to follow instructions from an ignorant speaker. *Q. J. Exp. Psychol.* 63, 1201–1217 (2010).

168. Converse, B. A., Lin, S., Keysar, B. & Epley, N. In the mood to get over yourself: mood affects theory-of-mind use. *Emotion* 8, 725–730 (2008).

169. Caruso, E., Epley, N. & Bazerman, M. H. The costs and benefits of undoing egocentric responsibility assessments in groups. *J. Personal. Soc. Psychol.* 91, 857–871 (2006).

170. Epley, N. & Dunning, D. Feeling ‹holier than thou›: are self-serving assessments produced by errors in self- or social prediction? *J. Pers. Soc. Psychol.* 79, 861–875 (2000).

171. Wellman, H. M. & Phillips, A. T. Developing intentional understandings. *Intentions intentionality Found. Soc. Cogn.* 125–148 (2001).

172. Krueger, J. & Clement, R. W. The truly false consensus effect: an ineradicable and egocentric bias in social perception. *J. Pers. Soc. Psychol.* 67, 596 (1994).

173. Van Boven, L., Dunning, D. & Loewenstein, G. Egocentric empathy gaps between owners and buyers: Misperceptions of the endowment effect. *J. Pers. Soc. Psychol.* 79, 66–76 (2000).

174. Van Boven, L., Loewenstein, G. & Dunning, D. Mispredicting the endowment effect: Underestimation of owners' selling prices by buyer's agents. *J. Econ. Behav. Organ.* 51, 351–365 (2003).

175. Dunning, D., Meyerowitz, J. A. & Holzberg, A. D. Ambiguity and self-evaluation: The role of idiosyncratic trait definitions in self-serving assessments of ability. *J. Pers. Soc. Psychol.* 57, 1082–1090 (1989).

176. Ross, L., Greene, D. & House, P. The ‹false consensus effect›: An egocentric bias in social perception and attribution processes. *J. Exp. Soc. Psychol.* 13, 279–301 (1977).

177. Fischhoff, B. Hindsight ≠ foresight: The effect of outcome knowledge on judgment under uncertainty. *J. Exp. Psychol. Hum. Percept. Perform.* 1, 288–299 (1975).

178. Camerer, C., Loewenstein, G. & Weber, M. The Curse of Knowledge in Economic Settings: An Experimental Analysis. *Journal of Political Economy* 97, 1232 (1989).

179. Kelley, C. M. & Jacoby, L. L. Adult egocentrism: Subjective experience versus analytic bases for judgment. *J. Mem. Lang.* 35, 157–175 (1996).

180. Savitsky, K., Epley, N. & Gilovich, T. Do others judge us as harshly as we think? Overestimating the impact of our failures, shortcomings, and mishaps. *Journal of personality and social psychology* 81, 44–56 (2001).

181. Gilovich, T., Medvec, V. H. & Savitsky, K. The spotlight effect in social judgment: an egocentric bias in estimates of the salience of one's own actions and appearance. *J. Pers. Soc. Psychol.* 78, 211–222 (2000).

182. Kenny, D. A. & DePaulo, B. M. Do people know how others view them? An empirical and theoretical account. *Psychol. Bull.* 114, 145–161 (1993).

183. Hinds, P. J. The curse of expertise: The effects of expertise and debiasing methods on prediction of novice performance. *J. Exp. Psychol. Appl.* 5, 205–221 (1999).

184. Fischhoff, B. Perceived informativeness of facts. *J. Exp. Psychol. Hum. Percept. Perform.* 3, 349–358 (1977).

185. Yamagishi, T., Jin, N. & Kiyonari, T. *Bounded generalized reciprocity: Ingroup boasting and ingroup favoritism. Advances in Group Processes* 16 (1999).

186. Erev, I., Gilat-Yihyie, S., Marchiori, D. & Sonsino, D. On loss aversion, level-1 reasoning, and betting. *Int. J. Game Theory* 44, 113–133 (2015).

187. Östling, R., Wang, J. T.-yi, Chou, E. Y. & Camerer, C. F. Testing game theory in the field: Swedish LUPI lottery games. *Am. Econ. J. Microeconomics* 3, 1–33 (2011).

188. Rangvid, J., Schmeling, M. & Schrimpf, A. What do professional forecasters' stock market expectations tell us about herding, information extraction and beauty contests? *J. Empir. Financ.* 20, 109–129 (2013).

189. Vrticka, P. J. M. R. A. L. The neural basis of humour processing. *Nat. Rev. Neurosci.* 14, 860–868 (2013).

190. Shammi, P. & Stuss, D. T. Humour appreciation: A role of the right frontal lobe. *Brain* 122, 657–666 (1999).

191. Marjoram, D. *et al.* A visual joke fMRI investigation into Theory of Mind and enhanced risk of schizophrenia. *Neuroimage* 31, 1850–1858 (2006).

192. Martin, I. & McDonald, S. An exploration of causes of non-literal language problems in individuals with Asperger syndrome. *J. Autism Dev. Disord.* 34, 311–328 (2004).

193. Winner, E., Brownell, H., Happé, F., Blum, A. & Pincus, D. Distinguishing lies from jokes: theory of mind deficits and discourse interpretation in right hemisphere brain-damaged patients. *Brain Lang.* 62, 89–106 (1998).

194. Baron-Cohen, S. *et al.* Recognition of mental state terms. Clinical findings in children with autism and a functional neuroimaging study of normal adults. *Br. J. psychiatry* 165, 640–649 (1994).

195. Uekermann, J., Channon, S., Winkel, K., Schlebusch, P. & Daum, I. Theory of mind, humour processing and executive functioning in alcoholism. *Addiction* 102, 232–240 (2007).

196. Schmidt, R.C., Nie, L., Franco, A. & Richardson, M.J. Bodily synchronization underlying joke telling. *Front. Hum. Neurosci.* 8, 633 (2014).

197. Yim, J. Therapeutic Benefits of Laughter in Mental Health: A Theoretical Review. *Tohoku J. Exp. Med.* 239, 243–249 (2016).

198. De Koning, E. & Weiss, R.L. The Relational Humor Inventory: Functions of Humor in Close Relationships. *Am. J. Fam. Ther.* 30, 1–18 (2002).

199. Wilbur, C.J. & Campbell, L. Humor in romantic contexts: do men participate and women evaluate? *Pers. Soc. Psychol. Bull.* 37, 918–29 (2011).

200. Azim, E., Mobbs, D., Jo, B., Menon, V. & Reiss, A.L. Sex differences in brain activation elicited by humor. *Proc. Natl. Acad. Sci. U.S.A.* 102, 16496–16501 (2005).

201. Kohn, N., Kellermann, T., Gur, R.C., Schneider, F. & Habel, U. Gender differences in the neural correlates of humor processing: Implications for different processing modes. *Neuropsychologia* 49, 888–897 (2011).

202. Wudarczyk, O.A., Earp, B.D., Guastella, A. & Savulescu, J. Could intranasal oxytocin be used to enhance relationships? Research imperatives, clinical policy, and ethical considerations. *Curr. Opin. Psychiatry* 26, 474–84 (2013).

203. Sue Carter, C., Courtney Devries, A. & Getz, L.L. Physiological substrates of mammalian monogamy: The prairie vole model. *Neurosci. Biobehav. Rev.* 19, 303–314 (1995).

204. Solomon, N.G., Keane, B., Knoch, L.R. & Hogan, P.J. Multiple paternity in socially monogamous prairie voles (Microtus ochrogaster). *Can. J. Zool.* 82, 1667–1671 (2004).

205. Snowdon, C.T. *et al.* Variation in oxytocin is related to variation in affiliative behavior in monogamous, pairbonded tamarins. *Horm. Behav.* 58, 614–618 (2010).

206. Gonzaga, G.C., Turner, R.A., Keltner, D., Campos, B. & Altemus, M. Romantic love and sexual desire in close relationships. *Emotion* 6, 163–179 (2006).

207. Guastella, A.J., Mitchell, P.B. & Mathews, F. Oxytocin enhances the encoding of positive social memories in humans. *Biol. Psychiatry* 64, 256–258 (2008).

208. Heinrichs, M., Meinlschmidt, G., Wippich, W., Ehlert, U. & Hellhammer, D.H. Selective amnesic effects of oxytocin on human memory. *Physiol. Behav.* 83, 31–38 (2004).

209. Riem, M.M.E., Bakermans-Kranenburg, M.J., Huffmeijer, R. & van IJzendoorn, M.H. Does intranasal oxytocin promote prosocial behavior to an excluded fellow player? A randomized-controlled trial with Cyberball. *Psychoneuroendocrinology* 38, 1418–1425 (2013).

210. Andari, E. *et al.* Promoting social behavior with oxytocin in high-functioning autism spectrum disorders. *Proc. Natl. Acad. Sci. U.S.A.* 107, 4389–4394 (2010).

211. Meyer, D. Selective serotonin reuptake inhibitors and their effects on relationship satisfaction. *Fam. J.* 15, 392–397 (2007).

212. Schneiderman, I., Zagoory-Sharon, O., Leckman, J.F. & Feldman, R. Oxytocin during the initial stages of romantic attachment: Relations to couples' interactive reciprocity. *Psychoneuroendocrinology* 37, 1277–1285 (2012).

213. Feldman, R., Gordon, I. & Zagoory-Sharon, O. Maternal and paternal plasma, salivary, and urinary oxytocin and parent-infant synchrony: Considering stress and affiliation components of human bonding. *Dev. Sci.* 14, 752–761 (2011).

214. Costa, B. *et al.* Oxytocin receptor polymorphisms and adult attachment style in patients with depression. *Psychoneuroendocrinology* 34, 1506–1514 (2009).

215. Walum, H. *et al.* Variation in the oxytocin receptor gene (OXTR) is associated with pair-bonding and social behavior. *Biol Psychiatry* 71, 419–426 (2012).

216. Strathearn, L. Maternal neglect: Oxytocin, dopamine and the neurobiology of attachment. *Journal of Neuroendocrinology* 23, 1054–1065 (2011).

217. Bartels, A. & Zeki, S. The neural correlates of maternal and romantic love. *Neuroimage* 21, 1155–1166 (2004).

218. Beauregard, M., Courtemanche, J., Paquette, V. & St-Pierre, É. L. The neural basis of unconditional love. *Psychiatry Res. Neuroimaging* 172, 93–98 (2009).

219. Stoeckel, L.E., Palley, L.S., Gollub, R.L., Niemi, S.M. & Evins, A.E. Patterns of brain activation when mothers view their own child and dog: An fMRI study. *PLoS One* 9 (2014).

220. Aron, A. *et al.* Reward, motivation, and emotion systems associated with early-stage intense romantic love. *J. Neurophysiol.* 94, 327–337 (2005).

221. Kim, P.Y. The interplay of brain and experience in parental love. *Dissertation Abstracts International: Section B: The Sciences and Engineering* 70 (2009).

222. Acevedo, B.P., Aron, A., Fisher, H.E. & Brown, L.L. Neural correlates of long-term intense romantic love. *Soc. Cogn. Affect. Neurosci.* 7, 145–159 (2012).

223. Succu, S., Sanna, F., Argiolas, A. & Melis, M.R. Oxytocin injected into the hippocampal ventral subiculum induces penile erection in male rats by increasing glutamatergic neurotransmission in the ventral tegmental area. *Neuropharmacology* 61, 181–188 (2011).

224. Zeki, S. & Romaya, J. P. The brain reaction to viewing faces of opposite- and same-sex romantic partners. *PLoS One* 5 (2010).

225. Scheele, D. *et al.* Oxytocin enhances brain reward system responses in men viewing the face of their female partner. *Proc. Natl. Acad. Sci. U.S.A.* 110, 20308–13 (2013).

226. Mattson, B. J., Williams, S., Rosenblatt, J. S. & Morrell, J. I. Comparison of two positive reinforcing stimuli: pups and cocaine throughout the postpartum period. *Behav. Neurosci.* 115, 683–694 (2001).

227. Russell, E. J., Fawcett, J. M. & Mazmanian, D. Risk of obsessive-compulsive disorder in pregnant and postpartum women: A meta-analysis. *J. Clin. Psychiatry* 74, 377–385 (2013).

228. Naqvi, N. H., Rudrauf, D., Damasio, H. & Bechara, A. Damage to the insula disrupts addiction to cigarette smoking. *Science* 315, 531–4 (2007).

229. Damasio, A. R., Tranel, D. & Damasio, H. Individuals with sociopathic behavior caused by frontal damage fail to respond autonomically to social stimuli. *Behav. Brain Res.* 41, 81–94 (1990).

230. Frank, M. J., Seeberger, L. C. & O'Reilly, R. C. By carrot or by stick: cognitive reinforcement learning in parkinsonism. *Science (80-.).* 306, 1940–1943 (2004).

231. Marco-Pallarés, J. *et al.* Genetic Variability in the Dopamine System (Dopamine Receptor D4, Catechol-O-Methyltransferase) Modulates Neurophysiological Responses to Gains and Losses. *Biol. Psychiatry* 66, 154–161 (2009).

232. Strathearn, L. & Mayes, L. C. Cocaine addiction in mothers: Potential effects on maternal care and infant development. *Annals of the New York Academy of Sciences* 1187, 172–183 (2010).

233. Fisher, H. E., Brown, L. L., Aron, A., Strong, G. & Mashek, D. Reward, addiction, and emotion regulation systems associated with rejection in love. *J. Neurophysiol.* 104, 51–60 (2010).

234. Kirsch, P. *et al.* Oxytocin modulates neural circuitry for social cognition and fear in humans. *J. Neurosci.* 25, 11489–11493 (2005).

235. Yoshida, M. *et al.* Evidence that oxytocin exerts anxiolytic effects via oxytocin receptor expressed in serotonergic neurons in mice. *J. Neurosci.* 29, 2259–2271 (2009).

236. Taylor, S. E. *et al.* Biobehavioral responses to stress in females: tend-and-befriend, not fight-or-flight. *Psychol. Rev.* 107, 411 (2000).

237. Coan, J. A., Schaefer, H. S. & Davidson, R. J. Lending a hand: Social regulation of the neural response to threat. *Psychol. Sci.* 17, 1032–1039 (2006).

238. Grewen, K. M., Girdler, S. S., Amico, J. & Light, K. C. Effects of partner support on resting oxytocin, cortisol, norepinephrine, and blood pressure before and after warm partner contact. *Psychosom. Med.* 67, 531–538 (2005).

239. Fleming, A. S. & Korsmit, M. Plasticity in the maternal circuit: effects of maternal experience on Fos-Lir in hypothalamic, limbic, and cortical structures in the postpartum rat. *Behav. Neurosci.* 110, 567–582 (1996).

240. Oxley, G. & Fleming, A. S. The effects of medial preoptic area and amygdala lesions on maternal behavior in the juvenile rat. *Dev. Psychobiol.* 37, 253–65 (2000).

241. Diamond, L. M. & Dickenson, J. A. The neuroimaging of love and desire: Review and future directions. *Clin. Neuropsychiatry* 9, 39–46 (2012).

242. Hansenne, I. Thymic transcription of neurohypophysial and insulin-related genes: Impact upon T-cell differentiation and self-tolerance. *J. Neuroendocrinol.* 17, 321–327 (2005).

243. MacCiò, A. *et al.* Oxytocin both increases proliferative response of peripheral blood lymphomonocytes to phytohemagglutinin and reverses immunosuppressive estrogen activity. *In Vivo (Brooklyn).* 24, 157–163 (2010).

244. Gordon, I., Martin, C., Feldman, R. & Leckman, J. F. Oxytocin and social motivation. *Dev. Cogn. Neurosci.* 1, 471–493 (2011).

245. Kleinhans, N. M. *et al.* Reduced neural habituation in the amygdala and social impairments in autism spectrum disorders. *Am. J. Psychiatry* 166, 467–475 (2009).

246. Kanske, P., Böckler, A., Trautwein, F.-M., Lesemann, F. H. P. & Singer, T. Are strong empathizers better mentalizers? Evidence for independence and interaction between the routes of social cognition. *Soc. Cogn. Affect. Neurosci.* nsw052 (2016). doi:10.1093/scan/nsw052

247. Perry, A. *et al.* Intranasal oxytocin modulates EEG mu/alpha and beta rhythms during perception of biological motion. *Psychoneuroendocrinology* 35, 1446–1453 (2010).

248. Domes, G., Heinrichs, M., Michel, A., Berger, C. & Herpertz, S. C. Oxytocin improves ‹mind-reading› in humans. *Biol. Psychiatry* 61, 731–733 (2007).

249. Ditzen, B. *et al.* Intranasal oxytocin increases positive communication and reduces cortisol levels during couple conflict. *Biol. Psychiatry* 65, 728–731 (2009).

250. Naber, F., van IJzendoorn, M. H., Deschamps, P., van Engeland, H. & Bakermans-Kranenburg, M. J. Intranasal oxytocin increases fathers' observed responsiveness during play with their children: a double-blind within-subject experiment. *Psychoneuroendocrinology* 35, 1583–1586 (2010).

251. Ortigue, S., Patel, N., Bianchi-Demicheli, F., Grafton, S. T. & 1001, P. R. Implicit priming of embodied cognition on human motor intention understanding in dyads in love. *J. Soc. Pers. Relat.* 27, 1001–1015 (2016).

252. Einige andere Studien finden auch reduzierte Aktivität von Theory-of-Mind-Arealen beim Anblick eines Geliebten (Shmuel et al., 2002; Tomasi, Ernst, Caparelli & Chang, 2006), aber das ist nicht unbedingt ein Widerspruch, weil in diesen Studien nur die Bilder des Menschen gezeigt wurden ohne jede Aufgabe und Theory of Mind gar nicht benötigt wurde. Vielleicht weist es sogar noch mehr darauf hin, dass wir gegenüber geliebten Menschen weniger Distanz und Differenzierung empfinden.

253. Wlodarski, R. & Dunbar, R. I. M. The Effects of Romantic Love on Mentalizing Abilities. *Rev. Gen. Psychol.* 18, 313–321 (2014).

254. Yao, S. *et al.* Oxytocin makes females, but not males, less forgiving following betrayal of trust. *Int. J. Neuropsychopharmacol.* 17, 1785–1792 (2014).

255. Van IJzendoorn, M. H. & Bakermans-Kranenburg, M. J. A sniff of trust: Meta-analysis of the effects of intranasal oxytocin administration on face recognition, trust to in-group, and trust to out-group. *Psychoneuroendocrinology* 37, 438–443 (2012).

256. Huang, Y., Kendrick, K. M., Zheng, H. & Yu, R. Oxytocin enhances implicit social conformity to both in-group and out-group opinions. *Psychoneuroendocrinology* 60, 114–119 (2015).

257. Stallen, M., De Dreu, C. K. W., Shalvi, S., Smidts, A. & Sanfey, A. G. The Herding Hormone: Oxytocin Stimulates In-Group Conformity. *Psychol. Sci.* 23, 1288–1292 (2012).

258. Bosch, O. J., Meddle, S. L., Beiderbeck, D. I., Douglas, A. J. & Neumann, I. D. Brain oxytocin correlates with maternal aggression: link to anxiety. *J. Neurosci.* 25, 6807–6815 (2005).

259. Feldman, R., Gordon, I., Schneiderman, I., Weisman, O. & Zagoory-Sharon, O. Natural variations in maternal and paternal care are associated with systematic changes in oxytocin following parent-infant contact. *Psychoneuroendocrinology* 35, 1133–1141 (2010).

260. Escasa, M. J., Casey, J. F. & Gray, P. B. Salivary testosterone levels in men at a U. S. sex club. *Arch. Sex. Behav.* 40, 921–926 (2011).

261. Archer, J. Testosterone and human aggression: An evaluation of the challenge hypothesis. *Neuroscience and Biobehavioral Reviews* 30, 319–345 (2006).

262. Carré, J. M., McCormick, C. M. & Hariri, A. R. The social neuroendocrinology of human aggression. *Psychoneuroendocrinology* 36, 935–944 (2011).

263. van der Meij, L., Buunk, A. P., van de Sande, J. P. & Salvador, A. The presence of a woman increases testosterone in aggressive dominant men. *Horm. Behav.* 54, 640–644 (2008).

264. Studer, L. H., Aylwin, A. S. & Reddon, J. R. Testosterone, sexual offense recidivism, and treatment effect among adult male sex offenders. *Sex. Abus. A J. Res. Treat.* 17, 171–181 (2005).

265. Manuck, S. B. *et al.* Salivary testosterone and a trinucleotide (CAG) length polymorphism in the androgen receptor gene predict amygdala reactivity in men. *Psychoneuroendocrinology* 35, 94–104 (2010).

266. Derntl, B. *et al.* Amygdala activity to fear and anger in healthy young males

is associated with testosterone. *Psychoneuroendocrinology* 34, 687–693 (2009).

267. Hermans, E. J., Ramsey, N. F. & van Honk, J. Exogenous Testosterone Enhances Responsiveness to Social Threat in the Neural Circuitry of Social Aggression in Humans. *Biol. Psychiatry* 63, 263–270 (2008).

268. van Wingen, G. A. *et al.* Testosterone increases amygdala reactivity in middle-aged women to a young adulthood level. *Neuropsychopharmacology* 34, 539–547 (2009).

269. van Honk, J. *et al.* Correlations among salivary testosterone, mood, and selective attention to threat in humans. *Horm. Behav.* 36, 17–24 (1999).

270. van Honk, J. *et al.* A single administration of testosterone induces cardiac accelerative responses to angry faces in healthy young women. *Behav. Neurosci.* 115, 238 (2001).

271. Huber, D., Veinante, P. & Stoop, R. Vasopressin and oxytocin excite distinct neuronal populations in the central amygdala. *Science* 308, 245–248 (2005).

272. Hermans, E. J., Putman, P., Baas, J. M., Koppeschaar, H. P. & van Honk, J. A Single Administration of Testosterone Reduces Fear-Potentiated Startle in Humans. *Biol. Psychiatry* 59, 872–874 (2006).

273. Van Honk, J., Peper, J. S. & Schutter, D. J. L. G. Testosterone reduces unconscious fear but not consciously experienced anxiety: implications for the disorders of fear and anxiety. *Biol. Psychiatry* 58, 218–225 (2005).

274. Wingfield, J. C., Jacobs, J. & Hillgarth, N. Ecological constraints and the evolution of hormone-behavior interrelationships. *Annals of the New York Academy of Sciences* 807, 22–41 (1997).

275. Oliveira, T., Gouveia, M. J. & Oliveira, R. F. Testosterone responsiveness to winning and losing experiences in female soccer players. *Psychoneuroendocrinology* 34, 1056–1064 (2009).

276. Oliveira, G. A. *et al.* Testosterone response to competition in males is unrelated to opponent familiarity or threat appraisal. *Front. Psychol.* 5, 1–7 (2014).

277. Edwards, D. A. & Casto, K. V. Women's intercollegiate athletic competition: Cortisol, testosterone, and the dual-hormone hypothesis as it relates to status among teammates. *Horm. Behav.* 64, 153–160 (2013).

278. Wingfield, J. C., Hegner, R. E., Dufty Jr, A. M. & Ball, G. F. The ‹challenge hypothesis›: theoretical implications for patterns of testosterone secretion, mating systems, and breeding strategies. *Am. Nat.* 829–846 (1990).

279. Englis, B. G., Vaughan, K. B. & Lanzetta, J. T. Conditioning of counter-empathetic emotional responses. *J. Exp. Soc. Psychol.* 18, 375–391 (1982).

280. Lanzetta, J. T. & Englis, B. G. Expectations of cooperation and competition and their effects on observers' vicarious emotional responses. *J. Pers. Soc. Psychol.* 56, 543–554 (1989).

281. van der Meij, L., Almela, M., Buunk, A. P., Fawcett, T. W. & Salvador, A. Men with elevated testosterone levels show more affiliative behaviours during interactions with women. *Proc. Biol. Sci.* 279, 202–8 (2012).

282. López, H. H., Hay, A. C. & Conklin, P. H. Attractive men induce testosterone and cortisol release in women. *Horm. Behav.* 56, 84–92 (2009).

283. Ronay, R. & Von Hippel, W. Power, testosterone, and risk-taking. *J. Behav. Decis. Mak.* 23, 473–482 (2010).

284. Van Honk, J. *et al.* Testosterone shifts the balance between sensitivity for punishment and reward in healthy young women. *Psychoneuroendocrinology* 29, 937–943 (2004).

285. Hermans, E. J., Putman, P., Baas, J. M., Koppeschaar, H. P. & Van Honk, J. A single administration of testosterone reduces fear-potentiated startle in humans. *Biol. Psychiatry* 59, 872–874 (2006).

286. Galinsky, A. D., Gruenfeld, D. H. & Magee, J. C. From power to action. *J. Pers. Soc. Psychol.* 85, 453 (2003).

287. Galinsky, A. D., Magee, J. C., Gruenfeld, D. H., Whitson, J. A. & Liljenquist, K. A. Power reduces the press of the situation: implications for creativity, conformity, and dissonance. *J. Pers. Soc. Psychol.* 95, 1450 (2008).

288. van Honk, J., Montoya, E. R., Bos, P. A., van Vugt, M. & Terburg, D. New evidence on testosterone and cooperation. *Nature* 485, E4–E5 (2012).

289. Boksem, M. A. *et al.* Testosterone inhibits trust but promotes reciprocity. *Psychol. Sci.* 24, 2306–2314 (2013).

290. van Honk, J. *et al.* Effects of Testosterone Administration on Strategic Gambling in Poker Play. *Sci. Rep.* 6, 18096 (2016).

291. Bos, P. A., Panksepp, J., Bluthé, R.-M. & Van Honk, J. Acute effects of steroid hormones and neuropeptides on human social–emotional behavior: a review of single administration studies. *Front. Neuroendocrinol.* 33, 17–35 (2012).

292. Bos, P. A. *et al.* Testosterone reduces functional connectivity during the ‹Reading the Mind in the Eyes› Test. *Psychoneuroendocrinology* 68, 194–201 (2016).

293. Baron-Cohen Simon, S. Empathizing, systemizing, and the extreme male brain theory of autism. *Prog. Brain Res.* 186, 167–175 (2010).

294. Swaab, D. F. Sexual differentiation of the brain and behavior. *Best Practice and Research: Clinical Endocrinology and Metabolism* 21, 431–444 (2007).

295. Lombardo, M. V. *et al.* Fetal testosterone influences sexually dimorphic gray matter in the human brain. *J. Neurosci.* 32, 674–80 (2012).

296. van Honk, J. *et al.* Testosterone administration impairs cognitive empathy in women depending on second-to-fourth digit ratio. *Proc. Natl. Acad. Sci. U. S. A.* 108, 3448–3452 (2011).

297. Meewisse, M., Reitsma, J. B., de Vries, G.-J., Gersons, B. P. R. & Olff, M. Cortisol

and post-traumatic stress disorder in adults: systematic review and meta-analysis. *Br. J. Psychiatry* 191, 387–92 (2007).

298. Het, S., Ramlow, G. & Wolf, O. T. A meta-analytic review of the effects of acute cortisol administration on human memory. *Psychoneuroendocrinology* 30, 771–784 (2005).

299. de Quervain, D. J.-F. & Margraf, J. Glucocorticoids for the treatment of post-traumatic stress disorder and phobias: A novel therapeutic approach. *Eur. J. Pharmacol.* 583, 365–371 (2008).

300. Surís, A., North, C., Adinoff, B., Powell, C. M. & Greene, R. Effects of exogenous glucocorticoid on combat-related PTSD symptoms. *Ann. Clin. Psychiatry* 22, 274–279 (2010).

301. Böhnke, R., Bertsch, K., Kruk, M. R., Richter, S. & Naumann, E. Exogenous cortisol enhances aggressive behavior in females, but not in males. *Psychoneuroendocrinology* 35, 1034–1044 (2010).

302. Starcke, K. & Brand, M. Decision making under stress: A selective review. *Neuroscience and Biobehavioral Reviews* 36, 1228–1248 (2012).

303. Leder, J., Häusser, J. A. & Mojzisch, A. Stress and strategic decision-making in the beauty contest game. *Psychoneuroendocrinology* 38, 1503–1511 (2013).

304. Chen, S. Y., Wang, J., Yu, G. Q., Liu, W. & Pearce, D. Androgen and glucocorticoid receptor heterodimer formation: A possible mechanism for mutual inhibition of transcriptional activity. *J. Biol. Chem.* 272, 14087–14092 (1997).

305. Liening, S. H. & Josephs, R. A. It is not just about testosterone: Physiological mediators and moderators of testosterone's behavioral effects. *Soc. Personal. Psychol. Compass* 4, 982–994 (2010).

306. Montoya, E. R., Terburg, D., Bos, P. A. & van Honk, J. Testosterone, cortisol, and serotonin as key regulators of social aggression: A review and theoretical perspective. *Motiv. Emot.* 36, 65–73 (2012).

307. Dabbs, J. M., Jurkovic, G. J. & Frady, R. L. Salivary testosterone and cortisol among late adolescent male offenders. *J. Abnorm. Child Psychol.* 19, 469–478 (1991).

308. Mehta, P. H. & Josephs, R. A. Testosterone and cortisol jointly regulate dominance: Evidence for a dual-hormone hypothesis. *Horm. Behav.* 58, 898–906 (2010).

309. Zilioli, S. & Watson, N. V. The hidden dimensions of the competition effect: Basal cortisol and basal testosterone jointly predict changes in salivary testosterone after social victory in men. *Psychoneuroendocrinology* 37, 1855–1865 (2012).

310. Welker, K. M., Lozoya, E., Campbell, J. A., Neumann, C. S. & Carré, J. M. Testosterone, cortisol, and psychopathic traits in men and women. *Physiol. Behav.* 129, 230–6 (2014).

311. Popma, A. et al. Cortisol Moderates the Relationship between Testosterone

and Aggression in Delinquent Male Adolescents. *Biol. Psychiatry* 61, 405–411 (2007).

312. Josephs, R. A., Sellers, J. G., Newman, M. L. & Mehta, P. H. The Mismatch Effect: When Testosterone and Status Are at Odds. *J. Pers. Soc. Psychol.* 90, 999–1013 (2006).

313. Zyphur, M. J., Narayanan, J., Koh, G. & Koh, D. Testosterone-status mismatch lowers collective efficacy in groups: Evidence from a slope-as-predictor multilevel structural equation model. *Organ. Behav. Hum. Decis. Process.* 110, 70–79 (2009).

314. Chida, Y. & Steptoe, A. The Association of Anger and Hostility With Future Coronary Heart Disease. A Meta-Analytic Review of Prospective Evidence. *J. Am. Coll. Cardiol.* 53, 936–946 (2009).

315. Harmon-Jones, E., Gable, P. A. & Peterson, C. K. The role of asymmetric frontal cortical activity in emotion-related phenomena: A review and update. *Biological Psychology* 84, 451–462 (2010).

316. Harmon-Jones, E., Sigelman, J., Bohlig, A. & Harmon-Jones, C. Anger, coping, and frontal cortical activity: The effect of coping potential on anger-induced left frontal activity. *Cogn. Emot.* 17, 1–24 (2003).

317. Harmon-Jones, E., Lueck, L., Fearn, M. & Harmon-Jones, C. The effect of personal relevance and approach-related action expectation on relative left frontal cortical activity. *Psychol. Sci.* 17, 434–440 (2006).

318. Sherman, G. D. *et al.* Leadership is associated with lower levels of stress. *Proc. Natl. Acad. Sci. U. S. A.* 109, 17903–7 (2012).

319. Sherman, G. D., Lerner, J. S., Josephs, R. A., Renshon, J. & Gross, J. J. The Interaction of Testosterone and Cortisol Is Associated With Attained Status in Male Executives. *J. Pers. Soc. Psychol.* 109, 1–34 (2015).

320. Taylor, S. E. Tend and befriend biobehavioral bases of affiliation under stress. *Curr. Dir. Psychol. Sci.* 15, 273–277 (2006).

321. Seibt, B., Mühlberger, A., Likowski, K. U. & Weyers, P. Facial mimicry in its social setting. *Front. Psychol.* 6, 1122 (2015).

322. Tomasello, M., Hare, B., Lehmann, H. & Call, J. Reliance on head versus eyes in the gaze following of great apes and human infants: the cooperative eye hypothesis. *J. Hum. Evol.* 52, 314–320 (2007).

323. Reid, V. M., Striano, T., Kaufman, J. & Johnson, M. H. Eye gaze cueing facilitates neural processing of objects in 4-month-old infants. *Neuroreport* 15, 2553–2555 (2004).

324. Stephens, G. J., Silbert, L. J. & Hasson, U. Speaker-listener neural coupling underlies successful communication. *Proc. Natl. Acad. Sci. U. S. A.* 107, 14 425–30 (2010).

325. Luo, H., Wang, Y., Poeppel, D. & Simon, J. Z. Concurrent Encoding of Frequency

and Amplitude Modulation in Human Auditory Cortex : Encoding Transition. *J. Neurophysiol.* 96, 3473–3485 (2007).

326. Zhang, P., Jiang, Y. & He, S. Voluntary Attention Modulates Processing of Eye-Specific Visual Information. *Psychol. Sci.* 23, 254–260 (2012).

327. Hari, R., Himberg, T., Nummenmaa, L., Hämäläinen, M. & Parkkonen, L. Synchrony of brains and bodies during implicit interpersonal interaction. *Trends in Cognitive Sciences* 17, 105–106 (2013).

328. Osaka, N., Minamoto, T., Yaoi, K., Azuma, M. & Osaka, M. Neural Synchronization During Cooperated Humming: A Hyperscanning Study Using fNIRS. *Procedia – Soc. Behav. Sci.* 126, 241–243 (2014).

329. Bayliss, A. P. & Tipper, S. P. Predictive gaze cues and personality judgments: Should eye trust you? *Psychol. Sci.* 17, 514–520 (2006).

330. Tomasello, M. *Why we cooperate. Human Resource Management* 49 (2009).

331. Antón, S. C., Potts, R., & Aiello, L. C. (2014). Evolution of early Homo: An integrated biological perspective. Science, 345(6192), 1236828.

332. Tomasello, M. *Die kulturelle Entwicklung des menschlichen Denkens. Zur Evolution der Kognition* 1827 (2006).

333. Harmand, S. *et al.* 3.3-million-year-old stone tools from Lomekwi 3, West Turkana, Kenya. *Nature* 521, 310–315 (2015).

334. Kuhl, P. K., Tsao, F.-M. & Liu, H.-M. Foreign-language experience in infancy: effects of short-term exposure and social interaction on phonetic learning. *Proc. Natl. Acad. Sci. U. S. A.* 100, 9096–101 (2003).

335. Chabris, C. F. Prelude or requiem for the ‹Mozart effect›? *Nature* 400, 826–827 (1999).

336. Charman, T. *et al.* Testing joint attention, imitation, and play as infancy precursors to language and theory of mind. *Cogn. Dev.* 15, 481–498 (2000).

337. Wellman, H. M., Phillips, A. T., Dunphy-Lelii, S. & LaLonde, N. Infant social attention predicts preschool social cognition. *Dev. Sci.* 7, 283–288 (2004).

338. Morgan, G. & Kegl, J. Nicaraguan Sign Language and Theory of Mind: The issue of critical periods and abilities. *J. Child Psychol. Psychiatry Allied Discip.* 47, 811–819 (2006).

339. Snodgrass, J. J., Leonard, W. R. & Robertson, M. L. The Energetics of Encephalization in Early Hominids. *Evol. hominin diets Integr. approaches to study Palaeolithic Subsist.* 15–29 (2009).

340. Barton, R. A. Animal Communication: Do Dolphins Have Names? *Current Biology* 16 (2006).

341. Meyer, S., Nürnberg, G., Puppe, B. & Langbein, J. The cognitive capabilities of farm animals: Categorisation learning in dwarf goats (Capra hircus). *Anim. Cogn.* 15, 567–576 (2012).

342. Herrmann, E., Call, J., Hernàndez-Lloreda, M. V., Hare, B. & Tomasello, M. Humans have evolved specialized skills of social cognition: the cultural intelligence hypothesis. *Science* 317, 1360–6 (2007).

343. Dunbar, R. I. M. Neocortex size as a constraint on group size in primates. *J. Hum. Evol.* 22, 469–493 (1992).

344. Dunbar, R. Social networks: Human social networks. *New Sci.* 214 (2012).

345. Gonçalves, B., Perra, N. & Vespignani, A. Validation of Dunbar's number in Twitter conversations. *Physics.soc-ph* 1–8 (2011). doi:10.1371/journal.pone.0022656

346. Dunbar, R. I. M., Arnaboldi, V., Conti, M. & Passarella, A. The structure of online social networks mirrors those in the offline world. *Soc. Networks* 43, 39–47 (2015).

347. Roberts, S. G. B. & Dunbar, R. I. M. The costs of family and friends: An 18-month longitudinal study of relationship maintenance and decay. *Evol. Hum. Behav.* 32, 186–197 (2011).

348. Gilby, I. C. Meat sharing among the Gombe chimpanzees: Harassment and reciprocal exchange. *Anim. Behav.* 71, 953–963 (2006).

349. Tomasello, M. A Natural History of Human Thinking. *Igarss 2014* 2, 1–5 (2014).

350. Ueno, A. & Matsuzawa, T. Food transfer between chimpanzee mothers and their infants. *Primates* 45, 231–239 (2004).

351. Rilling, J. K. & Sanfey, A. G. The Neuroscience of Social Decision Making. *Annu. Rev. Psychol.* 62, 23–48 (2011).

352. Koechlin, E. & Hyafil, A. Anterior Prefrontal Function and the Limits of Human Decision-Making. *Science (80-.).* 318, 594–598 (2007).

353. Rilling, J. K., Sanfey, A. G., Aronson, J. A., Nystrom, L. E. & Cohen, J. D. The neural correlates of theory of mind within interpersonal interactions. *Neuroimage* 22, 1694–1703 (2004).

354. Chen, J. *et al.* Electrophysiological correlates of processing facial attractiveness and its influence on cooperative behavior. *Neurosci. Lett.* 517, 65–70 (2012).

355. Tortosa, M. I., Strizhko, T., Capizzi, M. & Ruz, M. Interpersonal effects of emotion in a multi-round Trust Game. *Psicologica* 34, 179–198 (2013).

356. Engell, A. D., Haxby, J. V. & Todorov, A. T. Implicit trustworthiness decisions: automatic coding of face properties in the human amygdala. *J. Cogn. Neurosci.* 19, 1508–19 (2007).

357. Willis, J. & Todorov, A. First impressions: Making up your mind after a 100-ms exposure to a face. *Psychol. Sci.* 17, 592–598 (2006).

358. Hillebrandt, H., Sebastian, C., & Blakemore, S. J. (2011). Experimentally induced social inclusion influences behavior on trust games. *Cognitive Neuroscience*, 2(1), 27–33.

359. Mikolajczak, M. *et al.* Oxytocin makes people trusting, not gullible. *Psychol. Sci.* 21, 1072–1074 (2010).

360. Adolphs, R., Tranel, D. & Damasio, A. R. The human amygdala in social judgment. *Nature* 393, 470–474 (1998).

361. Jensen, K., Hare, B., Call, J. & Tomasello, M. What's in it for me? Self-regard precludes altruism and spite in chimpanzees. *Proc. R. Soc. B. Biol. Sci.* 273, 1013–1021 (2006).

362. van den Bos, W., van Dijk, E., Westenberg, M., Rombouts, S. A. R. B. & Crone, E. A. What motivates repayment? Neural correlates of reciprocity in the Trust Game. *Soc. Cogn. Affect. Neurosci.* 4, 294–304 (2009).

363. Güroğlu, B., van den Bos, W., van Dijk, E., Rombouts, S. A. R. B. & Crone, E. A. Dissociable brain networks involved in development of fairness considerations: Understanding intentionality behind unfairness. *Neuroimage* 57, 634–641 (2011).

364. Fehr, E. & Krajbich, I. In *Neuroeconomics: Decision Making and the Brain: Second Edition* 193–218 (2013). doi:10.1016/B978-0-12-416008-8.00011-5

365. Tse, W. S. & Bond, A. J. Serotonergic intervention affects both social dominance and affiliative behaviour. *Psychopharmacology (Berl).* 161, 324–330 (2002).

366. Wood, R. M., Rilling, J. K., Sanfey, A. G., Bhagwagar, Z. & Rogers, R. D. Effects of tryptophan depletion on the performance of an iterated Prisoner's Dilemma game in healthy adults. *Neuropsychopharmacology* 31, 1075–1084 (2006).

367. Tomasello, M. Human culture in evolutionary perspective. *Adv. Cult. Psychol.* 5–52 (2011). doi:10.1093/acprof

368. Aldrich, D. P. & Meyer, M. A. Social capital and community resilience. *Am. Behav. Sci.* 59, 1–16 (2014).

369. Fehr, E., Bernhard, H. & Rockenbach, B. Egalitarianism in young children. *Nature* 454, 1079–1083 (2008).

370. Rilling, J. K. *et al.* A neural basis for social cooperation. *Neuron* 35, 395–405 (2002).

371. Baumgartner, T., Fischbacher, U., Feierabend, A., Lutz, K. & Fehr, E. The Neural Circuitry of a Broken Promise. *Neuron* 64, 756–770 (2009).

372. Krueger, F. *et al.* Neural correlates of trust. *Proc. Natl. Acad. Sci. U. S. A.* 104, 20084–9 (2007).

373. Sripada, C. S. *et al.* Functional neuroimaging of mentalizing during the trust game in social anxiety disorder. *Neuroreport* 20, 984–9 (2009).

374. Etkin, A. & Wager, T. D. Functional neuroimaging of anxiety: a meta-analysis of emotional processing in PTSD, social anxiety disorder, and specific phobia. *Am. J. Psychiatry* 164, 1476–1488 (2007).

375. Phan, K. L., Sripada, C. S., Angstadt, M. & McCabe, K. Reputation for reciprocity engages the brain reward center. *Proc. Natl. Acad. Sci. U. S. A.* 107, 13099–104 (2010).

376. Eisenberger, N. I., Lieberman, M. D. & Williams, K. D. Does rejection hurt? An FMRI study of social exclusion. *Science* 302, 290–292 (2003).

377. Singer, T., Critchley, H. D. & Preuschoff, K. A common role of insula in feelings, empathy and uncertainty. *Trends Cogn. Sci.* 13, 334–340 (2009).

378. Craig, A. D. How do you feel now? the anterior insula and human awareness. *Nat. Rev. Neurosci.* 10 (2009).

379. Wiech, K. *et al.* Anterior insula integrates information about salience into perceptual decisions about pain. *J. Neurosci.* 30, 16324–16331 (2010).

380. McCabe, K. *et al.*, A functional imaging study of cooperation in two-person reciprocal exchange. *Proc. Natl. Acad. Sci. U. S. A.* 98, 11832–11835 (2001).

381. Kosfeld, M., Heinrichs, M., Zak, P. J., Fischbacher, U. & Fehr, E. Oxytocin increases trust in humans. *Nature* 435, 673–676 (2005).

382. Delgado, M. R., Frank, R. H. & Phelps, E. A. Perceptions of moral character modulate the neural systems of reward during the trust game. *Nat. Neurosci.* 8, 1611–1618 (2005).

383. Tzieropoulos, H., de Peralta, R. G., Bossaerts, P. & Gonzalez Andino, S. L. The impact of disappointment in decision making: inter-individual differences and electrical neuroimaging. *Front. Hum. Neurosci.* 4, 235 (2011).

384. Gray, K., Ward, A. F. & Norton, M. I. Paying it forward: generalized reciprocity and the limits of generosity. *J. Exp. Psychol. Gen.* 143, 247–254 (2014).

385. Chierchia, G. & Coricelli, G. Friendship as a coordination device: propensity for matching and aversion to decoupling choices. *Uma ética para quantos?* XXXIII, 81–87 (2014).

386. Dvash, J., Gilam, G., Ben-Ze'ev, A., Hendler, T. & Shamay-Tsoory, S. G. The envious brain: The neural basis of social comparison. *Hum. Brain Mapp.* 31, 1741–1750 (2010).

387. Croson, R. & Gneezy, U. Gender Differences in Preferences. *J. Econ. Lit.* 47, 448–474 (2009).

388. Rilling, J. K. *et al.* Neural Correlates of Social Cooperation and Non-Cooperation as a Function of Psychopathy. *Biol. Psychiatry* 61, 1260–1271 (2007).

389. Babiak, P., Neumann, C. S. & Hare, R. D. Corporate Psychology: Talking the Walk. *Behav. Sci. Law* 28, 174–193 (2010).

390. Palfrey, T. R. & Rosenthal, H. Repeated Play, Cooperation and Coordination: An Experimental Study. *Rev. Econ. Stud.* 61, 545–565 (1994).

391. Wang, F. & Yamagishi, T. Group-based trust and gender differences in China. *Asian J. Soc. Psychol.* 8, 199–210 (2005).

392. Andreoni, J. & Rao, J. M. The power of asking: How communication affects selfishness, empathy, and altruism. *J. Public Econ.* 95, 513–520 (2011).

393. Axelrod, R. More Effective Choice in the Prisoner's Dilemma. *J. Conflict Resolut.* 24, 379–403 (1980).

394. King-Casas, B. *et al.* The rupture and repair of cooperation in borderline personality disorder. *Science* 321, 806–810 (2008).

395. Schweitzer, M. E., Hershey, J. C. & Bradlow, E. T. Promises and lies: Restoring violated trust. *Organ. Behav. Hum. Decis. Process.* 101, 1–19 (2006).

396. Oosterbeek, H., Sloof, R. & Van De Kuilen, G. Cultural differences in ultimatum game experiments: Evidence from a meta-analysis. *Exp. Econ.* 7, 171–188 (2004).

397. Yamagishi, T. *et al.* The private rejection of unfair offers and emotional commitment. *Proc. Natl. Acad. Sci. U. S. A.* 106, 11520–11523 (2009).

398. Sanfey, A. G., Rilling, J. K., Aronson, J. A., Nystrom, L. E. & Cohen, J. D. The neural basis of economic decision-making in the Ultimatum Game. *Science* 300, 1755–1758 (2003).

399. Gabay, A. S., Radua, J., Kempton, M. J. & Mehta, M. A. The Ultimatum Game and the brain: A meta-analysis of neuroimaging studies. *Neuroscience and Biobehavioral Reviews* 47, 549–558 (2014).

400. Kringelbach, M. L. & Rolls, E. T. The functional neuroanatomy of the human orbitofrontal cortex: Evidence from neuroimaging and neuropsychology. *Progress in Neurobiology* 72, 341–372 (2004).

401. Arce, D. G. Corporate virtue: Treatment of whistle blowers and the punishment of violators. *Eur. J. Polit. Econ.* 26, 363–371 (2010).

402. Ochsner, K. N. & Gross, J. J. The cognitive control of emotion. *Trends Cogn. Sci.* 9, 242–249 (2005).

403. Takagishi, H. *et al.* Neural correlates of the rejection of unfair offers in the impunity game. *Neuro Endocrinol. Lett,* 30, 496 (2009).

404. Buckholtz, J. W. *et al.* The Neural Correlates of Third-Party Punishment. *Neuron* 60, 930–940 (2008).

405. de Quervain, D. J.-F. *et al.* The neural basis of altruistic punishment. *Science* 305, 1254–1258 (2004).

406. Singer, T. *et al.* Empathic neural responses are modulated by the perceived fairness of others. *Nature* 439, 466–469 (2006).

407. Yamagishi, T. *et al.* Rejection of unfair offers in the ultimatum game is no evidence of strong reciprocity. *Proc. Natl. Acad. Sci. U. S. A.* 109, 20364–20368 (2012).

408. Böckler, A., Sharifi, M., Kanske, P., Dziobek, I. & Singer, T. Social decision making in narcissism: Reduced generosity and increased retaliation are driven by alterations in perspective-taking and anger. *Pers. Individ. Dif.* 104, 1–7 (2017).

409. Böckler, A., Tusche, A. & Singer, T. The Structure of Human Prosociality Differentiating Altruistically Motivated, Norm Motivated, Strategically Motivated, and Self-Reported Prosocial Behavior. *Social Psychological and Personality Science,* 7(6), 530–541.

410. McCall, C., Steinbeis, N., Ricard, M. & Singer, T. Compassion meditators show less anger, less punishment, and more compensation of victims in response to fairness violations. *Front. Behav. Neurosci.* 8, 424 (2014).

411. Krueger, F. *et al.* Oxytocin selectively increases perceptions of harm for victims but not the desire to punish offenders of criminal offenses. *Soc. Cogn. Affect. Neurosci.* 8, 494–498 (2013).

412. Schweiger, U. *et al.* Testosterone, gonadotropin, and cortisol secretion in male patients with major depression. *Psychosom. Med.* 61, 292–296 (1999).

413. Harkness, K. L., Stewart, J. G. & Wynne-Edwards, K. E. Cortisol reactivity to social stress in adolescents: Role of depression severity and child maltreatment. *Psychoneuroendocrinology* 36, 173–181 (2011).

414. Burnham, T. C. High-testosterone men reject low ultimatum game offers. *Proceedings. Biological Sci./R. Soc.* 274, 2327–2330 (2007).

415. Knoch, D., Pascual-Leone, A., Meyer, K., Treyer, V. & Fehr, E. Diminishing reciprocal fairness by disrupting the right prefrontal cortex. *Science (80-.).* 314, 829–832 (2006).

416. van't Wout, M., Chang, L. J. & Sanfey, A. G. The influence of emotion regulation on social interactive decision-making. *Emotion* 10, 815–821 (2010).

417. Koenigs, M. & Tranel, D. Irrational economic decision-making after ventromedial prefrontal damage: evidence from the Ultimatum Game. *J. Neurosci.* 27, 951–956 (2007).

418. Krajbich, I., Adolphs, R., Tranel, D., Denburg, N. L. & Camerer, C. F. Economic games quantify diminished sense of guilt in patients with damage to the prefrontal cortex. *J. Neurosci.* 29, 2188–92 (2009).

419. Zak, P. J. *et al.* Testosterone administration decreases generosity in the ultimatum game. *PLoS One* 4, e8330 (2009).

420. Spitzer, M., Fischbacher, U., Herrnberger, B., Grön, G. & Fehr, E. The Neural Signature of Social Norm Compliance. *Neuron* 56, 185–196 (2007).

421. Ruff, C. C., Ugazio, G. & Fehr, E. Changing social norm compliance with non-invasive brain stimulation. *Science* 342, 482–4 (2013).

422. Murayama, K., Matsumoto, M., Izuma, K. & Matsumoto, K. Neural basis of the undermining effect of monetary reward on intrinsic motivation. *Proc. Natl. Acad. Sci. U. S. A.* 107, 20911–6 (2010).

423. Warneken, F. & Tomasello, M. Altruistic Helping in Human Infants and Young Chimpanzees. *Science (80-.).* 311, 1301–1303 (2006).

424. Warneken, F. & Tomasello, M. Extrinsic rewards undermine altruistic tendencies in 20-month-olds. *Dev. Psychol.* 44, 1785–8 (2008).

425. Izuma, K., Saito, D. N. & Sadato, N. Processing of the incentive for social approval in the ventral striatum during charitable donation. *J. Cogn. Neurosci.* 22, 621–631 (2010).

426. Nikiforakis, N. Punishment and counter-punishment in public good games: Can we really govern ourselves? *J. Public Econ.* 92, 91–112 (2008).

427. Balliet, D., Mulder, L. B. & Van Lange, P. A. M. Reward, punishment, and cooperation: a meta-analysis. *Psychol. Bull.* 137, 594–615 (2011).

428. Dreber, A., Rand, D. G., Fudenberg, D. & Nowak, M. A. Winners don't punish. *Nature* 452, 348–51 (2008).

429. Jacob, P. & Dupoux, E. Developmental psychology: a precursor of moral judgment in human infants? *Curr. Biol.* 18, R216-8 (2008).

430. Hamlin, J. K., Wynn, K. & Bloom, P. Social evaluation by preverbal infants. *Nature* 450, 557–559 (2007).

431. Boyer, P. Religious thought and behaviour as by-products of brain function. *Trends in Cognitive Sciences* 7, 119–124 (2003).

432. Schaich Borg, J., Lieberman, D. & Kiehl, K. A. Infection, incest, and iniquity: investigating the neural correlates of disgust and morality. *J. Cogn. Neurosci.* 20, 1529–1546 (2008).

433. Tsukiura, T. & Cabeza, R. Shared brain activity for aesthetic and moral judgments: Implications for the Beauty-is-Good stereotype. *Soc. Cogn. Affect. Neurosci.* 6, 138–148 (2011).

434. Flor, H. *et al.* Phantom-limb pain as a perceptual correlate of cortical reorganization following arm amputation. *Nature* 375, 482–484 (1995).

435. Hamermesh, D. S. & Biddle, J. E. Beauty and the labor market. *Am. Econ. Rev.* 84, 1174–1194 (1994).

436. Prentice, D. A. & Miller, D. T. When Small Effects are Impressive. *Psychol. Bull.* 112, 160–164 (1992).

437. Kulka, R. & Kessler, J. Is Justice Really Blind?–The Influence of Litigant Physical Attractiveness on Juridical Judgment 1. *J. Appl. Soc. Psychol.* 8, 366–381 (1978).

438. Burke, D. M., Ames, M. A., Etherington, R. & Pietsch, J. Effects of victim's and defendant's physical attractiveness on the perception of responsibility in an ambiguous domestic violence case. *J. Fam. Violence* 5, 199–207 (1990).

439. Friend, R. & Vinson, M. Leaning over backwards: jurors' responses to defandants' attractiveness. *J. Commun.* 24, 124–129 (1974).

440. Weiten, W. The Attraction-Leniency Effect in Jury Research: An Examination of External Validity. *J. Appl. Soc. Psychol.* 10, 340–347 (1980).

441. Castellow, W. A., Wuensch, K. L. & Moore, C. H. Effects of physical attractiveness of the plaintiff and defendant in sexual harassment judgments. *J. Soc. Behav. Personal.* 5, 547–562 (1990).

442. Wuensch, K. L., Chia, R. C., Castellow, W. A. & Chuang, C.-J. Effects of physical attractiveness, sex, and type of crime on mock juror decisions: A replication with Chinese students. *J. Cross. Cult. Psychol.* 24, 414–427 (1993).

443. Dion, K., Berscheid, E. & Walster, E. What is beautiful is good. *J. Pers. Soc. Psychol.* 2, 285–290 (1972).

444. Eagly, A. H., Ashmore, R. D., Makhijani, M. G. & Longo, L. C. What is beautiful is good, but ...: A meta-analytic review of research on the physical attractiveness stereotype. *Psychol. Bull.* 110, 109–128 (1991).

445. Langlois, J. H. *et al.* Maxims or myths of beauty? A meta-analytic and theoretical review. *Psychol. Bull.* 126, 390–423 (2000).

446. Marlowe, C. M., Schneider, S. L. & Nelson, C. E. Gender and attractiveness biases in hiring decisions: Are more experienced managers less biased? *J. Appl. Psychol.* 81, 11–21 (1996).

447. Krause, A., Rinne, U. & Zimmermann, K. F. Anonymisierte Bewerbungsverfahren. *IZA Res. Rep.* 1–44 (2010).

448. Bocher, M. *et al.* Cerebral activation associated with sexual arousal in response to a pornographic clip: A 15O-H2O PET study in heterosexual men. *Neuroimage* 14, 105–17 (2001).

449. Maravilla, K. R. & Yang, C. C. Sex and the brain: the role of fMRI for assessment of sexual function and response. *Int. J. Impot. Res.* 19, 25–9 (2007).

450. Redouté, J. *et al.* Brain processing of visual sexual stimuli in human males. *Hum. Brain Mapp.* 11, 162–177 (2000).

451. Koenigs, M. *et al.* Damage to the prefrontal cortex increases utilitarian moral judgements. *Nature* 446, 908–11 (2007).

452. Greene, J. D., Sommerville, R. B., Nystrom, L. E., Darley, J. M. & Cohen, J. D. An fMRI investigation of emotional engagement in moral judgment. *Science* 293, 2105–8 (2001).

453. Moll, J., de Oliveira-Souza, R., Bramati, I. E. & Grafman, J. Functional Networks in Emotional Moral and Nonmoral Social Judgments. *Neuroimage* 16, 696–703 (2002).

454. Young, L. *et al.* Damage to Ventromedial Prefrontal Cortex Impairs Judgment of Harmful Intent. *Neuron* 65, 845–851 (2010).

455. McGlone, F., Wessberg, J. & Olausson, H. Discriminative and Affective Touch: Sensing and Feeling. *Neuron* 82, 737–755 (2014).

456. Seltzer, L. J., Ziegler, T. E. & Pollak, S. D. Social vocalizations can release oxytocin in humans. *Proc. Biol. Sci.* 277, 2661–6 (2010).

457. van Baaren, R. B., Holland, R. W., Kawakami, K. & van Knippenberg, A. Mimicry and prosocial behavior. *Psychol. Sci.* 15, 71–74 (2004).

458. Hoffman, E., McCabe, K. & Smith, V. L. Social distance and other-regarding behavior in dictator games. *Am. Econ. Rev.* 653–660 (1996).

459. Sparks, A. & Barclay, P. Eye images increase generosity, but not for long: The limited effect of a false cue. *Evol. Hum. Behav.* 34, 317–322 (2013).

460. Bardsley, N. Dictator game giving: altruism or artefact? *Exp. Econ.* (2008).

461. Lazear, E., Malmendier, U. & Weber, R. A. *Sorting, Prices, and Social Preferences. NBER Working Paper Series* No. w12041 (2006).

462. Dana, J., Weber, R. A. & Kuang, J. X. Exploiting moral wiggle room: Experiments demonstrating an illusory preference for fairness. *Economic Theory* 33, 67–80 (2007).

463. van der Weele, J. J., Kulisa, J., Kosfeld, M. & Friebel, G. Resisting moral wiggle room: How robust is reciprocal behavior? *Am. Econ. J. Microeconomics* 6, 256–264 (2014).

464. Izard, C. E. *The face of emotion. Century psychology series* (1969).

465. Keltner, D. *What the Face Reveals: Basic and Applied Studies of Spontaneous Expression Using the Facial Action Coding System (FACS)* (2012). doi:10.1093/acprof:oso/9780195179644003.0007

466. Tracy, J. L. & Robins, R. W. Putting the self into self-conscious emotions: A theoretical model. *Psychol. Inq.* 15, 103–125 (2004).

467. Campbell-Meiklejohn, D. K., Bach, D. R., Roepstorff, A., Dolan, R. J. & Frith, C. D. How the opinion of others affects our valuation of objects. *Curr. Biol.* 20, 1165–1170 (2010).

468. Novembre, G., Zanon, M. & Silani, G. Empathy for social exclusion involves the sensory-discriminative component of pain: A within-subject fMRI study. *Soc. Cogn. Affect. Neurosci.* 10, 153–164 (2015).

469. Eisenberger, N. I., Jarcho, J. M., Lieberman, M. D. & Naliboff, B. D. An experimental study of shared sensitivity to physical pain and social rejection. *Pain* 126, 132–138 (2006).

470. Izuma, K., Saito, D. N. & Sadato, N. Processing of Social and Monetary Rewards in the Human Striatum. *Neuron* 58, 284–294 (2008).

471. Bayliss, A. P., Paul, M. A., Cannon, P. R. & Tipper, S. P. Gaze cuing and affective judgments of objects: I like what you look at. *Psychon. Bull. Rev.* 13, 1061–1066 (2006).

472. Klucharev, V., Hytönen, K., Rijpkema, M., Smidts, A. & Fernández, G. Reinforcement Learning Signal Predicts Social Conformity. *Neuron* 61, 140–151 (2009).

473. Li, J. & Daw, N. D. Signals in Human Striatum Are Appropriate for Policy Update Rather than Value Prediction. *J. Neurosci.* 31, 5504–5511 (2011).

474. Haun, D. B. M. & Tomasello, M. Conformity to Peer Pressure in Preschool Children. *Child Dev.* 82, 1759–1767 (2011).

475. Laland, K. N. Social learning strategies. *Learn. Behav.* 32, 4–14 (2004).

476. Zink, C. F. *et al.* Know your place: neural processing of social hierarchy in humans. *Neuron* 58, 273–283 (2008).

477. Hoehl, S., Zettersten, M., Schleihauf, H., Grätz, S. & Pauen, S. The role of social interaction and pedagogical cues for eliciting and reducing overimitation in preschoolers. *J. Exp. Child Psychol.* 122, 122–133 (2014).

478. Haun, D. B. M., Rekers, Y. & Tomasello, M. Children Conform to the Behavior of Peers; Other Great Apes Stick With What They Know. *Psychol. Sci.* 956797614553235 (2014). doi:10.1177/0956797614553235

479. Haun, D. & Over, H. in *Epistemological Dimensions of Evolutionary Psychology* 117–130 (2015). doi:10.1007/978-1-4939-1387-9_6

480. van Leeuwen, E. J. C., Cronin, K. A., Haun, D. B. M., Mundry, R. & Bodamer, M. D. Neighbouring chimpanzee communities show different preferences in social grooming behaviour. *Proc. Biol. Sci.* 279, 4362–7 (2012).

481. Launay, J. & Dunbar, R. I. M. Playing with Strangers: Which Shared Traits Attract Us Most to New People? *PLoS One* 10, e0129688 (2015).

482. Yamagishi, T. *et al.* Comparisons of Australians and Japanese on group-based cooperation. *Asian J. Soc. Psychol.* 8, 173–190 (2005).

483. Fershtman, C. & Gneezy, U. Discrimination in a segmented society: An experimental approach. *Q. J. Econ.* 116, 351–377 (2001).

484. Stoddard, O. & Leibbrandt, A. An Experimental Study on the Relevance and Scope of Nationality as a Coordination Device. *Econ. Inq.* 52, 1392–1407 (2014).

485. Stürmer, S., Snyder, M. & Omoto, A. M. Prosocial Emotions and Helping: The Moderating Role of Group Membership. *J. Pers. Soc. Psychol.* 88, 532–546 (2005).

486. Tortosa, M. I., Lupiáñez, J. & Ruz, M. Race, emotion and trust: An ERP study. *Brain Res.* 1494, 44–55 (2013).

487. Stanley, D. A. *et al.* Race and reputation: perceived racial group trustworthiness influences the neural correlates of trust decisions. *Philos. Trans. R. Soc. B Biol. Sci.* 367, 744–753 (2012).

488. Johns, M., Schmader, T. & Lickel, B. Ashamed to be an American? The role of identification in predicting vicarious shame for anti-Arab prejudice after 9–11. *Self Identity* 4, 331–348 (2005).

489. Balliet, D., Wu, J. & De Dreu, C. K. W. Ingroup Favoritism in Cooperation: A Meta-Analysis. *Psychol. Bull.* 140, 1556–1581 (2014).

490. Balliet, D., Parks, C. & Joireman, J. Social value orientation and cooperation in social dilemmas: A meta-analysis. *Group Processes & Intergroup Relations,* 12(4), 533–547.

491. Guala, F., Mittone, L. & Ploner, M. Group membership, team preferences, and expectations. *Journal of Economic Behavior & Organization,* 86, 183–190.

492. Eckel, C. C. & Grossman, P. J. Managing diversity by creating team identity. *J. Econ. Behav. Organ.* 58, 371–392 (2005).

493. Van Bavel, J. J., Swencionis, J. K., O'Connor, R. C. & Cunningham, W. A. Motivated social memory: Belonging needs moderate the own-group bias in face recognition. *J. Exp. Soc. Psychol.* 48, 707–713 (2012).

494. Florian, V. & Mikulincer, M. Fear of death and the judgment of social transgressions: a multidimensional test of terror management theory. *J. Pers. Soc. Psychol.* 73, 369–380 (1997).

495. Greenberg, J., Simon, L., Pyszczynski, T., Solomon, S. & Chatel, D. Terror management and tolerance: does mortality salience always intensify negative reactions to others who threaten one's worldview? *J. Pers. Soc. Psychol.* 63, 212–220 (1992).

496. McGregor, H. A. *et al.* Terror management and aggression: evidence that mortality salience motivates aggression against worldview-threatening others. *J. Pers. Soc. Psychol.* 74, 590–605 (1998).

497. Quirin, M. *et al.* Existential neuroscience: A functional magnetic resonance imaging investigation of neural responses to reminders of one's mortality. *Soc. Cogn. Affect. Neurosci.* 7, 193–198 (2012).

498. Harmon-Jones, E., Gerdjikov, T. & Harmon-Jones, C. The effect of induced compliance on relative left frontal cortical activity: A test of the action-based model of dissonance. *Eur. J. Soc. Psychol.* 38, 35–45 (2008).

499. Harmon-Jones, E., Harmon-Jones, C., Fearn, M., Sigelman, J. D. & Johnson, P. Left frontal cortical activation and spreading of alternatives: tests of the action-based model of dissonance. *J. Pers. Soc. Psychol.* 94, 1–15 (2008).

500. Harmon-Jones, E., Harmon-Jones, C., Serra, R. & Gable, P. A. The effect of commitment on relative left frontal cortical activity: tests of the action-based model of dissonance. *Personal. Soc. Psychol. Bull.* 37, 395–408 (2011).

501. McGregor, I., Nash, K. A. & Inzlicht, M. Threat, high self-esteem, and reactive approach-motivation: Electroencephalographic evidence. *J. Exp. Soc. Psychol.* 45, 1003–1007 (2009).

502. Frith, C. D. & Frith, U. Mechanisms of Social Cognition. *Annu. Rev. Psychol. Vol* 63, 287–313 (2012).

503. Moran, J. M., Macrae, C. N., Heatherton, T. F., Wyland, C. L. & Kelley, W. M. Neuroanatomical evidence for distinct cognitive and affective components of self. *J. Cogn. Neurosci.* 18, 1586–1594 (2006).

504. van der Meer, L., Costafreda, S., Aleman, A. & David, A. S. Self-reflection and the brain: A theoretical review and meta-analysis of neuroimaging studies with implications for schizophrenia. *Neurosci. Biobehav. Rev.* 34, 935–946 (2010).

505. Xu, X., Zuo, X., Wang, X. & Han, S. Do you feel my pain? Racial group membership modulates empathic neural responses. *J. Neurosci.* 29, 8525–8529 (2009).

506. Dovidio, J. F. *et al.* in *Prosocial motives, emotions, and behavior: The better angels of our nature* 393–408 (2010). doi:10.1037/12061-000

507. Hewstone, M., Rubin, M. & Willis, H. Intergroup bias. *Annu. Rev. Psychol.* 53, 575–604 (2002).

508. Mullen, B., Brown, R. & Smith, C. Ingroup bias as a function of salience, relevance, and status: An integration. *Eur. J. Soc. Psychol.* 22, 103–122 (1992).

509. Harris, L. T. & Fiske, S. T. Dehumanizing the lowest of the low: Neuroimaging responses to extreme out-groups. *Psychol. Sci.* 17, 847–853 (2006).

510. Mitchell, J. P., Macrae, C. N. & Banaji, M. R. Dissociable medial prefrontal contributions to judgments of similar and dissimilar others. *Neuron* 50, 655–663 (2006).

511. Cikara, M., Eberhardt, J. L. & Fiske, S. T. From agents to objects: sexist attitudes and neural responses to sexualized targets. *J. Cogn. Neurosci.* 23, 540–551 (2011).

512. Phelps, E. A. *et al.* Performance on indirect measures of race evaluation predicts amygdala activation. *J. Cogn. Neurosci.* 12, 729–38 (2000).

513. Amodio, D. M. The neuroscience of prejudice and stereotyping. *Nat. Publ. Gr.* 15, 670–682 (2014).

514. McHugo, G. J., Lanzetta, J. T., Sullivan, D. G., Masters, R. D. & Englis, B. G. Emotional reactions to a political leader's expressive displays. *J. Pers. Soc. Psychol.* 49, 1513–1529 (1985).

515. Cikara, M. & Van Bavel, J. J. The neuroscience of intergroup relations: An integrative review. *Perspect. Psychol. Sci.* 9, 245–274 (2014).

516. Kret, M. E., Fischer, A. H. & De Dreu, C. K. W. Pupil Mimicry Correlates With Trust in In-Group Partners With Dilating Pupils. *Psychol. Sci.* 26, 1401–1410 (2015).

517. Chiao, J. Y. *et al.* Cultural specificity in amygdala response to fear faces. *J. Cogn. Neurosci.* 20, 2167–74 (2008).

518. Diekhof, E. K., Wittmer, S. & Reimers, L. Does competition really bring out the worst? testosterone, social distance and inter-male competition shape parochial altruism in human males. *PLoS One* 9, (2014).

519. Ofan, R. H., Rubin, N. & Amodio, D. M. Situation-based social anxiety enhances the neural processing of faces: Evidence from an intergroup context. *Soc. Cogn. Affect. Neurosci.* 9, 1055–1061 (2014).

520. Richeson, J. A. & Trawalter, S. The threat of appearing prejudiced and race-based attentional biases: Research report. *Psychol. Sci.* 19, 98–102 (2008).

521. Amodio, D. M., Harmon-Jones, E. & Devine, P. G. Individual differences in the activation and control of affective race bias as assessed by startle eyeblink response and self-report. *J. Pers. Soc. Psychol.* 84, 738–753 (2003).

522. Beer, J. S. *et al.* The Quadruple Process model approach to examining the neural underpinnings of prejudice. *Neuroimage* 43, 775–783 (2008).

523. Finlay, K. A. & Stephan, W. G. Improving Intergroup Relations: The Effects of Empathy on Racial Attitudes. *J. Appl. Soc. Psychol.* 30, 1720–1737 (2000).

524. Vescio, T. K., Sechrist, G. B. & Paolucci, M. P. Perspective taking and prejudice reduction: The mediational role of empathy arousal and situational attributions. *Eur. J. Soc. Psychol.* 33, 455–472 (2003).

525. Batson, C. D. *et al.* Empathy and attitudes: can feeling for a member of a stigmatized group improve feelings toward the group? *J. Pers. Soc. Psychol.* 72, 105–118 (1997).

526. Lieberman, M. D., Hariri, A., Jarcho, J. M., Eisenberger, N. I. & Bookheimer, S. Y. An fMRI investigation of race-related amygdala activity in African-American and Caucasian-American individuals. *Nat. Neurosci.* 8, 720–722 (2005).

527. Wheeler, M. E. & Fiske, S. T. Controlling racial prejudice social-cognitive goals affect amygdala and stereotype activation. *Psychol. Sci.* 16, 56–63 (2005).

528. Telzer, E. H., Humphreys, K. L., Shapiro, M. & Tottenham, N. Amygdala sensitivity to race is not present in childhood but emerges over adolescence. *J. Cogn. Neurosci.* 25, 234–44 (2013).

529. Kaul, C., Ratner, K. G. & Van Bavel, J. J. Dynamic representations of race: Processing goals shape race decoding in the fusiform gyri. *Soc. Cogn. Affect. Neurosci.* 9, 326–332 (2014).

530. Pruessner, J. C. *et al.* Self-esteem, locus of control, hippocampal volume, and cortisol regulation in young and old adulthood. *Neuroimage* 28, 815–826 (2005).

531. Graham, S., Hudley, C. & Williams, E. Attributional and emotional determinants of aggression among African-American and Latino young adolescents. *Dev. Psychol.* 731–740 (1992). doi:10.1037/0012-1649.28.4.731

532. Kuppens, P., Van Mechelen, I., Smits, D. J. M. & De Boeck, P. The appraisal basis of anger: Specificity, necessity and sufficiency of components. *Emotion* 3, 254–269 (2003).

533. Russell, D. & McAuley, E. Causal attributions, causal dimensions, and affective reactions to success and failure. *J. Pers. Soc. Psychol.* 50, 1174–1185 (1986).

534. Weiner, B., Graham, S. & Chandler, C. Pity, Anger and Guilt: An Attributional Analysis. *Personal. Soc. Psychol. Bull.* 8, 921–930 (1982).

535. Baumeister, R. F., Campbell, J. D., Krueger, J. I. & Vohs, K. D. Does High Self-Esteem Cause Better Performance, Interpersonal Success, Happiness, or Healthier Lifestyles? *Psychol. Sci. Public Interes.* 4, 1–44 (2003).

536. Baumeister, R. F., Campbell, J. D., Krueger, J. I. & Vohs, K. D. Exploding the self-esteem myth. *Sci. Am.* 292, 70–77 (2005).

537. Schmeichel, B. J. & Demaree, H. A. Working memory capacity and spontaneous emotion regulation: high capacity predicts self-enhancement in response to negative feedback. *Emotion* 10, 739–44 (2010).

538. Hafer, C. L. Do innocent victims threaten the belief in a just world? Evidence from a modified Stroop task. *J. Pers. Soc. Psychol.* 79, 165–173 (2000).

539. Weiner, B., Perry, R. P. & Magnusson, J. An attributional analysis of reactions to stigmas. *J. Pers. Soc. Psychol.* 55, 738–748 (1988).

540. Rudolph, U., Roesch, S., Greitemeyer, T. & Weiner, B. A meta-analytic review of help giving and aggression from an attributional perspective: Contributions to a general theory of motivation. *Cogn. Emot.* 18, 815–848 (2004).

541. Anderson, C. & Galinsky, A. D. Power, optimism, and risk-taking. *European Journal of Social Psychology* 36, 511–536 (2006).

542. Hastorf, A. H. & Cantril, H. They saw a game: a case study. *J. Abnorm. Psychol. Soc. Psychol.* 49, 129–134 (1954).

543. Vallone, R. P., Ross, L. & Lepper, M. R. The hostile media phenomenon: Biased perception and perceptions of media bias in coverage of the Beirut massacre. *J. Pers. Soc. Psychol.* 49, 577–585 (1985).

544. Hibbing, J. R., Smith, K. B. & Alford, J. R. Differences in negativity bias underlie variations in political ideology. *Behav. Brain Sci.* 37, 297–307 (2014).

545. Jennings, M. K. & Niemi, R. G. The Transmission of Political Values from Parent to Child. *Am. Polit. Sci. Rev.* 62, 169–184 (1968).

546. Niemi, R. G. & Jennings, M. K. Issues and inheritance in the formation of party identification. *Am. J. Pol. Sci.* 35, 970–988 (1991).

547. Plutzer, E. Becoming a Habitual Voter: Inertia, Resources, and Growth in Young Adulthood. *Am. Polit. Sci. Rev.* 96, 41–56 (2002).

548. Jost, J. T., Glaser, J., Kruglanski, A. W. & Sulloway, F. J. Political conservatism as motivated social cognition. *Psychol. Bull.* 129, 339–375 (2003).

549. Amodio, D. M., Jost, J. T., Master, S. L. & Yee, C. M. Neurocognitive correlates of liberalism and conservatism. *Nat. Neurosci.* 10, 1246–1247 (2007).

550. Vigil, J. M. Political leanings vary with facial expression processing and psychosocial functioning. *Gr. Process. Intergr. Relations* 13, 547–558 (2010).

551. Fodor, E. M. *et al.*, Right-wing authoritarianism in relation to proposed judicial action, electromyographic response, and affective attitudes toward a schizophrenic mother. *J. Appl. Soc. Psychol.* 38, 215–233 (2008).

552. Maguire, E. A. *et al.* Navigation-related structural change in the hippocampi of taxi drivers. *Proc. Natl. Acad. Sci. U. S. A.* 97, 4398–403 (2000).

553. Maguire, E. A., Woollett, K. & Spiers, H. J. London taxi drivers and bus drivers: A structural MRI and neuropsychological analysis. *Hippocampus* 16, 1091–1101 (2006).

554. Ragert, P., Schmidt, A., Altenmüller, E. & Dinse, H. R. Superior tactile performance and learning in professional pianists: Evidence for meta-plasticity in musicians. *Eur. J. Neurosci.* 19, 473–478 (2004).

555. Lewis, D. A. & Gonzalez-Burgos, G. Neuroplasticity of neocortical circuits in schizophrenia. *Neuropsychopharmacology* 33, 141–165 (2008).

556. Desarkar, P., Rajji, T. K., Ameis, S. H. & Daskalakis, Z. J. Assessing and stabilizing aberrant neuroplasticity in autism spectrum disorder: The potential role of transcranial magnetic stimulation. *Frontiers in Psychiatry* 6 (2015).

557. Fertonani, A., Pirulli, C. & Miniussi, C. Random Noise Stimulation Improves Neuroplasticity in Perceptual Learning. *J. Neurosci.* 31, 15416–15423 (2011).

558. Ragert, P. *et al.* Combination of 5 Hz repetitive transcranial magnetic stimulation (rTMS) and tactile coactivation boosts tactile discrimination in humans. *Neurosci. Lett.* 348, 105–108 (2003).

559. Flor, H., Denke, C., Schaefer, M. & Grüsser, S. Effect of sensory discrimination training on cortical reorganisation and phantom limb pain. *Lancet* 357, 1763–1764 (2001).

560. Langhorne, P., Coupar, F. & Pollock, A. Motor recovery after stroke: a systematic review. *The Lancet Neurology* 8, 741–754 (2009).

561. Brady, K. & Garcia, T. Constraint-induced movement therapy (CIMT): Pediatric applications. *Developmental Disabilities Research Reviews* 15, 102–111 (2009).

562. Erickson, K. I. *et al.* Exercise training increases size of hippocampus and improves memory. *Proc. Natl. Acad. Sci. U.S.A.* 108, 3017–22 (2011).

563. Knaepen, K., Goekint, M., Heyman, E. M. & Meeusen, R. Neuroplasticity – exercise-induced response of peripheral brain-derived neurotrophic factor: a systematic review of experimental studies in human subjects. *Sports Med.* 40, 765–801 (2010).

564. Moreno, S. *et al.* Musical training influences linguistic abilities in 8-year-old children: More evidence for brain plasticity. *Cereb. Cortex* 19, 712–723 (2009).

565. Benz, S., Sellaro, R., Hommel, B. & Colzato, L. S. Music makes the world go round: The impact of musical training on non-musical cognitive functions – a review. *Frontiers in Psychology* 6. Jg., (2016).

566. Satoh, M. *et al.* The effects of physical exercise with music on cognitive function of elderly people: Mihama-Kiho project. *PLoS One* 9, e95230 (2014).

567. Kidd, D. C. & Castano, E. Reading literary fiction improves theory of mind. *Science* 342, 377–380 (2013).

568. Mar, R. A., Oatley, K., Hirsh, J., dela Paz, J. & Peterson, J. B. Bookworms versus nerds: Exposure to fiction versus non-fiction, divergent associations with social ability, and the simulation of fictional social worlds. *J. Res. Pers.* 40, 694–712 (2006).

569. Klimecki, O. M., Leiberg, S., Lamm, C. & Singer, T. Functional Neural Plasticity and Associated Changes in Positive Affect After Compassion Training. *Cereb. Cortex* (2012).

570. Engen, H. G. & Singer, T. Compassion-based emotion regulation up-regulates experienced positive affect and associated neural networks. *Soc. Cogn. Affect. Neurosci.* (2015). doi:nsv008 [pii]

571. Sacks, S. *et al.* Combining computerized social cognitive training with neuroplasticity-based auditory training in schizophrenia. *Clin. Schizophr. Relat. Psychoses* 7 (2013).

572. Boggio, P. S., Asthana, M. K., Costa, T. L., Valasek, C. A. & Osório, A. A. C. Promoting social plasticity in developmental disorders with non-invasive brain stimulation techniques. *Frontiers in Neuroscience* 9. Jg., (2015).

573. Bartz, J. A. *et al.* Oxytocin selectively improves empathic accuracy. *Psychol. Sci.* 21, 1426–1428 (2010).

574. Preti, A. *et al.* Oxytocin and autism: a systematic review of randomized controlled trials. *J. Child Adolesc. Psychopharmacol.* 24, 54–68 (2014).

575. Marečková, K. *et al.* Hormonal contraceptives, menstrual cycle and brain response to faces. *Soc. Cogn. Affect. Neurosci.* 9, 191–200 (2014).

576. Dumitriu, D., Rapp, P. R., McEwen, B. S. & Morrison, J. H. Estrogen and the aging brain: An elixir for the weary cortical network. *Annals of the New York Academy of Sciences* 1204, 104–112 (2010).

577. De Bondt, T. *et al.* Does the use of hormonal contraceptives cause microstructural changes in cerebral white matter? Preliminary results of a DTI and tractography study. *Eur. Radiol.* 23, 57–64 (2013).

578. Wise, A., O'Brien, K. & Woodruff, T. Are oral contraceptives a significant contributor to the estrogenicity of drinking water? *Environ. Sci. Technol.* 45, 51–60 (2011).

579. Broad, K. D., Curley, J. P. & Keverne, E. B. Mother-infant bonding and the evolution of mammalian social relationships. *Philos. Trans. R. Soc. Lond. B. Biol. Sci.* 361, 2199–214 (2006).

580. Bick, J. *et al.*, Mother-Infant Bonding: Associations Between Foster Mothers' Oxytocin Production, Electrophysiological Brain Activity, Feelings of Commitment, and Caregiving Quality. *Child Dev.* 84, 826–840 (2013).

581. Abraham, E. *et al.* Father's brain is sensitive to childcare experiences. *Proc. Natl. Acad. Sci. U. S. A.* 111, 9792–7 (2014).

582. Kim, P. *et al.* Neural plasticity in fathers of human infants. *Soc. Neurosci.* 9, 522–35 (2014).

583. Gettler, L. T., McDade, T. W., Feranil, A. B. & Kuzawa, C. W. Longitudinal evidence that fatherhood decreases testosterone in human males. *Pnas* 108, 16194–16199 (2011).

584. Bos, P. A., Hermans, E. J., Montoya, E. R., Ramsey, N. F. & Van Honk, J. Testosterone administration modulates neural responses to crying infants in young females. *Psychoneuroendocrinology* 35, 114–121 (2010).

585. Bundesministerium für Familie, Senioren, Frauen und Jugend *Literaturstudie: Vaterschaft und Elternzeit. Zukunftsrat Familie* (2011).

586. Kalmun, M. Father involvement in childrearing and the perceived stability of marriage. *J. Marriage Fam.* 61, 409–421 (1999).

587. Lambert, K. G. The parental brain: Transformations and adaptations. *Physiol. Behav.* 107, 792–800 (2012).

588. Champagne, F. & Meaney, M. J. Like mother, like daughter: Evidence for non-genomic transmission of parental behavior and stress responsivity. *Progress in Brain Research* 133, 287–302 (2001).

589. Champagne, F. A. Epigenetic mechanisms and the transgenerational effects of maternal care. *Frontiers in Neuroendocrinology* 29, 386–397 (2008).

590. Sroufe, L. A. Attachment and development: a prospective, longitudinal study from birth to adulthood. *Attach. Hum. Dev.* 7, 349–367 (2005).

591. J. M., D. & Tappan, M. B. The Narrative Approach to Moral Development: From the Epistemic Subject to Dialogical Selves. *Hum. Dev.* 83–99 (1996). doi:10.1159/000278410

592. Batson, C. D. & Shaw, L. L. Evidence for Altruism: Toward a Pluralism of Prosocial Motives. *Psychol. Inq.* 2, 107–122 (1991).

593. Levine, A., Zagoory-Sharon, O., Feldman, R. & Weller, A. Oxytocin during pregnancy and early postpartum: Individual patterns and maternal-fetal attachment. *Peptides* 28, 1162–1169 (2007).

594. Kolb, B., Gibb, R. & Robinson, T. E. Brain plasticity and behavior. *Current Directions in Psychological Science* 12, 1–5 (2003).

595. Lundberg, U. Stress hormones in health and illness: The roles of work and gender. *Psychoneuroendocrinology* 30, 1017–1021 (2005).

596. Shaffer, J. Neuroplasticity and clinical practice: Building brain power for health. *Front. Psychol.* 7, (2016).

597. Havekes, R., Vecsey, C. G. & Abel, T. The impact of sleep deprivation on neuronal and glial signaling pathways important for memory and synaptic plasticity. *Cellular Signalling* 24, 1251–1260 (2012).

598. De Leon, M. J. *et al.* Frequency of hippocampal formation atrophy in normal aging and Alzheimer's disease. *Neurobiol. Aging* 18, 1–11 (1997).

599. Gilbertson, M. W. *et al.* Smaller hippocampal volume predicts pathologic vulnerability to psychological trauma. *Nat. Neurosci.* 5, 1242–7 (2002).

600. Ganzel, B. L., Kim, P., Glover, G. H. & Temple, E. Resilience after 9/11: Multimodal neuroimaging evidence for stress-related change in the healthy adult brain. *Neuroimage* 40, 788–795 (2008).

601. Bloss, E. B., Janssen, W. G., Mcewen, B. S. & Morrison, J. H. Interactive effects of stress and aging on structural plasticity in the prefrontal cortex. *J. Neurosci.* 30, 6726–6731 (2010).

602. Arnsten, A. F. T. Stress signalling pathways that impair prefrontal cortex structure and function. *Nat. Rev. Neurosci.* 10, 410–422 (2009).

603. McEwen, B. & Morrison, J. The Brain on Stress: Vulnerability and Plasticity of the Prefrontal Cortex over the Life Course. *Neuron* 79, 16–29 (2013).

604. Gunnar, M. R., Porter, F. L., Wolf, C. M., Rigatuso, J. & Larson, M. C. Neonatal stress reactivity: Predictions to later emotional temperament. *Child Dev.* 66, 1–13 (1995).

605. Feldman, R., Singer, M. & Zagoory, O. Touch attenuates infants' physiological reactivity to stress. *Dev. Sci.* 13, 271–278 (2010).

606. Davidson, R. J. & McEwen, B. S. Social influences on neuroplasticity: stress and interventions to promote well-being. *Nat. Neurosci.* 15, 689–95 (2012).

607. Francis, D. D., Young, L. J., Meaney, M. J. & Insel, T. R. Naturally occurring differences in maternal care are associated with the expression of oxytocin and vasopressin (V1a) receptors: Gender differences. *J. Neuroendocrinol.* 14, 349–353 (2002).

608. Champagne, F. A. Maternal imprints and the origins of variation. *Hormones and Behavior* 60, 4–11 (2011).

609. Weaver, I. C. G. *et al.* Epigenetic programming by maternal behavior. *Nat. Neurosci.* 7, 847–54 (2004).

610. Meaney, M. J. in *Evolution, Early Experience and Human Development: From Research to Practice and Policy* (2013). doi:10.1093/acprof:oso/9780199755059.003.0006

611. Feldman, R. & Eidelman, A. I. Maternal postpartum behavior and the emergence of infant-mother and infant-father synchrony in preterm and full-term infants: The role of neonatal vagal tone. *Dev. Psychobiol.* 49, 290–302 (2007).

612. Silberstein, D. *et al.* The Mother-Infant Feeding Relationship Across the First Year and the Development of Feeding Difficulties in Low-Risk Premature Infants. *Infancy* 14, 501–525 (2009).

613. Van der Kolk, B. A. The neurobiology of childhood trauma and abuse. *Child and Adolescent Psychiatric Clinics of North America* 12, 293–317 (2003).

614. Sullivan, R. M. & Holman, P. J. Transitions in sensitive period attachment learning in infancy: The role of corticosterone. *Neuroscience and Biobehavioral Reviews* 34, 835–844 (2010).

615. Pellis, S. M., Pellis, V. C. & Bell, H. C. The function of play in the development of the social brain. *Am. J. Play* 2, 278–296 (2010).

616. Spiro, John E. «Your brain on stress.» *Nature Neuroscience* 6.1, 13 (2003)

617. Colcombe, S. J. *et al.* Cardiovascular fitness, cortical plasticity, and aging. *Proc. Natl. Acad. Sci.* 101, 3316–3321 (2004).

618. Draganski, B. *et al.* Temporal and spatial dynamics of brain structure changes during extensive learning. *J. Neurosci.* 26, 6314–6317 (2006).

619. Boyke, J., Driemeyer, J., Gaser, C., Büchel, C. & May, A. Training-induced brain structure changes in the elderly. *J. Neurosci.* 28, 7031–7035 (2008).

620. de Lange, F. P. *et al.* Increase in prefrontal cortical volume following cognitive behavioural therapy in patients with chronic fatigue syndrome. *Brain* 131, 2172–2180 (2008).

621. Hölzel, B. K. *et al.* Stress reduction correlates with structural changes in the amygdala. *Soc. Cogn. Affect. Neurosci.* 5, 11–17 (2009).

622. Månsson, K. N. T. *et al.* Neuroplasticity in response to cognitive behavior therapy for social anxiety disorder. *Transl. Psychiatry* 6, e727 (2016).

623. Goldin, P. R. & Gross, J. J. Effects of mindfulness-based stress reduction (MBSR) on emotion regulation in social anxiety disorder. *Emotion* (2010).

624. Monahan, K. D. *et al.* Dose-dependent increases in flow-mediated dilation following acute cocoa ingestion in healthy older adults. *J. Appl. Physiol.* 111, 1568–1574 (2011).

625. Nurk, E. *et al.* Intake of flavonoid-rich wine, tea, and chocolate by elderly men and women is associated with better cognitive test performance. *J. Nutr.* 139, 120–7 (2009).

626. Vemuri, P. *et al.* Association of lifetime intellectual enrichment with cognitive decline in the older population. *JAMA Neurol.* 71, 1017–24 (2014).

627. Moreno, S. *et al.* Short-term music training enhances verbal intelligence and executive function. *Psychol. Sci.* 22, 1425–33 (2011).

628. George, E. M. & Coch, D. Music training and working memory: An ERP study. *Neuropsychologia* 49, 1083–1094 (2011).

629. Seinfeld, S., Figueroa, H., Ortiz-Gil, J. & Sanchez-Vives, M. V. Effects of music learning and piano practice on cognitive function, mood and quality of life in older adults. *Front. Psychol.* 4 (2013).

630. Bherer, L. *et al.* Training effects on dual-task performance: are there age-related differences in plasticity of attentional control? *Psychol. Aging* 20, 695–709 (2005).

631. Jaeggi, S. M., Buschkuehl, M., Jonides, J. & Perrig, W. J. Improving fluid intelligence with training on working memory. *Proc. Natl. Acad. Sci. U. S. A.* 105, 6829–6833 (2008).

632. Green, C. S. & Bavelier, D. Exercising Your Brain: A Review of Human Brain Plasticity and Training-Induced Learning. *Psychol. Aging* 23, 692–701 (2008).

633. Basak, C., Boot, W. R., Voss, M. W. & Kramer, A. F. Can training in a real-time strategy video game attenuate cognitive decline in older adults? *Psychol. Aging* 23, 765–777 (2008).

634. Anderson, C. A. *et al.* Violent video game effects on agression, empathy, and prosocial behavior in Eastern and Western countries: A meta-analytic review. *Psychological Bulletin* 136, 151–173 (2010).

635. Rosser Jr., J. C. *et al.* The Impact of Video Games on Training Surgeons in the 21st Century. *Arch. Surg.* 142, 181–186 (2007).

636. Allen, J. J. B., Harmon-Jones, E. & Cavender, J. H. Manipulation of frontal EEG asymmetry through biofeedback alters self-reported emotional responses and facial EMG. *Psychophysiology* 38, 685–693 (2001).

637. Ros, T. *et al.* Mind over chatter: Plastic up-regulation of the fMRI salience network directly after EEG neurofeedback. *Neuroimage* 65, 324–335 (2013).

Bildnachweis